事業の相乗効果を生み出すブランド体系

ブランド・ポートフォリオ戦略

デービッド・A・アーカー 著
阿久津聡 訳

ダイヤモンド社

Brand Portfolio Strategy
by
David A. Aaker

Copyright © 2004 by David Aaker
All rights reserved

Original English language edition published by The Free Press,
a division of Simon & Schuster, Inc.
Japanese translation rights arranged with The Free Press,
a division of Simon & Schuster, Inc.,
through Japan UNI Agency Inc., Tokyo

日本語版への序文

　ブランド・ポートフォリオ戦略は、いま日本企業が直面する、経営上の重要課題である。ブランド・ポートフォリオ戦略を真剣に考え、それに取り組んでいくことによって、以下のような戦略課題に対する効果的な解決策を見出すことができるだろう。

- コーポレート・ブランドは、過度の負担を負わされていないか。そしてそれが、製品やサービスが競合他社との差別化をアピールしたり、顧客と強固な関係を築いたりすることの障害になっていないか。ソニーのように、強力なサブブランドを打ち出す必要に迫られていないか。また、そのようなブランドはどうすれば構築できるのか。
- 活力や差別化が不足しているブランドはないか。ブランド・ポートフォリオ全体として、そうした問題の解決策を打ち出しているか。本書で紹介する「ブランド活性化要素」と「ブランド差別化要素」は、共に製品やサービスにさらなる強さと活力を注入する潜在力を秘めている。
- 製品やサービスは関連性を維持しているか。ブランドは、自分と関連のあるものだと顧客に理解してもらっているか。新たなサブカテゴリを創造し、それを代表するブランドになることによって、競合他社の関連性を低めることはできるか。本書では、戦略的な概念として「関連性」についても紹介する。
- 会社やブランドは、目標どおりに成長しているか。既存のブランド資産を活用することによって、事業の成長戦略をテコ入れできるか。新しいブランドを構築する必要はあるか。
- 会社のブランド・ポートフォリオは、その中のブランドに明確な優先順位を

定めているか。それによって、ブランド構築に対する投資が効果的にリターンを生み出しているか。

　本書の日本での出版に際し、私のかつての教え子であり、よき友人でもある阿久津聡氏が翻訳を担当してくれたことは、私の最大の喜びである。彼はバイリンガルであると同時に、ブランドを深く理解しており、日本にいる一流のブランド論者の1人である。その彼が、今回の翻訳をすばらしいものに仕上げてくれた。また、岡田浩一氏や広瀬哲治氏をはじめとする、私が顧問を務める電通ブランド・コンサルティング室のスタッフにも感謝したい。彼らは、翻訳作業に貢献してくれただけでなく、本書の考えをクライアントに対してすでに実践してくれている。本書の出版により、私の第二の故郷である日本との関係が、さらに強まったことを心からうれしく思う。

2005年5月
デービッド・A．アーカー

まえがき

　ブランド・ポートフォリオ戦略は、事業戦略の成功に必要な構造や規律をもたらすことから、多くの企業が関心を抱いているテーマだ。一貫性がなく混乱を呈したブランド・ポートフォリオ戦略は、事業戦略にとってはマイナスであり、事業の失敗の原因ともなりうる。一方、組織と市場にシナジーを育むブランド・ポートフォリオ戦略は、関連性、差別化や活性化されたブランド資産を創造し、他方で事業戦略の支援や戦略の実現を可能にするだろう。

　次のような状況で事業が圧迫している場合、ブランド・ポートフォリオ戦略を見直す必要に迫られているといえる。

- 組織の活性化を実現し、投資家の期待に応える目標を達成するために事業を成長させなければならない場合。この場合、成長のための方向性は既存ブランドの活用、または新しいブランド資産の創造に関連していることが多い。いずれの場合も、戦略を構築し、支援するためのツールや方法を採用する必要がある。
- ダイナミックな市場において、事業の関連性を維持しなければならない場合。この場合は、サブブランドと保証付ブランドが、そのリスクと新たな方向性を追求する困難さを和らげてくれるだろう。
- 事業に関わる製品やサービスが陳腐化しつつある（あるいは、すでに陳腐化した）場合。ここでは差別化のポイントはほとんどなく、もっぱら価格に重点がおかれている。この場合、差別化できるブランドを1つもしくは複数構築し、それらのブランドを他のブランド群とうまく適合させることが課題となる。

- 成熟製品カテゴリにあることが原因でブランドが活力を失っている場合。この場合、ブランド化プログラム、ブランド製品、ブランドのスポンサーシップ活動など、顧客の興味やエネルギーを創造する何かが必要となる。
- 企業が買収やその他の理由で複数の強力なブランドを持ったことによって、企業が混乱や無駄をしないように、厳しい選択を余儀なくされる場合。
- 分権化された、起業家精神に溢れる企業だというプライドを長く持ち続けたため、ブランドとサブブランドの拡散を招き、結果的に大きな混乱を巻き起こしている場合。顧客と従業員は共に、その企業が多岐にわたる製品市場の分野で何をしようとしているのかのみならず、製品やサービスの注文の仕方さえもよくわからず、不満がたまっている。この場合、ブランドの削減、再構築、優先順位の設定などの厳しい措置が必要となる。
- 数多くのブランド、セグメント、地域、販売チャネルが存在する複雑な市場に対して、単一のブランド・マネジメントだけで対処しようとするのは無理がある。なぜなら、ブランド・ポートフォリオ戦略自体が問題の一部になっているからだ。事業がさまざまな製品市場に及ぶ組織においては、ブランド、サブブランド、保証付ブランドの急増によって、それらを展開することはおろか、一貫性のある戦略を明示することさえも難しいことが多い。しかし一方で、ブランド・ポートフォリオ戦略は解決策のカギにもなる。なぜなら、論理的で明確に示されたブランド構造があれば、無駄をシナジーに、混乱を明確さに、失った機会をレバレッジの効いた資産に置き換え、それによって、事業戦略を支援することができるからである。

　ブランド・ポートフォリオ戦略の範囲と構造を明確に定義したのは、本書が初めてであろう。本書では、基本となる諸々の概念やツール、構造を特定し、それらを有意義で関連のある系列に整理した。本書によって、ブランド・ポートフォリオ戦略が、事業戦略家の直面する以下のような問題をいかにして解決するかについても明らかになるだろう。

- ブランド拡張による製品市場範囲の拡大によって、いかに成長できるか。
- ブランドの垂直方向への拡張によって、低価格品および高級品ニッチ市場に

いかにして参入するか。
- 「売れ筋商品」が変化しつつあるダイナミックな市場において、いかにブランドの関連性を維持するか。
- ブランド・ポートフォリオ・ツールの使用によって、いかにしてブランドの活性化と差別化を実現するか。
- ブランド提携をいかに活用するか。
- コーポレート・ブランドをいかに活用するか。
- 事業再構築に伴うブランドに関する問題を、いかにマネジメントするか。
- いかにして製品やサービスの明確さを高め、ブランド構築の取り組みに焦点を当てることができるか。

　ブランド・ポートフォリオ戦略の構築は複雑であり、状況に応じて異なるものである。完璧な戦略の創出を保証する手引書的なルールは存在しない。本書の目的は、安易な答えを紹介することではなく、選択肢と諸問題を提起することである。

　本書は、ブランドやブランド戦略に関する4作目の著作となる。1作目の『ブランド・エクイティ戦略』（原題：*Managing Brand Equity*）では、ブランド・エクイティという概念を初めて定義し、構造化した。2作目の『ブランド優位の戦略』（原題：*Building Strong Brands*）では、ブランド・アイデンティティやブランド連想という考え方を紹介し、製品の属性以外にブランド・パーソナリティ、組織連想、ブランド・シンボルなどにも、マネジャーは目を向けるべきだと勧めた。『ブランド・リーダーシップ』（原題：*Brand Leadership*〈エーリッヒ・ヨアヒムスターラーとの共著〉）では、ブランド・アイデンティティの概念を拡大し、グローバルなブランド・マネジメントについて述べ、さらにメディア広告を超えるブランド構築プログラムを開発することによって、いかにしてメディアにおける混乱を解消するかを説明した。

　本書は、ブランド・ポートフォリオ戦略に関するデータを前3作の書籍から引用している。特に、第1章と第2章は『ブランド・リーダーシップ』から、また、第7章と第8章は『ブランド優位の戦略』と『ブランド・エクイティ戦略』からの引用が多い。ただし、これら4つの章でも、事例研究や新しい概念、

新しい概念モデルや発展した概念モデルを加筆した。ブランド・ポートフォリオ戦略に関する包括的な考え方を示すことが、私が本書を執筆した主な目的であった。その他の章はほとんどが新たな知見から書かれており、前3作と重複する部分は2割程度である。

そして、表題に関する「ラベル」を変更したことをここでお詫びしたい。私は『ブランド優位の戦略』において、一貫性のある全体像を形成するために、ポートフォリオ・ブランドが相互補完的に機能する必要があることを強調するため「ブランド・システム（brand systems）」という用語を使った。しかし、「システム」という言葉はエンジニアリング用語として使い古されてしまった。そこで『ブランド・リーダーシップ』においては、基礎、構造、役割、関係、そして改良や改装という概念さえも表しうる適切な比喩として、「ブランド体系（brand architecture）」に用語を変更した。ただ、ブランド体系という用語は、不明瞭な概念だと解釈した人や、ブランドのネーミングやロゴの開発といった、もっと限定された問題だと受け取った人もいた。そこで、本書では、『ブランド・ポートフォリオ戦略（brand portfolio strategy）』という新しい「ラベル」を用いている。この用語は、より包括的で戦略的であり、「事業戦略を強化し実現するには、どのようにブランド・ポートフォリオを最適化し、活用するか」という本書のテーマとも一致する。

本書は全10章とエピローグから構成されている。第1章と第2章は、ブランド・ポートフォリオ戦略の範囲について説明している。第3章では、ブランド・ポートフォリオが直面する選択肢や諸問題を特定するための要因を検討する。第4章では、ダイナミックな市場でいかに関連性を維持するかという問題を扱う。第5章では、ブランド差別化要素とブランド活性化要素という、これまでにないツールを紹介している。第6章では、ブランド提携を活用する方法について論じている。第7章と第8章では、ブランド資産の水平的および垂直的活用による成長について探究している。第9章では、コーポレート・ブランドをなぜ活用するか、また、どのように活用すべきかを論じている。第10章では、ブランドの複雑さと混乱を回避すべく、ブランドの統廃合について述べている。そして、エピローグでは、ブランド・ポートフォリオ戦略に関する要点を20項目にまとめた。

謝辞

　本書の執筆にあたり、多くの方々にお世話になった。特に、プロフェット・ブランド・ストラテジー社の同僚であるバレリー・ウィルソンは、執筆の全般にわたって大きな助けとなってくれた。彼女は、実証資料の収集や管理、本書全章にわたるレビュー、そして手伝ってくれた他の方々のとりまとめの労をとってくれた。なかでも彼女の最大の貢献は、アイデア、構成、フロー、概念、事例など、本書の全般にわたって厳密に検討してくれたことである。彼女の洞察力はいつも有意義であり、幾度も画期的な進歩へとつながった。

　そして、プロフェット社のチームからも多大な援助を得た。このチームは、世界の三大陸に及ぶ多くのクライアントのために、ブランド・ポートフォリオに関するすばらしい仕事を一貫して行ってきた。それはインスピレーションに溢れ、とても有益なものだった。シンディ・レビンは、本書の原稿を包括的にレビューし、優れた洞察をもたらしてくれた。彼女は、少しのためらいもなく不十分な部分を指摘したうえで、私に考え直し、書き直すよう何度も促した。ケビン・オドネルとは4年間共に働き、彼がワールドクラスのブランド・ストラテジストであることをよく理解しているが、本書にはその彼のアイデアが全体に散りばめられている。そしてほかにも、マット・リーバック、クラウディア・フィッシャー・ブッティンガー、マイク・レイザー、ベン・マティガー、ジル・スティール、アンディー・フリン、クリスチャン・ブロンクベスト、ジェニー・チャン、トレバー・ウェイドなど、多くの方々から支援と示唆をいただいた。最後に、プロフェット社CEOのマイケル・ダンに一言謝辞を述べたい。彼は私の友人であり、才能あるブランド・ストラテジストにして聡明な組織づくりの達人であり、このプロジェクトに励ましとさまざまな援助を与えて

くれた。

　私は、日本の戦略家との交流でも恩恵を受けた。電通のブランド・コンサルティング室のチームは、私にとって刺激的なすばらしい同僚である。彼らは、日本とアジアにおけるブランド・マネジメントを向上させつつある。また、日本におけるブランド論の権威である片平秀貴氏、そして『ブランド・リーダーシップ』の翻訳者であり、日本における次世代のブランド論の権威である阿久津聡氏の洞察力にも多大な恩恵を受けている。また、一橋大学大学院国際企業戦略研究科研究科長の竹内弘高氏は、長年にわたってさまざまな点で私を支援してくれている。

　多くの企業の方々からも、アイデアや実証データについて支援をいただいた。よき友人であり、グラフィックスの専門家でもあるスーザン・ロックライズ、インテルのロンダ・ウォルターとトッド・ピータース、GEのポール・ケイン、ディズニーのマット・ライアン、P&Gのトリシア・ヒギンス、シティグループのアン・マクドナルド、シュワブのジョアン・カスバートソン、ソニーのアキオ・アサダ、ユニリーバのフィオナ・ルーシュとマイク・ドワイヤー、フォードのリサ・オコナーとディー・ルー・ジャクソン、UPSのドゥール・レスリー、ネスレのアル・ステッフルとダニエル・ハチャードなどの方々である。特に、ディズニーのマット・ライアン、マイクロソフトのデービッド・ウェブスター、シティグループのメリー・アン・ビラニューバ、パワーバーのシンディー・バラー、デルのスコット・ヘルバーグの各氏は、各企業のブランドの話をまとめるのを快く手伝ってくれた。

　私は、私の考え方に刺激を与え、広い視野をもたらしてくれる洞察力に富んだ多くのブランド戦略家とともに長年楽しく仕事をしてきた。最高にすばらしいブランド論者であるスコット・タルゴには、前の著作のときと同様に本書についても助けてもらった。私の研究の同僚であり、優れたブランド戦略書の著者でもあるケビン・レーン・ケラーは、私がブランド理論に取り組み始める機会を与えてくれた。ヨーロッパにおけるブランド専門家の頂点に位置し、私の書籍の多くの翻訳者でもあるロバート・アルバレツは、長きにわたって私を支えてくれている。私の友人であり、同僚でもある娘のジェニファー・アーカーは、ブランド・パーソナリティと異文化マーケティングの権威であり、私の考

え方が厳密になるよう後押ししてくれた。私の友人であり、同僚でもあるビバルディー・パートナーズ社（ニューヨークとドイツにオフィスを置くコンサルティング会社）CEOのエーリッヒ・ヨアヒムスターラーは、私たちがコンサルティング・チームを組み、『ブランド・リーダーシップ』を執筆していたとき、本書におけるアイデアの多くを発展させる手助けをしてくれた。彼は洞察力に富んだブランド戦略家であり、ブランドに対する私の情熱を分かち合い、そして、いっしょにいて楽しくなる人物である。ここに名を挙げた方々同様に、感謝すべき方々がほかにも数多くいる。

　最後に、今回も私に執筆の時間を許してくれた妻、そして励ましをくれた家族のジャン、ジョリーン、ジェニファー、セマンサ、ミリー、デボン、クーパーに感謝の言葉を贈りたい。

いつも刺激的、冒険好き、情熱的、ユーモラスでいられるという
並外れた能力と楽しさで、私の人生を豊かにしてくれる
本当の友人、トム・デヨンへ

ブランド・ポートフォリオ戦略

目次

日本語版への序文

まえがき

謝辞

第I部 ブランド・ポートフォリオ戦略とは何か

第1章 ブランド・ポートフォリオ戦略　3

事例：インテル……3
ブランド・ポートフォリオ戦略とは何か……14
ブランド・ポートフォリオ戦略の次元……18
ブランド・ポートフォリオの目的……39

第2章 ブランド関係チャート　45

事例：ディズニー・ブランド・ファミリー……45
マスター・ブランド、エンドーサー、サブブランド、ドライバーの役割……53
ブランド関係チャートの正しいポジショニング……80

第3章 ブランド・ポートフォリオ決定のための考察　83

事例：マイクロソフト……83
事例：シティグループ……90
市場要因とダイナミクス……96
事業戦略……99
ブランド・エクイティとブランド・アイデンティティ……105
ブランド・ポートフォリオ監査……108
ブランド・ポートフォリオのマネジメント……109
残り7章の概要……115

第II部
関連性、差別化、活力の創造

第4章 ブランド関連性 123
事例：パワーバー……124
関連性とは何か……130
関連性の創造と維持のための戦略……141
関連性と「得意分野への専心」……161

第5章 ブランドの差別化と活性化 163
事例：ソニー……163
ブランドの差別化と活性化……172
ブランド差別化要素……173
ブランド活性化要素……184
ブランド差別化要素とブランド活性化要素のマネジメント……196

第6章 戦略的資産の利用：ブランド提携 201
事例：フォード・エクスプローラー・エディー・バウアー仕様……201
共同マスター・ブランドの製品やサービス……207
社外ブランド差別化要素……213
社外ブランド活性化要素……221
戦術的ブランド提携……230
効果的なブランド提携の構築……232

第III部 ブランド資産の活用

第7章 ブランドの新たな製品市場への活用　241
事例：ダヴ……241
ブランドの新製品への活用……250
そのブランドは拡張を強化するか……258
その拡張はブランドを強化するか……266
新しいブランドがどうしても必要か……271
拡張のリスクを考慮する……275
範囲ブランド・プラットフォームを構築する……278

第8章 高級品市場と低価格品市場への参入　287
事例：GEアプライアンス……287
事例：マリオット……290
ブランドの垂直的拡張……293
低価格品分野へのブランド移行……297
高級品分野へのブランド移行……310

IV 第部
ブランド・ポートフォリオの焦点と明確さ

第9章 コーポレート・ブランドの活用　327
　事例：デル……327
　事例：UPS……331
　コーポレート・ブランド……336
　なぜコーポレート・ブランドを活用するのか……343
　コーポレート・ブランド・マネジメントの課題……349
　エンドーサーの役割……356
　コーポレート・ブランドの名称変更……360

第10章 ブランド統廃合の意思決定　367
　事例：ユニリーバ……367
　フォード対BMW……370
　ブランドの数が多すぎないか……375
　多すぎる製品種類：決断力の低下……394
　戦略的ブランド統合……401

エピローグ　ブランド・ポートフォリオ戦略──20の要点　405

訳者あとがき

原注

索引

「椅子の置いてある部屋、部屋がある家、
家が立地する環境、環境を生み出す都市計画というように、
常に、その次に大きな背景を考えながら設計しなさい」

——フランク・ロイド・ライト——

第I部
ブランド・ポートフォリオ戦略とは何か
WHAT IS BRAND PORTFOLIO STRATEGY?

第1章
ブランド・ポートフォリオ戦略
BRAND PORTFOLIO STRATEGY

「鷲のように鋭い人材を雇って、編隊飛行を教えるんだ」
——D. ウェイン・キャロウェイ（元ペプシコCEO）——
「皆が同じ音で歌うと、ハーモニーを得ることはできない」
——ダグ・フロイド（『ザ・スポークスマン・レビュー』誌編集者）——
「勝ち馬一頭に、満足いくほど賭けた者はいない」
——リチャード・サスリー（ライター）——

事例：インテル

1990年代、インテル社は売上高、株式収益率、株式時価総額の点においてめざましい成功を収めた[1]。マイクロプロセッサの売上高は1989年に12億ドルだったが、2000年には330億ドルを上回るまでになった。株式時価総額は、30年強の間に4000億ドルを突破した。インテルは過去に巨額投資を行った事業分野を陳腐化させることもいとわず、何度も製品ラインをつくり直すなどなみなみならぬ能力と意欲で同社に成功をもたらした。驚くほどの速さで複雑な新製品を生み出し、マイクロプロセッサや部品の製造工場を効率的かつ効果的に運営するインテルの卓越したオペレーション能力も重要な成功要因だった。

一方で、インテルのブランド・ポートフォリオ戦略も重要な役割を果たした。そもそも、1990年代に同社のマーケティングを担った天才的マーケター、デニス・カーターのひらめきと、経営トップであるアンディ・グローブの力添え

がなければ、このブランド・ポートフォリオ戦略は生まれなかっただろう。このような人材に恵まれた会社は少なく、とりわけハイテク業界ではほとんど見当たらない。

　インテルのブランド物語は、1978年に始まる。この年、同社は8086マイクロプロセッサ・チップを開発した。そして、IBMが同社初のパーソナル・コンピュータにこのチップを搭載することにしたのだ。インテルの8086チップとその後継製品（82年の286、85年の386、89年の486）は業界標準となり、インテルは支配的ブランドに成長した。

「インテル、入ってる！」

　ところが1991年初め、インテルはX86シリーズの商標登録に失敗したことから、競合他社につけ込まれ、圧力をかけられていた。競合は、X86の「クローン」製品を、インテル386チップ搭載パソコンに引けを取らない性能であることを示そうとAMD386などと名づけ、混乱を引き起こした。

　インテルはこうした競合他社からの挑戦に応えるため、1991年春、初期予算1億ドルほどを投じて、「インテル、入ってる！（Intel Inside）」という、「内蔵部品」をブランディングする画期的なプログラムを開始した。このブランディング・プログラムが社内で決定するまでには、多くの議論が巻き起こった。そのような大金があれば、研究開発に投資を増やすことも可能であったし、また、そもそも一握りのパソコン・メーカーに販売しているだけの会社にブランド構築など必要ないという意見も多かった。しかし、比較的短期間のうちに「インテル、入ってる！」のロゴはあらゆるところで目にするものとなり、このプログラムは大成功となった。図１－１に示すとおり、このロゴは、まるで走り書きのメモのように、軽妙で親しみやすく、正式な企業ロゴ（Intelの「e」を下にずらしたロゴ）とは明らかに一線を画していた。

　「インテル、入ってる！」プログラムを語る際には、インテルとパソコン・メーカーとの間で結ばれた提携関係を忘れてはならない。パートナーとなった各メーカーは、インテルのマイクロプロセッサを購入すると、その代金の6％をリベートとして受け取ることができた。リベートは市場開拓ファンドとして積み立てられ、パートナー企業の広告費のうち最大50％までそこから支払われ

図1-1 インテルの視覚的に表現されたブランドの役割

た。このファンドを利用するには、広告は一定の基準をクリアしなければならなかった。主な基準は、「インテル、入ってる！」のロゴが製品や広告で正しく表示されることだった。また、各パートナー企業は、インテルと競合するマイクロプロセッサを使用した製品にサブブランドをつけることも要求された。それは、消費者に「インテル、入ってる！」ではないパソコンであることを気づかせるためだった。このプログラムは、売上げが伸びるにつれて規模も大きくなり、年間予算は優に10億ドルを超えるまでに膨らんだ。しかしインテルは、パソコン・メーカーに食い込もうとする競合他社に対して、著しい差別化と優位性を築くことができた。

特筆すべきなのは、「インテル、入ってる！」のロゴがついているパソコンが、長年にわたっておよそ10％高いプレミアム価格で販売された点だ。このブランディング・プログラムのおかげで、インテルは各種ソフトウエアとの互換性を持ち合わせた、革新的で信頼性のある製品を生み出す企業として信用を得、また、資源とリーダーシップを兼ね備えた企業として認知された。ユーザーのほとんどが、マイクロプロセッサとは何なのか、インテルのチップはなぜ優れているのか、といったことについてわからなかったにもかかわらず、同社はこうした成功を収めたのだ。

さらに二次的恩恵もあった。「インテル、入ってる！」プログラムのおかげで、パソコンの広告需要が爆発的に増えたのだ。広告代理店は当初、自分たちの芸術的作品がしっくりこないロゴで汚されることを不愉快に思っていたが、このプログラムによって広告取扱高が激増していることに気づくと、柔軟な態度と前向きな姿勢に転じた。さらに、パソコン・メーカーがインテルの広告費補助金に頼るようになった。実際、パソコンの利益が縮小するなか、メーカー側は補助金なしに競争するのは難しかった。こうして、「インテル、入ってる！」プログラムは、インテルへのロイヤルティを高めるのに重要な役割を担った。そして「インテル、入ってる！」は、同社のブランド・ポートフォリオのなかで最も重要なブランドの1つとなった。

ペンティアムに見る新ブランドの判断

1992年秋、この「インテル、入ってる！」キャンペーン展開にもかかわらず、競合他社からの攻撃による混乱は増え続け、収まりそうになかった。そのような状況のなか、インテルは486チップの後継製品を発表しようとしていた。そこでは、新たな決断を迫られた。「インテル、入ってる！」ブランドを利用して、新製品名をインテル586とし、X86シリーズになじみ深い機種系列名を通じて、世代交代を論理的に示すべきだろうか。それとも、新たなブランド名をつけるべきか。これは、非常に難しい選択だった。

結局、インテルは新しいブランドとして「ペンティアム」を構築することに決めた。そこでは4つのポイントがカギとなった。

第1に、「インテル、入ってる！」プログラムは成功したが、後継製品名を

インテル586とした場合、AMD586などが市場に投入され、混乱状態は根本的には収まらないと思われた。

　第2に、新しいブランドを立ち上げ、ユーザーを誘導するためには膨大なコストが必要であったが、それは同社の能力と意思の許容範囲内であった。どの業界の新製品であれ、これほどすばらしく投資に値する製品は少ない。また、新しいブランドは営業にとって、追い風となる話題性があった。

　第3に、「インテル、入ってる！」のブランド・エクイティとプログラムは、2つのブランドを結びつけることによって、価値が下がるどころか、テコ入れする可能性があった。視覚的には、ペンティアム・ブランドが「インテル、入ってる！」ロゴに図1－1に示されているように結合された。要するに、「インテル、入ってる！」ブランドがペンティアム・ブランドの信頼性を保証するエンドーサーの役割を担ったのである。

　最後に、すべての新世代製品に新しい名前をつけることは高コストで、混乱を引き起こすが、この新製品は新名称に値するだけの商品力が備わっていると判断されたのだ。新しい製造工場はコストがかかり、十分な初期需要が必要であるため、新世代製品にアップグレードする価値があることをユーザーに知らせるということも、新しいブランド名を導入する理由の1つになった。

　インテルはその後、ペンティアムに優れたグラフィック機能を持たせる改良を加えた。しかし、このチップを「ペンティアムⅡ」と名づけたり、まったく新しい製品名をつけたりすることはせずに技術名のMMXをブランド化し、ペンティアム・ブランドと組み合わせた（図1－1参照）。このようにして、ペンティアム・ブランドはより長く、投資回収され、また、新世代製品のインパクトは、より技術進歩が大きいときのために残しておかれた。

　後継世代製品も次々に生まれた。ペンティアム・ブランドとそのブランド・エクイティを生かした「ペンティアム・プロ」（1995年）、「ペンティアムⅡ」（1997年）、「ペンティアムⅢ」（1999年）、「ペンティアム4」（2000年）などである。ペンティアム4は新しいビジュアル・デザインを導入し、新製品であることを強調すると同時に、商品力、信頼性および高品質を示した。

　現在のブランド・ポートフォリオ戦略が抱える大きな問題の1つに、製品改良を認知させるためにいかにブランディングするかという点がある。改良内容

が些細なものだったり、前製品の欠陥を修正したものだったりする場合は、ブランディングするのは適当ではない。逆に、製品が大幅に改良された場合は、ブランド化特徴（MMXなど）、新世代化（ペンティアムIIIなど）、または新ブランド化（X86シリーズをペンティアムに一新したように）といった3つのブランド手法のうちから1つを選ばなければならない。宣伝コスト、既存ブランドの販売停止による売上げ損失のリスク、そして将来的な技術開発に対する話題性の先取り程度といったことは、どのブランド手法を起用するかで大きく左右されるのだ。

ブランド構築からブランド拡張へ

1998年、インテルは中・高性能サーバーとワークステーション市場への参入を決断した。同市場に対応するため、インテルは4つもしくは8つのプロセッサを連結させ、これらの高機能機種に必要な処理能力のある技術を開発した。ここで、ブランディングの問題が浮上した。1つには、ペンティアム・ブランドは家庭用またはビジネス用のパソコンと密接に結びついていたため、サーバーやワークステーションには不向きである可能性があった。とはいえ、「インテル、入ってる！」ブランドやペンティアム・ブランドに加えて、さらにもう1つの独立ブランドを立ち上げることは、市場を混乱させるおそれがあった。

結局、この問題は「ペンティアムII　ジーオン」というサブブランドを導入することで解決された。このサブブランドによって、新製品とペンティアム・ブランドの間に十分な距離感を生み出し、高性能機種のユーザーに受け入れられるようにしたのである。これは、ペンティアム・ブランドを強化するという二次的恩恵ももたらした。サブブランドを導入したもう1つの理由には、ジーオンを単独で使用すると、商標上の問題が生じるということもあった。この問題も、ジーオンをペンティアムIIと組み合わせることによって解決できたのだ。

1999年、またさらに別の問題（言い換えると事業機会）が浮上した。パソコン市場が成熟するにつれ、低価格品セグメントが出現したのだ。これは、ニッチ市場を探し求め、高級マイクロプロセッサのプレミアム価格に切り込もうとする競合他社の働きかけによるものだった。インテルも、単に防戦目的であったとしても、この低価格品市場で戦う必要があった。とはいえ、ペンティア

ム・ブランドを使用することは、サブブランドを用いても、きわめて大きなリスクを負うことになる。そこで、「セレロン」という新しいブランドを個別に投入することにした。図1－1にあるように、このブランドはペンティアムとは直接的なつながりはない。多くの低価格ブランドと同じように、セレロンのブランド構築予算はわずかだった。ブランドがターゲット市場を探し求めたのではなく、市場がブランドを生み出したのである。

その後、セレロンを「インテル、入ってる！」ブランドにリンクさせることが決定され、ペンティアム・ブランドと間接的なつながりができた。インテルはペンティアムを使ってセレロンに信頼性を与える必要があったが、その一方でペンティアム・ブランドを低価格製品に起用することでイメージを損なうことは防ぎたかった。セレロンと「インテル、入ってる！」のリンクがこのジレンマに対する解決策となったのだ。

連想を生かしたブランド展開
2001年、図1－1に示すロゴとともに「インテル・ジーオン」プロセッサが発売された。いくつかの要因が重なり、このサブブランドはペンティアム・ブランドから切り離されることとなった。ジーオン・プロセッサの処理性能は、ネットバースト・アーキテクチャなどの技術進歩によって劇的に高まっていた。また、ジーオンというブランドが市場に定着していたため、これを独立ブランドとして起用することがふさわしくなっていた（同ブランド名の使用をめぐる当初の商標権問題はすでに解決していた）。さらには、インテルにとって、このターゲット市場はいっそう重要となっていたため、専用ブランドを持つことは戦略的に必須条件となったのである。

同年、ペンティアム・シリーズの後継製品として、「アイテニウム」プロセッサが発売された。なぜ、ペンティアム5ではないのか。それは、このプロセッサがまったく新しい設計思想に基づき、ゼロから開発されたもので、EPICアーキテクチャというブランド化デザインを基礎とし、64ビットの処理能力を持っていたためである（32ビットのペンティアム・シリーズとはまったく異なる）。このプロセッサは、高性能の企業向けサーバーに対して、かつてないほどの性能を発揮するため、ペンティアム・シリーズと質的に異なることを伝え

る必要があった。そして、そのためには新しいブランド名が必要だったのだ。図1－1に、第2世代アイテニウム・ブランドのロゴが掲載されている。

　2003年、インテルは「インテル・セントリーノ・モバイル・テクノロジ」を導入した。この技術により、ノートパソコンの性能向上、卓越したバッテリー持続時間、統合されたワイヤレスLAN性能、そして薄型軽量のデザインが実現した。この製品の売りは、「ワイヤレスな生活」によって人々を解放し、個人のライフスタイルや企業の生産性を根本から変えることだった。セントリーノの新しいロゴ（図1－1参照）は、コンピューティングと通信の融合というインテルのビジョンを表すと同時に、製品開発に対する新たなアプローチも示している。インテルはこの製品で、単にパフォーマンスを向上させるだけでなく、市場調査から得た真の顧客ニーズに応えた。

　セントリーノのロゴで最も目を引くのはその形である。それまでの一連の長方形デザインとは一線を画した。2つの翼は、テクノロジーとライフスタイルの融合、前向きな考え方、そして好きなところへ行ける自由を表している。セントリーノの翼に使われている鮮明な赤は、インテル・ロゴの青とバランスが取れており、視覚的に活力と刺激を醸し出す一方、技術と情熱、論理と情緒のつながりを示している。また、「インテル、入ってる！」のロゴも一新された。それはより精密になり、より洗練され、また、より自信を感じさせるものとなった。そして、伝統的な「Intel」の「e」を下にずらした企業ロゴとのつながりを示し、企業提携やロイヤルティ・プログラムなどの連結といったプラス面を表している。

ブランドを活用した新規事業参入

　インテルはそのブランド名を使って、他の事業分野にも参入した。最も力を入れたのが通信分野だった。名の知れたブランドを持つ企業は、えてして、そのブランド自体が制約要因になるというブランディング問題を抱えることがある。インテルの場合、あまりにも強くマイクロプロセッサとペンティアムが結びついていたため、他の事業分野で信頼を築くことは大きなチャレンジとなりえた。そこで、サブブランドとブランド化要素がこの問題を解決するのに役立った。

インテルは「インテル・ネットワーク・プロセッサ」というブランド名で通信事業の重要分野に参入している。そこでは、「インテル、入ってる！」ブランドはどこにも見当たらない。また、「インテル・Xスケール・マイクロアーキテクチャ・プロセッサ」（特殊用途向けプロセッサを使わずに、一般用途向けプロセッサを特定作業に合わせて機能調整することができる）などのブランド化要素も開発された。

インテルは、これまでに多くの企業を買収してきた。そして、そのたびに、買収した企業が持つブランドの扱いについて判断しなければならなかった。そのままブランドを維持すれば、そのエクイティとこれまでの顧客関係を活用できる。逆に、そのブランドを廃棄すれば、インテル・ブランドあるいはインテルのブランド・ポートフォリオに買収した事業分野を移し替えることができるだろう。さらには、そのブランドに別の役割を見つけられるかもしれない。それは、特定分野のサブブランドという役割や、低価格ブランドという役割かもしれない。

たとえば、1999年にインテルは、ダイアロジック社（インターネット市場とテレコミュニケーション市場を統合するのに必要とされるハードウエアなどを供給していた企業）を買収した。当初、この新組織は「インテル・グループのダイアロジック社」と称されていたが、その後、インテル・コミュニケーション・システム・プロダクト部門の製品ブランドの1つになった（インテル・ダイアロジック・ボード）。

インテル社内で、ブランド・ポートフォリオに関する数多くの重要な意思決定が下されたことは確かだ。新ブランドのおかげで、同社は競争の脅威に立ち向かい、新市場に参入することができた。新規、または移行期の事業分野を規定する際に、ブランド間の関係はとりわけ重要だが、傘となる「インテル、入ってる！」ブランドは、ポートフォリオに欠かせないシナジーを与えた。ブランドに関する意思決定の多くは困難なもので、社内で物議を醸した。しかし、幾度となく、ポートフォリオ構造が事業戦略を反映し、そして実現を可能とし、成功を促進した。時には、ポートフォリオ構造が市場環境に影響を与え、製品カテゴリを定義づけた。その過程で、自社を差別化されたリーダー・ブランドとして位置づけようとするインテルの取り組みもいっそう高まったのだ。

◆**本書の構成**

　ブランド戦略は、HP（ヒューレット・パッカード）やVAIO、3M、フォード、タイドのような強力ブランドを構築・管理することではないかと思われることが多い。しかし、今日では、どの企業も複数のブランドを抱えており、そのため生じたポートフォリオ問題に直面しているのが現状である。たとえば、インテルの場合は、「インテル、入ってる！」をはじめ、ペンティアム、ジーオン、セントリーノ、Xスケール、そしてダイアロジックなど、たくさんの重要ブランドを抱えている。ブランド・ポートフォリオをうまく運営すれば、競争力がさらに向上する可能性があるにもかかわらず、マネジメントが不十分、あるいはまったくなされていない企業があまりにも多い。

　有力な事業戦略の構築、そして好結果を得るための実行には、ブランド・ポートフォリオの理解とマネジメントがカギとなるが、その理由は少なくとも5つある。

　第1に、それぞれのブランドに明確な役割を与えるポートフォリオであれば、競争優位を築く決定的シナジーを生み出すことができる。ブランド・ポートフォリオ・マネジメントでカギとなる要因は、すべてのブランドが、貢献を期待されるそれぞれの文脈で、明確な範囲と役割を任されるようにすることだ。もう1つは、すべてのブランドがそれぞれの役割を担いながら、互いに積極的に補強し、支え合うことで、首尾一貫したシナジーが機能するようにすることだ。ブランドをそれぞれが独立したものと見なすと、部分的な最適化と非効率性をもたらすだけである。

　第2に、ポートフォリオの視点があれば、将来性のあるブランドに必要な資源を割り当てることができる。それぞれのブランドが独立した組織に分断されてしまうと、有望なブランドでも事業規模が小さいために、資源が十分に割り当てられにくくなることがあるからだ。あらかじめブランドの役割を明確に決めておけば、ブランド育成の資源を最も生産的な分野に振り向けることができ、将来のブランド資産を築くのに役立つだろう。

　第3に、企業がブランド・ポートフォリオの視点、ツールおよび手法を理解

していれば、戦略を調整しながら、競争上の課題に対処できる。ブランドに関する課題の1つは、差別化や活力を維持すること、または活力を取り戻すことである。そうでなければ、ブランドの製品やサービスが脆弱になってしまう。サブブランドやブランド化特徴などのポートフォリオ・ツールがあれば、この目標を達成する道筋を示してくれる。急激に変化しつつある市場で関連性を創造・維持するのに最適な戦略を実現するためには、サブブランドや保証付ブランド、共同ブランドを用いるか、新しいブランド・プラットフォームを構築することだ。第4章、第5章、第6章では、こうした問題に対するポートフォリオの活用方法について詳しく述べる。

　第4に、戦略的成長の問題は、ポートフォリオ・ツールによって対処できる。どんな企業でもいつかは壁に突き当たり、新たな成長の源泉を見出さなければならない。戦略的には、通常、これは新たな市場への参入、新製品の発売、高級品または低価格品分野への移行を意味する。ただし、このような戦略はどれもブランド資産で実現可能である。それは既存ブランドを使用するか（おそらくはサブブランドや保証付ブランドを使用）、あるいは新しいブランドを買収または構築するということである。第7章、第8章では、成長を促進するツールとしてブランド・ポートフォリオを論じている。

　第5に、製品やサービスがあまりに複雑になると、顧客や従業員でさえも混乱することがある。その結果、顧客との関係にひびが入るおそれもある。もっとわかりやすくいえば、ブランド・メッセージが雑然としていて覚えられないために、ブランド構築の努力が無駄になることもあるのだ。第9章と第10章では、ブランド・ポートフォリオの焦点と明確さを創造する方法を述べる。

　ブランドを取り巻く状況が複雑になるにつれて、ブランド・ポートフォリオ戦略がとりわけ重要になる。分野や製品、競合タイプの多様化、複雑な販売チャネル、ブランド拡張手法の複数化、保証付ブランドやサブブランドの使用拡大などによって、ブランドの文脈は複雑になっている。コカ・コーラ、バンク・オブ・アメリカ、プロクター・アンド・ギャンブル（P&G）、HP、ソニー、VISA、テクストロン、ボルボなどのブランドはすべて、多様な市場で複数の製品（なんの共通点もない場合もある）を複数の販売チャネルを使って運営している。そのため、ブランドが複雑になってしまい、顧客の混乱や非効率を招く

ばかりか、従業員やブランド構築パートナーから見てもブランド戦略が整理されておらず、目指すものが希薄になっていることがしばしば起こる。競争の圧力にさらされる状況においては、まとまりのある明確なブランド・ポートフォリオが必須になるのだ。

ブランド・ポートフォリオ戦略の定義する意味は次節で明らかにする。続いて、ブランド・ポートフォリオ戦略の5つの構成要素とその目的を説明する。そのなかで関連概念を紹介したい。このうち、ブランド差別化要素やブランド活性化要素などは初めて紹介する概念である。

第2章では、ブランド・ポートフォリオ戦略の重要な基本的構成要素（マスター・ブランド、サブブランド、保証付ブランド）を説明し、それらの関係をブランド関係チャートを用いてモデル化する。第3章では、ポートフォリオ・マネジメント・プロセスそのものにも触れながら、ブランド・ポートフォリオ戦略の構築に必要な4つの要素（市場要因と市場力学、事業戦略、ブランド・エクイティとブランド・アイデンティティ、ブランド・ポートフォリオ監査）を説明する。

第Ⅱ部では、関連性、差別化、活力の創造に役立つブランド・ポートフォリオの利用について説明する。第Ⅲ部では、成長過程（水平的・垂直的ブランド拡張）を扱う。第Ⅳ部では、ポートフォリオの明確さと焦点を実現する方法について述べる。

ブランド・ポートフォリオ戦略とは何か

ブランド・ポートフォリオ戦略（brand portfolio strategy）とは、ポートフォリオの構造とそのブランドの範囲・役割・相互関係を明確にするものだ。その目標は、ポートフォリオにシナジー、レバレッジ効果、明確さを持たせ、関連性があり差別化され、活力のあるブランドを創造することである。ポートフォリオ内のブランドは、自社ブランドであれ、提携関係にある他社ブランドであれ、それぞれのブランドが事業戦略を支援、実現するための役割を担いつつ、互いに協力し合うチームとして考えるべきだ。ブランド・ポートフォリオ戦略を構築しマネジメントするには、以下のような意思決定を下していかなければ

ならない。

- ブランドやサブブランドの追加、削減、優先順位の決定
- ブランドを他の製品カテゴリに拡張すべきか──その場合、ディスクリプターにするかサブブランドにするか、それともエンドーサーにするか
- ブランドを超高級品分野に拡張するか、または低価格品分野に拡張するか
- ブランド提携を構築するか
- 新製品カテゴリやサブカテゴリを特定するのか、または連想させるのか
- ブランド差別化要素（ブランド化特徴、ブランド化成分、ブランド化サービス、ブランド化プログラム）を創造または強化するのか
- ブランド活性化要素（ターゲット・ブランドに結びつき、連想、関心、活力を付加するブランド化スポンサーシップ活動、ブランド化製品、ブランド化プロモーション、その他のブランド化された要素）を構築するのか

　ブランド・ポートフォリオ戦略を掘り下げると、ブランド・ポートフォリオ、製品定義の役割、ポートフォリオの役割、ブランド範囲、ポートフォリオ構造、ポートフォリオ・グラフィクスの6つの要素に分けることができる。これらの要素1つひとつに、ブランド・ポートフォリオ戦略のツールと概念が包含されており、次節でその説明と議論を行う。後述のコラム「ブランド・ポートフォリオに関する問題点またはチャンス」でも、この戦略の視点を提示する。
　ブランド・ポートフォリオ戦略には、企業組織の内部事情に影響された視点を持ち込んではならない。企業の環境変化に合わせて、社内の組織構造は頻繁に変わるかもしれないが、顧客と向き合うブランド体系はできる限り安定していることが必須条件である。顧客は、新しい組織名など知ろうとはしない。ブランド・ポートフォリオ戦略の健全な構築のためには、企業内の組織割りなどに左右されてはならないのだ。唯一関心を払うべきは、製品やサービスを顧客の視点で明確かつ魅力的にすることである。
　図1－2は、ブランド体系に関する6つの要素と5つの目標をまとめたものである。次節ではそれぞれの要素を明確にし、さらにその次の節でポートフォリオの目的を述べる。

◘ 図1-2　ブランド・ポートフォリオ戦略

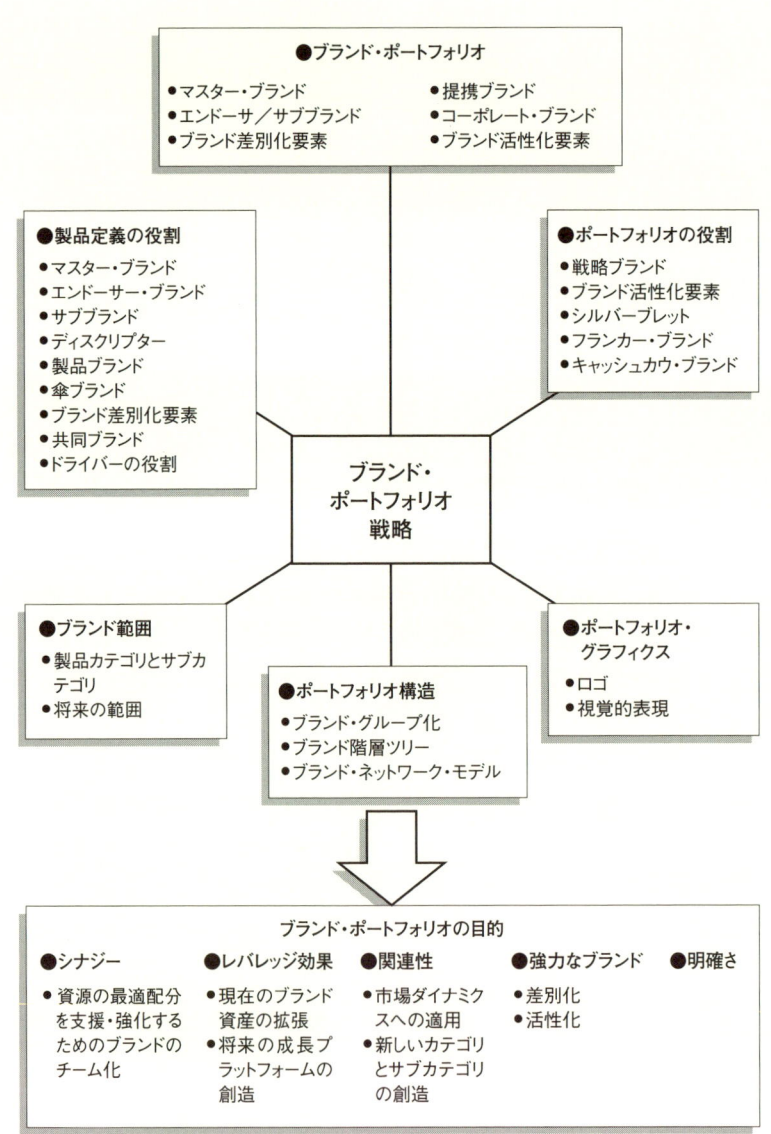

ブランド・ポートフォリオに関する問題点 またはチャンス

1. 成熟ブランドのブランド構築予算はあり余っているのに、将来的に利益を押し上げる可能性があるブランドには予算がわずかしかない。
2. 今後のカギとなるマスター・ブランドの役割が不透明なため、事業戦略およびマーケティング戦略が麻痺している。
3. 今後の事業戦略を支援するブランド資産がなく、なおかつその状況を是正する明確なプランがない。
4. 新製品カテゴリやサブカテゴリの出現によって、製品やサービスの関連性が低下したため、市場シェアが減少している。
5. 差別化が難しくなっており、結果的に利益率が落ちている。このためブランド差別化要素が必要である。
6. 主要ブランドが古くさく、精彩さに欠けており、イメージの修正が必要である。こうした状況にはブランド活性化要素が役立つ。
7. 組織の能力、資源、ブランド力が不足しており、市場の変化に対応できない。この場合、ブランド提携が解決策になる可能性がある。
8. ブランド資産が成長実現のために、期待ほどには活用されていない。
9. コーポレート（組織）ブランドに伝統、価値観、社会貢献、資産、能力など潜在的な差別化ポイントがあるが、十分に活用されていない。
10. コア市場の状況が悪化している一方で、利益率が高く、商品に勢いがある超高級サブカテゴリは成長しているが、自社は参入していない。
11. 生き残っていくために、健全な低価格品市場に参入する方法を見出すことが戦略的に重要である。
12. 製品やサービスの提供が複雑すぎるために、顧客はもちろん、時には従業員までもが必要なものをどう買うべきかわからない。
13. ブランドと製品が多すぎて、少ないブランド構築予算がさらに分散してしまっている。

ブランド・ポートフォリオ戦略の次元

　ブランド・ポートフォリオ戦略の構築には6つの次元がある。まず1つ目は、「ブランド・ポートフォリオ」そのもので、ポートフォリオの目的を達成するのに必要な一連のブランドを用意することである。続く「製品定義の役割」と「ポートフォリオの役割」の2つは、各ブランドが担う可能性のあるさまざまな役割を規定する。さらに、「ブランド範囲」は各ブランドが現在および将来にわたって関連する製品カテゴリやサブカテゴリ、そしてブランド文脈間の関係を示している。最後に「ポートフォリオ構造」はブランド間の関係を形式化し、「ポートフォリオ・グラフィックス」はブランド自身や他のブランドとの関係性をどう表現するべきかを示す。

◆ブランド・ポートフォリオ

　ブランド・ポートフォリオ（brand portfolio）は、マスター・ブランド、エンドーサー、サブブランド、ブランド差別化要素、共同ブランド、ブランド活性化要素、コーポレート・ブランドなど、現在活用されていないものも含め、組織によってマネジメントされるすべてのブランドを含む。ブランド差別化要素とブランド活性化要素については、後ほど本節で詳しく説明する。

　コーポレート・ブランド（corporate brand）は企業（より一般的には組織）を象徴するブランドで、その伝統、価値観、文化、従業員および戦略を映し出す。また、すでに述べたとおり、**ポートフォリオ内のブランド**（portfolio brand）としては、自社ブランドとのつながりが密接な社外ブランド、たとえばブランド化スポンサーシップ活動、ブランド化シンボル、著名人の起用、国や地域も含まれる。

　ポートフォリオの基本的な課題はその構成である。ブランドをいくつ追加すべきだろうか。確かに、ブランドを追加することによって、ポートフォリオが強化されるときもある。しかしブランドを追加する場合には、そこに必ず明確

な役割がなければならない。さらに、ブランドを追加する際の意思決定は、ポートフォリオ全体の視点を持った人物またはグループが行うべきである。ブランド・ポートフォリオの全体像をほとんど把握していない(もしくは関心のない)分権化されたグループに、こうした意思決定が委ねられる場合が非常に多いが、そうするとブランドが拡散しがちである。事業目標を達成するのに必要な関連性のあるブランドは最小限の所有にとどめることを目指すべきである。

また、ブランド数を削減すべきかが問題となる場合もある。ブランドの数が多すぎると、それらを支えるのに必要な資源を十分に確保することが難しくなる。さらに悪いケースでは、不必要なブランドの存在そのものが混乱を招くこともありうる。その場合、たとえ痛みを伴ってもブランド・ポートフォリオを簡素化する以外に解決策はない。第10章ではこの問題を取り上げ、そのプロセスに役立つ方法を示す。

◆製品定義の役割

製品やサービスが提供される場合、1つのブランドまたは一連のブランドによって顧客に認知されることが必要だ。ブランドは**製品定義の役割**(product-defining role)によって、顧客の視点を反映することができる。それぞれのブランドは、マスター・ブランド、保証付ブランド、サブブランド、ディスクリプター、製品ブランド、傘ブランド、ブランド差別化要素、またはブランド提携のいずれかの役割を担っている。

- マスター・ブランド(master brand)は、製品やサービスの主軸であり、参照ポイントである。視覚的には、通常、3 M Accuribbonにおける3 Mのように、頭におかれる。
- エンドーサー・ブランド(endorser brand)は、製品やサービスに信頼性と実体を与える役割を担う。単にエンドーサーとも呼ばれる。たとえば、ゼネラル・ミルズはチェリオスをブランド保証(endorse)している。エンドーサーの役割は企業を代表することであり、その信頼性や実体は、企業の戦略、資源、価値観、伝統に基づいている。

- **サブブランド**（subbrand）は、特定の製品市場においてマスター・ブランドとの連携を高める、もしくは修正する（たとえばポルシェはサブブランドのカレラを持っている）。この役割は、マスター・ブランドとまったく異なるブランドを創造することであり、特性やパーソナリティ要因を加味することで、特定の製品やセグメントに適合させる。
- **ディスクリプター**（descriptor）は、製品やサービスを説明する。通常、機能に関する用語（航空機エンジン、電気製品、電球バルブなど）で表される。ディスクリプターはブランドそのものではないが、ポートフォリオ戦略で重要な役割を担っている。
- **製品ブランド**（product brand）は、マスター・ブランドとサブブランド（トヨタ・カローラ）、あるいはマスター・ブランドとディスクリプター（アップル－シナモン・チェリオス）から形成される製品やサービスを規定する。
- **傘ブランド**（umbrella brand）は、よく知られるブランド（マイクロソフト・オフィス）の下で製品やサービスのグループ（マイクロソフト・オフィス・ワード、マイクロソフト・オフィス・エクセル）を規定する。フェデックスeビジネス・ソリューションやeコマース・ビルダーといった個々の製品ブランドよりも、適切で効果的な手段となりうる。
- **ドライバーの役割**（driver role）は、ブランドが購買決定を促し、使用経験を規定する程度を反映する。通常はマスター・ブランドが圧倒的にドライバーの役割を担っているが、エンドーサー、サブブランド、あるいはディスクリプター、セカンドレベルのサブブランド（サブブランドのサブブランド）でも強度の異なるドライバーの役割を果たしうる。トヨタはカローラよりもドライバーとしての役割が大きいが、両方とも影響力がある。

第2章では、前記のようなブランドの役割をより詳細に説明したうえで、こうした役割のパワーがどのように強力で柔軟なブランドの創造に結びついているかについて洞察する。その他の役割——第4章で取り上げるブランド差別化要素、第6章の主題であるブランド提携——については、ブランド・ポートフォリオ戦略の概説をいったん終えるために、ここで紹介する必要があるだろう。

ブランド差別化要素

　ブランド差別化要素（branded differentiator）は、特徴、成分、サービス、プログラムなどを規定するブランドやサブブランドのことである。消費者向け製品やサービス分野でブランド差別化要素が使用される例としては、フロースルー・ティーバッグを採用しているリプトン紅茶が挙げられる。マスター・ブランドの差別化ポイントを創造できれば、そのブランド製品やサービスは卓越したものになり、製品やサービスを補強することにつながるため、機能や便益が向上する。

　ブランド差別化要素には多くの種類があるが、その一部には次のようなものがある。

ブランド化特徴

　ブランド化特徴（branded feature）は、製品やサービス自体が持つ特性で、顧客への便益を生む。

- ジップロック・サンドイッチ・バッグ——カラーロック・ジッパー
- ワールプール・エレクトリック・レンジ——ワールプール・クリーントップ、アキュシマー・エレメント
- リーボック——3Dウルトラライト・ソール・デザイン

ブランド化成分（または技術）

　ブランド化成分（または技術）（branded ingredient〈or technology〉）は、製品やサービスに組み込まれ、便益や信頼感を暗示する。

- シスコ・エアロネット——LEAPテクノロジ
- ザ・ノース・フェイス・パーカー——ゴアテックス
- チアー——アドバンスト・カラーガード・パワー

ブランド化サービス

　ブランド化サービス（branded service）は、なんらかのサービスを提供する

ことで製品やサービスを補強する。

- アメリカン・エキスプレス――ラウンド・トリップ（企業向け旅行代理店のサービス・パッケージ）
- フォード／マーキュリー／リンカーン――クオリティ・ケア
- ユナイテッド航空――アライバルズ・バイ・ユナイテッド、ユナイテッド・レッド・カーペット・クラブ、ユナイテッド・マイレージ・プラス、ビジネス・ワン

ブランド化プログラム（branded program）は、製品やサービスとブランドに結びついたプログラムを提供することによってブランドを補強し、拡張する。

- ヒルトンHオーナーズ
- クラフト・キッチンズ
- GMバイパワー

ブランド差別化要素の価値はさまざまな文脈で実証されている。特に新たなブランドや未確立のブランドを増進させる点は、一貫して認識されている。

ブランド提携――共同ブランド

ブランド提携（brand alliances）とは、複数の企業が共同で、効果ある戦略的または戦術的ブランド構築プログラムに取り組んだり、共同ブランドの製品やサービスを創造したりすることを指す。たとえば、NFLなどへのスポンサーシップ活動やタイガー・ウッズなどの著名人もポートフォリオにあるブランドのエクイティを構築する長期的な役割を担っており、積極的にマネジメントすべきポートフォリオの一部になる。

共同ブランド（co-brand）は、異なる企業（あるいは同一組織内であっても明らかに異なる事業単位）のブランドが結合して製品やサービスを生み出す際に生じるブランドのことであり、各ブランドがドライバーの役割を果たす。ネスレ・シロップ付きピルズベリー・ブラウニーといった材料ブランドや、ケロッ

グのヘルシーチョイス・シリアルのようなエンドーサーも共同ブランドの一種である。また、3つのマスター・ブランドを持つクレジット・カード（シティバンク、アメリカン航空、VISA）のように、結合されたマスター・ブランドとなる場合もある。さらに、ユニバーサル映画とバーガーキングの相互プロモーションのように、共同のブランド構築も共同ブランドに入る。

　第6章で述べるように、共同ブランドには大きな利点がある。製品やサービスが2つのブランド・エクイティを活用することができ、それによって提案する価値を増大したり、差別化ポイントを強化したりできる。また、共同ブランドの製品やサービスばかりでなく、両ブランドの連想をも強化することができる。このため、企業はダイナミックな市場に、迅速かつ戦略的に対応することが可能となる。

製品定義の役割とは

　製品やサービスを定義するブランドの組み合わせは、実際の市場における製品に密着した視点で行われる。製品やサービスの名前を何にするか。顧客を直視したブランドとはどんなものだろうか。そのようなブランドの組み合わせの1つが、「トライポート・ヘッドホン技術搭載のボーズ・クワイアットコンフォート」ステレオヘッドセットだ。これには、マスター・ブランド（ボーズ）、サブブランド（クワイアットコンフォート）、そしてブランド差別化要素（トライポート・ヘッドホン技術）がついている。

　製品やサービスを特定するために組み合わされたブランドには、それぞれ明確な役割があり、このことはブランド・マネジメントに影響を及ぼすだろう。ほかに3つの例を挙げる。

- ボーズのCDプレーヤーとゼネラルモータース（GM）にブランド保証されたノーススター・エンジン搭載のキャデラック・セビル
- HP ImageREtテクノロジを投入したHPカラー・レーザージェット5500
- アロエ成分とDLC刃をセットにしたジレット・フォー・ウィメンのジレット・ヴィーナス

最初の例では、マスター・ブランド（キャデラック）、サブブランド（セビル）、共同ブランド（ボーズ）、保証付ブランド（GM）、さらに2つのブランド差別化要素（ボーズ、ノーススター）がついている。2つ目の例では、マスター・ブランド（HP）、サブブランド（カラー・レーザージェット5500）、ブランド差別化要素（HP ImageREtテクノロジ）がついている。3つ目の例では、マスター・ブランド（ヴィーナス）、製品ブランド（ヴィーナス・シェービング・システム）、エンドーサー（ジレット・フォー・ウィメン）、2つのブランド差別化要素（アロエ成分、DLC刃）がついている。

◆**ブランド範囲**

すべてのブランドには、そのブランドがカバーする製品カテゴリ、サブカテゴリおよび市場の範囲を反映するブランド範囲の規模がある。

ブランド範囲（brand scope）とは、ポートフォリオ内のそれぞれのブランドが関連する製品カテゴリやサブカテゴリ、およびブランドの持つ文脈間の関係を示す。ポートフォリオ内のどのブランドも範囲をマネジメントされる必要があるが、なかでもマスター・ブランドはその範囲を最も慎重に決めなければならない。

一部のマスター・ブランドには大幅に焦点を絞ったものもある（A1ステーキ・ソースなど）。それは、1つには、マスター・ブランドが製品カテゴリと結びついており、拡張するとブランドが希薄化してしまうからである。一方で3M、ゼネラル・エレクトリック（GE）、東芝などのブランドは、多種多様な製品や市場を広範にカバーしている。たとえばGEのマスター・ブランドは、金融サービス、航空機エンジン、電気製品そしてその他製品にも見られ、電気製品の分野では、消費者、デザイナー、建築業者など、幅広いセグメントに利用されている。別の例でいえば、アウディなどは、単一の製品カテゴリの下で大きな傘ブランドを有している。

ブランド・ポートフォリオの目的の1つは、強いブランドの連想が複数の製品カテゴリに及ぶよう拡張させ、ブランド資産の活用度を高めることである。このアプローチが実行できれば、より効率的で効果的なブランド構築プログラ

ムとともに、より知名度が高く、力強いブランドを築くことができる。これは、事業戦略についての有名な金言「一番強力な資産を十分に活用せよ」に従っている。しかしブランド、特にマスター・ブランドをどこまで拡張できるかという点には限界がある。ブランドを拡張しすぎると、場合によっては、差別化や関連性を失うおそれも出てくる。さらにひどい場合は、ブランド拡張によってつくられた連想が災いし、ブランドをかえって弱めたり傷つけたりすることもある。

　マスター・ブランドの範囲は、サブブランドや共同ブランドを使用することで拡張できる。また、ブランドは、エンドーサーとして対象範囲をさらに広げることも可能だ。保証付ブランドはそれほど役割も少ない分リスクも小さい。このように、マスター・ブランドを活用するうえで、さまざまなツールと選択肢がある。

　ブランド・ポートフォリオ・マネジメントにおいては、ブランドが現在対象とする範囲だけでなく、将来予想される範囲も考慮しなければならない。ブランドを最も効果的に活用するためには、長期的な計画に基づく究極的な製品範囲とそれを実現するための順序、そして成功するために必要な連想を明らかにすることである。第7章でこの考えを詳しく述べる。

　ブランド範囲が製品カテゴリや市場を対象としているような場合、ブランド・ポートフォリオ戦略がこれらの関係の意味を規定する必要がある。たとえば、「キャデラック・エスカレードSUV」と「キャデラック・セビル・セダン」との関係は何か。また、同じキャデラック・エスカレードでも、大口顧客向けに販売されたときと一般消費者に販売されたときはどう違うか。キャデラック・ブランドはそれぞれの文脈で同じなのか、あるいは修正されるのか。ジレットは男性向けに「ジレット・マッハ3ターボ」を提供する一方、ジレット・フォー・ウィメンからは「ジレット・サテンケア・シェーブジェル」を出しており、両製品ともにアメリカ、ヨーロッパ、その他地域で販売されている。ジレット・ブランドはすべての文脈で同じなのだろうか。

◆ポートフォリオの役割

ポートフォリオの役割（portfolio roles）は、ブランド・ポートフォリオに関する企業内部のマネジメントの視点を反映する。ブランド・ポートフォリオを全体としてマネジメントする場合、各ブランドはそれぞれが独立したものではないし、各ブランド・マネジャーは孤立した存在ではない。ブランドを個人や組織単位に点在する個々のものとして扱ってしまうと、資源の配分を誤ったり、ブランド間のシナジーを活用できなくなってしまう。ポートフォリオの役割は、ブランド構築およびマネジメントに必要な資源の最適配分を行う機能を果たすことだ。

ポートフォリオの役割には、戦略ブランド、ブランド活性化要素、シルバーブレット・ブランド、フランカー・ブランド、キャッシュカウ・ブランドがある。これらの役割は互いに相容れないものではない。たとえば、あるブランドが戦略ブランドであると同時にシルバーブレット・ブランドの場合もある。さらに、ある時点で、戦略ブランドだったものがキャッシュカウ・ブランドに変化することもありうる。

ポートフォリオの役割は、対象とする市場文脈によって異なってくる。あるブランドがアメリカ市場で戦略ブランドだとしても、東アジア市場ではそうではないかもしれない。同じように、あるブランドがビジネス市場でシルバーブレットだとしても、家庭用市場でもそうであるとは限らない。

戦略ブランド

戦略ブランド（strategic brand）とは、企業にとって戦略的重要性の高いブランドのことである。成功のためには欠くことのできないブランドであるため、必要であればどんな資源でも投入すべきである。どれが戦略ブランドなのかを見極めることが、ブランド構築資源を最も重要な戦略的事業分野に配分するための大きな一歩となる。

一般的に、戦略ブランドには3種類ある。

- **現在のパワー・ブランド**（または**メガ・ブランド**）（current power brand〈or megabrand〉）は現在大幅な売上高と利益を生み出してはいるものの、キャッシュカウ候補ではないブランドである。おそらく、このブランドはすでに大規模な有力ブランドで、現在のポジションを維持または引き上げると想定されている。マイクロソフト・ウィンドウズはこのカテゴリに入る。
- **将来のパワー・ブランド**（future power brand）は、現在は小規模または新興ブランドであるが、将来は大幅な売上高と利益を生み出すと予想されている。インテルのセントリーノはこのカテゴリに入る。
- **基点ブランド**（linchpin brand）は、将来的に大きな売上高と市場ポジションを直接生み出すのではなく、間接的に影響を与えるブランドであり、企業の主な事業分野や将来ビジョンにおいて、「要（リンチピン）」、すなわちテコの基点の役割を果たす。「ヒルトン・リワード」は、ヒルトン・ホテルの基点ブランドである。なぜなら、それはホテル業界の重要顧客セグメントである常習旅行者をコントロールするための将来的な能力を表しているからだ。もし競合する旅行者向け報酬プログラムがなんらかの理由で支配的になるようなことがあれば、ヒルトンは戦略的に不利な立場におかれるだろう。しかし、ヒルトン・リワード・ブランドが売上げや利益面で直接的に貢献するわけではない。

以前からある問題の1つに、将来のパワー・ブランドや基点ブランドに、現在の売上げ基盤がないため資源を割り当てられないことがある。分権化された企業の倫理とは、ブランドに投資する権利は、自分で稼ぎ出すべきであり、儲けている事業部門だけがブランドに投資できてしかるべきだというものである。そうした投資は、現在の利益によって支えられているので、企業にとっては痛くない。そのため、ポートフォリオを全体的にとらえる組織体制がなければ、分権化された各事業部門が勝手に予算を組むという、誤った戦略に陥ってしまう。結果として将来のパワー・ブランドや基点ブランドに資金が十分に回らないばかりでなく、大規模なパワー・ブランドに過剰投資してしまうことになる。戦略ブランドの選定は、より賢明で戦略的視点でブランド構築予算を配分できるかといったことに影響を及ぼす。

この裏返しとして、将来の組織的展望を重視するあまりに、新興分野や基点ブランドに注目が集まりすぎると現在のパワー・ブランドがおろそかになる。P&Gは1990年代に新ブランドへの過剰投資が一因で苦戦を強いられた。2000年初め、新しいCEOは巨額の利益を生み出すP&Gのトップ・ブランド（タイド、クレスト、シャーミン、ダウニー、パンパース、フォルジャー、バウンティ、アリエール、プリングルズ、オールウェイズ、パンテーン、アイムス）に焦点を戻すことで経営を立て直した[2]。新製品の発掘ではなく、タイドなどのよく知られたブランドの売上げを促進するという単純な考え方に立ち戻ったのだ。主要ブランドの成長は売上高の著しい伸びを示すうえに、新製品の構築につきもののコストとリスクを避けることができる。

　将来の見通しに基づいて戦略ブランドを見出し、優先順位を決めるには、一定の規律がなければならない。ブランド・マネジャーの楽観的な希望的観測から、戦略ブランド候補が増えすぎてしまうことがある。これを解決するには、候補を厳密に分析することだ。市場は理にかなった期間内に本当に成長するのか。あるいは、機能するまでに半世紀もかかったキャッシュレス社会のようなものか。または、ほとんどが幻想だったドットコム社会のようなものか。勝ち残った者に利益はあるのだろうか。それとも競合相手が多すぎて、市場を台無しにしてしまったワイヤレス業界のようなものだろうか。そのブランドは、収益性の高いポジションを市場で獲得できるような、持続性のある差別化ポイントを創造できるだろうか。このような厳しい質問を吟味することが必要である。

　戦略ブランドの特定は事業戦略に沿って行われるべきである。たとえば、「AAA保険」はアメリカ自動車協会の戦略ブランドだが、それは同協会の将来が道路関連サービスを超えて発展することにあるからである。またナイキの「オール・コンディションズ・ギア（ACG）」は、アウトドア分野の基盤づくりを行うための戦略ブランドである。リーバイスの「スレイツ」は、ビジネスまたはカジュアル向けの男性用スラックス市場において基礎を築く戦略ブランドの1つである。

ブランド活性化要素

　第5章で記述するが、**ブランド活性化要素**（branded energizer）は、ブラン

ド化された製品、プロモーション、スポンサーシップ活動、シンボル、プログラム、またはその他の要因であり、連想によって**ターゲット・ブランド**（target brand）を著しく強化し、活性化する。ブランド活性化要素とターゲット・ブランドの関連は、長期にわたって積極的にマネジメントされるべきだ。

　ブランド活性化要素は、製品やサービスをよりよくしたり、補強することで支えるブランド差別化要素とは異なり、製品や使用とは別に存在する要因である。それは次の例のように企業が所有し、マネジメントできるものである。

- 「ピルズベリー・ドウボーイ」は、ピルズベリーに楽しさと活力を付加するブランド化シンボルである。
- バドワイザーは、ブランドに面白さと活力を付加する多くのブランド活性化要素（ライターの「クライズデールズ」、「ワザップ?!＜やあ、どうだい?!＞」のCM、ミス・バドワイザー・レーシングチームなど）を持っている。
- 「クライスラー・PTクルーザー」は、クライスラー・ブランドに活力を与えている。

　また、ブランド活性化要素は別の企業が所有したりマネジメントしたりすることもあるが、ターゲット・ブランドとの関連については積極的にマネジメントされなければならない。以下に例を挙げよう。

- メルセデス・オープン・ゴルフトーナメントは、メルセデスの活力を創造している。
- 全米ホッケーリーグのチームの1つ、サンノゼ・シャークスは、それまでサンフランシスコの影に隠れていたサンノゼ市のイメージを変えた。
- セリーナ・ウイリアムズ（テニス・プレーヤー）はいまやプーマの「顔」として活力を与えている。

シルバーブレット・ブランド

　ブランド活性化要素とブランド差別化要素は、その関与するターゲット・ブランドに対する影響度と必要とするコストによって、優先順位を低・中・高に

分類できる。

最も重要なブランドは、**シルバーブレット・ブランド**（silver bullet brand）である。このブランドは、他のブランドのイメージをプラスに変えたり、支えたりするために戦略的に重要な役割を果たしている。

シルバーブレットの役割を明白にすることは、どのようにブランドに資金を割り当て、マネジメントすべきかという点を根本的に変える。IBMのシンクパッドのように、あるブランドもしくはサブブランドがシルバーブレットとして認められた場合、必然的にコミュニケーション戦略や予算管理はブランド・マネジャーのみに任せてはおけないだろう。全社的なブランド担当部門（この場合は、IBMコーポレート・コミュニケーション部）もシルバーブレットの広告予算を増額したり、企業広告に特集を組んだりするなどして関わるべきである。

フランカー・ブランド
あるブランドが、普及品や独自ポジションを持った競合の攻撃に遭うと、どのような対応でも、イメージやブランド・エクイティをリスクにさらすことになる。このような場合、競合と戦うためのブランドが**フランカー・ブランド**（flanker brand。「ファイティング・ブランド」ともいう）である。フランカー・ブランドを利用することで、既存のブランドを騒動から遮断し、リスクを回避することができる。たとえば、ペプシがクリア・コーラを発売したとき、コカ・コーラは、同名の主力商品を競争のリスクにさらしたくはなかったが、ペプシがコーラ市場をねじ曲げるのを黙って見逃すわけにもいかなかった。解決策はフランカー・ブランドのタブ・クリアを投入することだった。タブ・クリアは、一般的にコーラよりも味が劣ると認識されているタブ製品と同じ市場に属する、新たなサブカテゴリとして位置づけられた。実際、タブ（ダイエット・コークより前に発売されたダイエット用コーラ）は、わずかではあるが熱烈なロイヤルティを持った顧客層に支持されているためだけでなく、フランカー・ブランドとして使いやすいという理由からも存続している。

「フランカー」とは、戦争の比喩から取った名称である。軍隊が敵軍に真正面からぶつかっていく場合、側面を守るために、一部の軍隊を外側へ向けた状態で残す。同様に、フランカー・ブランドは、ブランドが築き上げてきた属性や

便益と直接的に戦わない競合からブランドを守る役割を果たす。フランカー・ブランドの考え方は、主要ブランドの焦点を変更することなく、競合ブランドの効果を崩すことにある。

フランカー・ブランドが投入されるのは、競合が価格プレミアムを引き下げようと低価格戦略で挑んできた場合が多い。市場シェアを守るために価格引き下げで対抗した場合、そのブランド（もしくはカテゴリ全体）の収益性は脅かされるだろう。フランカー・ブランド——この場合は低価格ブランド——は、競合ポジションの効力を弱め、相手が抵抗なしに魅力的なニッチ市場を獲得することを防ぐのである。

キャッシュカウ・ブランド

戦略ブランド、シルバーブレット・ブランド、およびフランカー・ブランドに必要なのは、それぞれの戦略ミッションを達成するための投資と積極的なマネジメントである。あるブランドをこのようなカテゴリの1つに組み入れる目的は、追加的な企業財源を得るためである。なぜならば、これらのブランドはその時点での収益性で判断すると、本来適切なプログラムを正当化できないおそれがあるからである。

反対に、**キャッシュカウ・ブランド**（cash cow brand）は、ポートフォリオ内の他のブランドほど投資を必要としない。キャッシュカウ・ブランドとは、売上げが伸び悩み、徐々に減少していたとしても、ブランドを決して見捨てることのない熱烈でロイヤルティの高い顧客基盤が存在するブランドを指す。

キャッシュカウ・ブランドの例として、キャンベルの「レッド・アンド・ホワイト・ラベル」がある。この製品はキャンベルのブランド・エクイティの核をなしているが、同社に本当の活力を与えているのは実は別の製品である。

また、特許による保護または市場支配力を背景とし、強固なマーケット・ポジションを構築し維持しているために、支援をあまり必要としない大きなブランドもキャッシュカウととらえられるだろう。マイクロソフト・オフィスやソニー・ウォークマンはおそらくこのポジションにある。キャッシュカウ・ブランドの役割は、ブランド・ポートフォリオの将来的な成長と活力の基盤となる戦略ブランドやシルバーブレット、フランカー・ブランドに投資するための収

益資源を生み出すことである。

◆ブランド・ポートフォリオ構造

　ポートフォリオに含まれるブランドは互いに関係性を有している。この構造はどのような論理構成で成り立っているのであろうか。それは顧客に、複雑さや混乱よりも明確さを与えているだろうか。その論理はブランド間のシナジーやレバレッジ効果を支えているだろうか。組織に秩序、目的、方向性を与えているだろうか。あるいは、戦略の方向性を失わせ、一貫性のないブランドの寄せ集めへと導くような場当たり的な意思決定を招いてはいないだろうか。

　ブランド・ポートフォリオ構造（brand portfolio structure）は、論理が明確で簡潔に提示されると、よく理解され分析されやすくなる。そこで、ブランド・グループ化、ブランド階層ツリー、ブランド・ネットワーク・モデルなど、いくつかのアプローチが有用となる。ポイントは、最も適合するアプローチを用いることである。

◆ブランド・グループ化

　ブランド・グループ化（brand groupings）またはブランド配置（brand configuration）とは、共通する意味ある性質を持つブランドを論理的にまとめることである。たとえば、ポロ・ラルフ・ローレンは、ブランドを4つの特性に基づきグループ化したブランド・ポートフォリオ構造を展開している。

- **顧客セグメント**——ポロ（ポロ・プレーヤーのマークが入っている）は男性向けブランド、ラルフ・ローレンは女性向けブランド
- **デザイン**——男性向けのポロ・スポーツと女性向けのラルフ・ローレン・スポーツは、ポロやラルフ・ローレンと比べ、よりコンテンポラリーかつ若者志向
- **品質**——チャップス・バイ・ラルフ・ローレンはポロの低価格商品。女性向け分野では、ラルフとローレンがラルフ・ローレン・ブランドよりも価格が

手頃。そしてラルフ・ローレン・コレクションがより高級品
- **製品**——ラルフ・ローレン・ホーム・コレクション、ラルフ・ローレン・ホワイト・リネン、ラルフ・ローレン・ペイント・コレクションはすべて製品の種類を示している

このように、グループ化が論理的に行われれば、ブランド・ポートフォリオが発展する手助けとなるだろう。ポロ・ラルフ・ローレンのグループ化の次元のうち、顧客セグメント、製品、品質の3つは、多くの製品市場の構造を規定する次元であるため、ポロ以外の多くのポートフォリオにおいても論理的なグループ化を行う役割を果たす。

たとえば、ホテル業界では、マリオットホテルに見られるように、顧客セグメント（ビジネス旅行者向けのコートヤード・ホテル、観光客向けのフェアフィールド・イン）、製品（長期滞在者向けのレジデンス・イン、1泊滞在者向けのマリオット）、そして品質（高級志向のマリオット、大衆志向のフェアフィールド・イン・バイ・マリオット）に基づいて構造化されている。このように基本的な製品市場セグメントに基づいてグループ化されたポートフォリオ・ブランドは、消費者からも比較的理解されやすい。

その他のグループ化の次元としては、便益、使用用途、技術、そして流通チャネルがある。プリンス・テニス・ラケットには、便益を明確にした「サンダー」（パワー志向）と「プレシジョン」（正確性志向）というブランドがある。ナイキは各スポーツや活動ごとに一連のブランドを有しており、それぞれのブランドに使用用途の軸で論理性がある。HPには、「レーザージェット」「インクジェット」「スキャンジェット」などのように技術を表すジェット・シリーズがある。ロレアルは、デパートと専門店向けにはランコムとビオテルムというブランドを用いる一方、薬局とディスカウントストア向けにロレアルとメイベリン、美容院向けには別のブランド（レッドケンなど）を使っている。

◘**ブランド階層ツリー**

ブランド構造の論理は、**図1-3**および**図1-4**に示されるような**ブラン**

◘ 図1-3　ブランド階層ツリー（コルゲート・オーラル・ケア）

```
                              コルゲート
    ┌──────┬──────┬──────┬──────┬──────┬──────┬──────┐
 コルゲート・ コルゲート・ コルゲート・ コルゲート・ コルゲート・ コルゲート・ コルゲート・
 オーラル・  歯磨き粉   糸ようじ   歯ブラシ   キッズ    オーラル・  ホワイトニ
 ヘルスケア・                              ファーストエ  ング
 センター                                  イド
                              │
                    ┌─────────┴─────────┐
                  電動式              手動式
                    │                  │
                ├ コルゲート・モーション    ├ コルゲート・アクティブ・アングル
                └ コルゲート・アクティブラシ  ├ コルゲート・ナビゲーター
                    │                  ├ コルゲート・トータル
                    └ コルゲート・アクティブラシBzzz │
                                       └ コルゲート・トータル・プロフェッショナル
                                       ├ コルゲート・ウェーブ
                                       ├ コルゲート・プラス
                                       ├ コルゲート・センシティブ
                                       └ コルゲート・クラシック
```

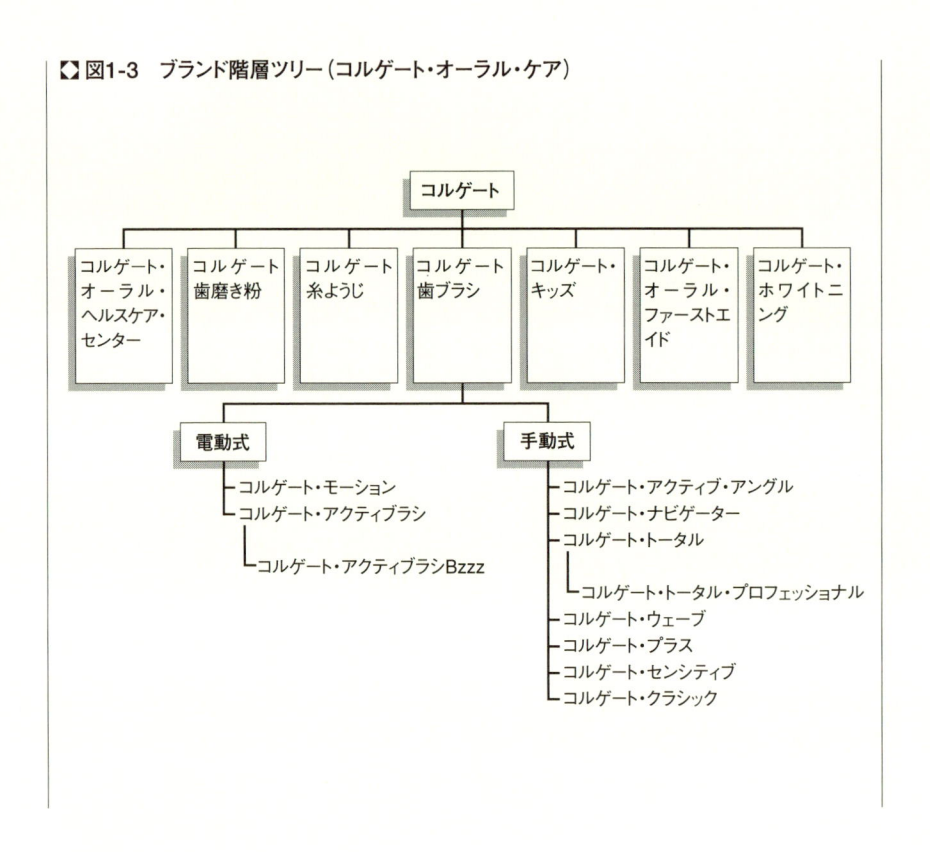

ド階層ツリー（brand hierarchy trees）またはブランド・ファミリー・ツリーを用いてとらえることもできる。階層ツリーの構造は、水平と垂直の軸からなっている。水平方向の軸は、ブランドの傘の下にあるサブブランドと保証付ブランドで表されたブランドの範囲を示す。一方、垂直方向の軸は、カギとなるブランド・ポートフォリオの次元を反映し、各製品市場への参入に必要なブランドとサブブランドの数を示している。たとえば、コルゲート・オーラル・ケアの階層ツリーを見ると、コルゲートの名称が歯磨き粉、歯ブラシ、糸ようじ、その他の口腔衛生用品を網羅していることがわかる。

　複数のブランドを抱えている企業は、各ブランドに木（ツリー）が必要となり、実際には１本の木だけでなく森が必要になるだろう。たとえば、コルゲートにはコルゲート、ウルトラ・ブライト、バイアデントという３つの歯磨き粉

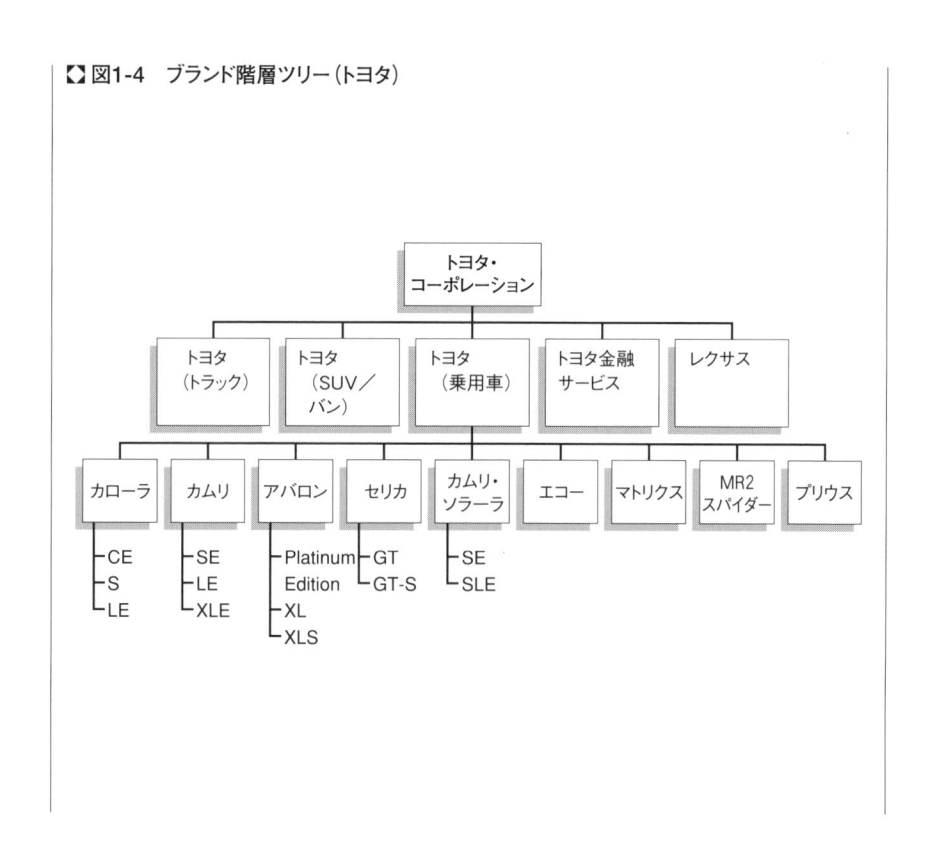

◘ 図1-4　ブランド階層ツリー（トヨタ）

```
                        トヨタ・
                      コーポレーション
    ┌──────────┬──────────┼──────────┬──────────┐
  トヨタ      トヨタ      トヨタ    トヨタ金融    レクサス
 (トラック)  (SUV／     (乗用車)   サービス
              バン)
  ┌────┬────┬────┬────┬────┬────┬────┬────┐
カローラ カムリ アバロン セリカ カムリ・ エコー マトリクス MR2   プリウス
                                ソラーラ              スパイダー
 ─CE   ─SE  ─Platinum ─GT   ─SE
 ─S    ─LE   Edition  ─GT-S ─SLE
 ─LE   ─XLE ─XL
             ─XLS
```

ブランドをはじめ、メノン、ソフトソープ、パルモリーブ、アイリッシュ・スプリング、スキン・ブレイサーなど数十もの主要ブランドがある。また、一部のツリーは1ページに収まりきらないほど拡張しすぎるため、いくつかの太い幹に分ける必要がある。コルゲート・オーラル・ケア製品は1本のツリー構造で示すのが難しいため、歯ブラシの幹は別個に考えたほうが便利かもしれない。

　ブランドをツリー構造に整理してみると、ブランド・ポートフォリオ全体を見渡せ、評価しやすくなる。評価の第1のポイントとして、市場環境やブランド維持の実現性から見て、ブランドの数が多すぎるのかあるいは少なすぎるのか。どのブランドが統合される可能性があるか。新しいブランドは市場のどこに影響を与えられるか。第2のポイントとして、ブランド・システムは明確で論理的か、それとも複雑で場当たり的か。もし論理性と明確さが欠けているな

らば、どのような変化が妥当であり、コスト効率が有効的か、などが挙げられる。

　ブランド・ポートフォリオ戦略の目的は、顧客と従業員の両方に製品やサービスの明確さを表現することである。さらに、サブブランドに論理的な階層構造があれば、明確さを生み出すことができる。一連のサブブランドが一貫して同じ特徴を表現していれば、その構造は論理的といえるだろう。しかし、サブブランドの中で技術を表すものもあれば、顧客セグメントを表すものもあり、さらに製品タイプを表すものもあるという場合には、そこに構造上の論理性はなく、明確さも定かではなくなってしまう。

◆ネットワーク・モデル

　そのほかにブランド・ポートフォリオ戦略を表すアプローチとして、**ネットワーク・モデル**（network model）がある。これは、それぞれのマスター・ブランドに影響を与えるポートフォリオ内のブランドと、関連する顧客の購買意思決定を図に表したものである。**図1－5**に一例が示されている。この図では、ナイキに影響を与える主要ブランドが示されている。リンクの太さは互いのブランドの影響度を表す。この図では、ナイキ・タウン、ナイキ・エアー、マイケル・ジョーダン、レブロン・ジェームズ、そしてタイガー・ウッズなどがナイキ・ブランドの重要なドライバーであることがわかる。

　こうしたアプローチの利点の1つは、ブランドとともにブランド構成要素も一緒に表現できることである。さらに、直接的な関係だけでなく間接的な関係も描写できる利点がある。

　このアプローチは、拡張可能である。ヒルとレデラーは、円の大きさ、マスター・ブランドまでの距離、円の色（白はプラス、黒はマイナス、グレーは中立）に意味を持たせた三次元の「分子」モデルを提案した[3]。ただし、この提示方法を展開していくとモデルが複雑になり、解釈が難しくなってしまうという問題点がある。

　これと似たもう1つのアプローチに宇宙モデルがある。このモデルでは、ポートフォリオを一群の恒星にたとえている。そこには軌道を周回しているさま

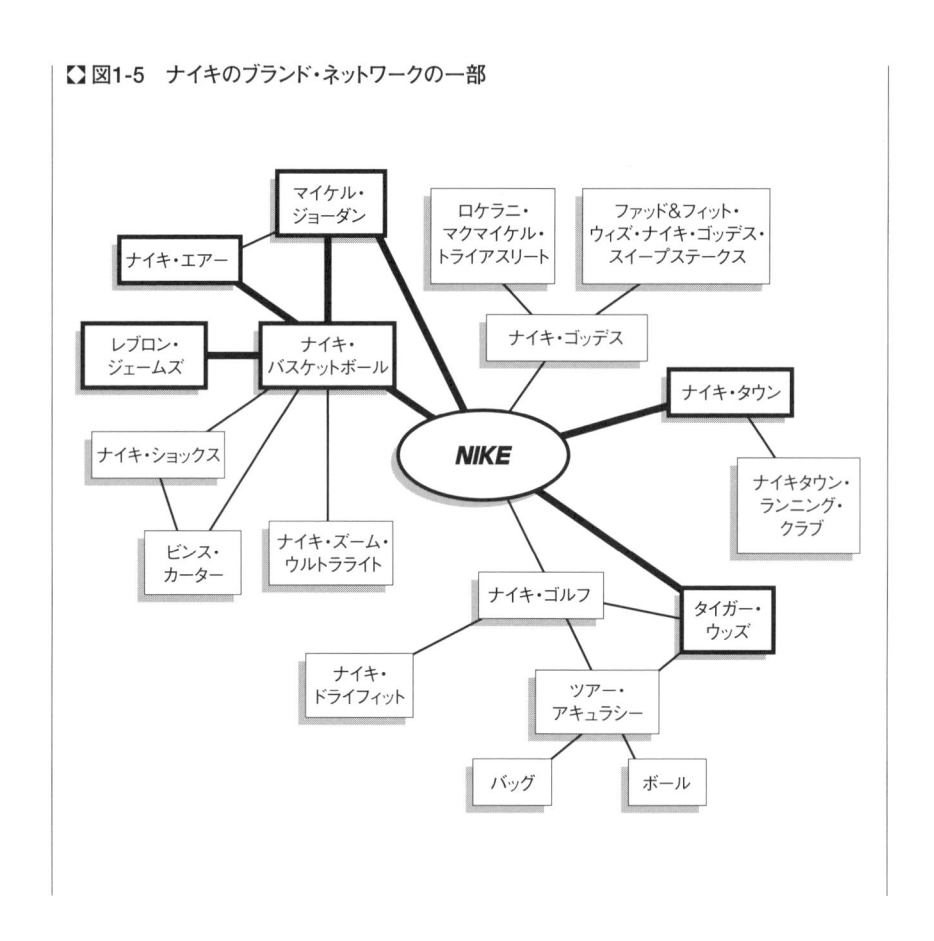

◘ 図1-5　ナイキのブランド・ネットワークの一部

ざまな大きさの惑星があり、それぞれは衛星に取り巻かれている。

　各ブランドに対応する小さな円盤をつくり、ブランド・マネジャーや顧客に宇宙モデルを使ってそれらを配置するよう頼むと、非常に参考になる。彼らにさまざまな恒星とその惑星・衛星を分別してもらい、その論理を説明してもらうのだ。そして出来上がった構造と論理を比較する。主要ブランドはどのようにリンクしているのか。各ブランドはどのような集団になっているのか。多くの場合、参加者の間には興味深い共通点と相違点が見られ、既存のポートフォリオ構造とその問題点の解明に役立つ。ブランドの位置づけが不明瞭だと、それぞれ異なった場所においたり、おく場所がまったくわからない人がいたりす

る結果になる。

◖ポートフォリオ・グラフィクス

　ポートフォリオ・グラフィクス（portfolio graphics）とは、さまざまなブランドおよびブランド文脈で使われる視覚的な表現方法である。最も目につきやすく、中心的なブランド・グラフィクスは、ロゴであることが多い。ロゴは、ほぼすべての役割や文脈でブランドを象徴するが、基本的なロゴの寸法、色、レイアウト、字体に変化を加えることによって、ブランドやその文脈、または他のブランドとの関係性を表現できる。また、ロゴ以外のポートフォリオ・グラフィクスの視覚的表現手段として、パッケージ、シンボル、製品デザイン、印刷広告のレイアウト、コピー、さらにはブランド提示方法の見た目や印象などが挙げられる。これらはいずれも、ブランド・ポートフォリオ内の関係性についてシグナルを送ることになる。

　ポートフォリオ・グラフィクスの役割の1つは、一連のブランドにおける相対的なドライバーの役割を明示することである。ロゴや看板に書かれた2つのブランドの活字の相対的な大きさや位置に、各ブランドの重要性やドライバーの役割が反映されている。第8章で述べるが、コートヤードに対するマリオットのブランド保証は、小規模のフェアフィールド・インに対するブランド保証よりも視覚的に大きく力強い。ノートパソコン上に記されたシンクパッド・ブランドの活字がIBMよりも小さいのは、製品の主要ドライバーはIBMであるということを顧客に示している。

　ポートフォリオ・グラフィクスのもう1つの役割は、2つのブランドまたは2つの文脈を切り離すことだ。たとえば、ジョン・ディアのトラクター式芝刈り機では、色とデザインが低価格ブランドである「スコット・フロム・ジョン・ディア」と伝統的な高級品ラインであるジョン・ディアを区別する重要な役割を果たしている。スコット・ラインはおなじみのジョン・ディアの緑色とは異なる色をしているため、顧客に高級なジョン・ディア製品を購入したのではないという強力な視覚的メッセージを送っている。HPは他の製品から家庭用製品を区別するために、異なる色の組み合わせ（紫と黄）、ユニークなパッ

ケージ（人物が描かれており、法人顧客向けの白い企業ロゴ・パッケージとは異なる）、そして「可能性の探求（Exploring the possibilities）」という異なるコピーを使用している。

　ポートフォリオ・グラフィクスのもう1つの役割は、ポートフォリオ構造を視覚的に表現することである。色そして共通のロゴもしくはロゴの一部を使用することは、グループ化の象徴となりうる。たとえば、マギーの色とパッケージ・レイアウトの使用は、数多くのサブブランドに対して非常に強固なマスター・ブランドの影響力を及ぼしており、共通のブランド連想でグループ化されていることを示している。

　第3章で論じるブランド・ポートフォリオ監査では、すべての文脈でのブランド・グラフィクスを見直すのに役立つ洞察が得られる。1つの簡単なテストとして、すべての地域や文脈におけるブランドのビジュアル表現を、大きな壁に貼ってみる方法がある。それらは同じような外見と印象を伴っているか。視覚的なシナジーがあるか。それによって、ある文脈のブランド・グラフィクスが別の文脈のグラフィクスを支援するか。またはブランドが一貫性のない、混乱した、まとまりのない方法で提示されていないか。このような視覚的テストは、ブランド構造の表現に対する論理的なテストを補完する。また、ブランド・グラフィクスを競合他社のものと比較することも有益である。

ブランド・ポートフォリオの目的

　ブランド・ポートフォリオの目標は、各ブランドのアイデンティティやポジションが目指しているものとは質的に異なっている。効果的で強力なブランドを構築することは、主たる目標の1つには違いないが、ブランド・リーダーシップの実現には他の目的も重要である。ブランド・ポートフォリオの目的は、シナジーの促進、ブランド資産の活用、市場関連性の創造と維持、差別化と活力を伴ったブランドの構築と支援、そして明確さの達成である。

◆ポートフォリオ・シナジーの促進

　よく練られたブランド・ポートフォリオはシナジーの源泉となる。特に異なる文脈でブランドを使用すれば、ブランドの認知度を高め、連想を創造・強化し、コスト効率を向上させること（たとえば、コミュニケーション・プログラムに規模の経済を生み出すことによって）ができる。逆に、ブランド・ポートフォリオは負のシナジーを回避しなければならない。異なる文脈でのブランド・アイデンティティと役割に差異があると、混乱を巻き起こし、ブランド・イメージを拡散させるおそれがある。

　ポートフォリオが生み出すシナジーには、事業戦略全体を支えるための、ポートフォリオ全体への資源の配分を含む。単に利益貢献度に応じて各ブランドに資金を割り当てると、現在の売上高は少ないものの高成長の可能性を持ったブランドや、ポートフォリオを支える重要な役割を持ったブランドが不足することになる。資源の最適配分を決定するための最初の重要なステップは、ポートフォリオ内のブランドを特定することである。特に、大規模になる可能性を秘めた新興事業を推進するブランドに関しては、たとえ短期的な業績を基準にすると配分の正当化が難しくなるとしても、資源の追加配分が必要である。

◆ブランド資産の活用

　十分に活用されていないブランドは遊休資産と同じである。ブランドの活用とは、強力なブランド・プラットフォームを創造し、そしてそれらを十分に生かし、コア市場における影響力を高め、エンドーサーやマスター・ブランドとして新たな製品市場にそれらを拡張することである。ブランドの活用に関するもう1つの次元は、ブランドを高級品または低価格品市場に移行する垂直的拡張である。ブランド・ポートフォリオ・マネジメントによって、ブランド拡張の機会を創造するための構造とプロセスを提供し、そのリスクを評価し、それに応じてポートフォリオを調整するべきである。ポートフォリオを大局的に見ることで、ブランドの拡張（特に垂直的拡張）を行う際のリスクを突き止め、

評価することができる。
　また、ブランド・ポートフォリオ戦略では、将来に目を向け、新たな製品市場への参入という戦略優位を持ち支えうるブランド・プラットフォームを構築しなければならない。それは、現在の事業状況からすれば正当化が困難でも、将来的に著しい拡張可能性を持ったマスター・ブランドを構築するという判断もありうることになる。

◆関連性の創造と維持

　ほとんどの市場は、顧客、技術、流通チャネル、競合他社の新製品やサービスの投入で動くトレンドの影響を受けている。市場と関連性を維持する必要のある製品を支援するため、ブランド・ポートフォリオはサブブランドや保証付ブランドを追加、あるいは新ブランドを構築するなどして、既存ブランドを適合させなければならない。ブランド・ポートフォリオに動きがないと、関連性を失うリスクを招きかねない。

◆強いブランドの構築と強化

　ブランド・ポートフォリオ体系の目標が強いブランドを持つことでないと、自滅するおそれがある。つまり、顧客と共鳴し、差別化ポイントを持ち、活力を伝えることができる強いブランドの製品やサービスを構築することが不可欠である。
　ブランド・ポートフォリオ戦略がよく練られていれば、さまざまな点で貢献する。まず、すべてのブランドが、成功に必要な役割を担うことになる。そして、最も有望なブランドを強化するために資源を集中させることができる。また、時間をかけてブランド差別化要素を構築し、積極的に活用されることだろう。さらに活力を高め、連想を創造または変化させるために、ブランド活性化要素を採用することもできる。

◆**製品やサービスの明確さの達成**

　ポートフォリオは、顧客のみならず、従業員やパートナー（小売店、広告代理店、店頭ディスプレー会社、PR会社など）に対しても、製品またはサービスの複雑さを緩和し、明確さを達成することを目標とすべきである。従業員とパートナーは、各ブランドが果たす役割を知り、それらが目的を達成するように助けなければならない。顧客が複雑なブランド・ポートフォリオ戦略に腹を立てたり、困惑したりすることがあってはならない。

　市場が複雑になるにつれ、こうしたポートフォリオの目的を達成することはとりわけ重要になっている。ほとんどの企業は、複数のセグメント、新製品参入の機会、さまざまなタイプの競合、強力で異質な流通チャネル、あらゆる場面での差別化の弱まり、そしてまとまりのない宣伝広告の手段などに直面している。さらに、ほぼすべての企業が、多種多様な市場を求めて複数のブランドを抱えているが、それらが互いに足を引っ張るのではなく、支援し合い、共に働く1つのチームとしてマネジメントしていく必要がある。これは、激動する環境下では、より困難な課題となっている。

◆**学習のための問題**

1. フットボール・チームなどのスポーツ・チームを想像してみてください。チーム運営の考え方が、あなたの会社のブランド・ポートフォリオ戦略にどのように応用できますか。
2. 製品市場を2つ挙げ、主要競合における製品定義の役割を持つブランドをそれぞれ特定してください。2つの文脈間で、なぜそれらは異なるのでしょうか。一方が他方と比べて優れているということはありますか。
3. あなたの会社の主要ブランドについて、マスター・ブランドおよびエンドーサーとしてのブランド範囲を特定してください。それらのブラ

ンドは十分に活用されていますか。
4. あなたの会社のブランド・ポートフォリオから、5つのポートフォリオの役割に対する例を挙げてください。
5. あなたの会社のブランドを1つ取り上げ、そのビジュアル表現すべてを壁に貼ってみてください。一貫性はありますか。
6. 本文中で紹介したアプローチの1つを用いて、現在のあなたの会社のポートフォリオ構造を詳しく説明してください。それは論理的で明確ですか、それとも雑然としていますか。もし雑然としているのなら、どのような方法で改善できるでしょうか。

第2章 ブランド関係チャート
The Brand Relationship Spectrum

「新しい服が必要だという企てにはどれも気をつけろ」
——ヘンリー・デイビッド・ソロー『ウォールデン』——

「建築は、2つのブロックを注意深くつなぎ合わせたときに始まる。
そこから始まるのだ」
——ルードヴィッヒ・ミース・ファン・デル・ローエ（ドイツの建築家）——

事例：ディズニー・ブランド・ファミリー

　ディズニーは、およそ4分の3世紀にわたって育まれてきたブランド・ファミリーによって支持された、驚異的なブランドである[1]。どのようにすごいのか。ヤング・アンド・ルビカム社（Y&R）は、36カ国あまりで過去10年間に4回にわたり、1万3000種類以上のブランドについて、そのブランド・エクイティを評価している。カギとなるブランドの次元は、差別性（differentiation）、適切性（relevance）、尊重（esteem）、および認知（knowledge）である。Y&Rによると、スーパー・ブランドとは、各次元で80点以上をマークするブランドをいう。ディズニーは4回の調査すべてにおいて、各次元で90点以上をマークした。

　日経BPコンサルティングは日本の1300あまりのブランドについてその強さを調査したが、その2年目、ディズニーは、日本で長い間最強のブランドだっ

たソニーとトップの座を分かち合うまでに飛躍した^(訳注1)。これは、新しいテーマパーク、東京ディズニーシーの認知度に負うところもあったが、日本に根づいたディズニーの伝統を反映するものでもあった。

『ビジネスウィーク』誌がインターブランド社と共同で実施した、2002年のブランド価値調査によると、ウォルト・ディズニー社の価値の50％超が、ディズニー・ブランドによるもので、それは290億ドルにのぼるという[2]。しかも、この数字は間違いなく、ディズニー・ファミリーの数百という有力ブランドの価値を控えめに算定している。

ディズニーの成功のかげに、つまずきがあることも確かである。1980年代、ミッキーズ・キッチンのファーストフード構想は背伸びをしすぎて失敗した。幼児向けにその土地ごとの娯楽施設をつくってみたものの、平日の客を引きつけることができず成功に至らなかった。ディズニーランド・パリは、旧名称のユーロ・ディズニーが開園した頃に悪戦苦闘したほか、Go.comウェブの構想も失敗だった。

しかし、概していえば、長年にわたりディズニーは、ブランドを豊かで強固なものにし、絶えずそこに活力を注入し、およそ顧客を失望させないという点で模範を示してきた。ディズニー・ブランドの歴史とディズニーのブランド・ポートフォリオ・マネジメントは見事なもので、洞察に富んだものとなっている。広範囲にわたる数々のディズニー・ブランドを結びつけているディズニーのブランド・ポートフォリオ戦略は、その起源となる大ブランド拡張、ディズニーランドから始まった。

◆真の大ブランド構想——ディズニーランド

誇張と思われるかもしれないが、ディズニーランド・パークはビジネス史上、どんなブランド構築の事例よりもブランドの影響力が大きかったといっても過言ではない。ディズニーランドは、マジカル・ファミリーエンタテインメント

訳注1：これは「ブランド・ジャパン」と呼ばれるブランド価値調査で、本書の著者であるアーカーがアドバイザーを務めており、2001年から毎年行われている。詳しくは、http://branding.nikkeibp.co.jp/br/bj2005/index.htmlを参照のこと。

を幅と深さの点でまったく新しい水準にまで引き上げた。ミッキーマウスや白雪姫、『ファンタジア』などの観客は、ディズニーランドができる前からマジカル・ワールドに入り込んでいたわけだが、それは映画や本などを通して体験する受動的な世界だった。

対照的に、ディズニーランドでは顧客は直にブランドを経験できる。ファンタジーランドを外から見るのではない。その中にいるのだ。その中にいて、カウボーイの経験をしたり、西部劇に出てくるバーで食事をしたりする。間近でミッキーマウスやドナルドと触れ合うことができる。他のアミューズメント・パークにはない、物語を背景にした乗り物に興奮するのだ。

そしてその経験は、おそらく家族ぐるみのものだ。その経験が思い出となっていつまでも残り、ディズニーランドにまつわるノスタルジア――子供として、親として、温かい感じにつつまれた場所だったという印象――を創造するわけである。今日、マジカル・ファミリーエンタテインメントは、他のブランドにはめったに見られない深い表現力を備えている。

ディズニーランドで経験することが、ブランドとしてのディズニーにしっかりと結びついている。もちろん、そこにはディズニーの名前がついているわけだが、ディズニーランドはディズニー・ブランドと密接に結びついた多くのシンボルやキャラクターのショーケースでもある。ディズニーのキャラクターは、単に歩き回ったり、パレードに参加したりしているものではない。それらは、「ターザンのツリーハウス」や「くまのプーさん」、「ディズニー・プリンセス」といったアトラクションの看板スターたちである。ディズニーランドでの経験が、ディズニー・ブランド全体から切り離されることはありえないのだ(訳注2)。

また、ディズニーランドには多くのブランド差別化要素――他のテーマパークと一線を画すブランド化特徴――が備わっている。子供が「マッターホルン・ボブスレー」と「イッツ・ア・スモールワールド」の乗り物と「トムソーヤ島」などを経験できる場所はここだけだ。これらのアトラクションもまた親近感を醸し出し、これもディズニーへ結びつける独自の経験を提供している。

訳注2：本書で紹介されるディズニーのキャラクターやアトラクションは、必ずしも日本でも紹介されているもの、東京ディズニーリゾートにもあるものとは限らない。

◆ブランドの拡張——活用、充実、支援

ディズニーのブランド拡張の多くもまた、「大構想」の範ちゅうに入る。ディズニーは、資産を強化し、新しい事業分野を構築するために、積極的にブランドを拡張する際の手本を示している。その方法は、「ランド」や「クルーズシップ」といったディスクリプター、ディズニー・ボードウォーク、ディズニー・ワールドといったサブブランド、「ライオン・キング」やディズニー・アニマル・キングダムといった保証付ブランド、またはディズニーMGMスタジオといった共同ブランドを用い、なおかつ「ブランドに忠実たれ」という規律を維持するものである。ディズニーのたどった道を考察し、1つひとつの取り組みがどのように適合し、全体の質を高めていったかを見てみよう。

1954年、ディズニーランド・テーマパークが開園する数カ月前に、ディズニーランドTVショー（後の「ワンダフル・ワールド・オブ・ディズニー」）が始まった。この番組は手堅いヒットを飛ばし、現在でも放映が続いている。ウォルト・ディズニー自身が何年にもわたってホストを務め、毎回、ファンタジーランド、アドベンチャーランド、トゥモローランド、フロンティアランドといったディズニーランド・パークに関連したテーマを順番に盛り込んだ。デビー・クロケットのシリーズは特に人気が高く、キャラクターやシンボルに関するさらに多くのファミリーをディズニーにもたらした。

ディズニー・ブランドは「ミッキーマウス・クラブ（1955年）」でテレビ番組に登場し、最終的にはディズニー・チャンネル（83年）へと拡張を続けた。ディズニー・チャンネルのスタートは遅かったが（無料チャンネルにしないと決めたことも一因だった）、2003年にはアニメ専門チャンネルのニコロデオンを追い抜こうとしていた。

ディズニーは、ディズニーランド・パークの構想を他の地域にも拡大し、1971年にウォルト・ディズニー・ワールド・リゾート、83年に東京ディズニーランド、92年にはユーロ・ディズニーを開業した。これらに、エプコット（82年）やディズニーMGMスタジオ（89年）、ディズニー・アニマル・キングダム（98年）、ディズニー・カリフォルニア・アドベンチャー（2001年）とい

った、ディズニーにブランド保証された他のテーマパークが加わった。

　これらのテーマパークをサブブランドではなく保証付ブランドにしたことは、来園者に、このテーマパークは信頼できるので、この観光地での宿泊予定日数を増やしてもよいだろうという気持ちを抱かせた。各テーマパークの周りには、ディズニーがブランド保証したパラダイス・ピア、ディズニー・グランド・カリフォルニアン・アット・ディズニーランド、(「アフリカン・サファリ」を臨む部屋がある）ディズニー・アニマル・キングダム・ロッジ、ディズニー・ヨット・アンド・ビーチ・クラブ・リゾート・アット・ウォルト・ディズニー・ワールドなどの一連のリゾートホテルが建っており、それぞれが「これぞディズニー」といった個性的な特徴を備えている。滞在型のリゾート体験を完全なものにするための手立ての1つとして、ディズニーリゾートやウォルト・ディズニー・ワールド・リゾートの中にはダウンタウン・ディズニーまでもつくられている。

　これでも話のほんの一部にすぎない。ブランドを相互活用するもう1つの手段として、ディズニー・キャラクターを主題にした人形、ゲーム、ビデオ、CDなどを販売するディズニーストアが1987年に開店した。ウォルト・ディズニー・ピクチャーは、アニメ映画（『101匹わんちゃん』など）や長編映画（『罠にかかったパパとママ』『メリーポピンズ』など）を次々とつくり続け、ディズニー・ファミリーのブランド資産を充実させた。さらに、ディズニー・オン・アイス、ディズニー・クルーズ・ラインズ、ブロードウェイで上演されたライオン・キング、ディズニー・オークション（イーベイと提携）、ディズニーのVISAカード、それからラジオ・ディズニーまである。

　適切なブランド拡張の特徴の1つは、それを見た人に「何か」を感じさせることである。潜在顧客は、そのブランドの知識に基づき、まだ経験していない新製品が競合製品とどう違うかを見極めることができる。1つひとつの拡張において、ディズニー・ブランドは多くの連想とともに、マジカル・ファミリーエンタテインメントへの期待をもたらす。たとえば、船旅を経験したことのない人でも、ディズニー・クルーズ・ラインズがどのようなものなのか、また、その航海が他の船旅会社のそれとどう違うのかについて、おそらく説明することができるだろう。さらに、ディズニー・ブランドは、相当の資源を使わなけ

れば他のブランドが達成しえない高い水準の信頼感を提供している。

　そして、また、ブランド拡張は親ブランドを下支えし、強化することになる。ディズニーランド、ディズニー・チャンネル、ディズニーストアがどれほどディズニー・ブランドの質を高めるのに役立ったか、考えてみるといい。こうした拡張によって顧客のディズニーとの関わり合いの機会が増え、連想が高まり、認知度と活力が生まれ、ブランドとの関係が強化される。

◆ブランド活性化要素

　ディズニーは、ディズニー・ブランドを活性化または強化する、何百というブランドやサブブランド、そしてブランド活性化要素を抱えている。巷のほとんどのブランドは、それらを1つでも持っていれば幸運だと思うはずだ。

　ミッキーマウスは1928年に登場し、その後、ドナルドダックが37年、白雪姫と七人の小人たちが39年、そしてピノキオが40年にそれぞれ登場した。考えてみてほしい。ディズニーは、白雪姫をはじめスニージーやドーピーなどの小人のキャラクターを所有している。これは、どれだけ価値あることなのだろうか。これらのキャラクターは、アニメ映画によってディズニー・ファミリーの一員になる前には、公有物として世の中に存在はしていたものの、埃をかぶっていた。

　同じようなことが、次々と続いた。ディズニーは、白雪姫やピノキオ、デビー・クロケット、アラジン、リトルマーメイドなどの既存のキャラクターを取り上げるだけでなく、独自のキャラクターも創造した。『ライオン・キング』と『リロ・アンド・スティッチ』は共に、ディズニーの経験を豊かにする特質と性格を含んでいる。そしておそらく、より重要なことは、これらのキャラクターは活力を創造するということだ。ディズニーのポートフォリオには、いつも何か新鮮なものがある。

　ディズニーのブランド・ファミリーはしっかりとマネジメントされている。積極果敢なライセンス・プログラムのおかげで、映画やテレビ番組に登場後、すぐに消えてしまいがちな多くのキャラクターの認知度が引き続き維持されている。ミッキーマウスの腕時計とおもちゃの電車は1930年代初めにはすでに

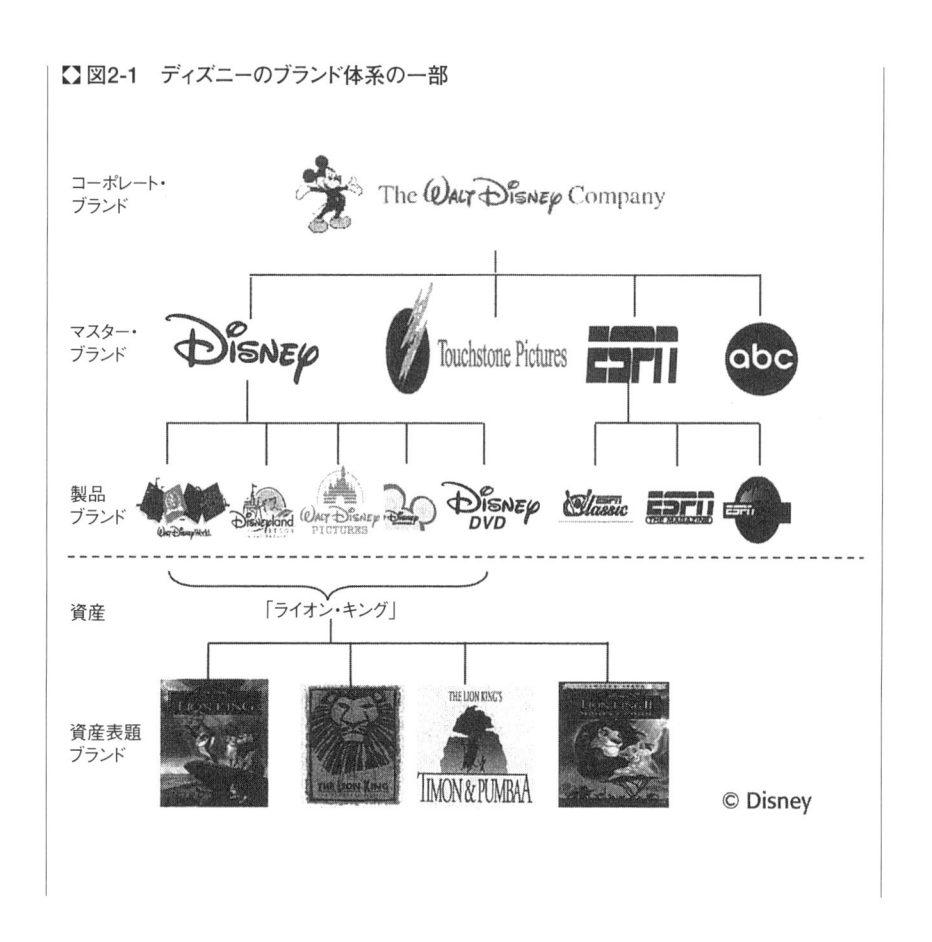

◆ 図2-1　ディズニーのブランド体系の一部

コーポレート・ブランド　　The Walt Disney Company

マスター・ブランド　　Disney　／　Touchstone Pictures　／　ESPN　／　abc

製品ブランド　　Walt Disney World　／　Disneyland　／　Walt Disney Pictures　／　（スタジオ）　／　Disney DVD　／　ESPN Classic　／　ESPN The Magazine　／　ESPN

資産　　「ライオン・キング」

資産表題ブランド　　The Lion King　／　THE LION KING（舞台）　／　THE LION KING'S TIMON & PUMBAA　／　The Lion King II

© Disney

売られていたし、デビー・クロケットのキャラクターは、あらいぐまの毛皮帽がライセンスを取り、よく売れるようになって、人気を確立した。

　ライセンスは、ディズニーにとってブランド認知と収入の両面で貢献する主要な資源に育っていった。1990年代には、キャラクターとシンボルが市場に出回る際に必ず「ブランドに則って」いるよう、ランセンス・プログラムの管理が厳しくなった。

　ディズニーはブランド・ポートフォリオ・マネジメントにおいて、製品間のシナジーを実現することの価値を他社よりもよく理解している。「ライオン・キング」は映画ばかりでなく、ビデオやグッズ、出版物、ゲーム、抱き合わせ

プロモーション、そしてブロードウェイのショーに至るまで登場している。「パイレーツ・オブ・カリビアン」はテーマパークの乗り物にとどまらず、そのアトラクションに便乗した同名の映画でもヒットを飛ばした。こうした取り組みは1つひとつが収入に寄与するばかりでなく、シンボルのエクイティを育むことにもなる。

　もちろん、ブランド活性化要素は、親ブランドにリンクした場合においてのみ価値がある。ディズニーは、こうしたリンクを注意深く築いている。ほとんどのシンボルやキャラクターは、まずはっきりとディズニーとわかる映画やテレビ番組に登場させる。この最初の連想を、次にテーマパークや、ビデオ、ディズニーストアで売るグッズやプロモーションに登場させて強めていく。これらのほとんどが、そのキャラクターとシンボルを親ブランドのみならず、その他のディズニー・キャラクターやシンボルにもリンクさせているのだ。このように、ディズニーのリンクは絶えず強化されている。そして、最も関心すべきは、リンクを支えるための広告がいらないため、基本的にこれらの強化にはコストがかからないことである。

◆ディズニーの組織

　ディズニーをまねるのは容易ではない。なぜなら、同社の成功の数々は、創業間もない頃に築き上げた伝統や文化に根ざしているからだ。特に、優れた経営を求めて妥協せずに絶えず推進していく意欲は、ウォルト・ディズニーが漫画やテーマパークの細部に至るまで狂信的といえるまでの関心を払ったことから始まっている。この意欲は、ディズニーのすべての事業、クルーズ会社から映画、テーマパークに至るまで、商標の不思議な力を振りまき、本当の細部に及んでディズニーの基準に合致させるこだわりに、はっきりと表れている。テーマパークを清潔に保ったり、クルーズ船に問題がないか確認したりするために、ディズニーという組織は執拗なまでに取り組む。「そこまでするのか」という逸話は枚挙にいとまがない。実際、企業文化を軸にした経営においてディズニーの卓越性はよく知られおり、同社はその手法を学ぼうとする企業に対してコンサルティング・サービスを提供している。

もう1つの資産は、ブランドとは何かを理解している伝統である。ディズニー・ブランドの広範な拡張は、「人々をマジカル・ファミリーエンタテインメントで幸せにすること」という明確なブランド・アイデンティティなくしては、ありえなかっただろう。エンタテインメント事業で、家族をターゲットにすることの意義は大きかった。それによって、自然とすべてのことを子供や家族向けとしてふさわしく、特別な仕立てに仕向けることができるからだ。ファミリーという傘の下にあるブランドを守るには規律を必要とする。ディズニーは、ディズニー・ブランドにふさわしくない映画に参入したとき、親ブランドを守るために、タッチストーンという名称を使用した。

　ディズニーのブランド拡張戦略は、組織文化や規律によってブランドを強固にすることに成功している。このような規律が欠けていると、その拡張戦略がどんなに論理的でも、失敗したりブランドを傷つけたりする可能性がある。

◆ディズニーのブランド・ポートフォリオ戦略

　ディズニーのブランド拡張はすべて、何百というブランド化シンボルやキャラクター・ブランドと同様に、多数のポートフォリオ・ツールと結びついている。同社のポートフォリオにはいくつかの便益がある。

　第1に、すべてのブランドの役割が必ず明確になる。第2に、ブランドが互いに補完し合い個々の役割を積み上げた場合よりも、1つのまとまりとしてより大きな印象を与える。そして第3に、有力ブランドは映画から販売商品、プロモーション、ライセンスに至るまで、さまざまなかたちで活用できることである。

マスター・ブランド、エンドーサー、サブブランド、ドライバーの役割

　目的を達成できる効果的なブランド・ポートフォリオを構築するためには、製品定義の基本的な構成要素、すなわち、マスター・ブランド、エンドーサー、サブブランド、そして「ドライバーの役割」の概念を理解することが不可欠で

ある。事業戦略が発展するのを支えていくために、ポートフォリオを構築し、適応させていく作業のほとんどは、こうした基本的な構成要素に関するものである。たとえば、いつマスター・ブランドをエンドーサーとして活用するべきか、もしくは、新しい状況下でどのようにサブブランドを利用してマスター・ブランドを強化するか、といったことを理解していることは、これらのツールがポートフォリオをさまざまな事業戦略に適応させ、それを実現させるために、きわめて重要なことである。

ブランド間の関係も重要である。ディズニー・クルーズラインやディズニー・チャンネルと親ブランドとの関係はどのようなものだろうか。エプコットや「ライオン・キング」というブランドは、ディズニー・ブランドにどれほど影響を与えているか、また、その反対はどうか。タッチストーン・ピクチャーズとディズニーとの関係は何だろうか。ディズニー・ブランド間の関係に濃淡があるのは、なぜだろうか。

まず、いくつかの定義を概観することから始めよう。次に、ブランド関係チャート——ブランド間の関係を理解するためのツール——を紹介し、その4つの柱（個別ブランド戦略、保証付ブランド戦略、サブブランド戦略、マスター・ブランド戦略）を説明する。最後に、最適なチャート・ポジションの選び方について取り上げる。

◆マスター・ブランド

マスター・ブランド（master brand）は、製品やサービスを認識する際の最初の表号であり、評価の基準点となる。視覚的には、通常、ブランド名の先頭につけられる。GEはマスター・ブランドであり、その下で冷蔵庫や航空機エンジン、その他のさまざまな商品を販売している。クレストもマスター・ブランドであり、P&Gのデンタル製品シリーズを規定している。トヨタは一連の乗用車を規定するマスター・ブランドである。マスター・ブランドは、トヨタ・カローラといったサブブランドを持ったり、バンドエイドに対するジョンソン・エンド・ジョンソンのようにブランド保証を行ったりすることもある。

◖エンドーサー・ブランド

　エンドーサー・ブランド（endorser brand）（単に「エンドーサー」とも呼ぶ）は、製品やサービスに信頼性と実体を与える。たとえば、IBMがエンドーサーとしてロータスをブランド保証する場合、IBMは、ロータスがそのブランドの約束（もちろんその約束の内容は、IBMがマスター・ブランドとなっている製品とはずいぶん違う）を果たすと暗に保証しているわけだ。エンドーサーは通常、**組織ブランド**（organizational brand）である。つまり、エンドーサーは製品ではなく組織を代表する。なぜなら、エンドーサーがその役割を果たすうえで、イノベーションやリーダーシップ、信用といった組織に付随する連想が、とりわけ重要だからである。エンドーサーはそれが保証するブランドとはやや離された位置にあるために、**ブランド保証**（brand endorsement）には説得力がある。このように、エンドーサーは、**保証付ブランド**（endorsed brand）のパフォーマンスにエンドーサー自身が影響を受けるリスクを減じながら、これらのブランドを支援することができる(訳注3)。

　ブランド保証はさまざまな形態をとりうる。たとえば、ファイバー・ワン・ブラン・シリアルはゼネラル・ミルズからブランド保証を受けているが、そのパッケージには、「ファイバー・ワンは米糖尿病協会（ADA）の誇りあるスポンサーです」と記載され、そのロゴも入っている。顧客は、当然ながらADAがこの商品を認めていなければ、そのロゴがパッケージに入っているはずがないと推測するので、ADAはファイバー・ワンに対してエンドーサーの役割を担っていることになる。

訳注3：もともとendorseという語は、小切手などに裏書きするという意味の動詞である。endorseする側をendorser、endorseされた側をendorsed○○と呼ぶ。前者は「裏書人」という意味の名詞であり、後者は「裏書された」という意味の形容詞である。この場合、endorseする側もされる側もブランドであるから、する側はendorserもしくはendorser brand、される側はendorsed brandとなる。前者はshadow endorserなどのバリエーションもあることから、そのままエンドーサーとし、後者はエンドースド・ブランドとすると不自然なので「保証付ブランド」とした。また、ブランドについてendorseという動詞を使う場合は、「保証する」と訳した。さらに、「ブランドを保証すること」という意味の名詞であるbrand endorsementは、「ブランド保証」と訳した。

◆サブブランド

　サブブランド（subbrand）は、ブランド展開の基本的な枠組みであるマスター・ブランドの連想を修飾・修正するブランドである。サブブランドによって、連想（たとえば、ソニーのウォークマン）、ブランド・パーソナリティ（キャロウェイのビッグバーサ）、製品カテゴリ（オーシャン・スプレー・クレイズン）、さらには活力（ナイキのエアーフォース）までも付加することができる。そうすることでマスター・ブランドを拡張できる。事実、サブブランドの通常の役割の1つは、マスター・ブランドを意義ある新しいセグメントに拡張することにある。

　サブブランドは、独自に組織と結びついており、エクイティを獲得できるという点でブランドであることに変わりはない。一方で、**ディスクリプター**（descriptor）は、単に製品またはサービスの内容を記述し、説明している「説明語」にすぎない。「GEアプライアンス」というブランドにおいて、「アプライアンス（＝家電）」というのはディスクリプターである。「アプライアンス」というブランドがあるわけではない。なぜなら、その意味する特徴を、GEであれ他のいかなる企業であれ、自社のものとして独占できないからだ。ジップロック・サンドイッチ・バッグやタイレノール・エクステンデッド・リリーフのディスクリプターについても同じことがいえる。

　ディスクリプターが単独で切り離される場合と異なり、**製品ブランド**（product brand）──マスター・ブランド＋サブブランド、またはマスター・ブランド＋ディスクリプター──はエクイティを獲得できる。たとえば、GEアプライアンスは製品ブランドだが、エクイティの点でGEエアクラフト・エンジンとは異なるかもしれない。

　同じように、ディスクリプターは、キャドバリー・チョコレート・ビスケットやマリオット・ホテル・アンド・リゾートなどのように、製品ブランドを規定する。それぞれの製品ブランドは積極的なマネジメントを受けるに値する潜在力があり、エクイティを獲得できる。ホリデー・イン・エクスプレス、ウェルズ・ファーゴ・アドバンテージ、フィッシャープライス・オールインワン・キッチン・センター、VISAゴールドといったディスクリプターは示唆に富ん

でおり、特徴的な製品ブランドを規定するのに、より大きな潜在力を持っている。

　サブブランドと保証付ブランドは、重要なポートフォリオ・ツールである。なぜなら、ブランドを既存の安住の領域を越えて拡張させられるからだ。この場合、両者は以下のような役割を果たす。

- ブランド・イメージを新たな製品市場の状況に適合させる必要がある場合などで、相容れないブランド戦略のニーズに対処する。
- 既存のブランド・エクイティの活用などによって、ブランド構築資源を節約する。
- 過度の拡張によりブランドが希薄化するのを防ぐ。
- 新しいブランドを立ち上げることなく、ある製品やサービスが新しく、異なっていることを知らせる。

　こういった製品定義のツールがなければ、新製品やサービスを発売するときの選択肢としては、主として新ブランドの構築（費用もかかり、提案も難しい）か、ディスクリプターを使った既存ブランドの拡張（イメージが希薄化する危険を伴う）のどちらかに限られてしまうだろう。

◆ドライバーの役割

　ドライバーの役割（driver role）とは、ブランドへの購買決定を促し、使用経験を明確にさせる影響力の程度を反映するものである。「どのブランドを買いましたか」とか「どのブランドを使いましたか」といった質問をした際に、最初に口に出る回答こそが、意思決定を左右する第一義的なドライバーの役割を持ったブランドである。**ドライバー・ブランド**（driver brand）は一定のロイヤルティを獲得しており、顧客はそのブランドがついていない製品では、心地が悪いものだ。

　たとえば、トヨタはトヨタ・カローラの主要ドライバーである。ユーザーはカローラを持っているというよりも、トヨタを持っているという。同じように、

ハーシーズ・スイート・エスケープの購入者は、エンドーサーのハーシーズではなく、スイート・エスケープを食べたというだろう。この場合、ハーシーズはドライバーの役割としては強力とはいえない。コートヤードは、コートヤード・バイ・マリオットのドライバーである。コートヤードの連想はホテルの選択において基本的な影響を与えており、リッチな気分と情緒的または自己表現的な満足を与えることで使用経験を補強している。ウォークマンは、ソニー製品の主要ドライバーの役割を担っている。

　もちろん、ドライバーの役割はセグメントによって異なる。IBMシンクパッドの企業ユーザーにとって、IBMブランドは、個人ユーザーよりもドライバーの役割が大きいだろう。同じように、ハーシーズに強いロイヤルティを持つ消費者なら、親ブランドに引かれてスイート・エスケープを購入することも考えられるが、その場合は、ハーシーズの商品ならなんでもいいのかもしれない。

　ドライバー・ブランドは通常、マスター・ブランドかサブブランドである。しかし、エンドーサー、ディスクリプター、セカンドレベルのサブブランドでもドライバーの役割を持ちうる。実際、複数のブランドが関与する場合、各ブランドのドライバーの役割はゼロから100％までさまざまに変わる。ブランド・ポートフォリオ戦略は、ドライバーの役割をこのようなやり方で精緻にする柔軟で強い力を持っている。ドライバーの役割を全部で100ポイントとし、関与するブランド間でそれを割り当てる方法が有効なこともある。

　ある事業できわめて多数のブランドを抱えていたとしても、通常、主要ドライバーの責任を持つブランドは比較的少数である。ドライバー・ブランドのつまずきは深刻な問題をもたらすので、こうしたブランドは、個別にもグループとしても、積極的なマネジメントとブランド構築の対象となる。ブランド体系に関する非常に基本的な問題に、このグループの組成をどうするかという問題がある。顧客との関係をグループとしてコントロールする、主要ドライバー・ブランドはどれだろうか。削除したり、重視するのをやめたりすべきブランドはあるか。追加もしくは地位を上げるべきブランドはあるか。拡張すべきブランドや、すでに拡張しすぎているため、縮小すべきブランドはあるか。

　本章の残りの部分では、製品定義の役割を理解し、それを選択するのを支援するブランド関係チャートと呼ばれるツールに焦点を当てる。

◆ブランドを関連づける——ブランド関係チャート

買収または新たに開発した商品をいかにブランド化するかは、ブランド・ポートフォリオ戦略のカギとなる課題の1つである。これには4つの選択肢があり、それぞれに複数の派生的な選択肢が付随している。

- 個別ブランド戦略
- 保証付ブランド戦略
- サブブランド戦略
- マスター・ブランド戦略

最も独立志向の強い選択肢は、過去の連想に縛られない新しいブランドを持つことだ。これを、**個別ブランド戦略**(house of brands)と呼ぶ。名称の由来は、新しいブランドにはそれ自身の家が必要だということにある。したがって、この戦略は、ポートフォリオにおいて既存ブランドを共有できない。

2つ目は**保証付ブランド戦略**(endorsed brands)である。これは、既存ブランドが一定の連想をもたらすものだ(既存ブランドは、「隣家」とでもいえよう)。

3つ目は**サブブランド戦略**(subbrands under a master brand)である。これは、新商品を既存のマスター・ブランドの下で市場に出す方法だ(「訪問中もしくは住み込みの親戚」といったところ)。

最後の選択肢は、新商品をディスクリプター付の既存マスター・ブランドの下で市場に出す方法で、その製品が他のカテゴリー製品とブランドを共有するため、**マスター・ブランド戦略**(branded house with a descriptor)と呼ばれている(「同居する家族の一員」のようなもの)。

図2-2に描かれている**ブランド関係チャート**(brand relationship spectrum)は、さまざまな製品定義の役割の選択肢を位置づけするのに役立つ。これらの選択肢は、4つの基本的戦略と9つのサブカテゴリを含んで、途切れのない連続した軸を形成していることがわかる。これら4つの戦略は、以下のようなブランド間の関係を表している。

図2-2 ブランド関係チャート

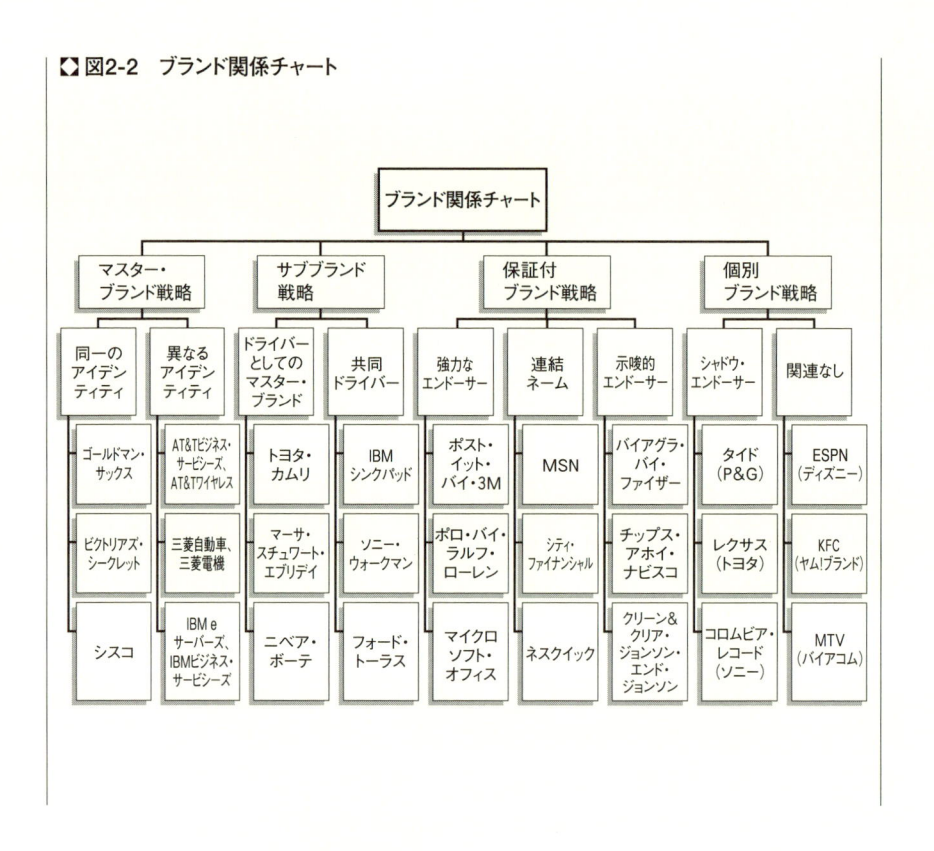

マスター・ブランド戦略		サブブランド戦略		保証付ブランド戦略				個別ブランド戦略	
同一のアイデンティティ	異なるアイデンティティ	ドライバーとしてのマスター・ブランド	共同ドライバー	強力なエンドーサー	連結ネーム	示唆的エンドーサー	シャドウ・エンドーサー		関連なし
ゴールドマン・サックス	AT&Tビジネス・サービシーズ、AT&Tワイヤレス	トヨタ・カムリ	IBMシンクパッド	ポスト・イット・バイ・3M	MSN	バイアグラ・バイ・ファイザー	タイド (P&G)		ESPN (ディズニー)
ビクトリアズ・シークレット	三菱自動車、三菱電機	マーサ・スチュワート・エブリデイ	ソニー・ウォークマン	ポロ・バイ・ラルフ・ローレン	シティ・ファイナンシャル	チップス・アホイ・ナビスコ	レクサス (トヨタ)		KFC (ヤム!ブランド)
シスコ	IBM eサーバーズ、IBMビジネス・サービシーズ	ニベア・ボーテ	フォード・トーラス	マイクロソフト・オフィス	ネスクイック	クリーン&クリア・ジョンソン・エンド・ジョンソン	コロンビア・レコード (ソニー)		MTV (バイアコム)

　チャート上の位置は、戦略の実行において、また究極的には顧客の心において、各ブランドがどの程度離れているかを示している。最も大きく離れているのは、チャートの右にある個別ブランド戦略であり、ブランドは互いに独立している（ちょうど、スポーツ専門チャンネルのESPNがディズニー・ブランド・ファミリーから離れているように）。左に行くと、エンドーサー・ブランドと保証付ブランドの関係が出てくるが、これらのブランドは依然として大きく離れている。たとえば、ファイザーは、バイアグラなどの保証付ブランドとは大きく異なっている。さらに左にあるマスター・ブランドとサブブランドの関係は、より限定的である。トヨタ・カムリなどのサブブランドは、マスター・ブランドを改良したり強化したりすることができるが、マスター・ブランドのアイデンティティから大きく離れることはできない。最も左のマスター・ブランド戦略

では、マスター・ブランドがドライバーであり、製品やサービスはディスクリプターによって明確にされる。マスター・ブランドに対する認識が、サブブランドで修正されることはない。

　図2−2に示されているように、関係チャートのカギはドライバーの役割にある。一番右にある個別ブランド戦略では、それぞれのブランドが自らドライバーの役割を担っている。保証付ブランド戦略では、通常、エンドーサーが、かなり控えめなドライバーの役割を果たす。サブブランド戦略では、マスター・ブランドとサブブランドが共にドライバーの役割を果たす。左端のマスター・ブランド戦略では、一般にマスター・ブランドがドライバーの役割を持っており、ディスクリプターはドライバーの役割をほとんど、またはまったく果たさない。

　図2−2では、4つのブランド関係戦略の下に、9つのサブカテゴリが設けられている。これらはそれぞれ、ブランド間の距離の程度に応じて、チャート上に位置づけられている。効果的なブランド戦略を立案するためには、チャート上の4つの戦略と9つのサブカテゴリを理解しなければならない。以下で、それぞれを概観しよう。

◆個別ブランド戦略

　マスター・ブランド戦略と個別ブランド戦略（**図2−3**を参照）は、それぞれブランド・ポートフォリオ戦略の選択肢の両極端を明確に表している。個別ブランド戦略は、独立した、他と結びついていないブランドから形成される一方、マスター・ブランド戦略では、単一のマスター・ブランドに説明的なサブブランドを付加して一連の製品に拡張する。たとえば、マスター・ブランド戦略を用いているハーバード大学、ヴァージン、キャタピラー、東芝、キヤノン、GE、ヘルシー・チョイスといったブランドは、マスター・ブランドの下に数多くの製品を取り扱っている（多くは例外も持ってはいるが）。

　個別ブランド戦略では、それぞれ独立した単独ブランドが、市場に対する影響力を最大化することに焦点が当てられている。P&Gは主要なものだけで80以上のブランドを展開しているが、そのほとんどがP&Gとのつながり、また

◆ 図2-3　マスター・ブランド戦略と個別ブランド戦略

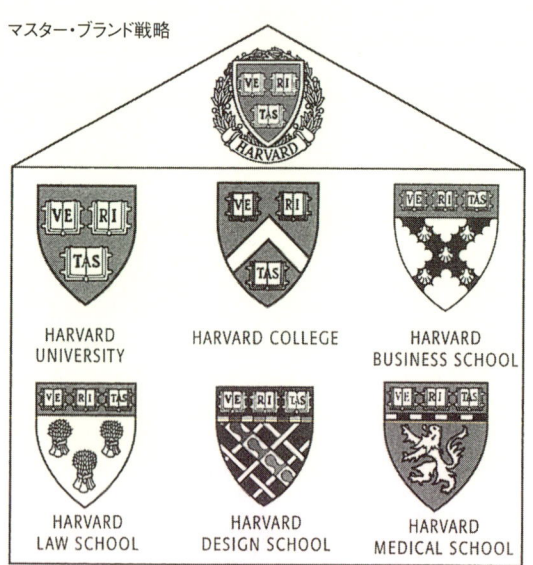

個別ブランド戦略

マスター・ブランド戦略

はブランド同士のつながりを持たない。これにより、P&Gは、単一ブランドを複数の事業で利用する場合に生じる規模の経済とシナジーを犠牲にしていることになる。つまり、個々のブランドごとに独自のブランド構築投資が必要になる。この場合、自力で投資ができないブランド（特に、同一カテゴリー内の3番手や4番手のブランド）は停滞したり、衰退したりするおそれがある。さらにいえば、各ブランドの適用範囲が狭くなる傾向と、やろうと思えばもっと幅広く利用できる可能性があるということからすると、P&Gはブランドの活用を犠牲にしていることになる。

しかし、個別ブランド戦略は、企業がブランドを機能的便益によって明確にポジショニングすることで、ニッチ・セグメントを支配することを可能にする。そのブランドを他の製品市場でも利用するために、ポジショニングで妥協する必要がないのだ。ブランドは、ターゲットとする価値提案によって、直接ニッチ顧客と結びつくことになる。

個別ブランド戦略について、ヘアケア分野におけるP&Gのブランド戦略で説明しよう。フケ止めシャンプーの分野では、ヘッド・アンド・ショルダーが支配的である。パート・プラスはシャンプーとコンディショナーが一体となった製品の市場（同市場分野では草分け的存在である）をターゲットとしており、独自のパーソナリティを持っている。「輝くほど健康な髪のために」のタグラインで知られるパンテーンは、技術で伝統を持つブランドとして、髪の活力増進に関連のあるセグメントに的を絞っている。

もし、これら3つのブランドを「P&Gシャンプー」というブランドにまとめたり、P&Gフケ止めシリーズとかP&Gパック、P&Gヘルシーヘアなどというブランド名で販売していたりしたら、これら個別のブランドの総合的なインパクトは低下していただろう。

同様に、P&Gの洗剤もニッチ市場にうまく位置づけされている。タイド（しつこい汚れに）、チアー（どんな温度にも対応）、ボールド（柔軟効果あり）、ダッシュ（濃縮粉末）は、それぞれ焦点を絞った価値提案を行っているが、ディスクリプターを用いた単一のP&G洗剤ブランドでこれらの価値提案を行うのは難しいだろう。

個別ブランド戦略を通してブランドを分離する理由は、機能的便益のポジシ

ョンによってニッチ市場を狙うことだけではない。ほかに5つの理由がある。

1. **製品と矛盾するブランド連想を回避する**。バドワイザーといえばビールの味を連想するため、バドワイザー・コーラは成功しないだろう。同様に、ポルシェやアウディのブランドをフォルクスワーゲンに関連づければ、これらのイメージは損なわれるだろう。
2. **新製品の画期的な優位性を示す**。トヨタは高級車を独立したレクサスという名前で売り出すことを決めたが、これは、レクサスがトヨタの従来車種とはまったく異なることを示したものだった。同様に、GMは、既存のすべてのGMブランドとは結びつきのないサターンという新ブランドを構築することにしたが、これは、サターン・ブランドのメッセージ(「いままでにない会社、いままでにない車」)を弱めないようにするためだった。
3. **重要な便益を、名前に反映することによって新しい製品カテゴリの連想を獲得する**。歯磨き粉のクリームや歯ブラシのリーチがこのアプローチの例である。
4. **チャネル間の対立を回避または最小にする**。ロレアルは、それぞれのチャネル固有の化粧品ブランドを持っている。ロレアルとメイベリンというブランドを薬局や量販店で販売する一方、ランコムとヘレナ・ルビンスタインは高級デパート向け、レッドケンはプロのヘア・スタイリスト向けとなっている。関連のないブランドであれば、競合するチャネルで販売されても通常は問題とならない。
5. **多様かつ相容れない製品ラインまたはセグメントをターゲットとする**。たとえば、ネスレとピュリナ(食品とペットフード)は、互いに関連のないブランドが必要だ。

チャートにある「関連なし」というサブカテゴリは、ブランド間の分離の度合いが最大であり、個別ブランド戦略のなかでも極端な形態である。たとえば、ヘッド・アンド・ショルダーとパンテーンが同じ会社で製造されていることを知っている人は少ないだろう。

シャドウ・エンドーサー

シャドウ・エンドーサー（shadow endorser）は、保証付ブランドと目に見えるかたちで結びついてはいないが、多くの消費者がそのつながりを知っているというブランドである。このブランドは個別ブランド戦略のサブカテゴリの1つで、連想の混同を最小限にする一方で、名だたる組織（通常は企業）がブランドの後ろ盾になっていることでなんらかの優位性を享受している。そのつながりが発見されたとしても、ブランドが目に見えるかたちで結びつけられていないという事実こそが重要である。このことは、シャドウ・エンドーサーによって保証されたブランドが、まったく異なる製品や市場セグメントを対象にしようとしている組織の認識を示している。

ショーズ・クラブ・ハウスやブラッスリー・ジョーズなど約40のレストランを経営しているグループ、「レタス・エンタテイン・ユー社」（本社シカゴ）は、1971年に最初のテーマ型レストランを開店して以来25年あまりの間、シャドウ・エンドーサーだった。各レストランには独自のイメージ、パーソナリティ、スタイル、およびブランド名があった。レタス・エンタテイン・ユーの目に見えるブランド保証がないのは、チェーン店の意味合いがないということだった。常連客は、口コミや広報活動の一端からシャドウ・エンドーサーの存在を知ることとなった。常連客がブランド保証の関係に気づき、興味をそそる「内部事情」がわかると、その効果はますます上がった。90年代、レタス・エンタテイン・ユーはある調査で自社のブランド・エクイティが大きいことを知り、さらに知名度を高めることにした。そこで、同社はレストランの謎めいた部分を失うリスクを取ったうえで、宣伝をし、フリークエント・ディナー・プログラムを開発し、傘下レストラン間のクロス・プロモーションを展開した。

ディズニーが、ミッキーマウスやデビー・クロケット、白雪姫などのたくさんのブランドのシャドウ・エンドーサーであることはよく知られている。ディズニーは目に見えるブランド保証をしていないため、たとえ各ブランドがディズニー・ファミリーの一員であるとよく知られていても、それらのブランドは親ブランドの連想や他のディズニーのキャラクターにほとんど邪魔されないパーソナリティと特徴を育むことができる。

シャドウ・エンドーサー戦略は、保証付ブランドを好ましくない連想から守

る役割を果たし、その一方でブランド保証の便益を提供している。たとえば、レクサスはトヨタの財務的な強さと名声によって下支えされており、この事実を知っているから安心できるという人は多い。しかし、レクサスが提供している自己表現便益は、トヨタとの目に見えるつながりを築くと薄まってしまう。シャドウ・エンドーサーによる保証は、このつながりを記憶のなかで遠のけて、保証付ブランドに対するインパクトを最小にしてくれる。

シャドウ・エンドーサーはブランド・イメージに対する最小限の影響力を維持し、あるいは情緒的便益・自己表現便益を提供する力を維持する一方で、非顧客セグメントにとっても重要なものとなりうる。

ドッカーズとマウンテンデューは共に、それぞれリーバイ・ストラウスとペプシとの連想で小売業者からより多くの関心を集めている。レタス・エンタテイン・ユーの本拠地であるシカゴでは、同社がシャドウ・エンドーサーとなっていたとき、傘下のレストランは主要ホテルのコンシェルジュで勧められることがより多かった。ディズニーがタッチストーンのシャドウ・エンドーサーであることは、質の高い脚本を確保することに役立っている。バイアコムがシャドウ・エンドーサーになっていることによって、CBSテレビ、ブロックバスター、サイモン&シュスター、パラマウント・ピクチャーズ、そしてニコロデオンなどのグループ企業に対する投資家や広告主の態度は影響を受けている。

◆保証付ブランド戦略

ブランド・ポートフォリオ戦略は、個別ブランド戦略やマスター・ブランド戦略といった選択肢に限定されるわけではない。このブランド・ポートフォリオ・ソリューションは、2つの力のあるツール、すなわち、保証付ブランドとサブブランドまたは共同ブランドが関与しているため、かなり複雑である。

保証付ブランド(たとえば、ランコムの「ミ・ラ・ク　フレグランス」)において、エンドーサーは、その保証付ブランドが宣伝文句どおりの商品であることを保証する組織を表す。保証付ブランド(ミ・ラ・ク)はエンドーサー(ランコム)から独立してはいないが、十分な自由度を持っているため、製品の連想やエンドーサーとは異なったブランド・パーソナリティを発展させることがで

きる。

　通常、エンドーサーは、ドライバーとしての役割はあまり果たしていない。たとえば、下着ブランドのヘインズは、毎日の足の調子と健康を促進するようデザインされたストッキング製品の「リバイタライズ」をブランド保証している。顧客は主に機能的便益に関心を持っているため、この場合のドライバー・ブランドはヘインズではなく、リバイタライズである。ただ、ヘインズはエンドーサーとして、リバイタライズがその品質と機能に関する宣伝文句どおりの商品であることを保証しているのである。

　普通、エンドーサーの主たる役割は信頼性を付与することだが、強力なブランドは保証付ブランドのイメージにインパクトを与え、小さなドライバーの役割も果たすことがある。たとえば、ラルフ・ローレンのブランド保証は、衣料ファッションの先端にあることを知らせることで、保証付ブランド（ポロ）のイメージを修飾している。人々はオブセッションを購入したり、使用したりしているが、カルバン・クラインによるブランド保証があることで、それがなければきわめて野暮ったく見えてしまう商品を消費者は購入するようになるのだ。この場合、カルバン・クラインによるブランド保証は、オブセッションという名前は単なるお遊びで、ちょっとした自己表現にすぎないことを消費者に示す目配せのようなものである。

　エンドーサーは何か差異を生み出すのだろうか。イギリスの菓子ブランドに関するある研究では、組織ブランドのブランド保証が利益を生むという実証的な証拠が得られた[3]。この研究では、9種類の菓子製品を顧客に評価させた。それぞれの製品は、6つの企業エンドーサー（キャドバリー、マース、ネスレ、テリーズ、ウォールズと実験制御用の架空ブランド）の1つにより保証されたものだった。その結果、アイスクリームという異なるカテゴリの連想を持つウォールズも含め、企業エンドーサーによるすべてのブランド保証が、それが期待できない架空ブランドと比べ、明らかに大きな価値を付加していることがわかった。

　最も高い評価を受けたキャドバリーは、広範囲にわたって主要菓子製品を一貫して保証していた。第2位はマースだったが、保証できていた菓子製品は限られていた。第3位はネスレで、広範な製品を保証していたものの、個々のイ

ンパクトは総じて弱かった。この研究の結論は、ブランド保証は有効であり、該当する製品カテゴリにおいて信頼性の高い組織によるブランド保証が最善であるということだった。

保証付ブランド戦略を機能させるには、組織ブランドの役割を理解しなければならない。業務用ミキサーのトップメーカーであるホバートというブランドを例に考えてみよう。ホバートの製品を使用するレストランやベーカリーが増えている。キッチンでは最高のブランドだけを使いたいと考えているシェフは、この製品を購入することで、大きな自己表現便益を得ることができる。同社は、海外メーカーが対象としていた低価格品セグメントの成長に対応するため、小さな活字でホバートの保証を書き入れた「メダリスト」というブランドを立ち上げた。それにより、市場には2つのホバート・ブランド——「製品ブランド」のホバートとメダリストをブランド保証するために使用されている「組織ブランド」のホバート——が存在することになった。

このように2つのホバート・ブランドが存在することについて、特筆すべき含意が2点ある。第1に、製品ブランドは組織ブランドとは別個であるため、製品ブランドのホバートの信頼性と自己表現便益は維持されているという点だ。第2に、組織ブランドのホバートはブランド・ポートフォリオの重要部分となっており、積極的にマネジメントされる必要があるという点である。特に、組織ブランドは独自の明確なアイデンティティを持ち、その結果、開発・維持すべき独自の連想を持つことになるだろう。製品を「ホバート発（from Hobart）」または「ホバート・カンパニー（a Hobart company）」と表すことによって、エンドーサーが組織ブランドであることが明確になる。しかし、エンドーサーの役割自体が組織ブランドの意味合いを持つため、常にそうする必要があるわけではない。

ブランドを保証しようとするもう1つの動機は、エンドーサーになんらかの魅力的な連想や活力が提供されることである。たとえば、ネスレがイギリスの代表的チョコレート・ブランドであるキットカットを買収し、ブランド保証をしたとき、チョコレート業界における高い品質とリーダーシップを結びつけたことにより、イギリスでのネスレのイメージが高まった。他の業界の例としては、3Mによるポスト・イットのブランド保証は、おそらくポスト・イットに

与えるメリットと同程度のメリットを３Ｍに与えているだろう。

　ブランド保証がどういった形態でなされるかによって、ブランド間の関係性は影響を受ける。その影響はときには非常に微妙なものである。ドレイヤーズ・アイスクリームは、スニッカーズやスリー・マスケッティアーズといったマースのキャンディ製品にライセンスを与えた。マースは、ドレイヤーズによるこのブランド保証では、通常のブランド保証よりも距離をおきたかったため、「ドレイヤーズの提供」という表示によるブランド保証に留めることで合意した。これによって、それがマースの製品だという印象が強まり、ドレイヤーズがマスター・ブランドだという印象を弱めることができた。

示唆的エンドーサー

　示唆的エンドーサー（token endorser）とは、保証付ブランド戦略のなかでも、保証のあり方が大幅に目立たなくなっているもので、いくつかの製品市場に関与するマスター・ブランドがエンドーサーとなっていることが多い。示唆的エンドーサーは、GEバルブやベティ・クロッカー・スプーンといったロゴ、「ソニー・カンパニー」のような表現、その他の手段によって示される。いずれの場合も、示唆的エンドーサーは中心的な存在ではなく、保証付ブランドが主役になる。たとえば、ネスレはパッケージの裏に、「すべてのマギー製品には、世界中で高品質の食品を製造しているネスレの経験が生かされています」といった保証シールを貼りつけている。示唆的エンドーサーの役割は、保証付ブランドとのつながりを目に見えるように明確にし、特に新しいブランドに対しては、そのブランドが独自の連想をつくり出せるように最大限の自由を確保しつつ、安心と信頼性を提供することにある。

　示唆的エンドーサーは、新しいブランドや、まだ定着していないブランドに対して特に有効である。示唆的エンドーサーの影響が大きくなるのは、エンドーサーが以下のような性質を持つ場合である。

- すでによく知られている（ネスレ、ポストなど）。
- 首尾一貫して提示されている（ベティ・クロッカー・スプーンやGEバルブに見られる視覚的表現が、広告、パッケージ、その他の媒体においても同じ位置にお

かれているような場合)。
- 視覚的なメタファー・シンボルを持っている（トラベラーズの傘など）。
- ナビスコの製品ラインのように、好感を持たれている製品ファミリーに現れる。その結果、エンドーサーは好感を持たれた製品を拡張する能力を通じて信頼性を提供する。

　保証付ブランドからエンドーサーを一定の距離に離しておく必要がある場合は、強力なエンドーサーよりも示唆的エンドーサーのほうが有効である。たとえば、エンドーサーが一部望ましくない連想を持っていたり、保証されるブランドが革新的製品で、そのポジションの信頼性を高めるためにさらなる独立性が必要だったりする場合である。

　よくある誤りは、エンドーサーがあまり知られていなかったり、注目されていなかったりする場合、または、ターゲット・ブランドが定着しており、エンドーサーの保証を必要としないにもかかわらず、示唆的エンドーサーの影響を誇張する場合である。以下の2つの研究が、そのことをよく示している。

　大手金融サービス会社のプロビディアンは、かつて、忘れてしまいそうなフレーズ（たしか「キャピタル・ホールディング・カンパニー」）で結びついた複合事業企業だった。そのフレーズに何度も接していた顧客1000人に対する調査によると、わずか3人（0.3％）しかそのエンドーサーを知らなかった。この目が覚めるような統計を受け、同社はプロビディアンと改名し、新しいブランド・ポートフォリオ構造への改革に着手した。ネスレはかつて、アメリカにおけるテイスターズ・チョイス（アメリカ市場で有力なコーヒー・ブランド）に対するネスカフェ（アメリカ以外では有名ブランドであるが国内では弱い）の示唆的エンドーサーの影響力を測定する調査を実施した。テイスターズ・チョイスのブランドが強力であるため、示唆的エンドーサーは、イメージや購入動機の点でプラス・マイナス共にほとんど影響力がなかった。しかし、このエンドーサーを共同ブランドの地位まで引き上げると、今度はマイナスの影響が出た。

連結ネーム

　保証付ブランド戦略におけるもう1つのブランド保証が、**連結ネーム**

(linked name)である。これは、共通の要素を持った名前を通してエンドーサーがブランドにつながるもので、(それ自身では存在しない)暗黙的もしくは示唆されたエンドーサーを持ったブランド・ファミリーをつくり出す。これによって、それぞれが独自のパーソナリティと連想を持ちながら、マスター・ブランドや傘ブランドとの微妙なつながりを持った複数の独立したブランドを所有する方法が得られる。

マクドナルドでは、ビックマック、チキンマックナゲット、チキンマックスイス、エッグマックマフィン、マックドーナッツ、マックフォーチュン・クッキー、およびマックリブなど、「マック（MacやMc）」がついたブランドを100種類ほど登録している。同社は、マッククリーネストやマックフェイバリット、マックグレイテストといったマックランゲージ（マック語）を開発することまでしている。東アジア市場では、スターバックスと競争するために、マックコーヒーを展開している。同社はブランド名の「マック」の部分を積極的に保護しており、マックベーグルという名前のパン屋やマック寿司というレストランに異議を申し立てたりした。こうした結果、「マック」は広範囲をカバーするエンドーサー・ブランドとなった。

それぞれのブランド名の先頭についた「マック」は、従来型のブランド保証ではないが、マクドナルドによる暗黙のブランド保証を生み出している。連結ネームにより、ディスクリプター戦略よりも強固な所有や差別化が可能になっている。「マクドナルドのラージ・ハンバーガー」に対するビックマック、「マクドナルドのフライド・チキン・モースル」に対するチキンマックナゲット、または「マクドナルドの子供衣料」に対するマックキッズなどのブランド名の価値を考えてみるとわかりやすい。

HPは多様な価格帯と用途に応じたジェット・シリーズ（レーザージェット、デスクジェット、オフィスジェット、インクジェットなど）を持っている。このグループのなかでは、レーザージェットが最も強力なブランドであるが（他のブランドにはあまりエクイティがない）、その品質や信頼性、イノベーションに関する連想は、他のジェット・ブランドにも及んでいる。レーザージェットは実質的に系列製品をブランド保証していることになる。

ネスレのネスカフェ、ネスティー、およびネスクイック（イギリス）は、親

ブランドのネスレに対して簡潔だが強力なつながりを持っている。ネットスケープの電子商取引のブランドであるネットスケープ・コマースエキスパートも、ECエキスパート、セラーエキスパート、バイヤーエキスパート、マーチャントエキスパート、パブリッシングエキスパートといった連結したサブブランドを持っている。

　連結ネームを使うことによって、新ブランド名を一から構築し、既存ブランドに関連づける苦労なしに、独立したブランド名と同じ便益が得られる。コダックのオーフォトを考えてみよう。コダックはオーフォトというブランド名を確立する必要があったが、それはコストのかかる困難なプロセスであった。さらに、このブランドをコダック・ブランドに連結しなければならず、これも容易な課題ではなかった。

　これとは対照的に、HPのデスクジェットは、その名称自体で、確立したブランドであるレーザージェットに関連づけるという課題の80％を達成している。さらに、レーザージェットについて知られている事柄から、デスクジェットとは何かについて、その一部が伝わることになる。また、連結ネームは、たとえば「デスクジェット・フロム・レーザージェット」と表示するよりも、より簡潔な表現でこうした目標を達成できる。

強力なエンドーサー

　強力なエンドーサー（strong endorser）は、卓越した表現によって視覚的に表される。強力なエンドーサーの例としては、キャンベルのシンプリー・ホーム、3Mのハイランド、ラルフ・ローレンのポロ・ジーンズ、ビューソニックのオプティクエスト、デュポンのリクラ、パラマウントのキングス・ドミニオンなどがある。強力なエンドーサーは通常、示唆的エンドーサーや連結ネームよりも重要なドライバーの役割を果たす。このため、製品市場において信頼性があり、それに見合った連想を有している。

　ブランド保証の強さの程度は、柔軟に決めることができる。ブランド関係チャートでは、示唆的エンドーサー、連結ネーム、そして強力なエンドーサーという、少なくとも3つの選択肢が特定されている。強度の異なる複数のブランド保証の手法が利用可能であることによって、ブランド・ポートフォリオに対

して大きな柔軟性を与えている。

暫定的な保証付ブランド戦略

　保証付ブランド戦略は、拡大戦略を実行する際の暫定措置としても重要な役割を果たしうる。たとえば、示唆的なブランド保証は、ブランド名を段階的に変更する際の第1段階である場合が多い。示唆的エンドーサーは強力なエンドーサーになり、次に共同ブランドとなって、最後にマスター・ドライバー・ブランドになる。これは、ブランド・エクイティを保証付ブランドからエンドーサーに移転させるプロセスである。

　保証付ブランドはこの逆の経路をたどるときもある。たとえば、リーバイスは、ドッカーズという新しいブランドが顧客と系列販売業者の両方から信頼を得られるように、まずブランド保証を行った。しかし、ドッカーズ・ブランドが確立したとき、エンドーサーは不要というより、むしろ重荷になってしまい、リーバイスの名は徐々に消えていった。

◪サブブランド戦略

　サブブランド戦略（subbrands）もブランド・ポートフォリオ戦略における強力なツールであり、属性や便益、もしくはパーソナリティといった連想を付加したり、変化させたりすることで、マスター・ブランドを修飾する。以下は、その例である。

- ブラック・アンド・デッカー・スイートハート・ワッフルベーカー（ハート型のワッフル焼き機）とブラック・アンド・デッカー・ハンディ・スチーマー（新鮮野菜を簡単に蒸しあげるための器具）は、ブラック・アンド・デッカーというマスター・ブランドに、属性に関する差別化ポイントを付加しながら、情緒的便益をも提供している。
- スマッカーズ・シンプリー・フルーツというサブブランドは、マスター・ブランドの新鮮・健康・品質に関する連想を強化している。
- アウディTTのTT（サブブランド）は、高品質だが、競合メーカーが持つ面

白味やパーソナリティに欠けると見られているマスター・ブランドに、活力とパーソナリティを付加している。
- レブロン・レボリューショナリー（リップ・カラー）とレブロン・ファイヤー・アンド・アイス（フレグランス）という2つのサブブランドは、親ブランドにエネルギーと活力を付加している。
- ドッジ・バイパーというサブブランドは、顧客に対するマスター・ブランドの差別化と訴求力を高める連想をつくり出している。

訴求対象の広すぎるマスター・ブランドも、サブブランドによってニッチ・セグメントへのアクセスができるようになる。たとえば、巨大で幅広いブランドであるペプシは基本的に行き詰まり、成長の源泉を見出すために、ペプシとマウンテンデューの販売に関するサブブランドを構築する必要に迫られた[4]。そこで、ペプシはレモン味のペプシツイスト、ベリー味のペプシブルー、それとチェリー味でカフェイン入りのマウンテンデュー・コード・レッドを投入した。コード・レッドは、それまでマウンテンデューを飲みたいと思わなかった都市生活者や女性、アフリカ系アメリカ人を引きつけた。ペプシブルーは10代の若者をターゲットとしている。

また、サブブランドによってマスター・ブランドを拡張し、従来は適合できなかった分野でも競争できるようになる。たとえば、サンフランシスコのラジオ局KNBRは、スポーツ番組専門局として知られており、自ら「ザ・スポーツ・リーダー」と称している。しかし、朝の通勤時間帯では、視聴者の関心はあまりに広すぎて純粋なスポーツ・トーク番組にこだわっているわけにはいかない。そこで、KNBRは、ジョン・ロンドンの「ノット・ジャスト・スポーツ・ショー」という番組を放送している。このサブブランドは、このセグメントは異なるということを強調しており、視聴者が同局に対して持つ通常の印象には当てはまらない。このサブブランドはジョン・ロンドン・ショーを規定するだけでなく、その他の時間帯はスポーツ番組編成であることを強化する役割も果たしている。したがって、この番組は局の番組編成を混乱させているどころか、その反対の働きをしている。

サブブランドのもう1つの隠れた機能は、新製品には新奇性があり、ニュー

ス価値があると知らせることだ。インテルは、新世代チップが著しい先進性を有していることを知らせるために、ペンティアムというサブブランドを構築した。このサブブランドがなかったら、新たなイノベーションに対する興奮を生み出すことはもっと難しくなる。

　サブブランドとマスター・ブランドとの距離は、保証付ブランドとエンドーサー（そのエンドーサーが強力だとしても）との関係よりも近い。そのため、サブブランドはマスター・ブランドの連想に対して大きな影響力を持っており、この点はリスクにもチャンスにもなりうる。また、マスター・ブランドは通常、サブブランドを用いた製品ブランドにおいて、主要ドライバーの役割を担っている。このため、レボリューショナリーがレブロンの保証付ブランドではなく、サブブランドであれば、独自のブランド・イメージをつくり出す自由度は低くなるであろう。

　サブブランドはディスクリプターと異なり、重要なドライバーの役割を担っている。時には、修飾すべきマスター・ブランド以上に重要なこともある。サブブランド戦略の構築において、それがドライバーの役割をどれくらい割り当てられているかを把握することが重要である。サブブランドが基本的にディスクリプターの働きしかしていないのに、重要なドライバーの役割を担っているかのようにマネジメントしている例があまりにも多い。その結果、ブランド構築資源の無駄と市場の混乱を招くことになる。サブブランドがマスター・ブランドに匹敵するドライバーの役割を担っている場合、共同ドライバーが存在することになる。また、サブブランドが支配的なドライバーであれば、それはもはやサブブランドではなく、保証付ブランドである。

共同ドライバー

　マスター・ブランドとサブブランドの双方が主要ドライバーの役割を担っている場合、それらを**共同ドライバー（co-driver）**と呼ぶ。マスター・ブランドは、エンドーサー以上の役割を果たしている。たとえば、顧客はジレットとセンサーの両方を購入・使用しているのであり、一方が他方を圧倒してはいない。こうした状況が生じるのは通常、マスター・ブランドがその商品カテゴリにおいて本当の信頼を獲得している場合である。長年にわたるイノベーションを通

じて、ジレットはカミソリの分野でロイヤルティを享受するブランドとなった。一方、センサーは特に革新的なカミソリで、ジレット同様にロイヤルティを獲得している。

ヴァージン・ヴィーという化粧品は、サブブランドを共同ドライバーとして使用している。ヴァージン・ブランドは存在感、知名度、姿勢を提供しているが、ヴァージン・ヴィーのターゲット市場よりも年齢の高い世代に関連づけられている。サブブランドのディスクリプター（ヴァージン・コスメティックスなど）ではなく、「ヴィー」というサブブランドを使用することで、化粧品市場での信頼性が高まり、20代の消費者を中心とする若いターゲット市場に参入することができた。ヴァージン・ヴィーは広告にイギリスの若い有名人を起用することで、ヴァージン・ブランドや創業者のリチャード・ブランソンと大きく距離をおいている。

ドライバーとしてのマスター・ブランド

マスター・ブランドが主要ドライバーである場合は、サブブランドの役割は変わる。この場合、サブブランドはディスクリプター以上のものであるが、購入決定と使用経験を規定する際には主な役割とはならない。明らかに、購買者は自分が買おうとしている製品はマスター・ブランドだと信じている。

サブブランドのドライバーとしての役割が小さい場合、サブブランドには多くの資源を投入するべきではない。むしろ、マスター・ブランドのほうに投入すべきである。

サブブランドがエクイティを持つと同時に、共同ドライバーの役割も担っているという間違った認識も非常に多い。そのサブブランドが、社内で長年にわたって使用されてきたということも一因である。しかし、デルモンテのフレッシュ・カットやセレスチャル・シーズニングスのミント・マジック、デルのディメンションなどのサブブランドは、一般に思われているほどのエクイティは持っていない。したがって、ブランド・ポートフォリオの選別に際しては、現在または将来的なエクイティが十分でないブランドを構築することにならないよう、どのサブブランドが大きなエクイティを持っているのかを確認することが重要である。

マスター・ブランド戦略

マスター・ブランド戦略（branded house）においては、マスター・ブランドが主要ドライバーから支配的ドライバーの役割へと移行する。用いられるディスクリプターのドライバーとしての役割は非常に小さくなるか、存在しなくなる。マスター・ブランドのヴァージンは、大半の運営事業に対して全体を覆う傘（または屋根）を提供しているため、マスター・ブランド戦略をとっているといえる。傘下にあるのは、ヴァージン・アトランティック航空、ヴァージン・エクスプレス、ヴァージン・ラジオ、ヴァージン鉄道、ヴァージン・コーラ、ヴァージン・ジーンズ、ヴァージン・ミュージックなどである。その他のマスター・ブランド戦略の例としては、ヘルシー・チョイス、クラフト、ホンダ、アディダス、ナイキなどの多くの製品がある。

マスター・ブランド戦略を選択すれば、確立された既存のブランドを活用し、新製品に対する必要投資が最小限で済む。一方、当然のことながらこの戦略をとった場合、1つのマスター・ブランドに多くの製品をぶら下げることによって、特定グループをターゲットとする企業の力が制限される。たとえば、東芝、三菱、コダックなどは、広範な製品ラインを覆う傘としての1つのマスター・ブランドの取り扱いに苦労していた。各社はそれぞれ、製品範囲が広く、積極果敢な競合他社も存在するという状況では、最先端のイメージや上位のポジションを維持することは難しいと気づいた。長年、総じて順調に推移してきたナイキなどのマスター・ブランド戦略でさえ、複数のブランド・プラットフォームを構築していたら、もっと楽なブランド展開を行えたかもしれない。

また、マスター・ブランド戦略をとる場合、マスター・ブランドがつまずくと、その影響が売上高と利益に全面的に出る。この問題は、ブランドの勢いが失われることによって、より深刻になる。マスター・ブランドが、ある市場分野において苦戦している場合、かつての勢いを取り戻すのは非常に困難である。

とはいえ、マスター・ブランド戦略によって、ブランド体系の3つの目標である、明確さ、シナジー、レバレッジ効果（leverage：テコ入れ効果）を高めることができる。

マスター・ブランド戦略は、明確さを最大化する可能性を秘めている。というのは、顧客は、何が提供されているのかを正確に知ることができるからであ

る。ヴァージンはサービス品質、イノベーション、価格の安さ、挑戦者であることを表しており、面白く、突飛であるという伝統を引き継いでいる。一方で、ディスクリプターは特定の事業を示しているにすぎない。たとえば、ヴァージン鉄道はヴァージンによって運営されている鉄道会社である。ブランド構築の観点から、これ以上の単純化はできない。それぞれが独自のアイデンティティと連想を持つ数十ものブランドがあるよりも、製品を通じ、時間をかけて伝達されるヴァージンというブランドが1つあるほうが理解しやすいし、思い出しやすい。従業員や取引相手も、単一の支配的ブランドによって明確さが増し、焦点がはっきりすることで恩恵を受ける。マスター・ブランド戦略が採用されている場合、ブランドの優先順位やブランド保護の重要性が問題にされることはほとんどない。しかし、明確さは、首尾一貫したブランドの意味とメッセージ次第である。ブランドをあらゆる文脈で規律なく変更することが許されたら、混乱と希薄化を招く結果となろう。

　さらに、マスター・ブランド戦略では、ある製品市場への参入が別の市場でも生かされる連想と知名度を創造するため、シナジーが最大化される。ヴァージンにおいては、1つの事業における製品とサービスのイノベーションが、他の事業におけるブランドを強化している。ある文脈でそのブランドを露出するたびに、他のすべての文脈でヴァージンの認知度を高めているのである。また、マスター・ブランド戦略においては、強力なサブブランドと保証付ブランドがその資源を求めて争うことがないため、資源を製品ブランドに割り当てることが組織的に容易になるだろう。

　GEにまつわる2つの事例は、ある事業におけるブランド構築が他の事業に影響を与えるシナジーの価値を示している。1つ目の事例は、GEが、小型電気製品分野を撤退してから数年たっても、だれもがその分野の（2位とは大きな差をつけた）マーケット・リーダーと見なしていたことだ。これは、1つには、大型電気製品市場における広告とGEの存在感が影響したからである。2つ目は、ある調査で回答者の80％以上が、GEプラスティックスの広告は打っていないが、その他のGE製品の広告は打っていた時期に、GEプラスティックスの広告を見たと答えたことだ。明らかに、長年にわたりさまざまな事業に関してブランドを提示してきたことの蓄積が、意図した効果をはるかに超えた影

響力を及ぼしている。

　最後に、マスター・ブランドはより多くの文脈を与えられることによっていっそう効果的に機能するという意味で、マスター・ブランド戦略を選択することによってレバレッジ効果が生まれるといえる。ヴァージンのブランド・エクイティは数百という文脈で効果を発揮している。事業戦略の役割は、資産を創造し、それを活用することである。したがって、マスター・ブランド戦略を採用することは論理的に筋の通った選択なのである。

　マスター・ブランド戦略はシナジー、明確さ、およびレバレッジ効果を持っているため、新しいブランドを構築する際の一般的な選択肢となる。というのも、既存ブランドの傘下に新しい姉妹ブランドを導入する以外の戦略をとる場合には、その理由に強い説得力が必要となるからである。

マスター・ブランド戦略における異なる製品ブランド
　マスター・ブランド戦略は、その力を自動的に発揮できるわけではない。同じブランドがディスクリプターをつけて全製品または市場全般に使用されているからといって、ポートフォリオの目標が達成されるとは限らない。もし、各事業部がまったく調整されていない独立したサイロのようにブランドをマネジメントしているのであれば、いくら同一のマスター・ブランドを共有していたとしても、マスター・ブランド戦略を実行していることにはならない。

　1990年代後半、サムスンは、気づいてみると17の製品ブランドを70カ国で販売していた[5]。実のところ、100を超えるすべての事業部門でブランドを自主的に管理していたのである。その結果、事業部ごとの戦術の方向性が途方もなく矛盾してしまっていた。マスター・ブランド戦略は名ばかりのものだったのだ。

　サムスンの本当のマスター・ブランド戦略の構築は、全製品および市場全般に適用できる単一のブランド・アイデンティティとブランド・エッセンスを育むことから始まった。当時、サムスンは、ワイヤレスおよびディスプレイ分野の主力製品を先頭に、製品のデジタル化を主導するイノベーターだった。その過程は、このブランド・アイデンティティを製品市場レベルで実現すべく、各事業部門に浸透させることへと発展した。この取り組みは、ただ1つの広告代

理店、マーケティング情報システム、ブランド健全度測定システム、および CEO直属のブランド委員会などといった社内基盤の構築によって支えられた。こうして、マスター・ブランド戦略は日の目を見たが、実現には少なからぬ努力と強い意思を要した。

　ブランド・アイデンティティが異なる文脈に適合できること、そして、通常はそうすべきであることは、確かにそのとおりである。サムスンは、マスター・ブランド戦略への取り組みが全社的に受け入れられた後、サムスン・ブランドをローカルに適合させた。

　実際、ブランド・アイデンティティは、連想を違う趣旨に解釈したり、1つまたは2つの連想要因を付加したりすることで、異なる文脈にも適合させることができる。たとえば、GEキャピタルには、GEアプライアンスには不適当な一定の連想が必要となる。最終的な目標は、それぞれの文脈においてGEブランドに忠実で、それを活用する強固な製品ブランドを持つことである。目指すところはまったく同一の製品ブランドを持つことにあるのではない。

ブランド関係チャートの正しいポジショニング

　個別のケースごとに、文脈は異なる。したがって、新しい製品やサービスの提案や既存品の見直しのために、チャート内のどのサブカテゴリをいつ使用すべきかを一般論で述べるのは難しい。ブランド関係チャートに対応する選択肢は4つ、そしてバリエーションはたくさんある。それら製品やサービスは、単独ブランド、保証付ブランド、サブブランドを使ったマスター・ブランド、もしくはディスクリプター付のマスター・ブランドによって表すことができる。そのどれを選択するかは、以下の3つの質問に対する回答次第である。

- 既存ブランドはその製品やサービスを強化することができるか。
- その製品やサービスは、そのブランドを強化することができるか。
- 単独ブランド、保証付ブランド、サブブランドのいずれであろうと新ブランドを構築する説得力ある理由があるか。

最初の2つの質問に対する答えが「イエス」で、3番目が「ノー」であれば、チャートにおいて左側、マスター・ブランド戦略寄りが最適な選択肢であろう。しかし、最初の2つの質問に対する答えが「ノー」で、3番目が「イエス」の場合、チャートにおいて右側、個別ブランド戦略寄りが最適な選択肢となるはずだ。

　これら3つの質問と関連するその他の問題については、ブランドの拡張に関する第7章の「ブランドの新たな製品市場への活用」でより詳しく説明する。

現実的な戦略の混合

　ほとんどの企業が、ブランド関係チャートにおける4つのブランド構築方法のすべてを混合して使用している。純粋な個別ブランド戦略またはマスター・ブランド戦略はめったにない。たとえば、GEは、マスター・ブランド戦略をとっているように見えるが、ホットポイントとNBCはこの戦略から外れる。また、GEキャピタル自体が、多くのサブブランドと保証付ブランドを抱えている。ここでの課題は、単一の「家」をつくることではなく、すべてのサブブランドとブランドが調和し、生産的となるような「村」をつくることである。

◆学習のための問題

1. ブランド戦略の異なる2つの企業を取り上げてください（1社はマスター・ブランド戦略に近い戦略をとり、もう1社は個別ブランド戦略に近い戦略をとっていること）。両社のブランド製品をよく観察し、それによって表されるサブカテゴリについて考えてください。どの製品がブランド保証されていますか。また、どの製品がサブブランドを持っていますか。異なるレベルのサブブランドはありますか。あなたは、どんな問題点を見つけましたか。それに対して、どんな修正を考えますか。それらについて調べるために、どんなリサーチをすればよいですか。
2. あなたの会社の保証付ブランドを分析してください。ブランドの数を

追加すべきですか、それとも削減すべきですか。それらのブランドは、チャネルごとにドライバーの役割をどの程度担っていますか。そのエンドーサーがドライバーとなる、チャネルごとの購買・使用経験は何％くらいありますか。

3. あなたの会社のサブブランドを分析してください。それらは、ブランド体系に何を付加していますか。それらは紛らわしく、複雑ですか。もっと簡素にできますか。また、ドライバーの役割を尺度にして、これらをランクづけしてください。

4. あなたの会社の製品について、どの製品が個別ブランド戦略に向いていますか。それはなぜですか。また、どの製品をマスター・ブランド戦略に置き換えるべきですか。それはなぜですか。サブブランドまたはエンドーサーの追加は、どんな状況なら有効だと思いますか。

第3章
ブランド・ポートフォリオ決定のための考察
INPUTS TO BRAND PORTFOLIO DECISIONS

「ブランド戦略は、事業戦略の顔である」
──プロフェット社の見解（ブランド戦略コンサルティング会社）──

「『計画』では何の意味もない。しかし『計画すること』には、すべてがある」
──ドワイト・アイゼンハワー──

「マイクロソフトの投資は、すべての望ましい市場をカバーし、
競争するのに必要最小限かつ最強のブランドを構築するためのものとすべきである」
──デビッド・ウェブスター（マイクロソフト社）──

事例：マイクロソフト

　マイクロソフトが大ブレイクしたのは、1981年にIBMがパソコン市場に参入し、コンピュータ・ソフトウエアのなかでも欠くことのできないオペレーティング・システム（OS）が重要性を増したときだった[1]。この頃マイクロソフトは、社員数も少なくBASICなどのプログラミング言語を設計する小さな企業にすぎなかったが、当時の代表的なOS会社はIBMとの取引に消極的であったため、同社に仕事の依頼が舞い込んだ。CEO（最高経営責任者）のビル・ゲイツは若干25歳。彼は、こうして非排他的ライセンス契約を取り決めることができた。その後、新しいディスク・オペレーティング・システム（DOS）がたちまちのうちにパソコン用の支配的なOSになり、マイクロソフトはそれを自社のコントロール下に置くことができたのだ。
　最初の数年間こそ、各パソコン・メーカーは独自のOSブランド──たとえ

ば、IBMはPC－DOSと呼んでいた——を使っていたが、マイクロソフトのMS－DOSブランド（頭文字を使うことでマイクロソフトにリンクさせている）がまもなく業界標準になった。この結果、パソコン・メーカーは互いに活発に競争しながらも、いずれもMS－DOSブランドの構築と強化に手を貸した。ユーザーにとっては、OSにMS－DOSを使っているとわかれば、そのコンピュータが主流の機種で、現在のソフトウエアを問題なく起動できると安心したのだ。こうしてMS－DOSブランドはマイクロソフトの圧倒的なマーケット・ポジションの獲得に役立ったのだ。

ウィンドウズ

MS－DOSに反旗を翻したのはアップルだった。1984年、同社は、32ビット・コンピュータのマッキントッシュ（マック）を投入した。同機のOSは、視覚表現やマウスを用いた使い勝手のよいグラフィカル・インターフェイスを可能にしていた。マックの市場シェアは限られたものだったが、その設計思想は明らかに人々の心をとらえた。このため、テキストしか使えないMS－DOSは、マックと比較して魅力のない貧弱なものに見えてしまった。マイクロソフトにとって、OS事業分野を守ることが重要だった。というのは、この分野は、それ自体の将来性のみならず、アプリケーション・プログラムとの要をなすものだったからだ。

マイクロソフトの対抗策はウィンドウズだ。これが市場に投入されたのは、発表から2年もたった1985年11月だった。このため同社には、発表したことがいつ実現するかわからない「蜃気楼ソフトウエア屋」という評判がたち、今日でもこれを拭えないでいる。ウィンドウズの開発にあたって、グラフィカル・インターフェイスに加え、市場が望んでいる機能を実現すべく明確なビジョンが掲げられた。しかし、ウィンドウズ上で動くアプリケーションの開発は遅れ、性能面ではアップルよりも劣っていた。さらに、IBMのトップ・ヴューなど、競合製品も多かった。

1990年に「ウィンドウズ3.0」が発売された。これはアップル以外がコンピュータのOS分野で文句なしの勝者となった初めてのことである。同年5月に行われたウィンドウズ3.0の発売イベントは、大金を投じた独創的なものとな

った。全世界の20カ所で開催され、なかでも最大の呼び物であるニューヨークでの発売イベントには6000人を集めた。紹介された新製品は、アップルよりも優れているとはいえないまでも十分太刀打ちできる製品で、多くのアプリケーション・プログラムを擁していた。さらに、この積極果敢な発売イベントは、マイクロソフトが苦闘の5年間から立ち直るきっかけとなったのだ。

マイクロソフトは、単に嗅覚に優れていたから市場で勝利できたわけではない。同社が、資産がなく、粘り強さに欠け、才能に乏しい企業だったら生き残ることはできなかっただろうし、ましてや競争に勝つこともなかっただろう。その後、ウィンドウズは定期的にアップグレードして（ウィンドウズ95、ウィンドウズ2000、ウィンドウズXPなど）、機能と信頼性を高めた。そして、1990年代中頃、ネットワーク機能を重視したOSとしてウィンドウズNTブランドが開発された。今日、ウィンドウズは引き続き重要な戦略ブランドであり、親ブランドのマイクロソフトに次ぐ重要性を持っている。

ウィンドウズは、ほぼすべてのマイクロソフト製品と同じく、差別化を助けるブランド化特徴を持っている。ただ、すべてが狙いどおりに機能したわけではない。ウィンドウズ95は、初心者が操作方法を探しやすいように、アシスタント機能として元気のいい「ボブ」を搭載していた。これは、使用上のフラストレーションをやわらげ、使用するブランドにユーモアと人間味を意図して装備したのであった。しかし、ボブは目障りで、動きが鈍いと受け取られ、核となるユーザー層にとっては煩わしいものであった。そして、その印象が広く伝わると、アシスタントとしての役割は意味を失った。

おそらく、このコンセプトは、アップルのユーザー向けであればよりうまく機能したかもしれない。彼らなら、ボブはマッキントッシュの見た目と雰囲気にふさわしいと感じただろう。結局マイクロソフトは、この機能の後退を余儀なくされた。その後このヘルパー（現在は、オフィス・アシスタントと呼んでいる）は簡単に出したり消したりできるように、そして、あまり押しつけがましくなく、動きが素早くなるように改良しなければならなかった。

OSに続く戦略

パソコン用の最初の「キラー・アプリケーション」の1つは、スプレッドシ

ート・ソフトだった。1979年に最初のプログラム、ビジカルクが発売されて、パソコンはゲームをするためだけのものではないことが実証された。発売後の数年間は、ユーザーのおよそ5分の1が、ビジカルクを利用するだけの目的でアップルを購入していた。マイクロソフトも、似たようなアプリケーションなら事業化する価値があり、コンピュータの売上げを刺激すると考え、82年に「マルチプラン」という製品で同市場に参入した。しかし、数カ月後、処理性能に優れた競合製品の「ロータス1-2-3」――処理速度が速く、機能も多く、視覚的アウトプットが容易にできる――が投入され、マルチプランの新バージョンを向こうに回して勝利を収めた。

　マイクロソフトは設計段階まで立ち戻って、顧客調査および競合製品分析に基づく新たな仕様を開発した。こうした開発努力の結果、エクセルが誕生した。このソフトは、1985年に初めてマッキントッシュに導入された後、ウィンドウズ機にも搭載され、スピードと機能の点で明らかな優位性を持っていた。発売に際しては、大規模なキャンペーンを実施した。ニューヨークでPRイベントを行ったほか、ラジオCMや紙媒体による広告も大がかりに行った。ロータスに握られた市場に割って入るには、新しいブランドが必要不可欠であると考えたのだ。対照的に、ウィンドウズ3.0には、力のない挑戦者が市場に散在しているだけで有力な競合他社は現れていなかった。

　もう1つの人気アプリケーションは、ワープロ・ソフトだった。1979年に投入された「ワードスター」は複雑だが機能性に優れ、初期の第一級ブランドとなった。そのワードスターも80年代半ばには、「ワードパーフェクト」に主役の座を奪われた。ワードパーフェクトはワードスターと比べて、機能とサービスの両面で圧倒的に使い勝手がよかった。

　1983年、マイクロソフトは「マイクロソフト・ワード」を投入する。これに際して同社は、12頁の解説画面がついたデモ・ディスクを45万枚配布するなど、またしても大々的なプロモーション活動を展開した。しかし、この製品は、ワードパーフェクトほどの信頼性も魅力にも欠けていた。マイクロソフトがブランド構築予算を大幅に増やしたこともあって、どうにかこの製品の認知度が高まり、市場シェアを獲得し始めたのは、「ワード3.0」が出た86年の中頃だった。

オフィスの投入

　1990年、マイクロソフトは、ワード、エクセル、それにプレゼンテーション用のソフトであるパワーポイントを1つにまとめた割安のアプリケーションとして「オフィス」を投入した。パワーポイントを他の2つの優れたプログラムと一緒にしたことで、当時はまだまだ低かった市場での地位を引き上げることができた。そして93年、「オフィス3.0」が発売され、リーダー的アプリケーションとなった。

　アプリケーション製品が増えるにつれて、個別ブランドを販売促進するのが難しくなってきた一方で、傘ブランドであるオフィスが、マイクロソフトのアプリケーション・ソフトを購入する理由のほとんどを占めるようになった。やがて、アプリケーション・ソフト間でのコマンドの共通性や、情報伝達のスムーズさが向上するにつれて、オフィスは機能的便益を獲得する。ユーザーにとって、1つひとつ異なるコマンドとインターフェイスを持った複数のプログラムを覚えるのが面倒だということは、初めから明らかだった。

　マイクロソフトは、2003年までにはオフィス・ブランドの新しいかたちを構築すべきだと考えていた。「オフィス2003」は、個々のアプリケーションを提供するのではなく、生産性向上を目的とした包括的で統合されたシステムを表現するものとなった。この新しいかたちを認識してもらうために、単独のアプリケーション・ブランドは、オフィス2003のサブブランドに変更された。オフィス2003のさまざまなバージョンは、オフィス・ワード2003、オフィス・エクセル2003、オフィス・パワーポイント2003、オフィス・アウトルック2003、オフィス・フロントページ2003、オフィス・ワンノート2003、オフィス・インフォパス、オフィス・パブリッシャー2003、およびオフィス・ビジオといったサブブランドの異なる組み合わせを含むことになる。傘ブランドであるオフィスが、いまやマスター・ブランドになったのだ。

新興事業に用いる戦略ブランド

　オフィスとウィンドウズはマイクロソフトにまとまった収入と利益をもたらし続けているが、同社は、事業とブランド・ポートフォリオを育むことができる他の市場分野にも目を向けた。他の新興事業分野では戦略ブランド、つまり、

将来的に重要な役割を担うことが期待されるブランドを生み出した。たとえば、インターネットの普及を受け、マイクロソフトはMSNブランドとそのファミリーを構築した。それには、サブブランドの「ホームアドバイザー」と「カーポイント」、保証付ブランドの「ホットメール」(1990年代末にマイクロソフトが買収)などがある。また、MSNでは、かろやかに飛び回る蝶のビジュアル・キャラクターを創作した。これによって、インターネット・ポータルの使いやすさを象徴し、マイクロソフトの親しみやすく温かい側面を表現している。

　これらの新しい分野には、マイクロソフト・ブランドから距離をおくものもある。たとえば、「Xボックス」においてマイクロソフトは、シャドウ・エンドーサーとしての役割以外には関連はない。Xボックス・ブランドは、市場規模200億ドルといわれるゲーム市場で、ソニーや任天堂と競合するためのプラットフォームとして構築された。Xボックスは、エクストリーム・スポーツの競技を題材にしたXゲームに触発される、若い男性をターゲット市場に定めた。彼らは、自分たちの親が使っているコンピュータを動かしている企業による正式なブランド保証を必要としていなかったし、望んでもいなかった。

6つの傘ブランド

　2003年、マイクロソフトはグループ製品に対して6つの傘ブランドをつくり、これによって、共通の主要ターゲット市場に同じ価値提案を行うようにした。オフィス、MSN、Xボックスの3つは、先に紹介したとおり、傘ブランドである。ほかには、「マイクロソフト・ビジネス・ソリューションズ」という傘ブランドがあり、これは、中小企業向けの関連アプリケーションとサービスのファミリーを表すブランドである。これのサブブランドには、顧客関係管理ツールのCRM、報告・予算管理ツールのアナリティクス、事業管理ソリューションのナビジョンがある。マイクロソフトの重要な事業活動の1つであるマイクロソフト・ビジネス・ソリューションズは、個別ブランドがいくつあっても個別では実現不可能な広範なセグメントに働きかける方法を提供した。あと2つの傘ブランドは、ITの専門家を主な対象とする「ウィンドウズ・サーバー・システム」、ソフトウエア開発者をターゲットとする「ビジュアル」である。

ウィンドウズは依然として重要なプラットフォーム・ブランドであり、ウィンドウズ製品（ウィンドウズXPなど）、サーバー関連ソフトウエア（ウィンドウズ・サーバー・システム）や、新しいモバイル分野のドライバーとなっている。「ウィンドウズ・モバイル」は、マイクロソフトがPDAや携帯電話といった移動体通信市場へ参入するために生まれた。このブランドは、その後ろ盾であるウィンドウズの親しみやすさと信頼性を利用し、マイクロソフトがこの重要な事業領域で得意分野を持つ手段を提供することとなった。

ウィンドウズ・モバイルが投入される以前のマイクロソフトは、「ポケットPC」や自社ブランドではない「スマートフォン」といった使用機器ごとに異なるブランドで競争しており、ブランドが乱立する環境で課題を抱えていた。資源が潤沢なマイクロソフトでさえも、ウィンドウズ・ブランドが利用できるのに新しいブランドを立ち上げることが最良の選択だとはいえないという結論を出した。

マイクロソフトのブランド・ポートフォリオ戦略

マイクロソフト・ブランドは、マスター・ブランドよりもエンドーサーとして使用されるほうが多い。とはいえ、同社のブランド・ポートフォリオは、マイクロソフト・ブランドを中心に運営されている。マイクロソフト・ブランドそのものは多くの利点を有しており、幅広いシナジーのある製品ラインを持った、積極的、専門的、革新的そして有望なソフトウエアのマーケット・リーダーと見なされている。また、マイクロソフト・ブランドは、明確なビジョンを持ったビル・ゲイツと結びついており、世界的に強力な存在感を示している。日本では、マイクロソフトとウィンドウズが共に、「それがないと困る」という尺度の評価で最強のブランドに入っている[2]。マイクロソフト・ブランドは、1990年代の「今日はどこに行きたい？（Where do you want to go today?）」のテーマと、それに続く「あなたの可能性を知ろう（Realize your potential.）」というタグラインで成功例に挙げられている。

しかし、マイクロソフトもブランドに関する問題をいくつか抱えている。まず、同社はマイクロソフト・ブランドとウィンドウズ・ブランドを両方使っているということもあり、製品ラインとブランド体系が複雑である。さらに、競

合他社の口うるさい意見やユーザーの持つ製品の複雑さに対する不満に加えて、反トラスト法に関する係争から、傲慢な弱い者いじめだとも見られている。この結果、マイクロソフトに対する見方は二極化する傾向がある[3]。マイクロソフトのブランド・ポートフォリオ戦略では、しばしば強固な保証付ブランドを構築することで、利点を創造して育み、あるいは諸問題に対処してきた。

　マイクロソフト・ブランドは、ポートフォリオを構成するウィンドウズ、オフィス、MSNといった重要なマスター・ブランドの強力なエンドーサーである。これらの保証付ブランドのイメージは、間違いなくマイクロソフトとのつながり（この点は、ブランドの視覚的表現に加えて製品の伝統もあってよく知られている）の影響を受けている。とはいえ、それぞれのブランドは、独自のアイデンティティと顧客との関係を有している。ユーザーは、マイクロソフトを使っているというよりも、ウィンドウズまたはMSNを使っているという場合のほうが圧倒的に多いだろう。つまり、ウィンドウズとMSNというブランドは、マイクロソフト・ブランドからはやや独立した存在であり、マイナスの側面を避けながら、プラス面を引き出す可能性を持っているのだ。

　マイクロソフトはこれまでに最も成功した企業の1つである。そのブランド・ポートフォリオは、複雑な製品ラインと積極果敢でダイナミックな事業戦略を下支えしている。同社は1975年にささやかなスタートを切って以来、全世界の企業のなかで最大の株式時価総額を有するまでに成長した。顧客に対する洞察力や事業戦略を後押ししたブランド・プラットフォームの構築とマネジメントは、その道程の一部であった。

事例：シティグループ

　シティグループは1998年、シティコープとトラベラーズ・グループが合併して誕生したダイナミックでグローバルな組織である。買収や、多様なセグメントをターゲットとした複雑な事業戦略へ適応するため、同社のブランド・ポートフォリオ構造は進化を続けている[4]。合併時点のブランド・ポートフォリオ（**図3−1**を参照）には、シティバンクをはじめ、トラベラーズ・インシュ

◆ 図3-1　シティグループのブランド・ポートフォリオ（合併前）

citigroup

- **CITIBANK**
- **SALOMON SMITH BARNEY**
  A Member of *TravelersGroup*
- **Travelers**Insurance
  A Member of *TravelersGroup*
- **PRIMERICA Financial Services**
  A Member of *TravelersGroup*
- **Commercial Credit**
  A Member of *TravelersGroup*

アランス、ソロモン・スミス・バーニー、プライメリカ・ファイナンシャル・サービス、およびコマーシャル・クレジットが含まれていた。

合併を機にポートフォリオ戦略の見直し

　この合併は、ブランド・ポートフォリオ戦略を再評価するきっかけとなり、その結果新しいロゴを伴った新しい戦略が出来上がった。図3－2に示すとおり合併後のポートフォリオ・モデルは、シティグループの金融サービス商品の範囲、すなわち消費者向けブランド（ブランドとしての「シティ」）、法人・機関向けブランド（ブランドとしての「シティグループ」）、および専門ブランド

◆ 図3-2　シティグループのブランド・ポートフォリオ（合併後）

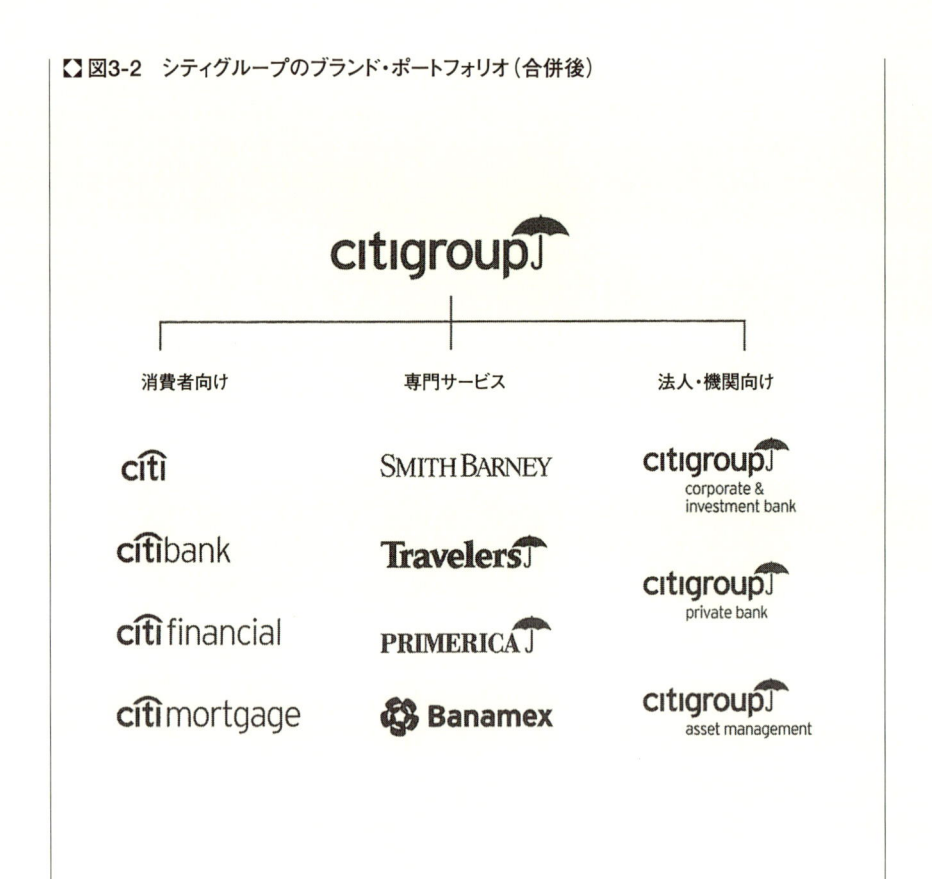

```
                    citigroup
        ┌───────────────┼───────────────┐
     消費者向け       専門サービス      法人・機関向け

       citi          SMITH BARNEY      citigroup
                                       corporate &
                                       investment bank
     citibank         Travelers
                                        citigroup
     citi financial   PRIMERICA         private bank

     citi mortgage    Banamex           citigroup
                                        asset management
```

（シティでもシティグループでもないブランド）の3つの主要分野を表している。それぞれのブランドのロゴは、個々のブランドが同一ファミリーの傘下にあり、異なる3つの大きな分野を象徴し、異なるターゲット・セグメントに訴求していることを視覚的に示唆している。

　親ブランドのシティグループは、企業としての名声や財務力、多様性、洗練さを表している。「シティグループ」は、シティコープの「シティ」とトラベラーズ・グループの「グループ」を組み合わせてつくられた。このブランド・ロゴは、シンプルな小文字の「Citigroup」の最後に、トラベラーズ・インシュアランスから権利を得た赤い傘マークがついている。長い間、トラベラーズ

と結びついていた馴染みのある傘マークは、(少なくとも、プルデンシャルの岩石マークと比べて) 親しみやすさと明るさのなかに保護と安全を表している。新しいロゴは、このよく知られたシンボルを利用しながら、トラベラーズ・ファミリーが合併後に組織の一員になったことを認識してもらうのに役立っている。

　新しい生命を吹き込まれた消費者向けブランドは、親ブランドにならってそれと同じ書体を採用し、先頭の「Citi」を太字にしている。さらに、赤い傘マークは、「Citi」の文字の上部に被せるようにデザインされ、赤いアーク (円弧) に模している。シティバンクをはじめ、シティファイナンシャル、シティモーゲージ、シティインシュアランス、および多くのシティカード各社はすべて、最終消費者を対象としている。

法人市場と個人市場でのブランドの使い分け

　すべての金融サービス機関に共通するブランドの問題は、一般消費者向け商品を、高所得者向けプライベート銀行や投資銀行といった事業と、どうやって分離するかということである。後者の顧客は、一般消費者向けサービスの顧客と同列に扱われるのを嫌うものだ。その理由は、単に機能に関する問題ばかりでなく、情緒的かつ自己表現的な動機にもよる。

　シティグループは、コーポレート銀行をはじめ、プライベート銀行、アセット・マネジメント、および投資銀行向けのマスター・ブランドとして、赤い傘マークをつけた「Citigroup」ブランドを用いることでこの問題に対処している。したがって、法人・機関向けブランドに関するシティグループのブランド構築は、グループレベルの親ブランドを反映したものとなる。

　一方、スミス・バーニーをはじめ、トラベラーズ・ライフ・アンド・アニュイティ、バナメックス、およびプライメリカといった各種の専門ブランドは、消費者向け分野にも法人向け分野にもぴったり適合しない。スミス・バーニー・ブランドをシティグループ・ブランドに移すという計画もあった。しかし、スミス・バーニーのアナリストが投資銀行部門から影響を受けているのではないかという、利益相反に関する議論が巻き起こった際には、スミス・バーニーとシティバンクとの間に距離感があったことが非常に好都合だった。

トラベラーズを分割委譲した後の残りの保険事業は、トラベラーズ・インシュアランスとあからさまに名乗るわけにもいかず、トラベラーズ・ライフ・アンド・アニュイティという名前になった。メキシコ最大の商業銀行、バナメックスは、同国で強固なエクイティを持っているため、そのブランドをシティ・ブランドに転換することは得策でなかった。北米に10万人以上の営業スタッフを抱えるプライメリカは、そのニッチ市場で金融サービスを相互販売できるように、他のブランドとは距離をおく必要があった。そうすれば同社は、トラベラーズの商品との競合を心配することなく、定期生命保険を販売することができる。

シティグループをブランド名の一部に使用していない専門ブランドと消費者をつなぐ方法として、「シティグループのメンバー企業（A member of Citigroup）」というブランド保証の文言が顧客とのコミュニケーションに使われている。

シティグループのブランド・ポートフォリオ戦略は、買収や新しい事業部門の立ち上げに対して一定の柔軟性を与えている。消費者向けまたは法人向けに適合する商品は、それが組織のなかで成長したものか、買収した事業であるかを問わず、それぞれ「シティ」または「シティグループ」の肩書きをつけることができる。同様に、大きなブランド・エクイティを持った被買収企業は、そのブランド力を保持し、専門ブランドとして組織に適合させることも可能だ。

◆ブランド・ポートフォリオ戦略における意思決定

ブランド・ポートフォリオ戦略のいくつかの側面がすでに明らかになっている。健全なブランド・ポートフォリオ戦略は事業戦略の実現を可能とし、ブランド構築戦術の効果も高めることができる。ポートフォリオ戦略を磨くことによる利点は多々あるが、反対に、関連性で差別化され、活性化されたブランドの構築に失敗し、レバレッジ効果、シナジー、そして明確さを欠いたポートフォリオ戦略となった場合のマイナスは計り知れない。しかし、ブランド・ポートフォリオ戦略には途方もない数の次元と文脈があるため、概念的にも組織的にも複雑である。健全で効果的なブランド・ポートフォリオ戦略の構築が、単純で容易であるということはめったにない。それどころか状況は個々に違い、

ダイナミックで実に難しい。

　本章は、ブランド・ポートフォリオ戦略の構築や修正、精緻化、そしてマネジメントをする人を支援することを意図している。戦略はいくつかの異なるレベルごとに構築することができ、またそうするべきである。トップ・レベルの戦略では、主要な事業分野を後押しする戦略ブランドに焦点を当てることが考えられる。

　シティグループの例では、図3－2のブランドがそれに当たる。また、マイクロソフトの例では、オフィスやウィンドウズ、MSN、Xボックス、および個別事業を表すほか6つのマスター・ブランドがそうである。また、特定の戦略ブランドに焦点を当てることも考えられる。たとえば、MSN事業やシティグループのプライベート銀行業をめぐるポートフォリオ戦略があってもおかしくない。それぞれのケースで、いくつかの関連する戦略ブランドがありうる。MSNにおけるカーポイントやホットメールなどがそれに該当する。分析の範囲とレベルは、戦略立案者の目的と責任による。

　必要なことは、図1－2ですでに示したポートフォリオ戦略における多くの要因を決定することだ。最も重要な意思決定は、次のようなものである。

- 戦略ブランドはどれか。また、どのようにそれをマネジメントすべきか。
- 範囲を拡大または縮小すべきブランドはどれか。
- 追加、削減、または統合すべきブランドはどれか。
- ブランド差別化要素を追加または削減すべきか。
- ブランド活性化要素を構築すべきか、またはそのマネジメント方法を改めるべきか。
- 製品カテゴリまたはサブカテゴリを決める際に、どのような変革が必要か。
- コーポレート・ブランドの重要性を高めるべきか、低めるべきか。

　ポートフォリオの複雑さと文脈次第という性質を前提とすると、ブランド・ポートフォリオ・マネジメントに紋切り型のアプローチは存在しない。しかし、検討すべき疑問と情報を明らかにすることで、なんらかの指針を示すことは可能である。戦略立案者は、明らかにされた疑問や情報から、ポートフォリオの

選択肢と論点の発見につながる背景情報を積み上げていく。それらは、4つの考察分野を中心として体系づけることができる。

- 市場要因とダイナミクス
- 事業戦略
- ブランド・エクイティとブランド・アイデンティティ
- ブランド・ポートフォリオ監査

それぞれについて、ポートフォリオの問題と選択に関する洞察を引き出す質問と論点からなるチェックリストを用意した。これらの質問や論点は示唆的かつ代表的なもので、すべてを網羅しているわけではない。それらはまた、限界や境界を示すためのものではなく、むしろ情報への扉を開いてくれる。よって、さらに多くの選択肢や論点を生み出す方法を考えていくべきだろう。いくつかの質問はすばらしい洞察を与えてくれるかもしれないが、それがどの質問なのかを前もって示すことは難しい。

以下に図3－3に示す4分野の1つひとつを論じ、続いてポートフォリオ戦略のマネジメントを考察し、さらに、本書の残りの章についての簡単な概要を示す。

市場要因とダイナミクス

組織が関与する主要な製品市場に対して、その市場要因とダイナミクスの確かな分析を行うことは、事業戦略やブランド戦略を構築する取り組み、あるいはブランド・ポートフォリオ戦略の展開に向けた土台となる。市場分析についての詳しい説明は、拙著『戦略立案ハンドブック』（原著 *Developing Business Strategies*）を参照されたい[5]。簡潔にいうと、同書には、分析対象となっているブランドが関連している、もしくは参入できる主要な製品市場ごとの顧客、競合、市場動向の分析方法が解説されている。また、同書には、以下のような質問が載っている。

図3-3 ブランド・ポートフォリオ戦略決定への考察

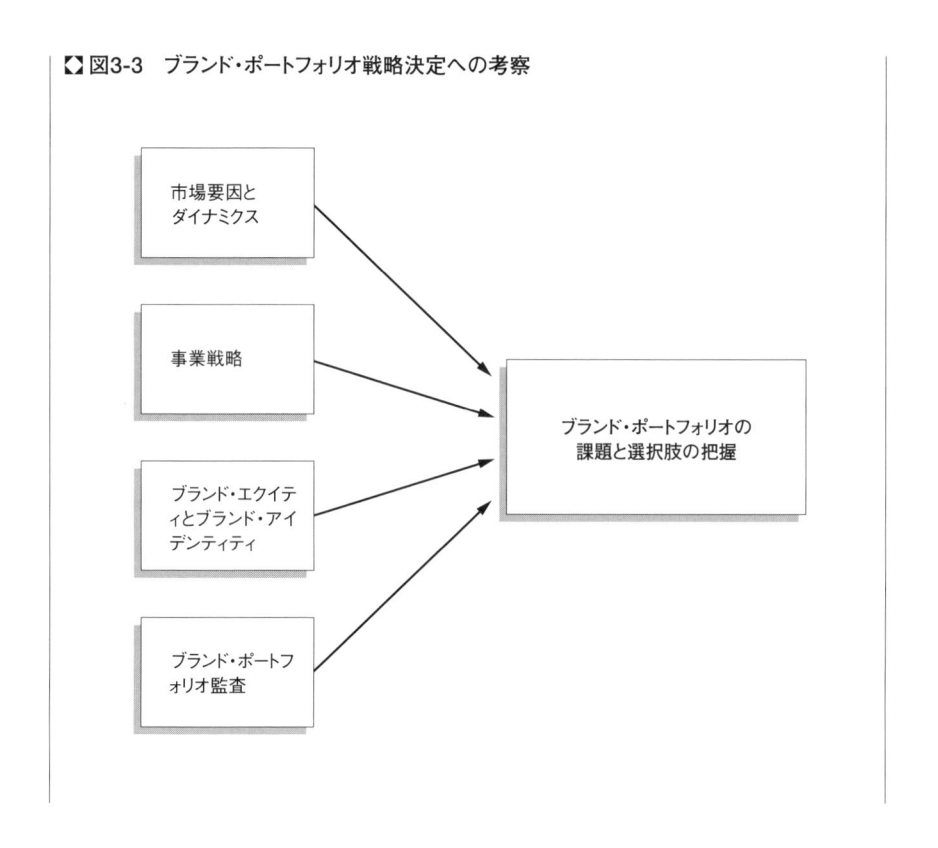

```
市場要因と
ダイナミクス  ───┐
                 ↓
事業戦略     ───→ ┌──────────────────┐
                 │ ブランド・ポートフォリオの │
ブランド・エクイ   │ 課題と選択肢の把握     │
ティとブランド・アイ→└──────────────────┘
デンティティ      ↑
                 │
ブランド・ポートフ ─┘
ォリオ監査
```

顧客

- 最大かつ最も収益性の高い顧客はだれか。彼らのロイヤルティはどのくらいか。彼らの機能的および情緒的な購買動機は何か。購買動機および行動において、どんな変化が観察されるか。
- 当該市場は、便益、使用レベル、用途、組織のタイプ、顧客ロイヤルティ、価格敏感度、ライフステージ、ライフスタイル、購買ドライバー、または動機といった変動要因によってセグメント化できるか。このセグメント化は、ブランド・ポートフォリオ戦略に対してどのような意味があるか。
- セグメントごとの購買動機は何か。顧客はグローバルを評価するのか、ローカルな結びつきを評価するのか。1つのメーカーによる独自の体系的ソリューションか、あるいは複数メーカー製品の最適な組み合わせによるソリュー

ションか。
- 満たされていないニーズは何か。満足していない顧客がいるか。それはなぜか。次なる製品やサービスの必須要件は何か。

競合
- 競合相手はだれか。その競合を異なる戦略グループに分類できるか。
- 主要な競合の強み、弱み、および事業戦略は何か。彼らの弱みや戦略から生まれる余地にはどんなビジネス・チャンスがあるか。
- 競合はどんなブランド・エクイティを所有しているのか。それぞれのブランド・ポートフォリオ戦略は何か。彼らのブランドの弱点は何か。
- 競合はどんなトレンドに賭けているのか。

市場動向
- カテゴリまたはサブカテゴリの成長ダイナミクスは何か。
- 事業に影響を及ぼす可能性のある、現在（または台頭しつつある）文化的、人口動態的、技術的、経済的動向は何か。
- 製品カテゴリの認識はどのように変わってきているか。新しく生まれつつある製品カテゴリまたはサブカテゴリは何か。

　これらの質問の最終的な目的は、ポートフォリオの選択肢と論点を浮き彫りにすることである。このプロセスを通し、顧客や競合、市場動向について情報を持っていると実感できれば、この目的が達成しやすくなるだろう。もちろん、浮上した選択肢と論点については、焦点を絞り、踏み込んだ分析と評価を行うことになる。

　こうした考察事項のほとんどは、ブランド・ポートフォリオの意思決定になんらかの関与がある。特に、セグメント化は、ブランド・ポートフォリオ戦略と密接に関連する。なぜならば、ブランドの役割が、セグメントの特徴に合った商品を規定することになる場合が多いからだ。シティグループは、消費者、プライベート銀行の顧客、および法人といった個別セグメントごとに商品を規定した。ダナ・キャランは、ライフステージによる市場セグメント化を基にし

て、ヤング・プロフェッショナルからクラシックな装いを求めるより成熟した顧客までをカバーする商品ラインを用意した。ポートフォリオは、各セグメントに対して明確で説得力がなければならない。よって、その戦略は、セグメント化に対する理解と感受性に基礎をおく必要がある。

ブランド・ポートフォリオ戦略には、現在および将来の製品市場の選択に関する分析から始まる、範囲と拡張についての意思決定も含まれる。たとえば、新しい製品市場に拡張する意思決定には、将来見通しをはじめ、競争の激しさ、まだ満たされていない顧客ニーズや不満に思われている分野の存在、そして関連市場の動向などを考慮する必要がある。マイクロソフトは、マイクロソフト・ビジネス・ソリューションズやMSN、Xボックスといったブランドを構築するかを決めるにあたって、将来事業になりそうな新興分野に間違いなく目を向けている。

次章のテーマであるブランド関連性に関する問題は、1つには、どのように製品カテゴリやサブカテゴリに対する認識が変化しているか、ということにかかってくるだろう。ブランドに結びついている製品カテゴリやサブカテゴリが衰退、あるいは他のものに置き換えられつつある場合、ポートフォリオに関する深刻な問題が発生する可能性がある。

事業戦略

ブランド・ポートフォリオは事業戦略を支援し、これを反映しなければならない。したがって、事業戦略に関する確かな知識を持ち、それぞれの製品市場での競争におけるビジネスモデルを理解することが重要である。そこで、基本的な疑問が2つ浮かぶ。事業戦略とは何か。また、企業とその戦略ブランドは、事業戦略に対して、どのような役割を果たしているのか。本質的には、事業戦略は次のような内容からなっている。

- **製品市場の範囲**（product-market scope）――当該事業が競争する場所。どのような製品市場が重要視されるのか、反対に重要視しないのか、もしくは

回避すべきか。
- **価値提案**（value proposition）——顧客に提供するもの。なぜ、顧客は買うのか。ロイヤルティの基礎は何か。差別化のポイントは何か。
- **戦略資産**（strategic asset）——持続的競争優位を生み出すブランド資産などの資産。それぞれの製品市場において、どんな資産があれば将来の事業の成功につながるのか（戦略資産として、能力ある研究開発グループ、確保された顧客基盤、製造能力、製品設計スキル、または一連のブランドなどが考えられるだろう）。

◆製品市場の範囲

　当該事業が競争する場所である製品市場の状況が、ポートフォリオ戦略に直接影響を及ぼす。企業が提供する（または提供しないと決めた）製品と企業が求める（または求めない）市場が、事業の範囲を規定する役割を担っている。これを分析するには、現在の製品市場の状況に目を向けることから始めるべきである。しかし、事業戦略の核心は、製品市場における変化のなかに見出される。どんな市場を新たに対象とするのか。また、どんな製品を新たに投入するのか。その成長軌道はどのようなものか。

　当該事業が対象とする製品市場分野を見つけることは、ポートフォリオ戦略にとってきわめて重要である。通常、そうした事業を決定するには、市場機会とその組織能力とが重なる部分を見つけることが基本となる。また、ブランド・ポートフォリオの観点から見ると、組織はブランド関連性も評価する必要がある。デイビスとダンは、これらを示すために図3－4を用い、これら3つの要因の交差部分を「信頼性の有効範囲」と呼んだ[6]。もし、市場機会と組織能力があったとしても、新しい製品市場分野で存在を示すためにはブランドが必要である。この場合に適用するブランドは、新ブランド、あるいはおそらくサブブランドまたは保証付ブランドによるブランド拡張である。そして、このうち、どれが特定の製品市場に最も適しているかを決めるのが、ブランド・ポートフォリオ戦略の中心的な課題なのである。

　事業戦略の範囲を決める要素として、現在および将来の製品市場のなかでの

図3-4 信頼性の有効範囲

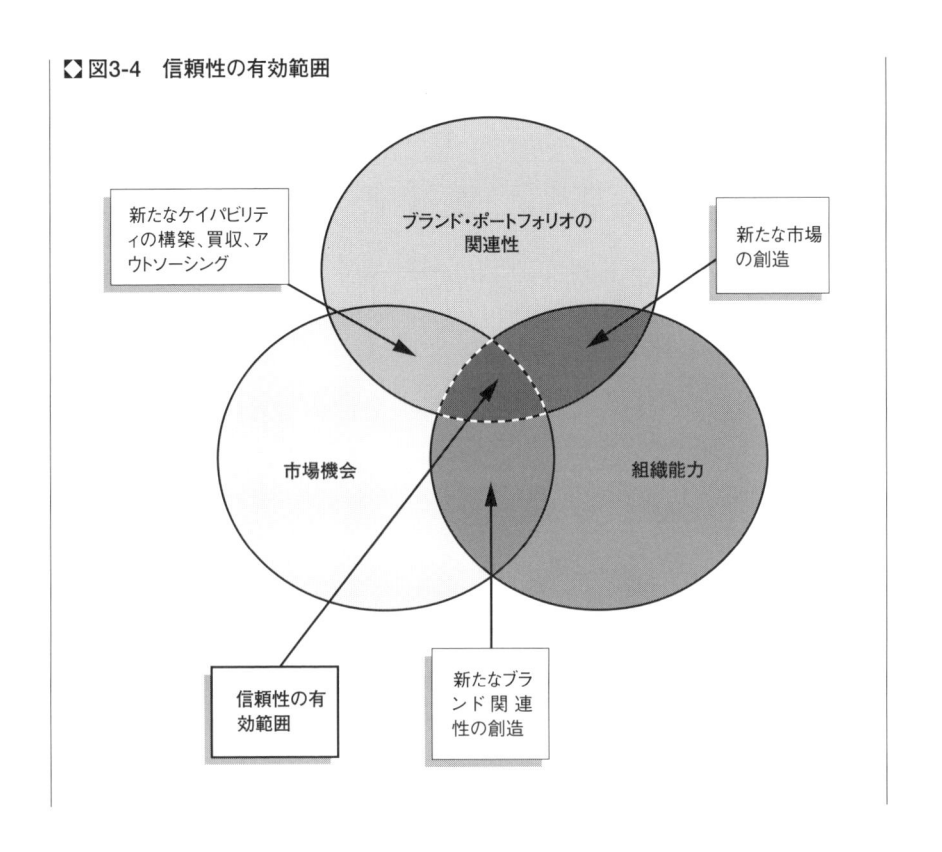

- 新たなケイパビリティの構築、買収、アウトソーシング
- ブランド・ポートフォリオの関連性
- 新たな市場の創造
- 市場機会
- 組織能力
- 信頼性の有効範囲
- 新たなブランド関連性の創造

優先順位を決めること――特に製品市場ごとの投資水準を決めること――がある。この事業戦略での重要な意思決定を左右するのは、図3－4に示すような市場機会および組織能力である。投資額の増加は、ちょうどマイクロソフトがマイクロソフト・ビジネス・ソリューションズや他の傘ブランドに投資する意思決定を下したように、戦略ブランドが必要となることを意味する。このブランドが競争力を持つには、フルラインを構築するためのサブブランドや、おそらくは、なんらかのブランド差別化要素を付加する必要があるだろう。

資源を浪費しないために、現在の事業から利益を搾り取るという意思決定も、同様にポートフォリオに影響を与える。もし、マイクロソフトがオフィス・ファミリーはキャッシュカウ・ブランドだと発表すれば、ブランド活性化要素やシルバーブレットの数は減るだろう。さらには、オフィス・ファミリーのブラ

ンドはディスクリプターの地位に降ろされ、資源の割り当て量は削減されるだろう。もし、シティグループが中小企業・個人向け銀行業を合理化すると決めれば、同じような縮小効果が生じるはずである。

　異なる製品市場で1つのブランドを共有する場合、その企業が最も重視する競争分野で強力なブランドを投入できるようブランド・ポートフォリオを設計することが重要である。もし、ブランドについてリスクを取るつもりなら、重要ではない分野よりもむしろ、重要な分野でそうするべきである。事業戦略があれば、戦略的に重要でない製品市場を任された意思決定者が、ブランドを誤用するようなことはないだろう。

　その意味で、ポートフォリオ構築を連続したプロセスで行うことが有効である。たとえば、ある世界的な金融サービス機関が、買収したいくつかの主要ブランドとコーポレート・ブランドとの折り合いをつけようとしていた。最初に、将来の最も重要な事業分野を投資銀行業だと選び出し、その事業を下支えし、成功の可能性を高めることができるブランドを決定したことで、会社の意思が明確に表れた。次に、2番目に重要な事業分野がプライベート銀行業であることが明確になると、投資銀行業向けに選んだブランドを考慮に入れ、そのための最適なブランドが構築された。このプロセスは、他の2つの主要事業分野についても続けられた。こうして、会社全体のために機能するブランド・ポートフォリオ戦略が完成したが、その際にも最も重要な事業分野については一切妥協することはなかった。これが他のプロセスを取っていたら、戦略的にあまり重要でない事業分野に重点をおきすぎていたかもしれない。

◆価値提案

　製品やサービスは、究極的には新規顧客と既存顧客の両方に訴求しなければならない。当該製品やサービスが、顧客にとって有意義であり、なおかつブランド・アイデンティティとブランド・ポジショニングに反映された価値提案を持たなければならない。戦略を成功させるためには、顧客に対する価値提案が長期にわたり持続可能で、競合他社と差別化される必要がある。価値提案には次のような要素がある。

- 高品質のストア・ブランドに裏打ちされたお買得品と行き届いたサービス（ウォルマート）
- 安全性（ボルボ）や洗浄力（タイド）といった、製品やサービスの重要な属性における卓越性
- 華やかな店舗の魅力ある商品（ギャップ）
- 洗練された嗜好と雰囲気を持った高級車（ジャガー）
- 探しやすく、注文のしやすい商品ラインの幅と品数、および確実な配送（アマゾン）
- 革新的な製品（3M）
- 行動や製品に対する情熱の共有（ハーレーダビッドソン）
- 世界的なつながりと名声（シティグループ）

2003年にIBMのCEOに就任したサム・パルミザーノは、前任者の目を見張る成功の後を継ぐことになった[7]。90年代はルイス・ガースナー前CEOの下、組織のシナジーや技術を顧客のために生かすことで劇的な再生を遂げていた。パルミザーノは、戦略の基礎に新しい価値提案「オンデマンド」を据えた。その中核となる考え方は、ITシステムは取引関係にある顧客企業とサプライヤー企業を巻き込み、情報とコンピュータ資源を必要なときにオンデマンドで手に入れることができる、というものであった。「オンデマンド」とは、究極的には、コンピュータ・システム、データ・ソフトウエア、そしてネットワークが互いに継ぎ目なしにつながっていることである。IBMの事業部門はすべて、この価値提案を実現する責務を負っていた。

◆戦略資産

戦略資産は、戦略の土台となり、持続的競争優位をもたらすために必要とされる。戦略資産には、建物や立地から始まって、研究開発に関する専門知識、比喩的シンボル（ミシュラン・マンなど）、強力なブランド（ジョンソン・エンド・ジョンソンなど）といった広範なものが含まれる。戦略を下支えする資産の力は、競合他社との相対的な力関係による場合もある。自社の資産はどこま

での強さを持ち、適切なものであるか。また、シンボルとなる商標や長期にわたる投資によって、どのくらい所有することができるのだろうか。さらに自社の資産は、他社ではまねのできない組織独自のシナジーに、どの程度の基礎をおいているのだろうか。シナジーを実現できた多角的な事業組織が、シナジーの実現に取り組まなかったり、失敗したりした事業組織に対して優位性を持つことは自明の理といえよう。

　潜在的なブランド差別化要素や活性化要素も含めて、ブランドやサブブランドは重要な資産である。これらはレバレッジ効果によって、製品力や技術力による一時的な優位性を、長期にわたって持続するものに変える手段を提供する。単なる機能はまねすることができるが、積極的にマネジメントされるブランド化特徴はそう簡単にまねできない。

　ブランド資産は、価値提案に結びついていなければならない。たとえば、グローバルで、すべての品揃えを持つ企業だという価値提案は、関連する製品を定義する場面において、信頼性を獲得するためにどんなブランドを構築したり強調したりすべきかについて示唆を与えてくれる。もし、プレミアム価格の獲得を目指すことが戦略であるならば、ある種のブランドは適さないだろうし、別のブランドは強化する必要があるかもしれない。また、お買得商品というポジションを狙う場合、ポートフォリオに低価格ブランドやサブブランドがないのであれば、それらを構築または獲得しなければならないことを意味する。

　ダイナミックな事業戦略は、ダイナミックなブランド戦略で支援する必要がある。マイクロソフトはXボックスを市場に投入したとき、インパクトあるブランド名を採用し、マイクロソフトというコーポレート・ブランドの影響を弱めることで、ターゲット市場に適したパーソナリティを創造した。オフィス・ファミリーの場合は、便利さと統合パッケージソフトであることの訴求力とでシナジーを生み出すことができたので、オフィスのブランド名の強化につながったのは当然のことであった。

◆事業業績

　戦略ブランドと結びついた事業部門の業績は、ポートフォリオに関する論点

と選択肢を示唆してくれる。売上げと利益の傾向はどうなっているか。市場シェアはどうか。売上げが増加しているのに市場シェアが低下している場合は、危険信号かもしれない。セグメント別の業績はどうか。健全に成長しているセグメントはどこか。また、衰退しているセグメントはどれか。その問題の原因は何か。競合のせいか。顧客の購買行動、製品カテゴリの認識、使用パターン、ブランドに対する見方、または購買動機などに変化はあるか。

　適切な診断の結果、満足できない業績だったとすれば、それはブランド・ポートフォリオ戦略に関係があるのかもしれない。たとえば、ブランド差別化要素や活性化要素の必要性を示唆しているのかもしれない。関連性の問題は、新製品によって、あるいは強力なサブブランドの導入によって改善する可能性がある。また、あるブランドのポートフォリオ上の役割を戦略的役割からキャッシュカウの役割に移すことも、選択肢の１つになりうる。

ブランド・エクイティとブランド・アイデンティティ

　ブランド・ポートフォリオの意思決定に対する基本的な考察事項のなかには、ブランド・エクイティとブランド・アイデンティティがある。

　ブランド・エクイティ（brand equity）は、どんなポートフォリオ戦略が最適か、または実行可能かということに影響を及ぼす。たとえば、弱いブランドは、戦略的役割やシルバーブレットの役割に適していないかもしれないし、ブランド差別化要素や活性化要素を必要とするかもしれない。１つの製品クラスと強く結びついたブランドは、拡張には向いていないかもしれないが、ライフスタイル・ブランドは、まだ実現されていない拡張のポテンシャルを持っているかもしれない。

　あるブランドには特徴的なイメージができていて、そのことでそのブランドが共同ブランドの候補になることもある。イメージは、製品を定義する方法に影響を及ぼす。たとえば、マイクロソフトのイメージは、同社のポートフォリオにおける戦略ブランドとどのような関連を持たせるかに影響する。

どのブランドのエクイティを起用するかは、製品カテゴリに適合する体系を用いて意思決定する必要がある。そのエクイティ体系の持つ強みや弱みを把握するためには、別掲コラム「ブランド・エクイティの要素」にリストしたブランドの強みに関する主要な側面を検討する必要がある。

　ブランド・アイデンティティ（brand identity）は、ブランド・エクイティと同じくらい重要である。そのブランドはどこに向かおうとしているのか。ブランド・アイデンティティは、将来のブランド・ビジョンを実現していくうえで最も重要なドライバーとなる、3～5の核となる要素を持っている。また、そこには、ブランド・エッセンス——アイデンティティのほぼ全体をとらえる単一の概念——が含まれることもある[8]。

　ポートフォリオにおけるブランドの役割には、ブランド・アイデンティティが反映されていなければならない。なぜならば、ブランド・アイデンティティはブランドの将来そのものだからだ。もし、信頼性ということがそのブランドの主要なポジションになると見なされるならば、そのブランドは大胆で尖ったアイデンティティを持つよりも、ブランド保証の役割に適しているのかもしれない。

　ブランド・アイデンティティとポートフォリオ戦略は非常に強く絡み合っているため、他方を抜きにして一方を発展させることは難しい。ポートフォリオの役割を知らずに、どの連想を強化または緩和すべきかを決めて、ブランド・アイデンティティを規定するのは難しい。反対に、ブランド・アイデンティティを知らずに、それぞれのブランドにポートフォリオ上の役割を割り当てたり、どの分野でそのポートフォリオ戦略を実施するかを決めたりすることも難しい。ポートフォリオ戦略を構築する時点で、一部またはすべてのブランドのアイデンティティが適切に定義されていない場合は、いくつかの前提と簡単な分析に基づいてそれらをつくり上げることも必要になる。こうした方法によって、各ブランドに割り当てられる現実的な役割について、少なくともおよその感じはつかめるだろう。

　さらに、ブランド・ポートフォリオは、ブランド・エクイティを改善したり傷つけたりすることもあれば、アイデンティティを実現しようとする能力に影響を与えることもある。たとえば、ブランド差別化要素と活性化要素は、ター

ゲット・ブランドを構築または強化することができる。また、サブブランドはマスター・ブランドに影響を与えるし、その逆もありうる。シティグループがスミス・バーニーと距離をおき、ハイエンド商品に「シティグループ」ブランドを使うことにしたのは、このブランドを保護ないし構築したいとの意図からだ。マイクロソフトはシルバーブレット・ブランドの状況とその使用について、継続的に検討を行っている。

　ポートフォリオ戦略によって、正しい文脈——ブランドがそのエクイティを前提として、成功するチャンスがあるような状況——にブランドを据えるべきである。豊かなブランド構築資源があっても、間違った文脈におかれたブランドは成功する可能性がほとんどない。ブランドのエクイティ、アイデンティティ、およびポジショニング戦略を理解することによって、その文脈が正しいことを確認することが可能となる。

ブランド・エクイティの要素

- **認知**——そのブランドは、市場でよく知られているか。重要セグメントにおける、再生率（ブランド名を提示しないでの認知度）はどうか。
- **評判**——そのブランドは、市場で高く評価されているか。そのブランドの知覚品質は高いレベルにあるか。
- **差別化**——そのブランドには差別化ポイントがあるか。パーソナリティがあるか。そのブランドは情緒的便益または自己表現便益をもたらしているか、またはもたらすことができるか。
- **活力**——そのブランドは、活力を持っているか。そのブランドは疲弊していないか、または精彩を欠いていないか。
- **関連性**——そのブランドは、現在の顧客の現在の用途で重要視されているか。そのブランドは、他のどんな製品カテゴリまたはサブカテゴリにふさわしいか。
- **ロイヤルティ**——顧客は、そのブランドに忠誠心を持っているか。そのような顧客はどのくらいいるか。それはだれか。どうやってその顧客

を一般顧客層と区別するのか。その忠誠心は、何に起因しているのか。
- **拡張性**——そのブランドは、マスター・ブランドまたはエンドーサーとして、他の製品へ拡張する潜在力があるか。そのブランドは成長のためのプラットフォームになりうるか。製品カテゴリを網羅する連想は何か。

ブランド・ポートフォリオ監査

　4番目の考察事項である**ブランド・ポートフォリオ監査**（brand portfolio audit）とは、現在のブランド・ポートフォリオを厳密に調べ、より深く分析し、対応策を講じるに値する問題点と課題を把握するための体系的な手法のことである。図3－5にある30項目以上の質問は、監査内容の構成と検討事項を示している。また、これらの質問は、ブランド・ポートフォリオ戦略の範囲についても概観している。各質問は、潜在的に重要であり、意義深い分析と変革につながりうる。ただ、これですべての質問を網羅しているわけではない。したがって、検討の進行に合わせて、さらに質問を追加したほうが有効で適切なものになるだろう。

　監査の最初の段階は、ポートフォリオ戦略目標の評価である。これにより、この方法でなければわからない有用な洞察を得られる。たとえば、これ以外の監査質問では、明確さを欠くポートフォリオの混乱の核心を見つけ出すことは必ずしもできないだろう。

　まず目標の評価から始める。それは、一般的な論点を整理し、その後より詳細な調査をして検討することを意味する。たとえば、一部のブランドが活用されていないと判断されれば、より詳細な調査が必要だということだ。しかし、この分析は、詳細なものから始めて一般的なものに至るやり方も可能である。この場合は、戦略に関する詳細な調査が完了して初めて、目標が評価されることになる。

次の課題は、図3－5にあるように監査の対象とするポートフォリオ内のブランドの選出である。ポートフォリオのブランドすべてについて、なんらかの監査を行うということはめったにない。むしろ、トップ・レベルの戦略ブランドや 1 つの事業分野と結びついたブランドといった、マネジメントできる対象に焦点を当てる。

しかし、ブランド活性化要素とブランド提携は無視してはならない。他企業が所有または管理するブランドのうち、少なくとも、ブランド・エクイティに対する重要な影響力を持っていたり、事業成功の決定要因となったりするブランドは、監査の対象とすべきである。

監査の質問の目的は、既存のポートフォリオ戦略を調べ、さらなる分析と検討を行う価値のある選択肢と課題を提起することである。選択肢として、ブランドの役割の優先順位を替えることや、そっくり異なる役割につくり替えることもありうる。また、新しいブランドやサブブランドを構築することや、既存ブランドを拡張するといったことも選択肢に含まれる。さらに、ブランド差別化要素や活性化要素を新たにつくり出し、改善し、あるいは強化もしくは緩和することもありうる。ブランド間の関係も替えることができる。重要なのは、分析によって、ポートフォリオの課題は何かを見出すことである。

ポートフォリオ戦略の選択肢をすべて見つけ出そうとするのではなく、ポートフォリオに関わる主要な意思決定に影響を及ぼす論点を把握しようとするほうが生産的だろう。たとえば、そうした意思決定には、新しい製品市場に参入していく事業戦略の意思決定もあれば、将来に向けた最も重要な事業課題を特定する意思決定もあるだろう。さらには、あるブランドを再生するかどうかの意思決定かもしれない。ただ、ポートフォリオに関する意思決定の複雑さによって身動きがとれなくなってしまってはいけない。本来の目的は、その複雑さを克服して、重要な論点に焦点を当てることである。

ブランド・ポートフォリオのマネジメント

ブランド・ポートフォリオのマネジメントは、個々のブランド・マネジメン

◘ 図3-5　ブランド・ポートフォリオ監査

ポートフォリオの目標
- ポートフォリオはシナジーを生んでいるか。すなわち、各ブランドは協力し合って他のブランドを支援または強化しているか。各ブランドは製品市場の全般にわたって一貫性があるか。ブランド構築資源は各ブランドに最適に割り当てられているか。将来の戦略ブランドや大切な役割を担うブランドは、割り当てられた役割を遂行するための適当な資源を付与されているか。
- すべてのブランドが十分に活用されているか。各ブランドは、エクイティを傷つけることなく水平方向または垂直方向に拡張されるか。将来の成長プラットフォームが構築されつつあるか。
- 各ブランド、特にドライバーの役割を持ったブランドが関連性を失っていないか。各ブランドは市場ダイナミクスに適応しているか。新たなカテゴリやサブカテゴリを創造する機会はあるか。
- 各ブランドは、それぞれの役割を遂行するだけの力があるか。十分な活力と持久力を持っているか。差別化は十分か、また、それは持続可能なものか。
- 顧客にとっての明確さはあるか。あるいは商品が混乱し、雑然としていないか。

ブランド・ポートフォリオ
- ポートフォリオまたはそのサブセット（ポートフォリオの下位集合）において、サブブランドや保証付ブランド、ブランド差別化要素、ブランド活性化要素、提携ブランド、コーポレート・ブランド等を特定する。

ポートフォリオの役割
- どのブランドが戦略ブランドか――現在または将来にわたって重要な収益源となるブランド、もしくはテコの支点となる基点ブランドか。
- どのブランドまたはサブブランドがブランド活性化要素の役割を担っているか（または担うべきか）。新たな追加は必要か。その役割を担わせるために、ブランド化されている既存のものをパッケージ化することはできるか。または、新しいプログラムが必要か。ブランド提携の必要はあるか。
- どのブランド活性化要素が大きなインパクトを秘めているか。それは、どのように実現可能か。それを邪魔するような組織上の問題はないか。
- どのブランド活性化要素を優先するべきか。どれをシルバーブレット・ブランドにするべきか。
- フランカー・ブランドは必要か。それはなぜか。脅威は何か。フランカーの役割を担うのに、既存ブランドは使えるか。あるいは、新しいブランドが必要か。
- 戦略的シルバーブレット・ブランド、ブランド活性化要素、およびフランカー・ブランドは下支えされ、積極的にマネジメントされているか。
- どのブランドがキャッシュカウの役割を担うべきか。それらは、現在割り当てられている資源を本当に必要としているのか。

ブランド範囲
- ドライバー・ブランドやサブブランドは適切に活用されているか。どのブランドが水平的拡張に向いているか。そのブランドをもっと十分に活用するために、サブブランドや保証付ブランドを必要とするか。
- サブブランドや保証付ブランドを使って、もしくはそれらを使わないで、ブランドの垂直的拡張は可能か。
- ブランドを新たな市場に移し変えることはできるか。
- 拡張しすぎているブランドはないか。そのイメージが危険にさらされていないか。

製品定義の役割

主要なまたは代表的な製品市場について
- ドライバーとして重要な役割を担っているブランドやサブブランドを特定する。それらはどの程度のエクイティを持っているか。顧客とのつながりはどのくらいの強さか。どのブランド・グループが積極的なマネジメントとブランド構築を必要としているか。
- サブブランドを特定し、ドライバーとディスクリプターを両極とする軸を使って評価する。評価の結果、それらのサブブランドは適切な量の資源とマネジメントを受けているか。ディスクリプターに格下げすべきサブブランドはないか。
- 既存のエンドーサー・ブランドは、エンドーサーとしての価値をきちんと付加しているか、もしくはその価値を落としていないか。それらのアイデンティティは役割にふさわしいものか。文脈によっては、それらのエンドーサーとしての役割を減らしたり取り除いたりすべきか。一方、エンドーサーを追加したり、より明確に表現したりすべき他の文脈があるか。
- エンドーサーの役割は、すべての文脈でエンドーサー・ブランドを強化しているか。強化していない場合、その価値はブランドに与えうる潜在的なダメージに見合ったものか。
- ブランド差別化要素を特定する。それらの役割を増やすべきか、減らすべきか。もっと必要か。それはどこに必要か。
- 共同ブランドを特定する。それらの構想は十分に練られたものか。新しい共同ブランドを検討すべきか。ブランドを強化するためには、どのようなタイプのパートナーが役に立つか。
- 明確さ、焦点、よりよいコミュニケーション戦略をもたらすために、傘ブランドが必要か。

ブランド・ポートフォリオ構造

- ポートフォリオのそれぞれのブランドについて、ブランド・ロゴのついた円を描き、その円を宇宙の形に整理するようブランドの関係者数名に頼む。まず「太陽」となるブランドを特定してから、その回りに「衛星」を伴う「惑星」としてブランドを配置してもらい、どうしてそう配置したのか質問する。そして、結果を比較する。共通していることは何か。異なることは何か。
- 以下の方法のうちの1つまたは複数を使い、ブランド・ポートフォリオ構造の図を描く。
  ーセグメント、製品の種類、用途、またはチャネルなどの論理的なフレームワークを用いて、ブランドのグループ化を行う
  ーすべてのブランド階層ツリーの図を描く
  ーネットワーク図を使ってその構造を特定する
- ブランド・ポートフォリオ構造(および意味のあるその下位区分)を、複雑さや場当たり的な決定、戦略的漂流をもたらすことなく、明確さや戦略、方向性を生み出しているかという観点から評価する。
- 既存の文脈において既存ブランドを削減すべきか。あるいは、より重要な影響を与えるべきか、与える影響を軽減すべきか。
- 新しいドライバー・ブランドかサブブランドを構築すべきか。

ポートフォリオ・グラフィクス

- ロゴや広告など、ブランドが視覚的に表現されている例を挙げる。それは明確で、一貫性があり、論理的か。それとも、混乱しており、一貫性が欠如しているのか。視覚的表現に、それぞれのブランドの相対的重要性が反映されているか。視覚的活力はあるか。
- ポートフォリオ全体のブランドの視覚的表現は明確さをもたらしているか、それとも混乱を巻き起こしているか。それはポートフォリオ構造や文脈の役割、ブランド・アイデンティティを支持しているか。

トの構造とシステムから始まる。それぞれのブランドについては、特定の個人またはグループが責任を負うべきである。ブランド全般について、また製品市場全体の各ブランドについて、ブランド・プランニングのための共通のシステムがなければならない。プランニングのためのテンプレートは同じものとし、共通のインプット、アウトプット、用語を使うべきである。さらに、ブランド・ポートフォリオ・マネジメントには、所与の製品市場における個別ブランドの目標のみならず、ポートフォリオの目標を達成するためのメカニズムも必要である。

◆ポートフォリオ戦略に必要なブランド知識と市場知識

　ポートフォリオをマネジメントする個人またはグループには、ブランド知識と市場知識へのアクセス、そしてポートフォリオに関する意思決定を下す権限と資源が与えられなければならない。ブランド知識が必要なのは、ブランド戦略には複雑で難しい意味合いが隠されているからである。市場知識が必要なのは、ポートフォリオ目標の多くが顧客を対象とするものだからだ。信頼できる市場知識がなければ、個人でもチームでも独断的で最適とはいえない意思決定しかできない。最後に、必要な権限や資源を手に入れることは重要である。こうした前提がなければ、ポートフォリオ・マネジャーは、ポートフォリオの改善を立案し実行するために必要な力を持つことができない。というのも、彼らの仕事のほとんどは、組織的にきわめてデリケートなものだからである。

　ポートフォリオ・マネジャーが、CEOまたは上級執行役員である場合もある。そうでない場合は、担当者または担当チームはCEOの明確な支援を受ける必要がある。組織のトップ・マネジメントの積極的な支援がなければ、ほぼ間違いなくブランド・ポートフォリオ・マネジメントのデリケートな数々の問題に効果的に対応することも、解決策を実行することもできない。

　ポートフォリオ戦略に優れている企業（デル、ネスレ、ソニー、ヘンケル、GE、HP、IBM、3M、P&G、UBSなど）では、CEOはブランド・ポートフォリオに関する意思決定や問題に直接関与している。一般的にいって、ブランド・ポートフォリオ・マネジメントはもちろんのこと、ブランド・マネジメントは

個々のブランドの問題ではないし、マーケティングの問題でもない。それは全社的な組織上の問題である。組織のトップが関心や関わりを持たなければ、ブランド・ポートフォリオの目標を達成することは非常に難しい。

　ブランド・ポートフォリオ戦略を構築し、見直し、改善するためには、それを支える手続きや組織構造の整備を必要とする。また、ポートフォリオに生じている問題を見つけるために、定期的に監査を実施すべきである。こうした監査は、新しい製品や製品グループが検討されたり、買収が行われたりする場合にも実施しなければならない。買収によって一連のブランドがポートフォリオに流れ込むと、ポートフォリオ全体に深刻な問題が発生することが常である。重要なのは、これらの問題に気づかない振りをしたり、戦術的な実行段階の問題であるとして格下げしたりしないで、きちんと問題と向き合うことだ。

◆ポートフォリオをめぐる組織的な課題

　ポートフォリオに関するいくつかの問題は組織的にデリケートで、それらに対処するには断固たる力が必要だ。以下の節において、こうした問題について説明する。

　1つ目の問題は、ブランドと役割に対する資源の割り当てである。これは、組織に健全な活力と統制をもたらしている分権化構造と組織文化を、阻害してしまいかねない問題である。しかし、ポートフォリオ・レベルの分析と規律がないと、どうしても将来の戦略ブランドと新興市場を犠牲にして、成熟したブランドや市場に資源を割り当てすぎてしまう。

　2つ目の問題は、ブランドやサブブランドを追加するかどうかの意思決定である。おおむね、どの組織もブランドを追加することに傾きがちだが、この意思決定は明確な指針と規律をもって下さなければならない。個々のブランド・マネジャーは提案する製品の見通しや新しさを誇張するもので、製品に対して母親が抱くような愛情が注がれ、それがブランド名として象徴されることがある。しかし、新しいブランドの導入には、マネジメント上、組織上、さらに財務上、膨大な資源が投入される。そのうえ、新しいブランドを導入するということは、他のブランドにとっては、将来のために負担を累積的に上乗せしてい

かなければならないことを意味する。

　ブランドの拡散を制御するためには、ブランドをポートフォリオに追加する明確な基準をおいて、それを組織内に浸透させていかなければならない。一般的に、新しいブランドがどうしても必要になるのは、既存ブランドがマイナスに作用するものであったり、リスクがあったりする場合、新製品が既存製品と大きな違いを示している場合、そして新事業が新しいブランドへの投資を正当化できる十分な将来性を持っている場合である。

　明確な基準に加えて、特定の個人またはグループが、あらゆる市場でその基準を遵守させられるだけの十分な権限を持つ必要がある。そのシステムを無視して、自由にブランドを導入できるカントリー・マネジャーがいてはならない。多くの企業では、高いレベルで公式な担当者または担当グループを配置し、新しいブランドであれば1つずつ承認を与えることになっている。しかし、基準が明確になり組織内に告知されると、一般に新しいブランド導入の提案が減少する。というのも、マネジャー自身で新しいブランド提案は基準に達しないと評価を下し、提案をとりやめるからだ。

　3つ目の問題、これが最もデリケートな問題かもしれない。それは、ブランドの削除または後退である。関連組織や担当者には、ブランドになみなみならぬ思い入れがあるものだ。ブランドこそが、彼らの仕事の価値や立場を象徴するものになっているからだ。したがって、ブランドを削除することは大きな脅威である。さらに、理屈としてブランド・エクイティが重要であるとか、それを動かすことにリスクがあるといったことは、いとも簡単に主張できる。そして、もちろん、代替案は常に用意されている。ポートフォリオ全体や事業戦略全体を見渡すことは、いつの場合も難しい。ユニリーバがブランドの75％を削減してポートフォリオを縮小しようと決定したように、専断的な意思決定も時には必要である。

　4つ目の問題は、ブランドを水平方向または垂直方向に拡張したり、新しい文脈にエンドーサーとして投入したりする意思決定である。多くの組織では、こうした決定は分権化されている。そのため、あるブランドが役立つと考えれば、それを拡張することでそのエクイティが危険にさらされることになっても、使われてしまう。そのブランドを守るためには、戦略的見通しと必要な市場知

識や、そしてそのブランドとアイデンティティに対する情緒的理解を持ったなんらかの組織が、権限と意欲を持って介在できる状態が必要である。たとえば、ネスレは幹部のなかから1人を選び、主要な世界的ブランドの1つに対してその全責任を負う役割を与えている。その責任者は、当該ブランドがそのエクイティを損なうほどの文脈にまで拡張されないようにする役割を担っている。

　5番目の問題は、ブランドの影響力を強化すべく首尾一貫した方法で表現するため、そのブランドの視覚的表現方法を監視することだ。これは、通常はそれほどデリケートな問題にはならないが、場合によってはもめることがある。目的達成のためには、ブランドの視覚的表現に関わる担当者全員に基本的原則を知らせておく必要がある。その場合、文脈に応じて使用すべき正しい色、活字サイズ、およびフォントを示す原則やモデルをすぐに参照できるようにしておくことだ。また、視覚的表現の一貫性を判断・確認できる特定の個人やグループも必要となる。この仕事を任される担当者は、いつも「ノー」と言っているロゴ・コップ（ロゴの取り締まり警官）みたいだと否定的に見られてはならない。その役割がロゴ以外のものに及ぶようになって、ブランド構築により建設的な影響を持つようになれば、その役割とプロセスはもっと健全なものになるだろう。

　デルは、四半期ごとの会議でブランドの視覚的表現の一貫性を確認している。その会議では、CEOと社長が大きなボードに世界中のデルの視覚的表現を展示する。そして、なんらかの理由で「ブランドらしくない」と判断された視覚的表現、または一貫性がなくなっている視覚的表現を選り分ける。見つかった問題は、次の四半期までに修正することになっている。それとは対照的に、ロゴの取締官をおく「ロゴ・コップ」方式においては、担当者が判断を下しても、ライン・マネジャーはそれを遵守するのを回避したり遅延したりする方法を常に見つけてくるものである。

残り7章の概要

　本書の残り7つの章では、有望なブランド戦略を支援するばかりでなく、事

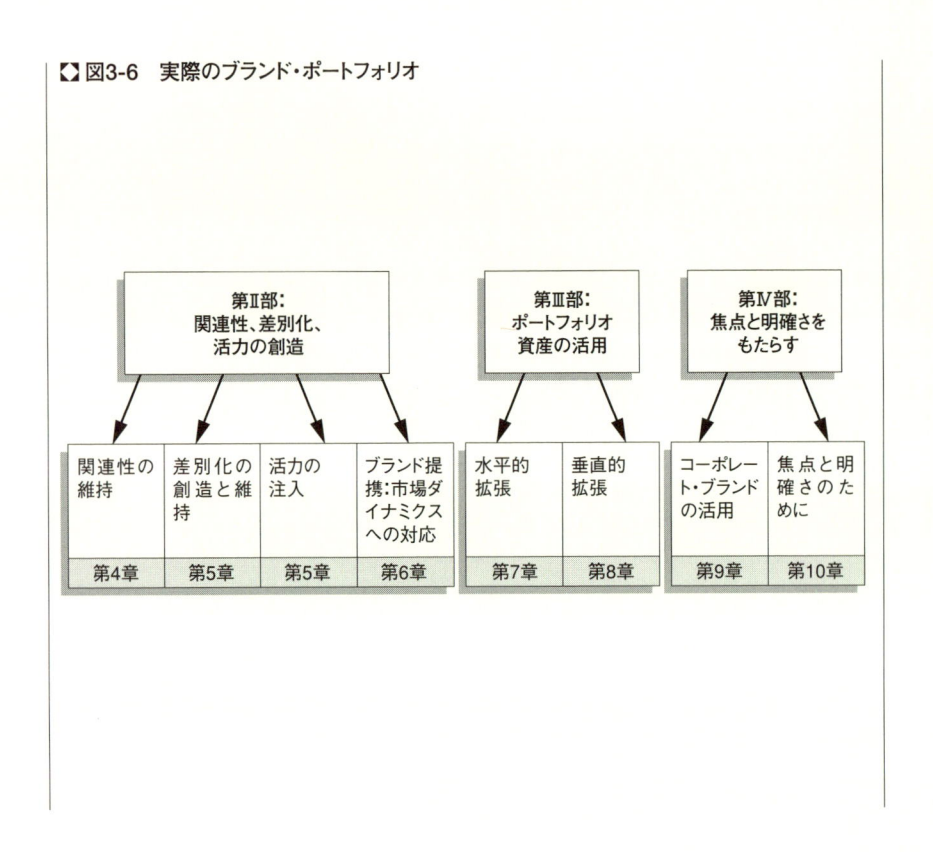

図3-6　実際のブランド・ポートフォリオ

```
┌─────────────────┐      ┌─────────────┐      ┌─────────────┐
│ 第Ⅱ部：         │      │ 第Ⅲ部：     │      │ 第Ⅳ部：     │
│ 関連性、差別化、│      │ ポートフォリオ│      │ 焦点と明確さを│
│ 活力の創造      │      │ 資産の活用   │      │ もたらす    │
└─────────────────┘      └─────────────┘      └─────────────┘
   │   │   │   │            │      │             │      │
   ▼   ▼   ▼   ▼            ▼      ▼             ▼      ▼
```

関連性の維持	差別化の創造と維持	活力の注入	ブランド提携：市場ダイナミクスへの対応	水平的拡張	垂直的拡張	コーポレート・ブランドの活用	焦点と明確さのために
第4章	第5章	第5章	第6章	第7章	第8章	第9章	第10章

業戦略を推進し、実現させるために、どのようにブランド・ポートフォリオを活用できるかという観点から、実際のブランド・ポートフォリオを見ていく。図3－6にはその概要が示されている。それぞれの内容を以下に簡単に要約した。

第Ⅱ部：関連性、差別化、活力の創造

　第4章と第5章では、ブランド・ポートフォリオ戦略がブランドの関連性や差別化、または活力を創造することにより、ブランド・エクイティの構築にどのように役立っているのかについて説明する。第6章では、組織に適切な時間と能力が不足している場合の選択肢の1つである、ブランド提携について論じる。ブランド提携は、市場ダイナミクスやブランドに関わる諸問題に対処する

ための手段である。

　ブランド関連性の実現と維持——事業を行うからには、将来の成長を象徴する新興ニッチ・セグメントに参入することによって、ダイナミックな市場において関連性を維持しなければならない。すべての戦略の目標は、持続可能な強みを持つ、または創造できる魅力的な市場で競争することである。

　関連性を維持するということは、新たな方向へ事業をシフトさせる場合が多い。しかしながら、これは危険で困難な仕事かもしれない。サブブランドや保証付ブランドといったブランド・ポートフォリオのツールが、そのリスクを減らすのに役立つ。たとえば、シティグループのブランドは、法人顧客やプライベート銀行業の顧客に対する商品やサービスを、リテール・バンキング事業から距離をおくことによって、かえって受け入れられやすいものにすることに成功している。

　差別化と活力の創造——ほとんどすべてのブランドにとって、いっそうの差別化と活力が必要である。革新的な製品特性でも、大半の製品クラスにおいて結局は簡単にまねされてしまうため、機能で差別化ポイントを維持することは難しい。対照的に、長い間積極的にマネジメントされているブランド差別化要素は、もっと効果的に保護することができる。ジョン・ディアやAT&T、キャンベル、バンク・オブ・アメリカ、IBMといった伝統的な第一級のブランドにとっては、活力がどうしても必要だ。信頼性や名声、歴史といった偉大な資産も、かえってこれらのブランドを古くさく感じさせてしまう。ブランドや顧客に関連づけたブランド化スポンサーシップ活動などのブランド活性化要素があれば、活力を与えることができる。

　市場ダイナミクスに対応するためのブランド提携——今日のようなダイナミックな時代において、各企業は、市場のシフトで生じた関連性に関する問題、あるいはブランド活性化要素や差別化要素を速やかに構築する必要性に直面する。しかし、多くの企業は、タイミングよく対応するための資源や能力、プログラム、またはブランドが不足している可能性がある。その解決策は、共同ブランドによる製品——2つの企業の資源とブランドの強みに基づく迅速で信頼できる対応——を生み出すブランド提携を構築することかもしれない。

第Ⅲ部：ブランド資産の活用

ほとんどの組織は成長を望み、それを必要としている。それを達成する1つの方法は、ブランド資産を活用し、新たな製品市場に参入することである。第7章では水平的ブランド拡張を、また第8章では垂直的ブランド拡張（すなわち超高級品市場または低価格品市場への参入）をそれぞれ説明する。

新たな製品市場参入のためのブランドの活用——ブランドを拡張する際には、どの製品市場に新たに導入できるかを考えるだけでなく、新たな文脈が、ブランドの健全性やポートフォリオでの役割、さらにポートフォリオの健全性などにどのような影響を与えるかについても考慮する必要がある。オラクルが日本で特別なソフトウエア製品を販売したいと考えているとする。この場合、オラクルのブランドを使うべきだろうか。使うべきだとすれば、そのブランドは日本でも他の市場と同じ意味を表すだろうか。サブブランドや保証付ブランドは使うべきか。その結果、オラクルのブランドはよりグローバルだと受け取られるだろうか。製品を日本の確立したブランドとの共同ブランドにするべきか。共同ブランドにするべきだとしたら、それぞれのブランドは、製品に対して具体的にどんな役割を果たすべきか。そして、これらのブランド化の選択肢は、将来の事業戦略に対して、どんな影響を与えるのだろうか。

超高級品市場および低価格品市場への参入——事業には利益へのプレッシャーがつきものだが、そのために超高級品分野に参入することが必要になる場合もある。超高級品分野は、利益率が高いうえにブランドに活力をもたらすからだ。しかし、その市場に参入するためのブランド戦略とはどんなものだろうか。既存ブランドに信用を与えるのは一仕事であろうし、また新しいブランドを構築するにはコストがかかるだろう。もう1つの魅力的な市場は、利益率よりも販売数量を伸ばすことができる低価格品市場だろう。この場合のブランドに関する課題は、いかにして既存ブランドのエクイティを危険にさらすことなく参入するかである。

第Ⅳ部：ブランド・ポートフォリオの焦点と明確さ

ブランド・ポートフォリオ戦略の主目的の1つは、明確さを実現し、混乱

（と失望）を回避することである。もう1つの目的は、戦略ブランドに資源を集中させ、将来性のないブランドに資源を割り当てて無駄にしてしまうのを避けることである。第9章は、こうした問題に対するアプローチとしてのコーポレート・ブランドの活用を主題とする。第10章では、焦点と明確さを実現するための、より一般的な問題を取り上げる。

コーポレート・ブランドの活用——コーポレート・ブランド、より一般的には組織ブランドは、ほとんどのブランド・ポートフォリオにおいて重要な役割を担っており、焦点と明確さに加えて差別化をもたらす手段になりうる特別な性質を持っている。コーポレート・ブランドは企業を代表して、多くの製品の橋渡しをする力があるほか、ワールドカップのスポンサーといった全社的なブランド構築への取り組みの拠り所にもなりうる。また、コーポレート・ブランドは組織を代表して、企業文化や一連の価値観、顧客と従業員に対する戦略、差別化ポイントと製品に対して明確さをもたらす独自の特質を反映しうる。さらにそれは、ポートフォリオに強力な柔軟性を与えるエンドーサーとしても最適である。たとえば、GEは、航空機エンジンから電気製品、金融（GEキャピタル）に至るまでの幅広い事業分野で使われているコーポレート・ブランドである。

焦点と明確さの実現——企業、それも分権化され起業家精神に溢れた企業では、ブランドとサブブランドが拡散しているかもしれない。その結果、力を弱めるような混乱を招いたり、ブランド構築への取り組みの効果を薄めたりするおそれもある。多くの場合必要とされるのは、各ブランドの役割に対する妥協のないしっかりとした吟味である。製品の焦点と明確さを向上させるためには、ブランドを統合、削減、もしくは意識して弱めるといったことも断行しなくてはならない。たとえば、キヤノンは、5つの異なるカメラ・ブランド（さらに、それぞれに多くのバリエーションがある）を提供することによって生じる混乱を回避しようと奮闘している。カメラ・マニアには複雑さも有効に作用するだろうが、多くの消費者にとっては選択と使用経験を単純化できるブランドを購入するほうがイライラしないし、また実際にそうしたブランドを購入しようとするだろう。

◆学習のための問題

1. 1つまたは一連のブランドを取り上げ、その市場、および当該企業が持つブランドのエクイティとアイデンティティ、そして事業戦略を評価・検討してください。ポートフォリオ戦略に関してなんらかの問題やチャンスはありますか。そのポートフォリオは改善することができますか。
2. ブランド・ポートフォリオ監査を実際にやってみてください。現在のポートフォリオ戦略について、どんなことが指摘できますか。
3. ブランド・ポートフォリオ戦略の改善案を策定し、それを評価してください。
4. ブランド・ポートフォリオのマネジメント構造とシステムを評価してください。

第II部
関連性、差別化、活力の創造

CREATING RELEVANCE, DIFFERENTIATION, AND ENERGY

第4章

ブランド関連性
BRAND RELEVANCE

「たとえ正しい道にいても、そこに座っていたら轢かれちまうよ」
——ウィル・ロジャース(俳優)——
「私の競合相手はコンピュータではなく、書類だと気がついた」
——ジェフ・ホーキンス(パーム・ソリューションズ創業者)——
「未来を予想する最良の方法は、それを創ることだ」
——アラン・ケイ(コンピュータ科学者)——

　1960年代半ば、DEC社のPDPシリーズの開発が先駆けとなり、ミニコンピュータは大型汎用機メーカーには適さなかった新しい市場を切り開いた。その後の数年間、ミニコンピュータといえばPDPだった。PDPは、DECが市場でリーダーの地位を獲得することに貢献したサブブランドである。80年代にパソコンが世に出たとき、DECは、パソコンは用途や対象者が限られるが、ミニコンピュータはまだ成長分野だという考えに固執した（DECのCEOは77年に「だれもが自分の家にコンピュータが欲しいと思うわけがない」と述べたという）。この結果、DECはわずか2年の間に、投資家を魅了し称賛された戦略を有するリーダー企業から、重要な成長セグメントにおける関連性を失った悩める敗者となってしまった。サブカテゴリとしてのミニコンピュータのライフサイクルは、その当時のDECの運命をよく映していた。
　1500店舗あまりを展開するホームデポは、専門店が取り扱っていた金物類や塗料、床張り材、木材、ガーデニング用品、および道具のレンタルといったものを組み合わせた日曜大工向けの一連の製品やサービスを提供し、事実上新しい製品カテゴリを創造した。ホームデポは1978年の創業。以来、倉庫感覚、

家庭修理用品のワンストップ・ショップ、幅広いアドバイスの提供といったコンセプトを明確にしてきた。このため、ホームデポが提供する商品群の一部だけを扱う競合他社は、同社の参入によって関連性の問題を抱えることになった。1990年代半ば、今度はホームデポ自身が（競合であるロウズ社の「よりソフトな」感覚に引かれた）女性、専門業者（一般顧客と一緒の扱いに不満を示す向きもあった）、および洗練されたデザインを求める高所得者層といった顧客にもっと受け入れられるようにしようとした際、関連性の問題に直面した。

事例：パワーバー

数十年前、キャンディ・バーの「スニッカーズ」は、活力源としてのポジションを築くことに成功した[1]。ちょっと力が出ないときは、スニッカーズ・バーが元気を与えてくれる。ブレックファスト・バーは、用途によって規定されたカテゴリを創造した。テーブルについてしっかりと朝食をとる時間がない人は、通勤途中でバーを食べることができる。ダイエット・バーは、似たような製品で別のカテゴリを規定するのに役立った。ダイエット中の人は、このバーには必須ビタミンとミネラルが含まれており、ダイエット効果を高めると判断し、食事や軽食として食べた。「グラノーラ・バー」は「健康によい」キャンディ・バーだった。これらの4つの非常によく似た製品は、それぞれまったく異なる用途分野に規定されていた。

その後の1986年、パワーバー社が元祖「パワーバー」を開発し、独自でエネルギー・バーというカテゴリを創造した。最初のパワーバーはスポーツ選手用のエネルギー補給食品としてポジショニングされ、自転車販売店をはじめ、マラソン大会や自転車競技などのイベントで販売された。ターゲット・セグメントは、便利で効果的なエネルギー源を必要とするスポーツ選手だった。

関連性についての課題

6年後、ネバネバした食感が特徴のパワーバーに代わる製品を求める声が顕著となり、ある競合企業が味と食感に優れた製品を開発し、「クリフ・バー」

というブランドで売り出した。また、別の競合であるバランス社は、いわゆるゾーン・ダイエット法に基づいて、タンパク質、脂質、炭水化物を4：3：3の栄養バランスでブレンドしたエネルギー・バー製品を導入した。

　このように、エネルギー・バー市場が形成された初期の段階で、少なくとも2つのサブカテゴリ、つまり「おいしいバー」と「栄養バランスに優れたバー」が存在した。パワーバーはそのどちらに対しても関連性が弱かった。キャンディ・バー、ブレックファスト・バー、ダイエット・バー、グラノーラ・バーといった以前からの競合製品も、似たような機能を持っていたにもかかわらず、関連性が弱かった。ここで重要なのは、「エネルギー・バー」カテゴリの主な取り扱いが自転車販売店からスーパーマーケットに移行して、もはや長距離ランナーや自転車競技者だけの商品ではなく、エネルギー補給を求めるすべての人にとっての主流スナック商品になっていたということである。

　こうした関連性の問題に直面したパワーバー社は、2つの新製品を開発し、それらをパワーバーによってブランド保証した。そのうちの1つ「ハーベスト・バー」は、味も食感もそれまでの製品と比べて格段に受け入れられやすいものだった。もう1つの「プロテイン・プラス」は、バランス社製品が規定したものにきわめて近い、「高タンパク質」サブカテゴリに参入するためのものだった。

　ブランド保証戦略が採用されたのは、パワーバーが独特な食感と強く結びついていたからで、サブブランドを使用することは適当ではなかった。味と食感を軸にポジショニングされたハーベスト・バーにとっては、特にそうだった。パワーバーによるブランド保証は、無数の中小ベンチャー企業が大半を占める混沌とした市場において、新ブランド製品に皆が認める正統性とリーダーシップの連想をもたらし、きわめて有効だった。

競合によるサブカテゴリの創造

　クリフ・バーは、全人口の半分にあたる女性のうち、スポーツ選手は少なくないだろうし、さらにフィットネスに取り組んでいる女性は多いだろうと考えた。さらに、女性はビタミンやサプリメントに独自のニーズを持っていて、エネルギー・バー業界はまだ、これらのニーズを認識または満たしていないと考

◆ 図4-1　エネルギー・バー分野

えた。そのためクリフ・バーは、最初の女性向け栄養バー（エネルギー・バーではない）として「ルナ」を市場に導入し、活動的な女性をターゲットとしてメディア広告や販売促進活動を行った[2]。

　このバーは軽いサクッとした歯ざわりで、レモンゼストやチャイ・ティーといった風味があるほか、およそ24種類のビタミン、ミネラル、栄養素を含んでいた。ターゲットは、忙しく、味と栄養を1つのバーで満たしたいと思っている女性だった。そういう女性たちであれば、自分たちのニーズに合った製品をつくる企業を正当に評価してくれるだろうと考えたのである。パッケージに小さくクリフと書いた示唆的エンドーサーによるブランド保証は、新ブランドにそれなりの信頼性をもたらす一方、ターゲット・セグメントにおいて新ブランドが独自の発展を遂げるための自由度を与えた。

関連性のあるブランドでカテゴリを拡大する

　パワーバー社は、ルナの成功に触発されたことや、パワーバーのカテゴリに関連する消費者層を拡大するためもあって、なぜ女性消費者は栄養があって便利でおいしい同社の製品を利用しないのかを調査し、午前や午後につまむおやつとして本当に求められているものは何かを検討した。そこでわかったのは、女性に利用してもらうには、自社製品のカロリーは高すぎるということだった。同社はその対策として、おいしくて贅沢な感じさえする「プリア・バー」を開発し、パワーバーでブランド保証した。この製品はわずか110カロリーしかなく、ルナへの反撃のためと、このカテゴリに新たなユーザーを引き寄せるために開発されたものだった。

　一方、バランス社の戦略は、シリーズ化した製品を投入することだった。そのすべてが確立された4：3：3のブレンド比率に従ったが、味と食感はそれぞれ違った。それらは、「バランス・プラス」、「バランス・アウトドア」（チョコレート・コーティングは溶けてしまうのでしていない）、「バランス・ゴールド」、「バランス・サディスファクション」、そして「バランス」によってブランド保証された女性向けバーの「オアシス」といった製品である。

　そのなかでも、大成功したのはバランス・ゴールドだった。この製品は「キャンディ・バー」カテゴリ近くにポジショニングされ、ナッツやキャラメルといった従来のキャンディの材料からつくられていた。実際、キャッチフレーズは「キャンディ・バーのような」というものだった。これによって、キャンディ・バー的なものを求めている消費者に対しても関連性を持たせることができた。もちろん、こうした方向性は、エネルギー・バーとして認知されたバランス社の信頼性をリスクにさらすものだ。しかし、この製品は、いずれにしてもゾーン・ダイエット法からの連想を強みとして同カテゴリに参入したもので、おそらくはエネルギー・バー製品の中心的存在であるとは見なされないだろうから、そうしたリスクも許容されたのかもしれない。

　エネルギー・バーのカテゴリ規模は、1996年の1億ドル強から、2001年には7億ドルを大幅に超えるまでに拡大しており、将来に向けて魅力的な成長が見込まれていた。このため、各メーカーは、生地やサイズ、コーティングでのバリエーションはいうまでもなく、年配者、子供、大豆、糖尿病や心臓にやさ

しいダイエット用といった軸上にさまざまな製品を投入して、多くのサブカテゴリを切り開くことに挑戦している。

　主要メーカーや、スナックやシリアルといった他業種のメーカーの立場からこのカテゴリを見ると、いくつかの疑問が生じる。市場規模や競争の熾烈さから考えて、どのサブカテゴリもしくはニッチ分野が継続的なビジネスをもたらしてくれるのか。どんなイノベーションを起こせば、新規参入が可能となるのか。新規参入した後で、それをどうブランド化すべきか。ハーベストやルナ、バランス・ゴールド、サディスファクション、その他のブランドをテコ入れすることはできるのか。

　また、カテゴリの関連性をいかに拡大するか、というさらに基本的な疑問もある。エネルギー・バーは、ニッチ分野から主流の地位にうまく移行した数少ないカテゴリの1つだった。ランス・アームストロング（パワーバーのエンドーサー）などの一流スポーツ選手のパフォーマンスを向上させる製品だという当初からのイメージが、信頼性と自己表現便益を創造したが、一般家庭への普及率はまだ20％を下回っていた。主要メーカーは、運動能力向上のコンセプトを、その日の仕事をよりよくこなしたいと望む人すべてに関わるものとなるように一般化する努力をした。事実、業界の夢は、消費者にこのカテゴリを「パフォーマンス栄養素」と呼んでもらい、日常のなかで自分たちの能力を高めるものだと考えてもらうことなのである。明らかに、関連性における機会と課題がそこに見られる。

カテゴリを活性化させるブランド戦略

　さて、よく聞くブランドの問題に、以下のようなものがある。高い信頼、尊重、品質、そして、場合によっては革新性まで認知されているブランドがあるとしよう。顧客は依然として満足しており、ロイヤルティもあるようだ。ところが、市場シェアは低下している。しかも大幅に。そして、特に新規顧客ほど、そのブランドの購入を考慮しなくなっている。なぜか。多くの場合、そのブランドが関連する製品カテゴリやサブカテゴリが、それごと他のものに取って代わられて縮小しているためだ。そのブランドは、1つもしくは複数の重要なセグメントにとって、適切なものではなくなったのである。

自動車メーカーの例で考えてみよう。SUVが欲しい顧客にとって、その会社のミニバンがいかにすばらしいかということはまったく重要ではない。顧客は、そのミニバンが最高の品質と価値を持っていると信じて、ミニバンに関心がある友達にそれを薦めるかもしれない。そして、いつかミニバンを買うことがあれば、自分もその会社のものが欲しいと考えるかもしれない。
　しかし、顧客に特定のニーズがあってSUVに関心がある場合、そのブランドがミニバンに強く結びつきすぎていると、仮にそのブランドにSUVのサブブランドがあったとしても、本当の顧客との関連性を失ってしまう。SUVカテゴリにおける魅力と信頼性を構築していないミニバン関連のブランドでは、それがいかにすばらしいものでも、SUVを購入しようとしている顧客には関連性を欠くことになる。

市場ダイナミクスとブランド・ポートフォリオ戦略
　今日のような変動の時代において、数多くのブランドやサブブランドが、重要セグメントにおける関連性を低下させている。関連性の維持について心配していないCEOはそうはいないはずだ。AOLは現在、インターネットに不慣れな初心者の新規加入が減少していることから、経験豊かなユーザーに対して関連性を高めることが課題となっている。ゼロックスは、コピー機のサブカテゴリの多くで、市場がコスト安の日本製品になびくと、次第に関連性の問題に直面するようになった。HPやマイクロソフト、キヤノンといった企業がデジタル方式の市場を分け合っているなかで、ゼロックスはニッチ分野を見つけるのに苦労していた。同じように、ポラロイドは、結局は関連性を失うことになる技術に固執し、新しいデジタル市場で役割を見つけることができないでいる。
　関連性は、ハイブリッド・カー（トヨタなど）やパーソナル・ビデオ・レコーダー（ティーボなど）といった新しい事業分野を切り開こうとしているブランドにとっても課題となる。問題は、製品カテゴリやサブカテゴリを規定することにある。顧客が買いたいものは正確には何か。製品カテゴリやサブカテゴリがよく理解されていない場合、そのブランドに関連性を持たせるのは非常に困難である。
　実際、ほぼすべての市場が大規模でスピードの速い変化にさらされている。

その例を探そうと思えば、コンピュータや航空業界、コンサルティング、エンタテインメント、ゴルフクラブ、金融サービスといった産業から、スナック食品や飲料、ファーストフード、玩具といった産業までいくらでもある。こうした変化に対応することが1つの課題である。これがうまくできる企業であれば、変化に気づき、それにふさわしい組織的スキルを開発したり、戦略的柔軟性を実現したり、あるいは提携を模索し、実行することができるだろう。これには、投資すべき製品市場の選択や価値提案を伴う差別化された製品の開発、そして持続可能な競争優位性をもたらす資産の創造といった、基本的な戦略マネジメントの問題が伴う。

ブランド・ポートフォリオ戦略は、スピーディな戦略オプションを強化または実現させる重要な役割を果たしている。新しい製品カテゴリやサブカテゴリを創造したり、既存の市場に参入したりする必要性が生じた場合、ブランド、保証付ブランド、もしくはサブブランドを活用することになる。したがって、既存ブランドを活用したり、新ブランドを構築したりすることが、戦略策定の際に不可欠の要素となる。さらに、ブランド差別化要素や共同ブランドといったその他のポートフォリオ・ツールは、通常、難しいポジショニングを実現するのに役立つ。

次の節では、関連性の概念、その測定方法、および関連性が左右される製品分野のダイナミクスについてさらに詳しく説明する。その後、関連性の問題に取り組むためのさまざまな方法を議論する。

関連性とは何か

顧客が、あるブランドと**関連性**（relevance）があると感じるのは、以下の2つの条件が満たされたときである。

- ある顧客が、属性、用途、利用者層、その他の顕著な特徴の組み合わせによって規定される製品カテゴリやサブカテゴリを意識的に必要としている、または望んでいる。

- その顧客が、当該ブランドがその製品カテゴリやサブカテゴリに関連した範ちゅうにあると考えている。

　ブランドの課題とは、製品カテゴリやサブカテゴリ内で、競合ブランドとの競争に勝つことに尽きると考えられることが非常に多い。しかし実際には、それに加えて、関連性に関する課題が2つある。

　1つは、そのブランドが関わる製品カテゴリやサブカテゴリを顧客にとって関連性あるものにすること、またはその状態を維持することである。問題は、顧客が間違ったブランドを選ぶことではなく、間違った製品カテゴリやサブカテゴリ（および一群のブランド）を選ぶことがありうるということだ。このことは、現在または将来のマーケット・リーダーであれば特に、ブランド同様、製品カテゴリやサブカテゴリの認知と需要についても、マネジメントする必要があることを示唆している。

　2つ目の課題は、顧客が、そのブランドを製品カテゴリやサブカテゴリのなかの選択肢の1つだと考えるようにすることである。これは、ほかにどんなポジショニング戦略がとられていようと、1つのブランドは1つの製品カテゴリやサブカテゴリに対してポジショニングする必要があるということだ。製品カテゴリやサブカテゴリを重視する顧客に対してブランドが強化されていないと、顧客からそのブランドが選ばれるチャンスはないだろう。

　購買対象として検討してもらうためには、ブランドは十分な知名度と性能への信頼感を持っていなければならない。ブランドは、その製品カテゴリやサブカテゴリが構築されるときに印象づける必要がある。

　また、ブランドを検討してもらうためには、性能基準をクリアしていると思われなければならない。適切な事例がサブコンパクト・カーの分野で見られる。トヨタ・カローラとシボレー・プリズムは長年、同じデザインを共有し、同じ工場で生産されてきた。プリズムは製造中止になるまで、カローラより安い価格で売られていたにもかかわらず、販売台数はカローラの4分の1にも満たなかった。その原因として、知覚品質の差が関連性の問題を助長したのではないかと考えられる。

顧客はいかにブランドを選択するか

　関連性について、そして製品カテゴリやサブカテゴリの概念をより深く理解するために、ブランドと顧客の相互関係を表す簡単なモデルを考えてみよう。このモデルでは、顧客の選択過程は5段階に分けられている。

　第1段階では、顧客は、「車を買わなければいけない」といったような、なんらかの問題、必要性、または機会によって動機づけられる。第2段階では、顧客は、その問題や機会に関連していると感じる製品カテゴリやサブカテゴリを選択する。たとえば、顧客は、スポーツカーやSUVではなく高級スポーツセダンを購入することに決めるかもしれない。第3段階では、顧客は、どのブランド（たとえば、アウディ、BMW、レクサス、キャデラックなど）を検討するかを決める必要がある。第2、第3段階をパスして、最終的な検討対象に入れなければ、そのブランドには関連性がないことになる。

　残る2つの段階で、**ブランド選好**（brand preference）が明確にされる。第4段階は、おそらくなんらかの評価を下した後になろうが、考慮集合のなかから1つのブランドを選ぶことになる。最終段階では、その製品やサービスが使用され、その使用経験は次のサイクルに影響を与える。

　このなかで、関連性は第2段階と第3段階に関わることになる。あるブランドが特定の製品カテゴリやサブカテゴリでの考慮集合に入っており、かつ、その製品カテゴリやサブカテゴリが顧客の意思決定の対象であれば、そのブランドには関連性があるといえる。この2つの条件が、どちらも必要となる。そのどちらかでも欠けるとき、そのブランドには関連性がないということで、差別化ポイントや好ましい態度、顧客との関係性といったものがどれだけあろうとも役に立たない。

　ブランド・マネジメントのほとんどは、ある用途を前提として検討される一連のブランド群の中で、差別化を実現することに焦点を当てている。その目的は通常、選好性と嗜好性を獲得することである。選好性と嗜好性は選択を促し、関係づくりの基礎となる。もちろん、製品特性の陳腐化、広範なメディアの拡散、マージンの縮小などが足を引っ張り、差別化を実現することが日増しに困難になってきている。差別化の実現にはますます機知と資源が求められるようになってくるが、実際には、その一方もしくは両方を欠く企業が多い。

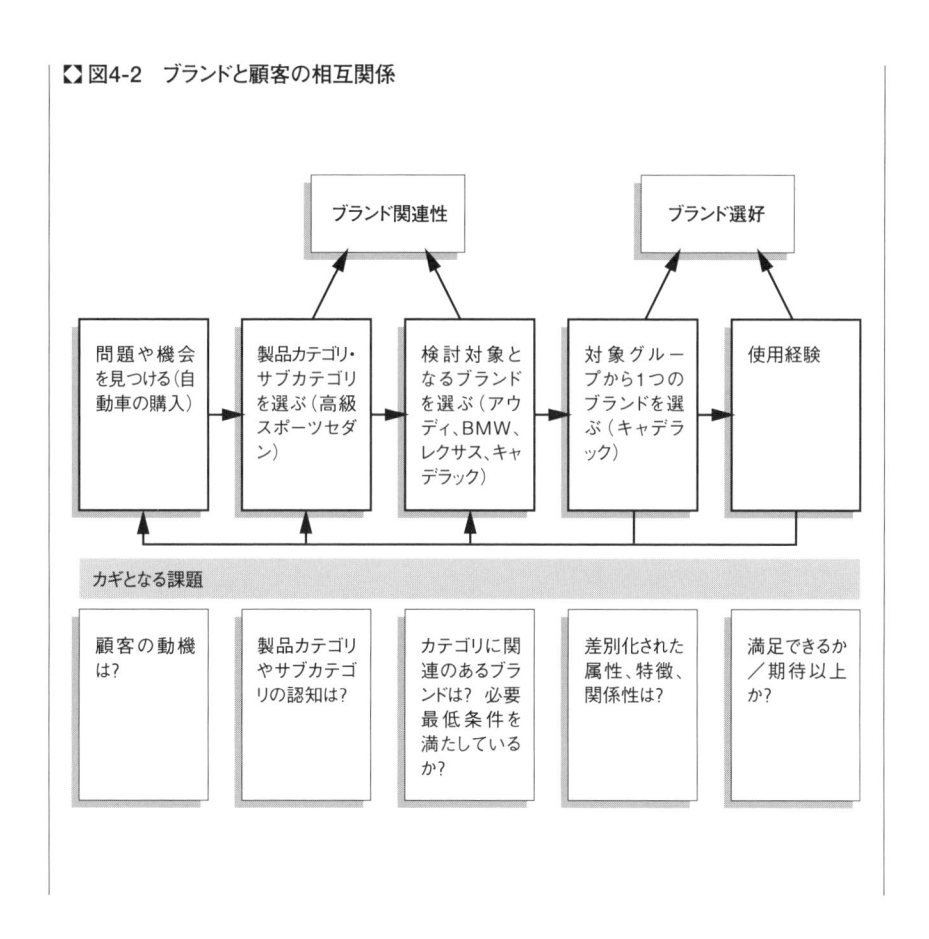

◘ 図4-2　ブランドと顧客の相互関係

```
                        ブランド関連性              ブランド選好
                          ↑    ↑                    ↑    ↑
┌─────────┐  ┌─────────┐  ┌─────────┐  ┌─────────┐  ┌─────────┐
│問題や機会│→│製品カテゴリ·│→│検討対象と│→│対象グルー│→│使用経験 │
│を見つける(自│ │サブカテゴリ│ │なるブランド│ │プから1つの│ │         │
│動車の購入)│ │を選ぶ(高級│ │を選ぶ(アウ│ │ブランドを選│ │         │
│         │ │スポーツセダ│ │ディ、BMW、│ │ぶ(キャデ │ │         │
│         │ │ン)       │ │レクサス、キャ│ │ラック)  │ │         │
│         │ │          │ │デラック)  │ │         │ │         │
└─────────┘  └─────────┘  └─────────┘  └─────────┘  └─────────┘
     ↑↓         ↑↓          ↑↓           ↑↓
```

カギとなる課題

| 顧客の動機は？ | 製品カテゴリやサブカテゴリの認知は？ | カテゴリに関連のあるブランドは？　必要最低条件を満たしているか？ | 差別化された属性、特徴、関係性は？ | 満足できるか／期待以上か？ |

　しかしながら、関連性がなければ、差別化も選好性も価値がない。最悪なのは、貴重な資源をそのブランドに投資し、英知を結集して差別化を達成したのに、関連性の問題から努力が無駄になる事態だ。大型高級車市場をターゲットにしながら、ロールス・ロイス――高度に差別化されたブランドだが購入者があまりにも少ない――のようになってしまったブランドを考えてみるといい。

　図4－2に示すとおり、差別化と使用経験も関連性の強化に役立つ。顧客に検討してもらうためには、ブランドは、製品カテゴリやサブカテゴリに入っていると認識されるだけでなく、最低限の認知度、信頼性、そして知覚品質を備えていなければならない。そのブランドが、説得力ある価値提案、強力なパ

ーソナリティ、好ましい顧客関係といったものによって差別化されていれば、最低基準をクリアできる可能性が高い——そして、製品カテゴリやサブカテゴリに連想を結びつけられる可能性が高くなる。

◘関連性の測定

「ブランドから連想される製品分野」と「製品分野から連想されるブランド」の2つは、区別して考えなければならない。どんな製品分野がそのブランドから連想されるかを理解することは、実際のところ戦略的にはあまり重要でなく、ブランドの現在のイメージとそれを変える障害についての洞察を提供するのには役立つ。たとえば、ソニーとその経営陣のイメージは、テレビや家庭用電化製品、ゲームとの関連においてよく理解されているが、映画や音楽との関連においてはそれほどではない。

戦略的により重要なのは、どのブランドがその製品カテゴリやサブカテゴリから連想されるかということだ。製品カテゴリやサブカテゴリから連想されるブランドは、前述の関連性テストに合格する。この連想関係こそが、ブランドに関連性をもたらすものなのである。たとえばビデオカメラの購入を検討している顧客が、ソニーを選択肢の1つとして口にしたとすれば、その顧客が他のソニー製品についてどう考えようと、ソニーはビデオカメラに関連性があるといえる。実際のところ、ブランドが複数の製品カテゴリやサブカテゴリと関連性を持とうとしている場合、そのブランド名を起点にすると、現実には関連しているすべての製品カテゴリやサブカテゴリを思い出せない人も出てくる。しかし、それもさして重要なことではない。なぜなら、市場での支配力を決定づけるのは、製品カテゴリやサブカテゴリを起点とするブランド想起だからだ。

カテゴリから想起されるか

関連性の測定は、明確に定義された製品カテゴリやサブカテゴリから始める。たとえば、エネルギー・バーやミニコンピュータなどの特定の商標を対象にするとやりやすい。特定商標を対象にできない場合でも、対象の明確な記述が必要となる（たとえば、女性用シェービング製品など）。関連性測定の基本は、なん

の説明も加えない状態での想起である。ここでいう想起とは、**非助成再生**（unaided recall）であり「その製品カテゴリやサブカテゴリから、どんなブランドを連想しますか」との問いかけから想起される答えである。そして、もう少し強い指標となるのは、購買の検討対象——**考慮集合**（consideration set）という——だろう。それは「その製品カテゴリやサブカテゴリでは、どのブランドが購入の検討対象となりますか」と問われる。

単なる**再認**（recognition）——すなわち「リストの中のどのブランドが、製品カテゴリやサブカテゴリに関連していますか」——は、一般的に関連性の尺度としては弱すぎる。名前は聞いたことがあるが、関連性の程度が非常に低いため、製品カテゴリやサブカテゴリを検討する際に思い浮かばないというブランドがある。再認は高いが再生は低い——つまり、見ればわかるが自分からは思い出せない——、このようなブランドを、「**墓場**」ブランド（"graveyard" brand）と呼ぶ。

たとえば、対象とするセグメントの消費者に、コンパクト・カーの名前を想起してもらうとしよう。しばらく後に、この人たちに20のブランドからなるリストを示し、コンパクト・カーのメーカーだと再認できるブランド名をチェックしてもらう。もし、ドッジの再認が高かったにもかかわらず、その前の非助成再生テストでドッジを想起した人がほとんどいなければ、ドッジは墓場にいると判断される。

あるブランドが墓場に入ってしまった場合、それを復活させるには並はずれた変化が必要だ。お馴染みのブランドについて、ニュースをつくり出すことは難しいからである。このため、墓場から古いブランドを掘り起こすよりも、新しいブランドを創造するほうが、普通は容易である。だからこそ、墓場に入ってしまわないことが非常に重要なのだ。

IT関連調査会社のテクテルのデータベースは、関連性に基づく測定がどのように戦略的洞察を生み出すかを説明している。1990年代、インテルは「速い」「パワフル」「業界標準プロセッサ」といった属性と結びつきたいと考えていた。同年代後半の追跡調査によると、「インテル、入ってる！（Intel Inside)」プログラムはこの点ではうまく機能したが、インテルがインターネット・アプリケーションと関連性を持つための助けにはならなかった。55％以上の回答

者が、IBMはeコマースやeビジネスという用語と密接に結びついていると答えたが、インテル（12%）とデルについては、この測定結果が低かった。このように、インテルとデルは、両社が新興の製品カテゴリと関連性があると考える顧客がほとんどいないという問題に直面した。このため、インテルは「ボックスの外に（"outside of the box"）」（つまり、コンピュータの外に）「インテル、入ってる！」ブランドを拡張することによって、また、デルは特に高価格帯のサーバー製品を強化することによって、時間をかけながら対応していった。

◆関連性を牽引する製品分野のダイナミクス

　市場が明確に定義されていて競合他社も少なく、皆が紳士的に振る舞っていたかつての時代は、認知度があって差別化されていれば勝つことができた。しかし、今日の市場は台頭する製品カテゴリやサブカテゴリもあれば、衰退するものもあり、関連性は戦略的課題となっている。いまやスナック食品から金融サービス、情報システムに至るまで、あらゆる製品カテゴリやサブカテゴリの競争状況は日々変動している。これら急速に変化する市場に対処するには、いくつかの牽引要因を理解することから始める必要がある。どのような要因や出来事が、製品カテゴリやサブカテゴリの台頭や衰退を導くのだろうか。図4－3にもまとめたが、以下がその例である。

　第1に、新しいサブカテゴリの規定に役立つ新たな製品やサービスの次元を取り込むために、製品やサービスが拡張されることがある。たとえば、「サターン」と「レクサス」は顧客の自動車ディーラーとの関わり方を変えたばかりか、一部では新しい製品カテゴリを創造し、他のほとんどのブランドよりも関連性を高めた。このケースでは、GM（サターン）もトヨタ（レクサス）も、ある意味で新しい製品サブカテゴリを規定する新しいディーラー販売方法を支援するために、新たなブランド名を使用した。パキシルCRブランドを使用した、抗うつ剤「パキシル」の徐放剤という領域は、1つの製品サブカテゴリを創造した。「バンケット・ホームスタイル・ベークス」は、新しいサブカテゴリのために開発した肉を用いて、シェルフ・ステーブル・ミール・キット市場（すでにベティ・クロッカーズ・ハンバーガー・ヘルパーがある）への参入に成功した。

図4-3　関連性を牽引する製品分野のダイナミクス

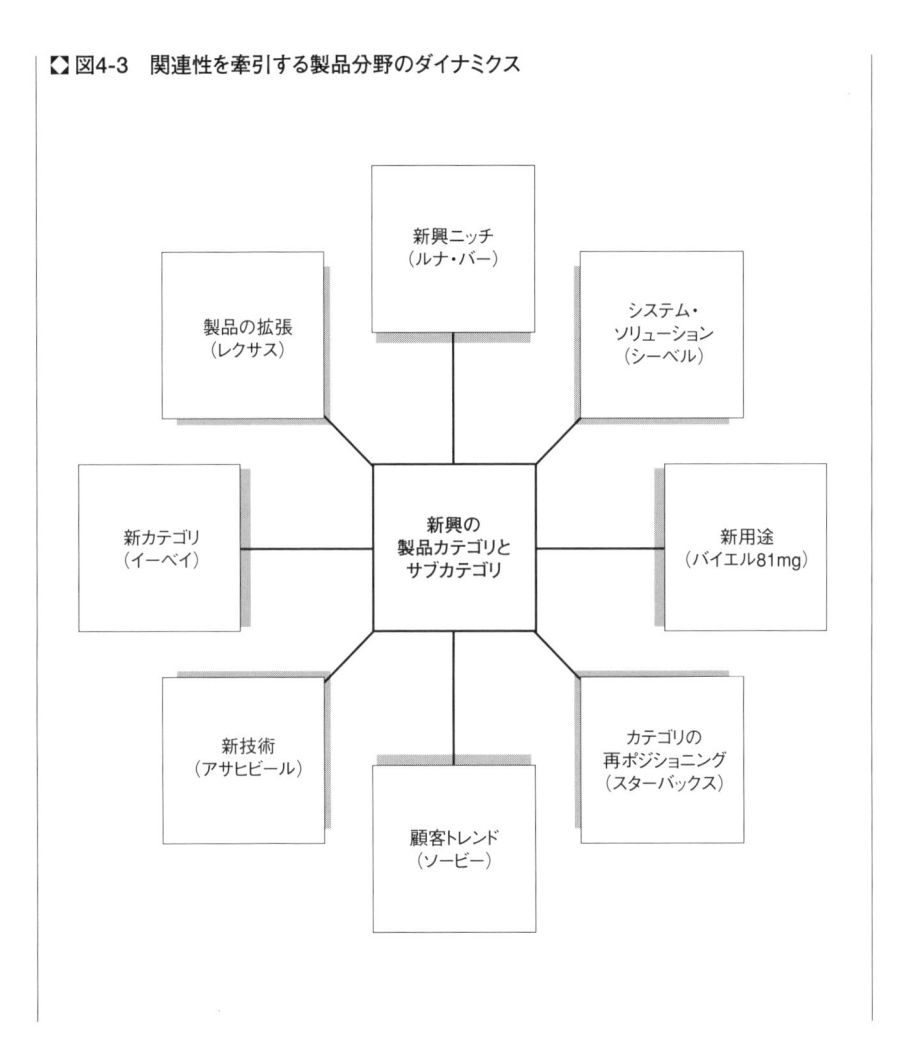

```
                          新興ニッチ
                         (ルナ・バー)

   製品の拡張                                  システム・
   (レクサス)                                  ソリューション
                                              (シーベル)

   新カテゴリ          新興の                  新用途
   (イーベイ)          製品カテゴリと          (バイエル81mg)
                       サブカテゴリ

   新技術                                      カテゴリの
   (アサヒビール)                              再ポジショニング
                                              (スターバックス)
                         顧客トレンド
                         (ソービー)
```

　数十年前にレッグス社がストッキング市場で行ったように、新しいパッケージもサブカテゴリを規定する。ヨープレイト社は「イート・オン・ザ・ゴー（何かをしながら食べる）」トレンドに乗って、保証付ブランドの「ゴーグルト（Go-Gurt）」を開発した。これは、広告で「スプーンがいらない」といっているとおり、携帯性を意図してデザインされた20センチ強のカラフルなチューブに入ったヨーグルトで、魅力的なフレーバーを訴求した製品だ。ゴーグルト

は、ヨープレイトが何十年間も後を追ってきたダノンをリードする原動力になった大ヒット商品である[3]。新たに成長株のサブカテゴリが台頭したわけだが、それに対してダノンはまったく関連性がなかった。

第2に、製品カテゴリやサブカテゴリはいくつかのニッチに区分されることだ。そこでの課題は、新興のニッチを積極的にマネジメントし、できればそれを牽引していくということである。エネルギー・バー市場において、プロテイン・プラス、バランス、ルナはすべて、ニッチ分野を規定するために開発された。ファーストフード市場では、「パネラ・ブレッド・パン」といったファースト・カジュアル・ブランドがある。大切なのは、いつニッチ分野が出現するかを予想し、その持続性を評価し、そこでの自社の競争力を判断することである。

第3に、用途の範囲は、部品から、システムやすぐに利用できるソリューションまで拡張することができる――つまり、それはカテゴリをサブカテゴリに分解することの逆で、1つのスーパーカテゴリへの統合とでもいえるものだ。たとえば消費者は現在、「パイオニア・ホーム・シアター」を購入することができる。このことは、部品メーカーは従来よりも関連性を低下させていることを意味している。

1990年代末、シーベル社は、顧客ロイヤルティ・プログラムや顧客獲得、コールセンター、顧客サービス、顧客コンタクト、SFA、そしてeビジネスといった数多くのアプリケーション分野を統合することによって、インターネット・ベースのCRM（顧客関係管理）の構築において他社をリードした[4]。シーベルの成功物語を支えた注目すべき要素は、CRM分野で最も関連性の高い企業になった彼らの能力だった。シーベルが引き続き取り組むべき課題は、データの解析力、分析力、そして、より高次での統合にいっそうの重点をおきつつ、CRMブランドをマネジメントしていくことである。

システム・ソリューションを構築することは、魅力的である。というのも、より高い利益率を実現し、より長期にわたって深い顧客関係を築き、そしてコモディティ化の危険を回避できる可能性があるからだ。しかし、ある研究によれば、システム・ソリューション構築の取り組みの75％は失敗するという[5]。その原因の1つは、それが顧客にとっての本当のソリューションとなっておら

ず、単に各種製品のセット販売だったり、追加販売にすぎなかったりすることにある。顧客とその課題に対する深い理解が必要であるにもかかわらず、それが欠落しており、それゆえに、製品の真のカスタマイズ化や統合化も欠落してしまっているのだ。失敗のもう1つの原因は、企業がソリューションを販売することの難しさを十分認識していないことにある。それは、コストや時間、知識、営業チームの使い方といった点で、単なる部品の販売とはまったく異なるものなのである。

　第4に、新しくて特徴ある用途が登場すると、それによって関連性のあるブランドが決まってくる。シリアル・バーが明確なサブカテゴリになったとき、シリアル・メーカーの売上高は急増した[6]。ライス・クリスピー・トリートはこの動きを先駆ける商品の1つだったが、その後、味についての連想やドライ・シリアル分野における顧客ロイヤルティを強みとするハニー・ナッツ・チェリオス・バーやココア・パフ・バーといった他ブランドが参入してきた。

　バイエル社のアスピリンは、心臓発作を避けるために、小児用アスピリンを定期的に服用するという、まったく新しい使用文脈を創造した。また、錠剤「バイエル81mg」にエンテリック・セーフティ・コーティングを施すことで、アスピリンの常用で胃が荒れるのを心配する人たちを安心させた。

　第5に、製品分野のポジションが変わることもできる。スターバックスは、各店舗をその人の1日を決める（帰宅後または退社後の）「第3の場所」と規定することによって、コーヒーショップでの経験そのもののポジションを変えた[7]。ここでの経験には、アロマや仕事の息抜き、価格に見合った手頃な高級感、社交的雰囲気、そして「良質のコーヒーを味わう私」に満足するといった自己表現便益などが関わってくる。

　イギリスでのフォード・ギャラクシーは、ミニバンの経験をファーストクラスでの空の旅のようなゆったりした快適なものとし、よって、子供を乗せてお稽古事に駆け回る母親用ではなく、多忙なエグゼクティブにふさわしい車として位置づけた。

　第6に、顧客トレンドによって、新しい製品カテゴリやサブカテゴリを牽引されることがある。ウエルネスとハーブや自然補助食品の使用という2つのトレンドは、ヘルシー・リフレッシュメント・ビバレッジという新しいカテゴリ

を後押しした。現在では、このカテゴリには、効能が強化されたお茶、フルーツ・ドリンク、大豆ベースの飲料、そして水など、多くのサブカテゴリが存在する。

　このカテゴリのパイオニアであり、リーダーでもある企業はソービーである。同社は1996年に、朝鮮人参（Ginseng）とイチョウ葉（Ginkgo）、そしてガラナ（Guarana）を加えた「ソービー・ブラック・ティー3G」の販売からスタートしたが、現在では、お茶、ジュース、エネルギー飲料で、幅広い製品ラインを持っている。ビデオやDVDで映画を購入するトレンドは、レンタルショップであるブロックバスター社の関連性を脅かした。そのため同社は、おそらくあまり気は進まなかっただろうが、販売分野にも足を踏み入れることにした。

　第7に、使い捨てカミソリやノート型パソコン、ハイブリッド・カーといった新技術によって、製品カテゴリやサブカテゴリに対する認識を牽引することだ。アサヒスーパードライは、ラガーとはまったく違う味わいのドライビールというサブカテゴリを創造し、日本のビール市場における競争状況を揺るがした。この結果、何十年もの間、ラガービールの最大ブランドとして60％という市場シェアを握っていたキリンビールは、突然、多くの顧客にとって関連性が低まってしまった。スーパードライが発売された1986年には8％にすぎなかったアサヒビールの市場シェアは劇的な増加を示し、98年にはついにトップに躍り出た[8]。スーパードライが発売されてから間もなく、キリンはキリンドライで対抗したが、ラガーの伝統がかえって障害となり、この商品のコンセプトとブランドは実を結ばなかった。キリンの反撃は、他社のイノベーションに便乗しようとする強者による弱い者いじめと受け取られ、ドライビール分野での信頼性を欠くこととなった。

　アディダスは、皮膚から汗を吸い取ることによって身体を乾かす「クライマ」という技術を開発した。同社は新しいサブカテゴリを規定するために、クライマライト、クライマウォーム、クライマシェル、クライマクールといった関連サブブランドを使って、この技術をシューズやアパレルなどの商品に幅広く応用した。アディダスの課題の1つは、同じような特徴を持つ「ナイキ Dri-FIT」と競合するクライマ・ブランドを構築することだ。目標は、新しいサブカテゴリを独占しないまでも、そこでの競争に勝つことであり、なにがなんでも競合

相手を勝者にするのを防ぐことである。

　最後に、まったく新しいカテゴリを単に創造することだ。イーベイはインターネット・オークションというカテゴリを創造したが、これをまねする競合他社もたくさん出てきた。しかし、他社にとって、運営能力とユーザー規模のどちらについても、イーベイに匹敵することは困難だった。また、インターネット分野では検索エンジンのカテゴリも発展していた。当初は目立たない競合の1つだったグーグルは、他社がポータルサイトになろうとしているときに、最高の検索エンジンになることに焦点を絞ることで、業界リーダーとして台頭した。ティーボは、テレビの見方を変えるパーソナル・ビデオ・プレーヤーの先駆けとなった。

関連性の創造と維持のための戦略

　関連性を維持する企業能力は、**図4－4**に示すスペクトル（連続体）での位置に応じてさまざまである。一番左にあるのは巷でよく見られるトレンド軽視型企業である。この企業は市場トレンドに気づかなかったり無視したりしており、目が覚めて気がついたら自社のブランドが重要なサブカテゴリでもはや関連性がないことがわかって驚く。真ん中にあるのはトレンド対応型企業である。これらの企業は、自社の製品やサービスが時流に乗って関連性を持ち続けるように、当該カテゴリのトレンドや進展をしっかり追いかけ、対応策をとる。スペクトルの一番右にあるのはトレンド牽引型企業で、カテゴリ定義の基礎となるトレンドを実際に牽引する企業である。これらの企業はトレンドを牽引する力の一部であるとともにトレンドの先を行っており、カテゴリの定義や再定義に積極的に関与している。

◘トレンド軽視型企業

　トレンド軽視型企業（trend neglector）の第1のタイプは、「得意分野に専心する」という信念によって、市場トレンドを知ろうとする動機づけがされてい

◘ 図4-4　関連性の対応チャート

トレンドに対する企業の対応	市場トレンドに気づかない	トレンドや新興のカテゴリ・サブカテゴリを感知し、対応する	市場トレンドを促進し、カテゴリ・サブカテゴリを構築する、または影響を与える
企業の市場との関係	トレンド軽視型企業	トレンド対応型企業	トレンド牽引型企業

ない企業である。このような組織は、それなりに納得感のある独自のモデルと感覚に全力を傾けて集中し、見かけ上のトレンドを追うことは貴重な資源を無駄にするだけだと感じている。1920年代の「黒でさえあるならどんな色でも（any color as long as it is black）」というフォードがとった態度は、1つの古典的な事例である。この種の企業では、成長の低迷や財務的苦境に陥っても、それが顧客経験に影響を与えてしまうコスト削減に直結しないよう、しっかり確認しておく必要がある。

　トレンド軽視型企業の第2のタイプは、トレンドを見ているのだが、それを単なる一時的な流行にすぎないと見なしてしまうというものである。DECがパソコンの出現を無視して、ミニコンピュータ分野に長く固執しすぎたことを思い出してほしい。このようなトレンド軽視型企業は、競合相手の能力を予測

する力をもっとつける必要があると同時に、傲慢になりすぎていないか、時折確認する必要がある。

　トレンド軽視型企業の最後のタイプは、市場変化を見出し、評価し、これに対応しようとするが、こうしたことが単にあまり得意ではないというものである。通常こうした企業には、不適切な外部環境の感知システム、顧客志向ではない経営幹部、組織的柔軟性の欠如、といった特徴がある。企業倒産事例の多くは、このような組織的制約に原因を求めることができる。このタイプのトレンド軽視型企業は、効果的なトレンド対応力を創造するプログラムに投資することで、革新することができる。

　トレンド対応型企業とトレンド牽引型企業は、ダイナミックな市場に対する2つの戦略的対応策を代表するものである。それらは、トレンド軽視型企業の対応策とはまったく異なる。トレンド牽引型企業になるためには、市場での好機と経営資源の両方が揃っていなければならない。これと対照的に、トレンド対応型企業になるのは、必ずしも簡単なことではないが、多くの企業にとって可能なものである。

◆トレンド対応型企業

　トレンド対応型企業（trend responder）になるために必要な仕事は2つある。1つは、トレンドを認識し、正しく評価することだ。トレンドを感知し、それを組織にとって目に見えるかたちにすることは容易ではないが、そのスキルを持った企業には傾向としてある特徴が備わっている。一般に、これらの企業に共通してあるのは、外向的で市場を重視する企業文化、情報をとらえて意味を抽出する情報システム、市場の動きに関心のあるトップ・マネジメント、有能な事業戦略家が活躍できる組織などである。トレンドを見出すよりも、それを正しく評価するほうが難しいことがある。どのトレンドが本物で、実体があるのか。どれが流行にすぎないのか。組織の強みと弱みを考慮すると、どれが組織にとって本物の脅威または機会を表しているのか。

　2つ目は、市場が変化するなかで、製品やサービスの関連性がより強まるように修正したり、ポジションやブランドを見直したりすることだ。この仕事は

容易ではない。ポジションにせよブランドにせよ、それを見直すにあたってはブランドの伝統を尊重し、それが約束どおりに実行されるために、ブランドや組織の能力とかけ離れたものにならないことが必要である。修正されたブランドは競合他社との差別化ポイントを創造し、製品カテゴリやサブカテゴリに対する独自の解釈を生み出さなければならない。その際の問題点や選択肢をさらに論じるために、ヘルシー・ファーストフードのサブカテゴリの例を使って考えてみよう。

図4－5に示すとおり、ファーストフード業界では「ヘルシー」サブカテゴリの構築が進んでいる。マクドナルドやウェンディーズ、バーガーキング、ピザハット、ラウンドテーブルピザ、タコベル、ケンタッキー・フライド・チキン（KFC）、その他からなる市場は、大きな楕円で表されており、「伝統的ファーストフード」カテゴリと呼ぶことができる。その顧客は、陽気で親しみがあり、便利で経済的な製品・サービスを高く評価している。大きな楕円と交わっている小さな楕円は、「ヘルシー・ファーストフード」サブカテゴリと呼ぶことができる。ここにはサブウェイ、スーパーサラダ、スイートトマトなどが入っており、その顧客はファーストフードの特徴を高く評価しているが、一方で身体によい食事に気を使っている。このサブカテゴリは、肥満児の増加、学校昼食のメニュー改変、食事プログラムへの関心の高まり、有機食品需要の増大、健康食品店の成功、そしてウェイト・ウォッチャーズやアトキンス、ゾーンといったダイエット法の人気の高まりといった社会的進展に裏づけられた、より健康的な生活や食事を求めるトレンドによって後押しされている。

最近のファーストフード市場は、全体として以前より大きくなっていることに注意されたい。これは「ヘルシー・ファーストフード」セグメントが、これまでファーストフードを自分とは関係ないものと考えていた顧客を取り込んだことによって、拡大しているのだ。このように、既存企業にもチャンスはある。だが、新しいヘルシー・セグメントが、伝統的ファーストフード市場からも顧客を奪っていることにも注意しなければならない。したがって、特に新しいカテゴリが既存カテゴリを犠牲にして成長している場合は、何もしないことによって市場の衰退がもたらされるおそれもあり、きわめて深刻な脅威である。

マクドナルドなどの既存プレーヤーにとっての関連性の課題は、新しいサブ

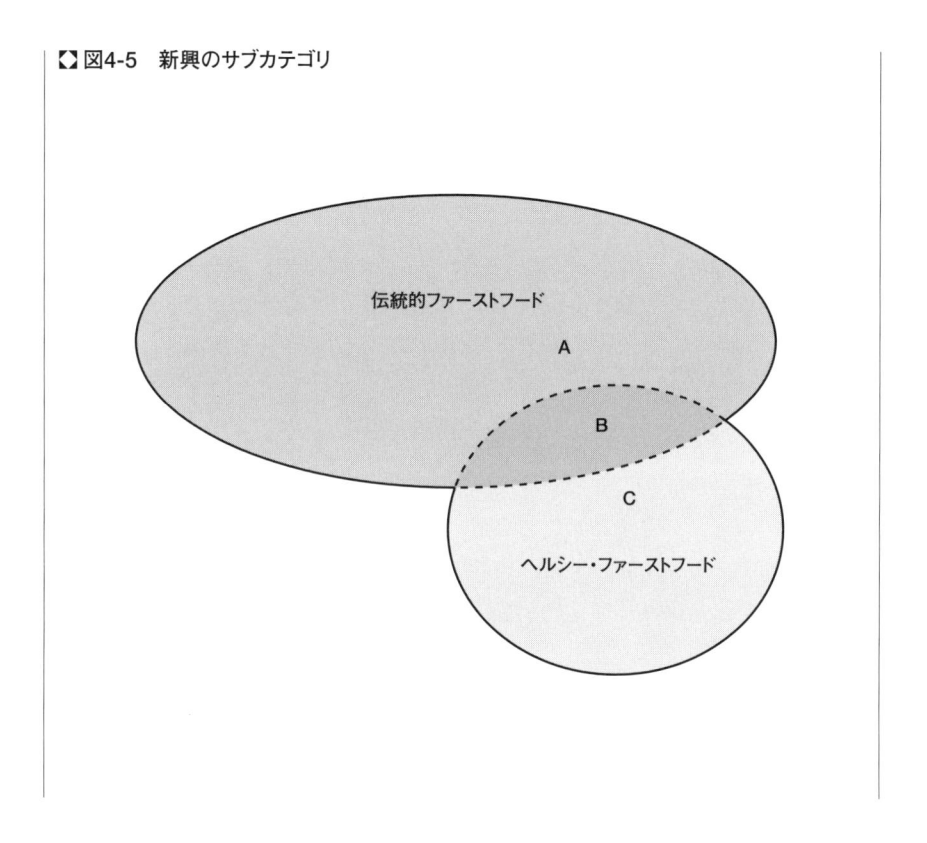

◤ 図4-5　新興のサブカテゴリ

```
       伝統的ファーストフード
            A
               B
                C
         ヘルシー・ファーストフード
```

カテゴリが既存市場に及ぼす脅威の程度（図4－5のB）、このサブカテゴリが示す機会（図4－5のC）、およびその構成要素やダイナミクスを評価して対応策を実行することである。この評価は、簡単な数字、すなわち当該市場の規模と成長性、その構成要素、および主要な関係企業といったものから始める。しかし、より深く分析するには、新興サブカテゴリの背後にある要因の性質、そのサブカテゴリが対象とするセグメント、拡大できそうなニッチ分野などを調べなければならない。

市場ダイナミクスへの4つの対応策

既存企業にとっては、さまざまな戦略的対応策が考えられる。自社の参入している分野に専念して、品質と顧客経験を強化し、ブランドに活力を注入しつ

つ、セグメントAの核となる顧客グループから売上高とロイヤルティを得るという選択肢もある。この戦略では、必ずしも成長が最優先されるわけではない。実際、この戦略には、効率性の向上やコスト削減の取り組みに加えて、変容した市場を反映するために規模の縮小を伴うこともある。そこでこの課題にさらに積極的に対応する選択肢が、ほかに4つある。

第1の対応策は、現行メニューをヘルシーなファーストフードを求めている消費者に受け入れられるように、現在のブランド・イメージを変えることである。たとえば、マクドナルドは、同社特製フライから「身体によくない」脂肪を大幅に減らしてつくる方法を開発したり、フルーツヨーグルトパフェを提供したり、現在はメニューにないが、マクリーンデラックスバーガーを何年も販売したりしていた。バーガーキングはBKベジバーガーを、ウェンディーズはベジピタ・ブランドのサンドイッチといった数種類のピタ・ブランド商品を販売したことがある。タコベルは、顧客が「フレスコ・スタイル」と注文することで材料を替え、商品に含まれる脂肪分を大幅に減らせるようにした。

このような戦略は、大型船の方向を変えるのに似ている。惰力で動いてしまう部分が大きいのだ。基本的な実態は、マクドナルドもその直接の競合相手も、「ヘルシー」分野ではブランドに信頼性を欠いていた。これらのブランドは、ビッグマックやエッグマクマフィン、ハッピーセットといった主力商品——すべて、ヘルシーな食事とは結びつかない非常に機能的なブランドである——と強く結びつきすぎている。こうしたブランドの強みが、あるイメージに合わせようとしたり、イメージを変更しようとしたりするときに、重荷となることがある。すでに競争力のある競合商品に魅了されていて、ヘルシーな食事としてマクドナルドを考慮しようとしないセグメントBに訴求することは、とりわけ難しい。さらに、基本メニューを変更すれば、セグメントAのロイヤルティをリスクにさらしかねない。ニューコークの失敗を思い出してほしい。このときは、ロイヤルティを持つ顧客層からの反発があまりに強く、コカ・コーラ社はコカ・コーラ・クラシックをそっと復活させた。

第2の対応策は、セグメントCの顧客をも取り込めるほどに卓越して魅力的なヘルシー・フードのサブブランドを創造することだ。この場合、自社の強力なブランドを使って、とりわけ優れた製品を投入することが必要になる。たと

えば、ウェンディーズのガーデンセンセーション・サラダの商品ライン（マンダリンチキンとタコ・スプレモ・サラダが入っている）は、顧客、それもセグメントCの顧客さえも引きつける力を持っている。このようなブランドは、セグメントBとセグメントCに対して関連性をもたらすばかりでなく、オリジナル・ブランドの信用が新たな取り組みによって傷つけられるのを防いでくれる。しかし、必要なのはホームランを打つこと、すなわち、評判や支持者を生み出すブランド化された製品または製品ラインをつくることである。それも、外野フェンスまでの距離が遠く、逆風が吹く球場において打たなければならない。

新しいホームラン商品をつくるのは容易ではないため、この選択肢を実行するのは大変なことだ。マクドナルドの新製品の多くは、マクリーン・デラックスからグリルド・チキン・フラットブレッド、サラダ・シェイカーズに至るまで、消費者に受け入れられなかった[9]。実際、数え切れないほどのコンセプトを試したにもかかわらず、マクドナルドの最後の大ヒット商品は1983年のチキンマックナゲットだった[10]。ましてヘルシーな商品となると、マクドナルド・ファンのなかには、それを支持する層がいないため、この選択肢を実行するのはさらに困難である。そのうえ、よりヘルシーなマクドナルド商品の有望株と考えられる商品は、おそらくすでにセグメントCに存在しており、新しくメニューに加えられることはないだろう。

第3の対応策は、ヘルシー・フード分野で信頼のあるブランドと共同ブランドを展開し、支持顧客層向けによりヘルシーな商品をつくることである。選択肢として共同ブランドを考慮することによって、常にコストや時間がかかり、時にはゼロからつくり上げることが不可能な、ブランドの構築作業を避けることができるからである。

たとえば、マクドナルドは、「オール・ナチュラル」のニューマンズ・オウン・ドレッシング（ハリウッド・スター、ポール・ニューマンの自家製ドレッシング・ブランド）を提供し、高級サラダという1つの商品ラインで顧客を引きつけた。この共同ブランドは、関心と受容、信頼性を創造することによって成功した。ファーストフード分野に近いカジュアル・ダイニング分野のブランドであるアップルビーズは、前菜、メイン料理、そしてデザートがすべて低カロリーという商品ラインを、ウェイト・ウォッチャーズと共同ブランド化した。この

ウェイト・ウォッチャーズ・ブランドは、そのポイント制度と相まって、このプログラムの現在のメンバーやかつての顧客に訴求しているだけでなく、メニューそのものにも信頼性を与えている。

共同ブランドは、関連性の問題に迅速で効果的な対応策をもたらす有力なツールの1つである。しかし、適切な共同ブランドを見つけ、排他的な独占契約を締結し、新興のサブカテゴリに対抗できる適切な製品を開発し、ニーズや優先順位が時間とともに変化する両社の関係をマネジメントすることは、必ずしも容易なことではない。さらに、それによってもたらされる最終的な成果とは、部分的には他社にコントロールされ、長期的に存続するかどうかはっきりしない共同ブランドとの間に、顧客が関係を構築するというものだ。

第4の対応策は、新しい形態を構築または買収して、新たなブランドの基盤を創造することだ。ウェンディーズはメキシコ料理チェーンのバハ・フレッシュを所有する一方、マクドナルドはボストン・マーケット、プレタ・マンジェというサンドイッチ・チェーン、そしてメキシコ料理チェーンのチポトレに出資している。この対応策からいえることは、新しいサブカテゴリで成功するには、きちんと市場に出て関連性を示唆し、明確な価値提案を持って妥協をしないで済むブランドが必要だということである。

しかし、顧客と共鳴し、混乱した市場のなかで競合他社と差別化し、そして十分な規模の事業になれるだけの拡張性を秘めたコンセプトとブランドを見つけることは難しい。マクドナルドは、1000店舗以上に展開可能なコンセプトを求めている。なぜなら、それ以下の数では巨大な同社の数字に影響を与えることができないし、同社の事業運営スキルに適合させることも、規模の経済を利用することもできないからだ。

もちろん、現実は、図4－5で示すよりもよほど複雑だ。「ヘルシー・ファーストフード」のサブカテゴリには影響を与える多くの要因が存在するため、重要なトレンドを察知し、評価するのは容易ではない。

たとえば、ヘルシーなハンバーガーとポテトフライの市場には、野菜バーガーや大豆バーガー、ベイクドポテトなどがあり、マクドナルドやバーガーキングと直接競合している。サブウェイなどのヘルシー・サンドイッチ市場では、ハンバーガー・チェーンと類似した製品が提供され、コジーやパネラ・ブレッ

ドが評判になったように、「ファースト・カジュアル」なサンドイッチ・ショップが増えている。日本料理やタイ料理などのエスニック・フード、ビュッフェ・スタイルのフレッシュ・チョイスやスイートトマト、そしてチキングリルを提供するボストン・マーケットといった新しい業態も各種見られる。マクドナルドをはじめとする既存のブランドが定着したファーストフード企業は、サブカテゴリ全体を詳細に分析し、対処すべき脅威、ニッチ市場開拓の機会、そして複数のクリティカル・マスが合わさりつつある場所を見出さなければならない。

　トレンド対応型企業としてやるべきことは容易ではないが、できないことではない。ベビー・ベルは、ワイヤレス通信事業やブロードバンド通信事業に参入したこともあって、全般的に関連性を維持している。

　トミーヒルフィガーなどのファッション・ブランドは、ファッション・トレンドについていくために機敏に対応してきた。バービー人形は、1965年には宇宙飛行士、73年には外科医、92年には大統領候補になったり、2001年には「バービーのくるみ割り人形」というビデオに登場したりと、時代とともに変わっていった。

　富士フイルムはデジタルの時代に素早く対応し、デジタル・カメラ向けの「スーパーCCD」高品質画像センサー（同製品の第4世代は2003年に投入された）やデジタル・フォト・プリンターといった各種デジタル製品で、市場のリーダーとなった。

　メイン州のアウトドア派の信頼のうえに構築されたブランド、LLビーンは、市場変化に対応してポジショニングを見直した。同ブランドの伝統であるハンティング、フィッシング、そしてキャンピングは、最大にして最も重要なセグメントに対して関連性がなかった。LLビーンの課題は、このアウトドアの伝統が、同社の現在のターゲット市場の中核であるハイカーやマウンテンバイカー、クロスカントリー・スキーヤー、ウォータースポーツ愛好者などにとっても関連性を持てるよう、焦点を合わせ直すことだった。この伝統は、自然なかたちで発展していき、LLビーンは独自のアウトドアの視点を保持することができた。

◆トレンド牽引型企業

　トレンド牽引型企業（trend driver）とは、新しいカテゴリやサブカテゴリの創造に実際に参加している企業組織である。トレンド牽引型企業になれる機会や能力を持つ企業はほとんどなく、それらの企業でさえ、実際にそうなるチャンスはわずかしかない。タイミングは適切でなければならない。カテゴリの創造が時期尚早だと、失敗する可能性がある。おそらくそれは、基礎となる技術がまだ準備できていないか、市場規模がクリティカル・マスに達していないためであろう。アップル・ニュートンはPDAカテゴリを創造しようとして失敗したが、そのわずか数年後に、パーム社が成功したのを目の当たりにした。

　トレンド牽引型企業になるべき企業は、きわめて強力であるか、そうなる潜在性を持った企業でなければならない。いずれの場合も、画期的製品など、強力な武器が必要となる。たとえば、アサヒビールにおいて新しいサブカテゴリを定義することを可能にしたスーパードライのようなものである。こうした企業は、新しい製品カテゴリやサブカテゴリに関する認識を積極的にマネジメントし、その新分野における支配的地位を自社ブランドで固めることによって、先行者優位を持続可能なポジションに転換できる力を持つことが必要だ。このためには、資源やブランド拡張への取り組みに対する認識ばかりでなく、ブランド構築における競争力も求められる。

　IBMは1990年代中盤から後半にかけて、eビジネスのポジションでトレンド牽引型企業だった。この時期は、多くの企業が、インターネットや新興のネットワーク事業分野に対して関連性を持とうとしていた。「ネットワーク・コンピュータ」「情報ハイウェイ」「eコマース」という用語は牽引力を獲得することはなかったが、IBMのeビジネスというカテゴリの創造は牽引力を得た。

　IBMは1996年末にeビジネスを導入した後、最終的にその商標の構築に50億ドル以上を費やしたうえで、事業ユニットすべてをこの文脈に関連させた。コンピュータ業界のほぼすべての大手企業が、IBMがこの新しいカテゴリを定義し、本質的にそれを所有することができたことに対して、大いに悔しがっていた。最終章で述べるとおり、2003年にIBMは、また別のサブカテゴリであるe

ビジネス・オンデマンドを創造する取り組みに着手した。企業がサプライヤーと顧客、そしてパートナーを包括するITシステムを開発することによって、必要なときすぐに、オンデマンドで情報やコンピュータ資源を提供する、というのがこのコンセプトである。IBMはこの一連の顧客ニーズを満たすために、再び全社的に対応した製品やサービスを創造した。同じような戦略を持った競合企業は、関連性を持つために大変な苦労をした。

　トレンド牽引型企業になる機会はあまりないし、実際にそうになった企業は少ない。アサヒスーパードライはトレンド牽引の役割を果たした。同様に、イーベイ、ナイキ、ハイブリッド・カーでのトヨタ、スターバックス、ホームデポ、パワーバー、ギャップ、ヘルシー・チョイス、ソービー、シーベル、そしてサターンもトレンド牽引型だった。チャールズ・シュワブもそうである。

シュワブ：トレンド牽引型企業

　シュワブは製品カテゴリやサブカテゴリを規定した企業であり、創業以来、何度かトレンド牽引型企業になったことがある[11]。1970年代、シュワブは、株式売買の取り次ぎのみを専業とするディスカウント・ブローカー業界に、早い段階で参入した。この業界が台頭すると、各種サービス全般を行う証券会社は、重要な市場セグメントに対して関連性を失うことになった。1980年代、シュワブは、最新式のコンピュータ・システム、信頼できる注文執行とサービス、およびほかに例を見ない報告ツールなどによって、自らをポジショニングし直した。その過程で、シュワブにはディスカウント・ブローカーとして多くの競合相手が現れたが、これらの企業は手数料の安さで競っているだけで、多くの顧客にとって関連性が高いとはいえなかった。

　1992年、シュワブは投資信託を購入・管理する手段を提供することによって、製品分野の境界を再び変えた。この手段が、サブブランドであるワンソース（One Source™）であった。これによって、シュワブの顧客は、さまざまな投資信託に取引手数料なしでアクセスできるようになった。シュワブは、包括的な投資信託リストについてのデータを便利なパッケージにすることによって、顧客が投資信託を選ぶために複数企業について調べ、比較分析する必要性を取り除いた。新たな戦略的ポジションが時間とともに進展するにつれて、シュワ

図4-6　シュワブのワンソース

ブは投資信託の購入者への支援を強化していった。この結果、新しい製品カテゴリが出現したが、主要な金融サービス機関は、ここでの関連性が軒並み低水準だった。

　1997年、顧客に混乱や失望、憤慨を生じさせながらもコンピュータを利用した取引方法を顧客に提供する取り組みを数回実施した後、それが電話による取り次ぎで受け取る手数料収入のほとんどをリスクにさらすことになるにもかかわらず、シュワブはインターネットとコンピュータによる取引にコミットすることを決めた。その結果、シュワブは証券取引業におけるeカンパニーとして最も早くに認められたばかりか、その過程で新カテゴリを規定する役割を果たし、同社の名前はそこでの支配的なブランド名となった。

　2000年以降、シュワブは、客観的で簡明で、かつ重要なことに、手数料目的でないアドバイスを提供するフルサービス企業になることで、再び新しいカテゴリを創造しようとした。この試みは、「世界で最も有用で倫理的な金融サービスを顧客に提供する」というシュワブのビジョンに基づいている。この新たなポジションの柱となるのは、個人投資家、自己資本の大きな投資家、機関投資家、そして独立系金融アドバイザー向けの多くの革新的なブランド商品・サービスであった。それらには、シュワブ・プライベート・クライアント（資金力のある投資家向けの助言サービス）、シュワブ・アドバイザー・ネットワーク（顧客を手数料ベースの独立系アドバイザーに紹介するサービス）、ストリートスマート・プロ（取引量や頻度の多いトレーダーのための直接市場取引）、およびシュワブ・エクイティ・レイティング（3000以上の公開株の客観的な格付けシステム）などがあった。

　シュワブの経験を振り返ってみると、そこにはいくつかの示唆がある。第1に、事業戦略というものは、明確に特定できる意思決定の結果というよりも、事の成り行きのなかで発展していくことがよくあるということだ。シュワブの拡張戦略ポジションは明らかに結果として実現したものであり、事前計画に基づいて意識して実行された戦略ではない。各段階がそれぞれ1つの発展プロセスの産物であり、それが積み重なって、ついには重大な転機をもたらす意思決定になることも時折あった。たとえば、シュワブは、ワンソースの導入以前にミューチュアルファンド・マーケットプレイスというブランド名で投資信託を

販売していたし、インターネット取引に乗り出す以前にコンピュータ取引を行っていた。

　第2に、ある領域を付加することで製品カテゴリの文脈を変更しても、必ずしも既存の領域で関連性がなくなるわけではないということだ。シュワブの最初の戦略ポジションの領域は撤廃されることも、縮小されることさえもなく、むしろ強化された。そのため、シュワブのブランドは変わるのではなく、より充実し、奥行きが深まった。シュワブは自社の伝統に忠実でいられた。ブランドの範囲を拡張したほどには、シュワブ自体は変わらずに済んだのである。

　第3に、ワンソースやシュワブ・エクイティ・レイティングといったサブブランドを利用せずに、新しい製品カテゴリやサブカテゴリを創造しようとすると、どんな企業でも困難なブランド上の問題にぶつかる。あるトレンドに対する戦略的対応を表現するためにマスター・ブランドを修正すると、将来の調整のための柔軟性をいくらか失うものだ。狭苦しい水路で巨船の方向転換ができる機会は限られている。サブブランドにその責務を任せることができれば、マスター・ブランドはより柔軟でいられるし、働きを邪魔されることもない。

　第4に、先行者優位がどんなにあっても、資源やイノベーションによって後押しせず、長期にわたって積極的にマネジメントしないと、短命に終わってしまうということだ。シュワブ・ワンソースは、競合相手にとって動くターゲットだった。時間の経過とともに次々とファンドが追加され、顧客によるファンド選別の手段が提供され、部門別の簡明な投資信託推奨リストであるシュワブ・セレクト・リストも導入される、という具合だった。競合相手は、当初のワンソースのコンセプトには収まらない、ダイナミックなコンセプトを目の当たりにしていたわけである。

　最後に、皮肉なことではあるが、市場が変化するにつれて強みが「もろさ」をも生み出すということだ。ブランドのポジションがあまりに強いと、順応性に欠けてくる。そのため、シュワブ・ブランドの展開の1つひとつについて、そもそもなぜそうなったのかを確認する必要があった。フルサービス企業への展開は、最も困難な変化の1つだった。なぜなら、シュワブの伝統は、限定的なサービス企業であることだったからである。

　パワーバーについても、同じ問題が生じた。パワーバーの食感は非常に特徴

的であったため、このブランドはエンドーサー以外の役割では使用できなかった。また、この問題はシュウェップス・トニックにも起こった。この商品は、ヨーロッパでは常に大人向けソフトドリンクとして位置づけられてきたが、アメリカ市場では酒に混ぜる飲料として強固な地位を獲得した。その結果、シュウェップスはヨーロッパではきわめて関連性が高かったにもかかわらず、急成長するアメリカの大人向け清涼飲料市場に参入しなかった。

◙製品カテゴリやサブカテゴリのラベリング

　新しい製品やサービスが出現したときにつけられるeビジネスやエネルギー・バー、ドライビールといった製品カテゴリやサブカテゴリのラベルは、その連想が積極的にマネジメントできるという点で、ブランドに似ている。したがって、企業、特にトレンド牽引型企業は、当該カテゴリやサブカテゴリのラベルについて、創造、育成、保護することができるし、またそうすべきである。トレンド対応型企業でも、カテゴリ認識について自社に優位な影響を与える立場になれる。もちろん、カテゴリやサブカテゴリのラベルが出現するには多くの要因が影響するわけで、参加企業の影響力は限定的である。

　もう1ついえることは、カテゴリ自体の名称またはラベルは、どんなブランドにとってもその重要な定義要因になりうるし、そのイメージにも影響するということである。エンタープライズ・リソース・プランニング（ERP）やデスクトップ・パブリッシング、ファーストフード、ハイブリッド・カー、サーバー、ワイヤレス、ATM、高タンパク質エネルギー・バーといったラベルの影響力について考えてみよう。たとえば、プライベート・バンキング（秘密や脱税といったことをにおわしかねない）からウェルス・マネジメント（このほうが、効果的で積極的な資産管理という連想を持っている）へのカテゴリ・ブランド名の変更について、どう思われるだろうか。肯定的な連想を持つラベルを創造することが、カテゴリを構築しようとしている企業の助けになる。新興の製品カテゴリやサブカテゴリをリンクさせる方法を見つけなければならないトレンド対応型企業にとっても、ラベルの重要性を理解することは大切である。

　重要なことは、特にトレンド対応型企業にとってそうだが、複数のコンセプ

トとそのラベルを見出し、その両方をずっと追いかけ、どのラベルがブレークし、業界標準になるかを予想することである。インタラクティブ・コンピューティングとか、分散コンピューティングといったカテゴリ・ラベルはまったく評判にならなかったが、あまり説明的な言葉ではない「ミニコンピュータ」がなぜか駆動力を得た。IBMは、eビジネスという言葉を見つけるまで、ネットワーク・コンピューティング・アプリケーションのコンセプトの取り扱いに四苦八苦していた。もし、その企業がトレンドを牽引する立場にあれば、使用されるカテゴリ・ラベルはとりわけ重要となる。コンセプトが正しくても間違ったラベルをつけていれば、正しいラベルがつくまで休眠しているようなものだ。

　説明サブブランドを使用することは、差別化を犠牲にすることもあるが、関連性を実現するための直接的手段の1つである。ジレット・フォー・ウィメンの一連の製品——ジレット・フォー・ウィメン・ビーナス（シェービング・システム）、ジレット・フォー・ウィメン・センサー、ジレット・フォー・ウィメン・センサーエクセル、そしてジレット・フォー・ウィメン・アジリティなど——では、ブランド名の「フォー・ウィメン」という部分が、比較的新しい製品サブカテゴリにおいて直接的な関連性を実現させようとしている。ブランドが幅広い製品ラインをカバーしていることで、このサブカテゴリでのジレットの信頼性と関連性の両方を高めている。同様に、IBMのeサーバーは、サーバーの新しいサブカテゴリを構築するためにサブブランドを使っている。

　関連性におけるラベルの重要性は、消費者行動研究者のミタ・スジャンが行った実験によって示されている。彼女は、35ミリ・リフレックス・カメラと110ミリ・カメラの2種類を取り上げ、その性能をシャッター・スピード、絞りの設定、フィルム装填などの5点で記述した。この2種類のカメラの取扱説明書を逆に入れ替えたときでも、消費者には35ミリというラベルを貼ったカメラのほうが高品質と映った。このように、ラベルは事実に基づく詳細な情報をくつがえす力を持っている[12]。

　クリネックス（ティッシュ）、フーバー（ドイツの電気掃除機）、A1（ステーキ・ソース）、テサ（オーストリアの粘着テープ）、ゼロックス（コピー機）といった一部のブランドは、ブランドと同時にそのカテゴリも表している。このようなブランドはカテゴリ・ラベルに対する支配力を持っており、おそらくそれ

を競合相手に対する動くターゲットにすることで、積極的にマネジメントすることができる。また、これらのブランドはカテゴリとのリンクを創造しているため、関連性を生み出すことに煩わされないで済む。しかし、ブランドがカテゴリと強くリンクしているということは、新たなカテゴリが出現した場合、仮にそれが隣接分野だったとしても、そこへの適応力が制約されてしまうことを意味する。

新興のカテゴリ・サブカテゴリが関連性を促進したとしても、コンセンサスを得られるラベル名が出てこないことも多い。また、顧客にとって拠り所となるような表現を提供するには、（システムやソリューションといった）ラベルが曖昧すぎたりすることも少なくない。

しかし、ラベルが出てこなければ、競合相手がそのようなつかみどころのない目標をターゲットとしなければならないため、結果としてそうしたポジションのほうが実際は強いのかもしれない。もし、競合相手がそのカテゴリに結びつくのを防ぐことができれば、競合ポジションの関連性は影響を受けるだろう。たとえば、シュワブが、高級ディスカウント・ブローカー業や手数料を取らないフルサービス企業を設立したとき、競合相手は対抗策を講じるべき拠り所を欠いていた。

◪事業を定義するブランド

リンクを創出し、差別化ポイントを提供する力を持った新しいサブカテゴリを構築すること、もしくはそれに結びつくことは容易なことではない。こういう場合は、事業を定義する役割を果たすブランド、すなわち、**事業定義ブランド**（business-defining brand）が役に立つ。

製品ブランドだけでなく、ブランド化プログラムやブランド化イニシアチブなども事業定義ブランドになりうる。いずれの場合も、事業を位置づける役割を果たし、関連性に影響を及ぼす。「ナイキ・オール・コンディションズ・ギア」は傘ブランドであり、ナイキ・ブランドの連想を促すことで、アウトドア衣料にナイキのひねりを加えている。もう1つは「マイクロソフト・ビジネス・ソリューション」で、中小企業のニーズにマイクロソフトなりの回答を提

供するものだ。ブランド化プログラムの例としては、「アメリカン・エキスプレス・オープン・スモール・ビジネス・ネットワーク」がある。このプログラムは、中小企業のオーナーが他社と経験や問題を共有し、商品や資源を選び、調達先を特定して負担を軽減し、さらには、「アメリカン・エキスプレス・クレジット・カード・リワード」プログラムに加入してもらうというものだ。アメリカン・エキスプレスに対して、これは重要セグメントに関連性の高い事業を定義するものである。IBMのeビジネス・オンデマンドのようなブランド化イニシアティブは、顧客ニーズの観点から事業を定義したものである。

　事業定義ブランドが機能するためには、実体を伴っていなければならない。その企業が実際のところ、この事業で顧客の期待に応える仕事をしているということを証明する必要がある。そしてその証明は、その企業が事業定義ブランドと結びつくことを確実にするためのプログラムの一部でなければならない。せっかく砂場をつくったのに、だれかにそれを占領されてしまったというのが最悪のケースだ。

◆戦略上の質問

　いくつかの戦略上の質問に答えることは、潜在的ないしは新たに出現してきた製品カテゴリやサブカテゴリを評価するのに役立つ。その質問とは、以下に述べるようなものである。

その事業機会は、市場規模と競争の激しさの観点から、参入する価値があるか

　エネルギー・バー市場の細分化を考えてみよう。同市場では、女性、子供、ゾーン・ダイエット中の人など、20を超えるニッチ分野向け製品が投入されている。パワーバーなどのブランドは、市場規模、成長性そして収益性の点から見て、これらのニッチ分野のうち、どこに参入する価値があるか、経済的な意思決定をしなければならない。市場規模と成長性の次元は、多分にそのサブカテゴリが十分幅広い顧客基盤に訴求する価値提案をもたらすかどうかにかかっており、それは同様に、そこに導入される新製品にかかっている。

　収益性は、競合他社の数、戦略、そして取り組み方に大きく関わってくる。

最も愚かな戦略上の失敗は、競合相手の数と質を過小評価して招くことが多い。この結果、持続的優位性が見つけられなければ、過剰な生産能力を縮小することになる。

　通常、このような取り組みに欠かせないのがブランディングである。もちろん、ごく小規模なニッチ分野でも、競合相手に事業分野の拡大につながるようなプラットフォームをつくらせないという理由だけから、参入しておく価値はありうる。このため、リーダー・ブランドでも、防衛策として小さなセグメントに参入しておくことが望ましいこともある。

そのトレンドは本物か、それとも一時的流行か

　一部のeコマース市場が本物のトレンドを表していると誤認されたことから、いくつかの破滅的な戦略的決定がもたらされた。ピーター・ドラッカーによれば、「変化は人がつくるものだが、一時的流行は人がうわさするものだ」ということである[13]。これに基づけば、トレンドを生み出すためには、イメージをつかまえた単なるアイデアではなく、市場の実体とデータに支持された行動が必要であるということだ。

　たとえば、1980年代初め、ワンストップ金融サービスというコンセプトが大いに話題となり、保険会社や銀行、証券会社、クレジット・カード会社などの間で、大掛かりな買収合併が数多く行われた。結局、この動きは失敗に終わった。というのも、結局のところ顧客はワンストップ金融サービスを望んでいなかったし、たとえば銀行やクレジット・カード会社のマネジャーが、保険外交員に自分たちの顧客を訪問してほしくなかったように、相互販売への組織的抵抗も大きかったからである。

　ルイス・ガースナーは、自著の中でIBMとアメリカン・エキスプレスでの経験を振り返って、「結局、20年におよぶ議論のすえ、本物の金融スーパーマーケットは生まれず、自社の保険事業や資金管理事業を分離独立させる金融サービス会社がたくさん出てきた」と述べている[14]。20年後、ワンストップ金融サービスというコンセプトに基づくいくつかの戦略が再び現れている。新しい製品、技術、組織構造、そしてブランド構造がこのコンセプトの実現を可能とするか、それとも、このコンセプトはなかなか消えないだけの欠陥のあるアイ

デアなのか、その答えは出つつある。

その企業は、競争に必要な資産とスキルを開発する能力があるか
　もし、その能力がなかったり、不足していたりすれば、その対応戦略は失敗する可能性が高いだろう。IBMやHPなどの大企業は、デルとゲートウェイの成功に対応して、パソコンの直販に乗り出そうとした。しかし、製造や物流に関する能力が不足していたばかりか、そのやり方で成功するための企業文化やブランドの強みに欠けていたため、徒労や失敗に終わっている。また、フルサービスの小売業者は、相応のコスト構造と文化に欠けているため、安売り販売では苦戦している。

その企業に必要なブランド資産はあるか
　サブブランドの力を借りながら、既存ブランドをテコ入れして信頼性を獲得できるか。既存ブランドの現在のイメージと伝統を転換させ、新しい製品カテゴリやサブカテゴリに結びつけることができるか。できない場合は、（おそらく既存ブランドによって保証されることになる）新ブランドを買収または構築することができるか。通常、新しい製品カテゴリやサブカテゴリに参入して成功するためには、少なくとも1つのブランド、時には一連のブランドが成功する必要がある。
　スナップルが、ブランドと既存カテゴリとの連想が強くなりすぎてしまったとき、新興のヘルシー・リフレッシュメント飲料分野に適応しようとしたことを考えてみよう。スナップルの対応策は、すべてにスナップルのブランド保証をつけたエレメント・ブランド（アトミック、ダイエット・エア、ダイエット・アイス）で、機能促進ジュースの新しい商品ラインを投入することだった。スナップルはさらに、リザード・ブランドでエネルギー・ドリンクの商品ラインを、またパワーライン・ブランドでエネルギー・フルーツドリンクの商品ラインを構築し、これらのブランドをスナップル・ブランドから切り離した。スナップルの経験は、サブブランドが適切ではないとき、関連性を求めるには保証付ブランドと新ブランドを使用すべきだということを明らかにしている。

関連性と「得意分野への専心」

「得意分野に専心する」ことに焦点を当ててメッセージの一貫性を長期に維持することと、状況に適応して関連性を創造または維持することとの間には、事業戦略やブランド戦略において自ずと緊張関係が発生する[15]。

　前者のアプローチの主張するところは次のようなものである。基本的に自社の得意分野に集中し、時間をかけて改善していくことに焦点を当てよ。市場の一時的流行や競合他社の新しい取り組みは、目先は成功するかもしれないが、これらに流されてはならない。忍耐強く、自社のプロセスと製品を改善するために投資していくことだ。できる限り自社のメッセージに一貫性を持ち、ブランドの境界線を拡張してはならない。ハーレーやアップル、サウスウエスト航空といった最強ブランドの多くが、長期にわたって非常によく一貫性を保ち続けているというのは本当である。

　後者のアプローチがいうところは次のようである。環境の変化に敏感であり、変化する状況に適応する柔軟性を持て。起業家精神を持ち、適応するだけではなく、率先して事を成し遂げようとすべきだ。そのためにも、ブランドの拡張を認め、業界の変化に適応せよ。負け組に組み込まれてはならない。ナイキやメルセデス、クラフトといった強いブランドは、これまでにこの力を発揮して適応してきた。

　こうした2つの戦略的方向性の間の緊張関係が、不健全というわけではない。両方の立場を持ちながら、この緊張関係を緩和することが課題であり、それには、ブランド・ポートフォリオが大いに助けとなる。企業は自社の得意分野に専心しながら、ダイナミックな市場で関連性を創造または維持するために、サブブランドや保証付ブランドを拡張することもできる。ブランド差別化要素とブランド活性化要素は、新しい製品カテゴリやサブカテゴリでの信頼性を築くのに役立つ。目標とする関連性と強固なブランド・ポートフォリオがあれば、組織の中核事業の強みから大きく脱却する必要もない。その結果、戦略的焦点は生かされ、一方で企業は引き続き状況に適応することができる。

既存のブランド・ポートフォリオが、保証付ブランドやサブブランドを活用してもまだ適切でない場合も、ブランド・ポートフォリオ戦略によって解決することができる。新しい組織の資産とスキルが必要な場合には、ブランド提携と共同ブランドが選択肢になる。究極的なブランディングの取り組みは、新ブランドや新しいブランド・プラットフォームを構築することだ。ドッカースを持たないリーバイス、レクサスを持たないトヨタ、サターンを持たないGMを考えてみるといい。ナイキは、第2、第3の主要なブランド・プラットフォームがあれば、もっと強固で柔軟性を持てるのではないだろうか。

◆学習のための問題

1. 市場にはどのようなトレンドがありますか。顧客の購買動機、競合他社の戦略や計画、技術開発、あなたの会社の製品や業界外からの圧力といった要因に見られる変化を検討してください。あなたの会社の製品・サービスに対する顧客の購買動機だけでなく、彼らのライフスタイルや使用状況についても考察しましょう。
2. あなたの会社が属する業界の製品サブカテゴリにはどういったものがありますか。それを規定するものは何ですか。どのサブカテゴリが台頭、成長、成熟、または衰退していますか。それぞれ、支配的な競合相手はどこですか。その競合相手の持続的優位性は何ですか。
3. あなたの会社が属する業界と関連業界について、トレンド牽引型企業をいくつか挙げてください。彼らはどのようにトレンドを牽引していますか。彼らの優位性は持続しましたか。トレンド牽引型企業になろうとしてうまくいかなかった事例を挙げてください。失敗の要因は何だったと思いますか。
4. 機能性飲料業界などの、ダイナミックな業界を考えてください。新興の製品サブカテゴリは何ですか。どの企業がそれを牽引していますか。どのブランドが成功すると思いますか。また、なぜそう思いますか。

第5章
ブランドの差別化と活性化
ENERGIZING AND DIFFERENTIATING THE BRAND

「単に『ベスト・オブ・ザ・ベスト』と見られたいわけじゃない。コイツにしかできないと思われたいんだ」
――ジェリー・ガルシア（ザ・グレートフル・デッド）――
「将来を想像することは、過去を分析することよりも重要かもしれない。あえていわせてもらえば、今日の企業は資源が乏しいのではなく、想像力が乏しいのだ」
――C・K・プラハラッド（ミシガン大学）――
「世の中にありふれたことを非凡なやり方で行うと、世間の注目を集めるだろう」
――ジョージ・ワシントン・カーバー（米国の黒人農学者）――

事例：ソニー

　ソニーは、世界最強のブランドの1つである。ハリス・ポール（訳注1）では、1995年以降毎年、アメリカ市民を対象に、上位3つに入ると思う製品やサービスの名前を挙げてもらっている。2002年、ソニーは3年連続で1位のブランドに輝いた。調査を実施した過去7年の間で、ソニーが3位以内に入らなかった年はない[1]。
　日本では、ソニーは国内最強のブランドである。日経BPコンサルティングは、日本市場における1000を超えるブランドを5つの次元からなる15の測定基準で評価する大規模調査を毎年実施している。消費者対象調査部門（BtoC調査）において、ソニーは2001年と03年に2位に大差をつけてトップ・ブランド

訳注1：ハリス・インタラクティブ社が実施している調査。

に選ばれた。02年は、第2章で述べたとおり、実質的にディズニーとトップを分け合った。この年は、ディズニーが日本で新しいテーマパークの開園に伴う膨大なパブリシティの恩恵を受けた年だった。イノベーションに関する次元でのソニーの得点は、他のどのブランドをも大幅に上回っていた。03年、トップ100ブランドの中に、ソニーのサブブランドは3つ（VAIO、プレイステーション2、ソニープラザ）入った。

調査の対象にビジネスパーソンを加えた2002年、ビジネスパーソン対象調査部門（BtoB調査）において、ソニーはホンダに次いで2位だったが、03年には、揺るぎないナンバーワンの地位についた。このとき、活力の次元において、ソニーは最高の評価を受けた。

ソニー・ブランドの強さとして、ブランド・アイデンティティ（つまり、企業側がこうありたいと望むブランド連想の集合）が明確でぶれないということが挙げられる。ソニーは、1990年代にCEOだった出井伸之が提唱した「デジタル・ドリーム・キッズ（"Digital Dream Kids"）」というビジョンを指針として動いてきた。

このフレーズにある「デジタル」とは、オーディオ、ビデオ、情報技術の融合を主導することを表している。「ドリーム」は、開発エンジニアと顧客の双方にとってかつては夢にしかすぎなかった、驚くような技術のことを指している。ソニー・フランスは以前、この革新的精神を表現した「夢見ることができれば、きっと実現する」というキャッチフレーズを使ったことがある。「キッズ」は、楽しさや溢れんばかりの若さをソニー・ブランドに関連させることを意図している。だれにでも子供心はあるものであり、ソニーはその精神を持つことを望んでいる。ソニーの社員は、子供のときに抱いていた夢を思い出すようにいわれているのだ。

このブランド・アイデンティティに支えられながら、ソニーのブランド・ポートフォリオは、ブランドの構築とさまざまな製品市場への参入を支援する役割を果たしている。特に製品範囲（product scope）とサブブランドや保証付ブランドを利用することによって、ソニーが活力と差別化を獲得するのを手助けしている。

◆ソニー・ブランドの範囲

　ソニー・ブランドはカテゴリの範囲を広げており、その多くは実質、ソニーが開発したものだ。そのカテゴリは、家庭用電化製品から音楽、電子ゲーム、映画、劇場、そして日本では保険や銀行業務にも及んでいる。これらの多くは、ほかに例を見ないほどの知名度をもたらし、ソニーのビジョンを強化し、また拡大している。出井は、多くの製品分野にソニー・ブランドを拡張することが、同社ブランドの成功への1つのカギとなるのではないかという仮説を立ててきた[2]。

　ブランド範囲の広さが、活力と差別化を生み出すのに役立っている。ソニーといえば、人目を引く技術革新や新しい娯楽製品、またはイベントなどが連想され、そこから新たな活力が生まれている。活力源が非常にたくさんあるため、他社よりも容易に、活力を絶え間なく流すことができるのだ。

　ブランド範囲の広さは差別化も生み出す。他のブランドは、これほどまでの幅広さを主張できない。また、デジタル化の推進を行い、エンタテインメントを中心とするデジタル化された家庭の管理やデジタル・ライフスタイルを示唆しているソニーのブランド展開の幅には、関連性がある。

◆ソニーのサブブランドと保証付ブランドのファミリー

　また、ソニーのブランド・ポートフォリオは、その強力なサブブランドと保証付ブランドのファミリーのおかげで、活力と差別化の創造に貢献している。東芝や三菱、キヤノンなど多くの日本企業は単一ブランドに頼っている。これらの企業では、実質、すべてのブランド構築努力がコーポレート・ブランドに対して行われ、ポートフォリオ内のその他ブランドにはほとんどエクイティがない。しかし、ソニーは例外だ。強力なブランドを数多く構築しており、それぞれが1つの製品分野に焦点を絞り、価値のある機能的便益を提供している。知名度と影響度でその強さに差はあるが、すべてがディスクリプター以上の働きをしている。

◐ 図5-1 ソニーの代表的なブランド

SONY
VAIO
WEGA
PlayStation
AIBO
CLIÉ
Handycam
Cyber-shot
WALKMAN

　ソニーのブランド（一部は図5－1に示している）には、ウォークマン（パーソナル・オーディオ・プレーヤー）、AIBO（パーソナル娯楽用ロボット）、トリニトロンとベガ（テレビ）、カー・オーディオ（モバイル・エンタテインメント）、プレイステーション（ゲーム）、クリエ（携帯情報端末）、VAIO（ノート型パソコン）、サイバーショット（デジタル・カメラ）、ハンディカム（ビデオカメラ）などがある。すべて、ソニー・ブランドにとってブランド活性化要素として機能している。これらのうち、ハンディカムやウォークマンといった一部のブランドは、ソニーと結びつくカテゴリを定義する役割を果たし、第4章で示したとおり、同社はトレンド牽引型企業として位置づけられる。プレイステーションやVAIOといった他のブランドは、何もないところから出発し、非常に強固なブランドとなった。

プレイステーション・シリーズは1994年に日本、96年にアメリカに投入されると、2001年には、世界の巨大なビデオゲーム機市場のおよそ60％を占めるまでに成長し、ソニーの利益の半分を稼ぎ出した[3]。興味深いことに、最初は、ゲーム事業への参入にソニーのブランド名を利用するべく、「ソニー・プレイステーション」として売り出された。しかし、時間とともに、ソニーのブランド保証は次第に外されていき、ソニーはシャドウ・エンドーサーとなった。プレイステーション・ブランドは、すでに確立されたブランドに結びつけなくても、ターゲット顧客にとってカッコよく、そして身近な存在になることができたのだ。

VAIOも大成功を収めた。テクテル（ハイテク・ブランドの調査会社）が実施した調査によると、2001年には著しい差別化とエクイティを持つノートパソコンが2つあった──パワーブックとVAIOである。この2つは、IBMのシンクパッド（製品ラインアップの減少とIBMのブランド構築支援の減少によって弱まっていた）やこのカテゴリにおける初期リーダー、東芝のダイナブックよりもかなり強力だった。

ソニーは、ポートフォリオ内にあるブランドによってイノベーターとしての活力と名声を得ている。ソニーのマーケティング担当役員、T・スコット・エドワーズは、ソニーの「価値提案はイノベーションだ。イノベーションとは、絶えず消費者にニュースをもたらすことを含んでいる。主に我々はそれを新製品で行っている」と述べている[4]。ポートフォリオ内の各ブランドは、単に新製品のニュースを創造するだけでなく（もちろん、これも重要だが）、それ以上の働きをしている。別のソニーの役員、デニス・ヤンは「ソニーのコーポレート・ブランドには、本当のマーケティング・プログラムはなかった。我々はソニーのことを話す場合、サブブランドで話している。我々は、これらのサブブランドを製品志向でなく、ある特定顧客の感情とライフスタイルに訴求しようとしている。たとえば『ウォークマン』ブランドは、ジェネレーションY[訳注2]にとって、意義ある携帯オーディオから1つのライフスタイル・ブランドへと変化している」と説明している[5]。

訳注2：1970年代後半生まれの世代。

サブブランドの役割に関して、2000年に電通が日本で実施した調査でわかったことがいくつかある。同社は、「そのブランドはソニーのイメージに貢献している」「その製品またはサービスを選ぶのは、それがソニー製だからだ」という2つの内容に関してどの程度同意できるかを日本の対象者に調査した。その結果は**図5－2**に示されている。

このデータは、ソニー・ブランドとサブブランドの間には実質的な相互影響力があることを示している。サブブランドのプレイステーション（実際には保証付ブランド）、ハンディカム、VAIO、ウォークマン、およびディスクマンは、どちらの軸についても強い影響力を持っていることがわかった。これらのサブブランドはソニーのイメージに貢献しているが、ソニー・ブランドもこれらのブランドをより魅力的にすることに寄与している。しかし、こうした影響力は、常に対称的であるわけではなく、また、強力であるわけではなかった。AIBO（これも保証付ブランドの1つ）は、ソニーに対する貢献度は高いブランドだが、ソニーとの関連には比較的依存しないブランドだった。対照的に、トリニトロンとクリエはソニー・ブランドの強みに依存しているが、ソニー・ブランドを支援する貢献度は比較的低かった。ソニー生命は日本市場で使われているブランドだが、ソニーのイメージやアイデンティティに適合せず、ソニー・ブランドに貢献もしないし、恩恵も受けないという点で、ソニー・ブランドから切り離されていると見受けられた。

図5－2のデータから、これらのブランドはそれぞれソニーに密接に結びついていることがわかるだろう。この結びつきのポイントの1つは、イノベーションである。各サブブランドの文脈で、重要なイノベーションの段階で、ソニーがそれに信頼性を与え、ソニーとそのサブブランドの結びつきを強化した。プレイステーションのケースのように、ソニーがシャドウ・エンドーサーの役割を果たしているときでも、2つのブランドの結びつきは一般的に知られている。他の技術系企業にも、強みを発揮するサブブランドを持つ例もあるが、親ブランドとサブブランドとの結びつきは弱い。

これらのサブブランドや保証付ブランドは、1つの製品分野と結びついたイノベーションが市場で散逸してしまわないようにすることで、ソニーを活性化している。イノベーションは、ソニーのサブブランドや保証付ブランドのどれ

◆図5-2　ソニーのブランドとサブブランドの影響力

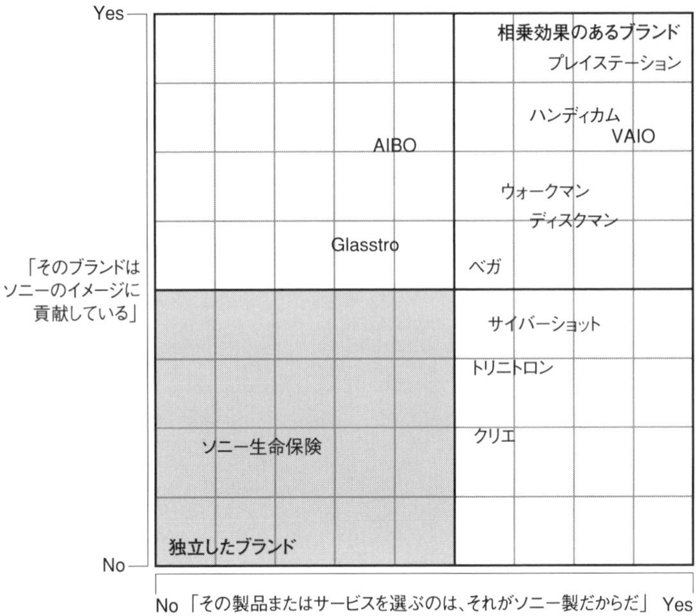

Yes
相乗効果のあるブランド
プレイステーション
ハンディカム
VAIO
AIBO
ウォークマン
ディスクマン
Glasstro
ベガ
「そのブランドはソニーのイメージに貢献している」
サイバーショット
トリニトロン
ソニー生命保険
クリエ
独立したブランド
No
No　「その製品またはサービスを選ぶのは、それがソニー製だからだ」　Yes

かと結びついていれば、市場においても、ソニー・ブランドにとっても、いっそう強い影響力を持つ。実際、これらのサブブランドや保証付ブランドのほとんどは、「新しいカテゴリの創造」というイノベーションの本質を象徴しているため、進歩は必然的に連想される。皮肉なことに、これらブランドの大半が非常に強固であるため、カテゴリ内のイノベーションは、それが競合相手から発されたものであっても、すべてソニー・ブランドに起因すると考えられる傾向がある。たとえばハンディカムといった、より具体的なブランドと結びついていなければ、ソニーのイノベーションというコンセプトは、漠然とした総称的な概念となってしまう。

ソニーのサブブランドや保証付ブランドの多くは、技術ブランドなどのように、市場ポジションを獲得するのに役立つブランド差別化要素となる可能性を持っている。たとえば、「MICROMV技術」はハンディカムのビデオ品質を向上させる一方で、「スーパー・ステディ・ショット・ピクチャー・スタビライゼーション」は写真撮影を容易にし、「メモリー・スティック・メディア」を使えば、カメラから直接写真をeメールで送ることができる。「i.LINKデジタル・インターフェース」は、VAIOの使用を容易にしている。「デュアルショック・アナログ・コントローラ」は、ソニーが独自開発したゲーム（大ヒット製品「グランド・セフト・オートバイス・シティ」など）とともに、プレイステーション2の差別化に貢献している。これらのブランドは、特にロイヤルティの高い消費者や製品の愛好者に対して、ソニー・ドリームを手にする手段を提供している。

　差別化要素として、ソニー・ブランドに付随するブランド化プログラムもある。「ドリームリンク・プログラム」では、会員はソニー全般についてのニュースや新製品の特別提供、グラミー賞の入場券などが当たる懸賞チャンスなどを掲載したニュースレターを毎週受け取る。同時に、会員はドリームリンク・ポイントを貯め、ソニー製CDやその他製品と引き換えることもできる。このロイヤルティ・プログラムはソニーの事業全体の範囲の広さを利用しており、献身的な顧客に対する重要な差別化ポイントになっている。

◆ブランドの拡張

　ソニーのように、ブランドが強固で、組織がかなり分権化され、事業ごとに相当な権限が委ねられている場合、ブランドを積極的に拡張しようとする傾向が生じる。このようなブランド拡張は、ソニー・ブランドの歴史にある3つの事例の検証によってわかるように、見返りばかりでなくリスクを生み出すおそれもある。

　ソニーがローズから映画館チェーンを買収したとき、映画館は娯楽であり、ソニーは娯楽産業のビジネスにいるという理由から、ソニー・ブランドを直ちに採用した。しかし、ほとんどの映画館は、高性能のオーディオや映像設備の

ない、並もしくは低レベルの施設だった。ソニーは、物理的にも技術的にも同社の基準に適した映画館（ソニーのイノベーションと技術を示す絶好の場となり、ブランド活性化要素としての役割を果たしうる映画館）以外のすべての映画館からソニーの名前を外し、この過ちを正した。しかし、ブランディングに関する過ちを犯してしまったことに、間違いはない。

　また、ソニーは、ブランドの名声と力を利用して、ソニー生命やソニー損害保険、ソニー・ファイナンス、ソニー銀行といった一連の金融サービス機関を日本に設立した。確かに、銀行業務や融資事業の運営では、従来では考えにくかった技術面での応用や展開が期待できるかもしれないが、これらの試みは総じて「デジタル・ドリーム・キッズ」のコンセプトと関係がなく、ソニーをありきたりの巨大コングロマリットとするリスクを内包している。ソニー・ブランドを金融という新しい文脈から切り離すために、別のブランド、少なくとも保証付ブランド戦略を使うことはそう難しいことではないだろう。

　しかし、もし金融サービスがソニーの戦略事業の1つということであれば（GEでGEキャピタルが長年そうだったように）、簡単そうに見えていたブランド戦略の判断はより複雑となる。金融サービス事業は急速に成長しており、きわめて収益性が高い。事実、2003年度には、同事業はソニーの売上高のなかでは7％にも満たなかったが、利益では12.5％を占めた[6]。このように、事業戦略上の理由からソニー・ブランドを使うのであれば、リスクは耐えられる。また、ソニーのロゴは使用されなかったため（ソニーはカタカナで表記された）、ある程度の距離はおかれた（ソニー銀行の場合には英語表記が使われた）。

　3つ目の事例は、垂直方向への拡張が関係している。ソニーは長年、サブブランドや保証付ブランド、低価格ブランドの利用によって低価格製品との連想をさえぎることをせず、広範囲な品質の商品をカバーするのにソニー・ブランドを使ってきた（ただし、ソニー傘下の低価格ブランド、アイワは大規模に使用され始めている）。たとえば、ウォークマンの販売価格帯は幅広く、20ドル以下から350ドル以上まで揃っている。この垂直方向への拡張には2つの根拠が考えられるものの、それらによって問題が軽減されているとは、傍から見ている限り、十分に納得できるものではない。1つ目の根拠は、低価格帯のソニー・ブランドは、低価格帯にあっても品質で選ばれているということだ。25ドル

のウォークマンと比較するのは高級ソニー製品でなく、15ドルのカシオ製品なのだ。2つ目の根拠は、低価格サブブランドの導入を試してみたものの、ソニーのブランド名が強すぎ、サブブランドが圧倒され、ソニー・ブランドを守る力が限られるということである。ブランドの垂直的拡張に関する複雑な問題は、第8章で取り上げる。

◆ブランド構築資源の配分——ソニー・ブランドVS製品ブランド

　ソニーのブランド・ファミリーの力は、競争力のある資産を象徴するが、同時にジレンマも浮き彫りにさせる。各ブランドに、どの程度のブランド構築資源を配分すべきか。親ブランドのソニーにはどの程度配分するか。同様の問題に直面したIBMは、マスター・ブランドを強化し、シナジーのあるIBMの組織が顧客のためにできることを強調した。ルイス・ガースナーが1992年にIBMの経営を引き継いだとき、最初に決定したことの1つは、IBMブランドのブランド構築資源を10％から50％に増やすことだった。これは、マーケティング・チームに痛みを伴う調整を強いることとなった。ソニー・ブランドはブランド構築プログラムに支えられているものの、サブブランドと保証付ブランドが予算を支配し、エクイティを蓄積し、そしてソニー・ブランドを強固にするために重要な役割を果たすことを許されている。

ブランドの差別化と活性化

　ほとんどのブランドにとって市場での競争の行方は、困難であるか、時には残酷でさえある。たいていは、過剰生産能力、激しい価格圧力、利益率の低下などに直面している。製品分野は次から次へと成熟化し、退屈になり、生気を失っていく。リーダー・ブランドでも疲弊するようだ。製品の刷新は、全面的な製品改良を伴うことは稀であるため、顧客に混乱を巻き起こし、究極的には彼らの関心をなくすことになる。こうした顧客の目から見ると、ほとんどのブランドが基本的には同じで、ニュース価値はまったくなく、差別化もされてお

らず、また活力もない。

　こうした状況において、妥当と思われるブランド目標の1つは、差別化と活力を付与することだろう。すべてのブランドとその文脈は異なっているが、この2つの次元がどちらも満たされているブランドが少ないことは明らかだ。この章では、強力なブランドを構築し、維持するのに役立つ方法として、ブランド差別化要素とブランド活性化要素の役割を論ずる。その焦点は、当該企業によって所有され、マネジメントされるブランドにおくことにする。別企業によってブランド差別化要素とブランド活性化要素がコントロールされる場合については、ブランド提携に関する第6章で論じる。

ブランド差別化要素

　ブランドの強みを構築するうえで差別化が果たしている役割は、2、3年ごとに実施されるブランド・エクイティに関する世界的な調査、ヤング・アンド・ルビカムのブランド・アセット・バリュエーター（BAV）調査によって明らかにされている。BAVは36カ国、1万3000ブランド、450グローバル・ブランドをカバーしており、50以上の測定項目を利用している。またBAVは定期的に実施され、ブランドを他ブランドと比べるだけでなく、時系列的に比較することもできる。

　この測定項目は、4つのカギとなる次元——差別性（認識された特異性）、適切性（個人的な関連性）[訳注3]、尊重（認識された品質と人気の増加）、認知（認知と理解）——にまとめられる。データベースを使ってブランドの力関係を調べてみると、まず差別性が重要な役割を果たしていることがわかる。事実、ブランド・ライフサイクル初期段階の健全なパターンでは、差別性が適切性を、適切性が尊重を、そして尊重が認知を上回っている。衰退し始めた成熟ブランド

訳注3：BVAの4つの次元である「適切性」は原文はrelevanceであり、本書では「関連性」と訳しているが、日本では電通ヤング・アンド・ルビカムがrelevanceを「適切性」との訳語をつけているので、この部分はそれにならった。その意味は本書で使われている「関連性」と同じである。

は通常、差別性を失い、他の3つの次元で強みを維持していたとしても、行き詰まることがある。BAVの開発に協力したブランドの第一人者、スチュワート・アグリス の言葉を借りれば、「差別性はブランドという列車のエンジンだ……。エンジンが止まれば、列車も止まる」[7]。

　差別化が重要となる背景には、考慮すべき論理がある。ブランドが差別化の創出または維持に失敗すると、消費者にはすべてのブランドが同じように見え始め、購買にあたって価格が主要な決定要因となる。さらに、差別化がないと、ブランドに思い入れを持つ根拠がほとんどなく、ロイヤルティのある顧客基盤（すべてのブランドおよび関連事業の核）を構築し、保持することが難しくなる。

　差別化ポイントを獲得することは大きな課題である。顧客の目に、特異性があり、価値のある便益があると映るように新しい製品や特徴、サービス、またはプログラムを創造することは難しい。さらに厄介なのは、ある差別化を実現すると、多くの場合、積極的な競合他社がいち早く模倣してしまうことだ。この結果、製品を革新させていく意欲が削がれてしまう。この問題に対する解決策は、ブランド化である。差別化の個々の要素は模倣されることもあるが、ブランドは自社のみが所有できる。他のブランドと同じように、ブランド差別化要素も顧客の心の中にいつまでも残る差別化ポイントを創造するよう、積極的にマネジメントすることができる。

　ブランド差別化要素（branded differentiator）とは、ブランド化された製品やサービスに、顧客にとって意味のある差別化ポイントを創出し、長期にわたり積極的にマネジメントする価値があるブランド化された特徴、成分、サービス、もしくはプログラムのことである。

　たとえば、ウェスティン・ホテルは1999年に「ヘブンリー・ベッド」を開発した。このベッドの特徴は、900個のコイルがついた特注のマットレス・セット（シモンズ製）、3つの気候に合わせた3種類の心地よいダウン毛布、ぱりっとした羽毛の掛け布団、ほかに例を見ない高品質の3種類のシーツ、そして5種類のグースダウンの枕である。ヘブンリー・ベッドは、差別化が課題となっている混合したカテゴリにおいて、ブランド差別化要素となった。

　ブランド差別化要素は、単に特徴に名前をつけるだけでは生まれない。前述の定義は、かなり要求度の高い基準を満たす必要があるということを示してい

る。特に、ブランド差別化要素は顧客にとって意味があるものでなければならない。また、顧客が製品やサービスを購入または使用する際、十分に関連性があり、実質を伴うものでなければならない。ヘブンリー・ベッドは、ホテル宿泊の主な目的（心地よい眠りを提供）を表すベッドに実質的な改良を施したという点で意味があった。この事例に対する市場の受容は、顧客にとって意味があったことを証明した。ヘブンリー・ベッドを投入したホテルでは、初年度、顧客満足度が5％上昇し（特に清潔感や室内装飾、メンテナンスの点で著しい向上）、稼働率も高まった。

　また、ブランド差別化要素には、長期にわたる積極的なマネジメントを保証し、ブランド構築の取り組みを正当化する必要がある。ヘブンリー・ベッドは、積極的かつ追加的なブランド構築プログラムを通して、こうした扱いを受けた。現在では、ヘブンリー・ベッドはウェスティン・ホテルに設置されているだけでなく、購入も可能となった。これらを購入した多くの人たちによって、ベッドとウェスティンの両方とも注目を集めることになったのは間違いない。「ザ・ヘブンリー・オンライン・カタログ」では、ベッドだけでなく装飾品も注文できる。同時に、このコンセプトは、2つのシャワー・ヘッドを備えた特別仕様のシャワーがついた「ヘブンリー・バス」にも拡張された。このシャワーの部品と装飾品は、ヘブンリー・オンライン・カタログに追加された。また、同カタログにはブライダル関係の商品も揃っている。

　ブランド差別化要素は、ターゲットとする製品やサービスと結びつき、製品を定義する役割を果たさなければならない。ウェスティンにとっての課題は、ヘブンリー・ベッドとの結びつきを創出し、顧客がどのホテルにこの特徴があったかを思い起こす際に、混乱したり競合ホテルと混在したりせずにウェスティンを想起するようにしてもらうことである。

　状況によっては、ブランド差別化要素は、差別化だけでなく関連性をもたらす場合がある。たとえば、コンピュータ購入者の大半は、「インテル、入ってる！」のロゴがついたコンピュータのみを検討するだろう。同じように、ヘブンリー・ベッドは、ベッドの品質の重要性を関連性に影響を与えるところにまで引き上げた。

　図5－3とその定義によって示されるように、ブランド差別化要素は、製

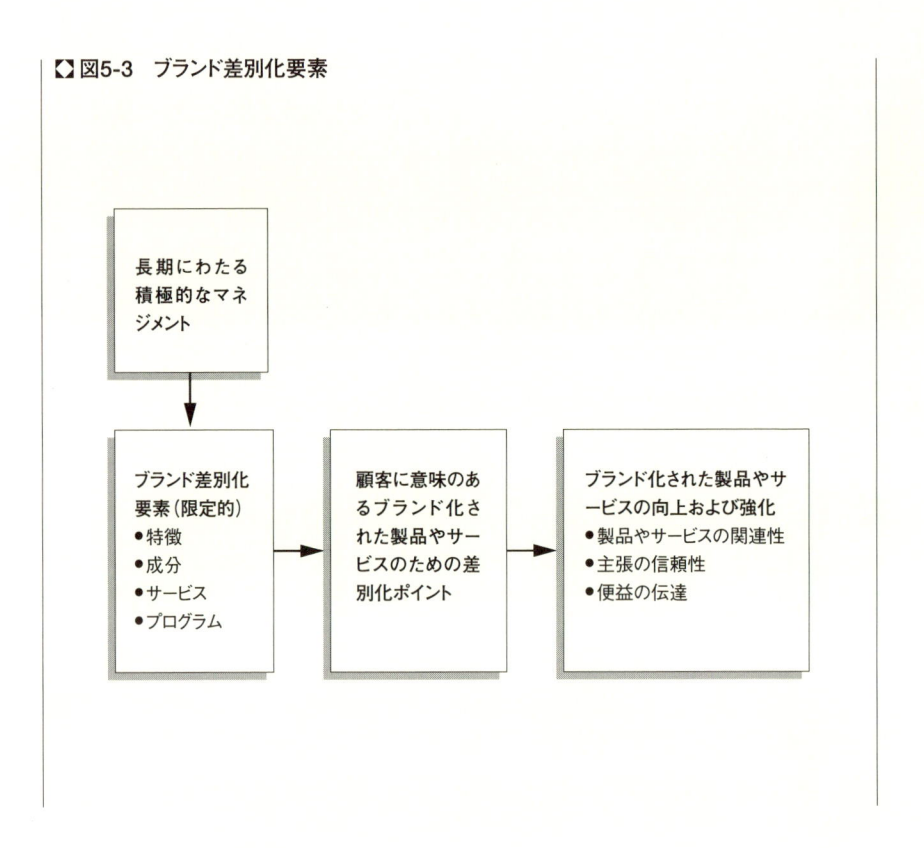

図5-3 ブランド差別化要素

```
┌─────────────────┐
│ 長期にわたる    │
│ 積極的なマネ    │
│ ジメント        │
└────────┬────────┘
         │
         ▼
┌─────────────────┐   ┌─────────────────┐   ┌─────────────────┐
│ ブランド差別化  │   │ 顧客に意味のあ  │   │ ブランド化された│
│ 要素(限定的)    │──▶│ るブランド化さ  │──▶│ 製品やサービス  │
│ ●特徴           │   │ れた製品やサー  │   │ の向上および強化│
│ ●成分           │   │ ビスのための差  │   │ ●製品やサービス │
│ ●サービス       │   │ 別化ポイント    │   │   の関連性      │
│ ●プログラム     │   │                 │   │ ●主張の信頼性   │
│                 │   │                 │   │ ●便益の伝達     │
└─────────────────┘   └─────────────────┘   └─────────────────┘
```

品やサービスに影響を与えるブランド化特徴、ブランド化成分、ブランド化サービス、ブランド化プログラムのどれかである。次にそれぞれの内容を検証しよう。

◆ブランド化特徴

 ブランド化特徴（branded feature）は、多くの場合、優れたパフォーマンスをグラフィックに象徴し、長期にわたってその優越性を所有する手段を提供する。この使命を遂行するため、ブランド化特徴は、顧客にとって、ほかとは真に異なるなんらかの価値があり、かつブランド化された製品やサービスに結びついたものでなければならない。

自動車産業においては、モデルの数が増えるにつれて、ブランド化特徴が差別化の重要なポイントとなる。BMWの「iドライブ」はダッシュボードに組み込まれているコンピュータで、携帯電話やナビゲーション・システムなど、自動車に備わっている装置のすべてをコントロールする。この装置はできる限り運転に集中できるよう設計されているため、これを使えば運転がより安全で、ストレスの少ないものになる。一方、GMは車載情報サービス「オンスター」を開発した。そのサービスでは、エア・バッグが作動したことを付近のサービス代理店に自動的に知らせたり、盗難に遭った車の場所を示したり、緊急時の救援、ドアロックの遠隔解除、車両の遠隔診断、そしてコンシェルジュ・サービスも提供してくれる。

　ブランド化特徴は、企業の伝統や約束を象徴することでも差別化を実現できる。「クリスピー・クリーム」ドーナッツは1990年代初めに小売販売を開始して以来、驚くべき反響と売上高の伸びを示した。当初、ある積極的なクリスピー・クリームの店舗が、店の窓に「ホット・ライト」サインを掲げた。このサインが出ると、通行人はできたてのドーナッツが店頭に並んだとわかる。温かい、できたてのドーナッツを求めて、朝の5時半から列をつくるロイヤルティの高い顧客にとって、このサインは灯台のようなものだった。さらには、このサインは商品のシンボルであり、そのカギとなる要素は「できたて」ということであった。このシンボルは、ブランドの約束と企業文化の一部として新たにデザインされ、育まれた。

　ブランド化特徴は、特にハイテク企業にとって、イノベーションとの連想を支えてくれる。すでに述べたとおり、ソニーは、MICROMV技術（デジタル・カメラ）やデュアルショック・アナログ・コントローラ（プレイステーション2）、i.LINKデジタル・インターフェース（VAIO）、スーパー・ナイト・ショット（ハンディカム）といった数多くのブランド化特徴を持っている。これらはすべて、とりわけ熱心な顧客にとって差別化となる。そしてブランド差別化要素となる可能性がある。GEの「マンモグラフィー・システム」は、性能を向上させるために、「シャープIQ」グリッド・システムを備えている。ソニーのブランド化特徴のように、これも、顧客の関心に焦点をぴたりと合わせた差別化ポイントを象徴している。

ブラウンの「オーラルB」は、「より多くの歯医者が使う」歯ブラシとして長年にわたる地位を築いた。同社はブランド化特徴によって、イノベーションを視覚化した。たとえば、ブラシが磨耗してくると色が変わる「インディケーター」と呼ぶ毛は広く受け入れられた。マーケット・リーダーの「オーラルB・アドバンテージ・プラーク・リムーバー」歯ブラシには、差別化ポイントの伝達に役立つブランド化特徴が2つある。1つは、ブラシの先端についている「パワー・ティップ」という毛で、ブラシの届きにくいところも磨きやすくなる。もう1つは「アクション・カップ」という形状で、歯や歯ぐきの輪郭に合わせやすくする。

◆ブランド化成分

　ブランド差別化要素には、成分（またはコンポーネント、または技術）をブランド化するという観点もある。それを、**ブランド化成分**（branded ingredient）と呼ぶ。顧客がその要素がどのように機能するかを理解していなくても、それがブランド化されているということで、表現あるいは示唆された製品の主張に信頼性が生じる。もちろん、長期的にはそのブランドに本当の便益があって、初めて通用する。逆に、主張どおりの性能を発揮しないブランドを構築すると失敗する。ブランド化成分の可能性を十分に評価するため、シェブロンが、「テクロン」ブランドに触れずに、同社のガソリンが他社のものと違う理由を説明しようとした場合のことを考えてみよう。この場合、どんなに説明を試みたところで、説得力を欠くか、無理だということがわかるだろう。このように、ブランドは情報の伝達を支援しているのである。顧客はテクロンがどんな性能を持つのか知らないかもしれないが、それに意味があり、シェブロンがそれをブランド化するために考え抜いたということは知っているのだ。
　キヤノンは、同社のデジタル・カメラのブランド差別化要素として、信号処理性能を向上させ、電池の寿命を延長させた「Digic（ディジック）」（デジタル画像統合回路）テクノロジを採用している[8]。デジタル・カメラ購入者は通常、画素数以外の購入の決め手をほとんど知らないため、この「Digic」というブランド名は、「デジタルは写真に革命をもたらした。私たちはデジタルに革命

をもたらした。」というキヤノンのキャッチコピーを具体的に思い起こさせる役割を担っている。

　自動車の多くは、差別化ポイントを伝えるために要素をブランド化している。たとえば、「キャデラック・デビル」は「ノーススター」エンジンを搭載しているが、これは、ほかに例を見ない燃費と快適な乗り心地を実現しているだけでなく、システム性能を向上させるためにステアリング、ブレーキングおよびトラクションの各システムと相互連動している。とりわけ、ノーススター・エンジンは常に改良が加えられているため、「動く標的」とでもいえるものだ。キャデラックのオーナーは満足度評価で常に高いスコアをつけており、とりわけエンジンに対する評価が高く、このことからもノーススター・ブランドがキャデラックに貢献していることが理解できるであろう。オーナー（そうでない人も）は高い満足度に理由を必要としており、ノーススターがその要因の1つになっている。逆にこの要因で補強されることによって、オーナー（そうでない人も）はますますキャデラックに高い評価を与えるようになる。

◆ブランド化サービス

　成熟したカテゴリにおいてブランドを差別化する伝統的な方法は、サービスを付加することだ。そのサービスをブランド化し、長期にわたってそれを積極的にマネジメントすれば、有意義なブランド差別化要素を創造することができる。それを**ブランド化サービス**（branded service）という。

　「タイド」──ほとんどのユーザーにとっては本質的にブランド・ロイヤルティの低い商品である洗剤──を考えてみよう。ブランド化サービスの「タイド・ステイン・ディテクティブ」は、顧客がタイドのウェブサイトで、想定されるほとんどの汚れを落とすためのアドバイスを受けることができるというものだ。このサービスは、タイドに信頼性と差別化をもたらしている。タイドは、洗剤のなかの「汚れの権威」として自らをポジショニングすることによって、信頼性を強化している。さらに、P&Gはこのサービスを長期にわたって積極的にマネジメントし、改良することによって、より多くの顧客がこのサービスに接することで、その影響力を拡張するだけでなく、さらに発展させている。

ブランド化サービスは、一連の特徴を伝えることで、差別化されたポジショニングを強化するのに役立つ。クレジット・カードの分野では、アメリカン・エキスプレスが「アメリカン・エキスプレス・プラチナ・コンシェルジュ」サービスで高所得者層を開拓した。カード所有者は24時間いつでもコンシェルジュに連絡が取れ、予約をしたり、見つけにくい商品を探したり、どのようなリクエストへの対応も受けることができる。

サービス企業のイメージに関する課題は、その課題に関連するサービスの要素をパッケージ化し、ブランド化することによって対処することができる。たとえば、巨大組織であるアメリカの健康保険維持機構（HMO）は、現在の加入者や加入を考えている人から、効率性に重点をおいて人間味に欠ける、形式ばった官僚型組織だと思われていた。こうしたイメージができた原因の一部は、医院の受付ではなく半自動システムによる予約、主治医ではなく控えの医師のうちの1人が当日担当医として受付日に診療する方針、などだった。

この問題を解決する方法の1つは、HMOの当日予約システムを「緊急医療」とブランド化し、加入者へのレスポンスを強調するアイデンティティ（「私たちはあなたのためにいます」）を持たせることだった。このブランドは、マイナスに受け取られやすいサインをプラスの特性としてポジションし直すのに役立った。

同様に、心臓に問題を抱える高齢者が定期的に会合するプログラムに「ハートクラブ」などのブランド名をつけてもよいだろう。この名称なら、医療内容を反映し、患者グループを支援するパーソナリティが感じられる。また、陽気なハート形のキャラクターなどをシンボルにすれば、このプログラムによってもたらされる支援や思いやりの気持ちを表現することができるだろう。こうしたブランド（ほかにも考えられるだろうが）は、HMOのアイデンティティを修正するのに必要なブランド差別化要素となりうる。

ブランド化サービスは、そのサービスを提供する意欲がないと顧客に思われていたり、実際に提供能力を持ち合わせていなかったりする競合他社の市場での関連性を低下させることによって、事業のあり方を変えてしまうことに貢献できる。たとえば、各社が同じような製品を販売している場合、製品の注文や発送サービスを付加するなどによってシステム・ソリューションを提供してい

る企業は、顧客が買いたいと思う商品を自由に変えることができる。第9章で述べるとおり、UPSは、小包配送企業から「UPSサプライ・チェーン・ソリューション」という傘ブランドの下で一連のサービスを遂行する企業へと変貌した。このようなブランド差別化要素は、競合他社が関連性を持てない製品カテゴリを構築する可能性を秘めている。

◆ブランド化プログラム

　ブランド化プログラム（branded program）には、ロイヤルティを持った顧客基盤との関係を、より満足度が高く、より緊密なものにするための、差別化の基礎をもたらすものもある。たとえば、ハーレーダビッドソンは単なるブランド以上のものである。それは、1つの体験であり、いくつかのブランド化プログラムに支えられたコミュニティである。「ハーレーダビッドソン・ライド・プランナー」は、出発地と目的地に立ち寄りたい場所を加えると、ツーリング・プランをつくってくれる。そのプランは1枚の詳しい地図として保存可能で、仲間と共有することができる。「ハーレーダビッドソン・フォト・センター」は、思い出に残るツーリングのスナップショットを掲示する場所を提供してくれる。友人たちはこのサイトにアクセスし、経験を追体験し、コミュニティに参加するのである。

　さらに、パッケージ化された消費財「パンパース」を例にとって考えてみよう。この商品は、差別化ポイントを創造・維持するのに苦労しており、パンパースのウェブサイトでは、「パンパース・パークス」ロイヤルティ・プログラムに加えていくつかのブランド化プログラムを用意している。「パンパース・ファンタスティック・スイープステークス」は、おむつを満載したクライスラーのミニバンが当たるチャンスを顧客に提供している。「パンパース・ペアレンティング・インスティチュート」は子供の世話や健康、そして発育について、世界中の専門家による信頼できるアドバイスを提供しているほか、1人ひとりにカスタマイズされた育児ニュースレターをeメールで発行したり、また突然の幼児死亡症候群を減らすキャンペーンなどのプログラムを推進したりするなど、目に見えるかたちで展開している。このインスティチュートの効果もあっ

て、2001年には、パンパースのウェブサイトは、ハギーズの何倍にもあたる月間約100万人が訪れ、2番目に人気のあるベビー・ケア関連のサイトと評価された。重要なことは、パンパースのウェブサイトを訪れて、これらのブランド化プログラムにアクセスした人は、そうでない人より30％以上高い確率で、パンパースを購入するということだ[9]。

　最も人気のある食品ブランドの1つ、「クラフト・キッチン」も、差別化のためのブランド化プログラムを配信する手段として自社のウェブサイトを活用した。「ホワッツ・フォー・ディナー」や「ディナー・オン・ハンド」「ウィズダム・オブ・マム」「スイート・ソーツ」などのプログラムは、顧客にとって関心が低く、さまざまな活動が氾濫するなかから抜け出すのが難しいブランドを、強化する役割を果たしている。

　ロイヤルティ・プログラムは、多くのカテゴリに差別化のための新しい基盤を付加した。アメリカン航空が20年以上前に先駆けて始めたエアライン・プログラムは今日、多大な活力を有し、持続的な差別化の源泉となっている。「ユナイテッド・マイレージ・プラス」は「スター・アライアンス」を利用できるほか（つまり顧客はマイレージ・プラスによって13の航空会社を利用できる）、アップグレード・プログラム、さまざまなプロモーション、そしてパートナーのホテルやレンタカー会社、レストランなどの施設を利用できる。ヒルトンHオーナーズがヒルトンの重要資産の1つになったように、ブランド化されたロイヤルティ・プログラムは、サービス業の差別化の重要な手段となった。ロイヤルティ・プログラムのブランドが成熟化し、競合他社が同様のプログラムを開発したとき、このブランドを革新し、構築し続けることが課題となる。

◆ブランド化することの価値

　価値のある特徴、成分、サービスまたはプログラムは、それがブランド化されているか否かにかかわらず、製品差別化の役割を果たすだろう。では、なぜブランド化する必要があるのだろうか。理由はいくつかあるが、そのほとんどは、いかなる文脈においても共通のブランドの基本的意義に立ち戻る。ブランドは信頼性を付加し、記憶を助け、コミュニケーションを助け、そして持続

的競争優位の基盤を提供してくれる。

　第1に、すでに述べたとおり、ブランドは主張に信頼性を付加する。ブランド化されていること自体が、その便益はブランド化するだけの価値があり、ブランド化することに意味があることを示している。企業がブランドの構築に取り組もうとしていれば、それには何かブランド化する理由があるに違いないと、傍観者は直感的に感じるだろう。スバルは長年、四輪駆動車に力を入れてきており、現在では多くのブランドがその特徴を持っている。一方、アウディにはブランド化された四輪駆動「クアトロ」があり、それは他のブランドに欠けている信頼性と関連性をアウディに与えている。要するに、四輪駆動といえばクアトロ、となっているということだ。

　信頼性を付加するブランドの力は、**ブランド化属性**（branded attribute）に関する注目すべき実験において、衝撃的に示された。それによれば、ブランド化属性（たとえば、「アルペン級」のダウンジャケット、「本格的ミラノ風」パスタ、「スタジオ仕様」コンパクト・ディスク・プレーヤーなど）があると、顧客のプレミアム価格ブランドに対する選好性に著しい影響を与えることがわかった。被験者はそのブランド化属性のために、より高い価格を支払うことを正当化することができた。特筆すべきことに、その属性が選択の意思決定には関係のないものだということを示唆する情報が与えられた場合にも、この効果は見られたのである[10]。

　第2に、ブランド名は、製品の特徴や成分、サービスまたはプログラムを覚えやすくする。ブランド差別化要素が機能する詳細な理由よりも、ブランド名を思い出すほうがずっとやさしい。このようにして、「ハートクラブ」や「パンパース・ペアレンティング・インスティチュート」のようなブランドは、覚えにくい複雑な情報を表してくれる。差別化ポイントを親ブランドに結びつけることもずっと容易になる。

　第3に、ブランドは、コミュニケーションをより効果的で実行可能なものにしてくれる。たとえば、新製品の特徴はデザイナーにとって大切かもしれないが、ターゲット顧客にはまったく興味のないことかもしれない。コミュニケーション効果があったときでも、よくある誇大広告と同じように見られては、信頼性を欠くおそれがある。しかし、「アクション・カップ」などのブランド名

は、いくつかの詳細な特徴の一部を具体化する方法を提供し、顧客に理解と記憶を容易にさせる。

第4に、ブランドの存在は、それを積極的にマネジメントする選択肢を提供するため、持続的競争優位の基盤を構築する。競合他社は製品の特徴や成分、サービス、プログラムを模倣することはできるかもしれないが、それがブランド化されている場合、そのブランドの力を打ち負かす必要も出てくる。前にも述べたとおり、ブランド化特徴が強力な場合、製品の特徴とブランドとの結びつきが非常に強いため、他社によるイノベーションもそのブランド化特徴の手柄となってしまうことがある。たとえば、オーディオ技術の進歩は、それがどこから生まれたかに関係なく、「ドルビー」に起因する可能性がある。

アマゾンは強力な特徴を発展させた——顧客の購買履歴や類似商品を買った他の顧客の購買履歴から割り出す、顧客の興味に基づいた書籍などの用品を薦める機能がついたのだ。しかし、アマゾンはこれをブランド化しなかった。これは、どれほどの悲劇だろうか。結果として、その特徴は、多くのeコマース・サイトで当然の要素となり、ありふれたものになってしまった。もし、アマゾンがこれをブランド化し、長期にわたって特徴を改良しながら積極的にマネジメントしたならば、今日には計り知れないほどの貴重な持続的差別化ポイントになっていただろう。アマゾンはこの絶好のチャンスを逃してしまったが、「ワン・クリック」においては同じ過ちを犯すことはなかった。ワン・クリックは、複雑化した市場のなかで、アマゾンの存在を明確にするための重要な役割を担うブランド化サービスの1つとなっている。

ブランド活性化要素

ほとんどのブランドは、もっと活気づく必要がある。これには確固とした論理がある。成功しているブランドには明らかに活力があるように見える。ショッピング・エリアに行って、成功している店を観察するとよい。そこには、面白く、親しみやすく、そして活気のある店員、音楽、店頭ディスプレイがあるだろう。対照的に、他の店は退屈で活力がないように見える。

世界の伝統的なブランド（AT&T、ジョン・ディア、シアーズ・ローバック、ブルックス・ブラザーズ、東芝、ピルズベリーなど）はすべて、すばらしい特性を持っている。これらのブランドは通常、信頼性があり、正直で、頼もしく、親しみやすく、しばしば革新的であるとも表現されるが、逆に、古くさく、興味を持てない、そして退屈だという印象――一部のセグメント市場においては、関連性に影響を及ぼす可能性がある――に苦しんでいる。こうしたイメージの特性は、驚くほど頻繁に目にする。その結果、活力と活気の注入がどうしても必要だということになる。このことは、特に、将来的に事業の生命線となる、新しい重要セグメントにおいては欠かすことができない。

ブランドに活力が足りないと、第4章で説明したように、「墓場」にいるのと同じ状態になってしまう。「墓場」ブランド（ヒントがあればなんとか思い出せるが、ヒントがないとまったく思い出せないブランド）は、購買の検討対象には入らないだろう。墓場を避けるための1つの方法は、適切な活力の水準を維持することである。

◆効果的なブランド活性化要素

そのブランドだけでなく、その製品カテゴリにもほとんど関心が向けられない場合、どのようにしてブランドを活性化するか。これは難しい問題である。解決策の1つは、活力を持っている他のブランド（それ自体は製品やサービスの一部ではないかもしれないが）を起用し、そのブランド活性化要素を活用し、マスター・ブランドやサブブランドを活性化するのがよいだろう。

ブランド活性化要素（branded energizer）とは、連想によってターゲット・ブランドを著しく強化または活性化するブランド化製品、ブランド化プロモーション、ブランド化スポンサーシップ活動、ブランド化シンボル、ブランド化プログラム、その他のブランド化された対象をいう。そして、このブランド活性化要素とターゲット・ブランドの連想は、長期にわたって積極的にマネジメントされなければならない。

本章では、企業が持つブランド活性化要素に焦点を当てている。また、ブランド提携については第6章で述べ、ブランド活性化要素が他の組織によって所

有されている例を示す（他の組織によって所有されている著名人の起用、国や地域、スポンサーシップ活動なども含む。）

効果的なブランド活性化要素の一例としては、「ハインツ・EZスクイート」ケチャップがある。この製品は2000年後半に発売されると、疲弊したブランドとカテゴリを活気づけた。当時、ケチャップの55％を消費する子供から、「既存のボトルは使いにくい」「ケチャップも違う色のほうが楽しい」という意見がハインツに寄せられた。こうした声に応えたのがEZ（イージー）スクイートだ。このケチャップは、「ファンキー・パープル」や「ブラスティン・グリーン」といったカラフルな色をしており、中身が細くなめらかに出てくるよう工夫され、子供にも使いやすい容器に入っている。これにより、子供は創造性をくすぐられ、そのケチャップで絵を描くのである。

図5－4とその定義に示したとおり、ブランド化されたさまざまな対象がブランド活性化要素になりうる。それらには、次に述べるようないくつかの特徴がなければならない。

第1に、ブランド活性化要素は、それ自体が活力を持っていなければならない。効果的なブランド活性化要素は、次のような二者択一の問いに対し、左側のプラス要素の答えに該当しなければならない。

- 新しい　VS　古い、陳腐化している
- 若々しい　VS　成熟している、古い
- 楽しい　VS　退屈
- 動きがあり、ダイナミック　VS　静的、変化がない
- 現代的　VS　伝統的
- 自己主張的　VS　受動的
- 関与的　VS　分離された

たとえばハインツ・EZスクイートは斬新で、楽しく、顧客関与型だったし、カギとなる若年層をターゲットにしていた。

第2に、ブランド活性化要素は、（ブランド差別化要素とは異なり）マスター・ブランドの製品やサービスの一部ではないものの、マスター・ブランドに結び

図5-4　ブランド活性化要素

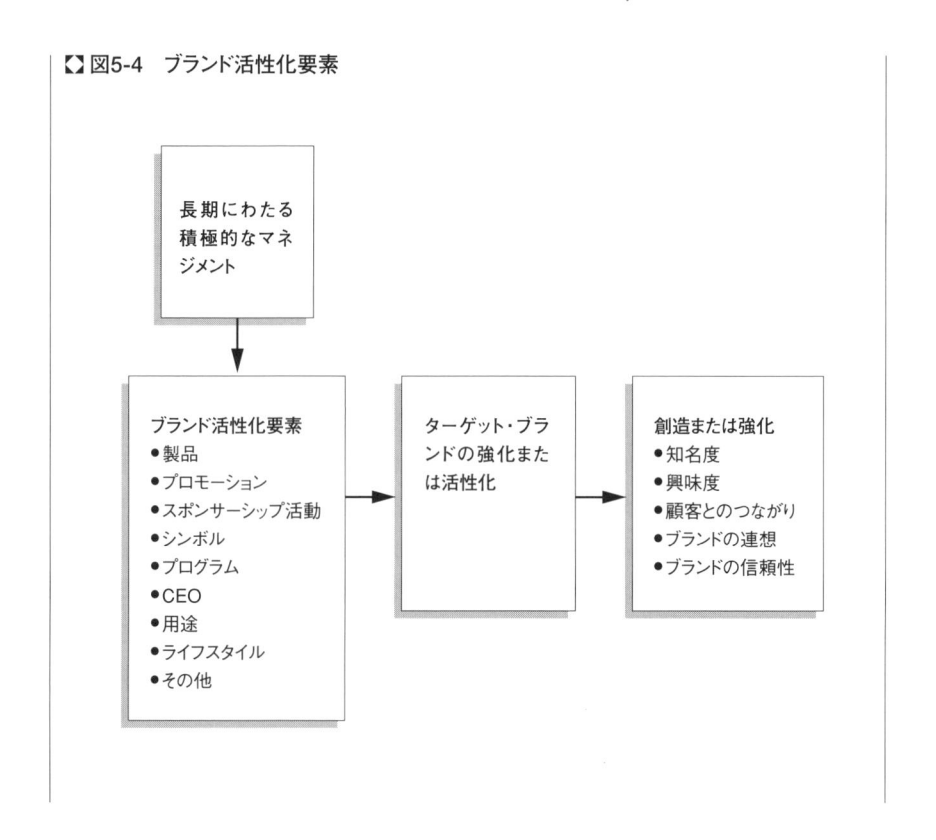

```
長期にわたる
積極的なマネ
ジメント
    │
    ▼
ブランド活性化要素          ターゲット・ブラ         創造または強化
●製品                    ンドの強化また    →    ●知名度
●プロモーション      →    は活性化              ●興味度
●スポンサーシップ活動                          ●顧客とのつながり
●シンボル                                     ●ブランドの連想
●プログラム                                   ●ブランドの信頼性
●CEO
●用途
●ライフスタイル
●その他
```

ついていなければならない。この結びつきを創造するのは難しく、コストもかかる。アメリカで最も有名なイメージ・マスコットの1つ、エナジャイザー・バニーでさえ、長い間消費者の目に触れていたにもかかわらず、エバレディ社ではなく、デュラセル社(訳注4)のほうと結びつけて考える人もいる。

　ブランドへの結びつきを創造するには、いくつかの方法がある。1つは、「ロナルド・マクドナルド・ハウス」などのサブブランドを使うことだ。そうすれば、マスター・ブランドと名前で結びつきができる。2つ目は、ブランドに明確に関連しており、結びつきを創造しやすいプログラムや活動を選択することだ。たとえば、乳幼児向けプログラムなどは、ガーバー社に自然と結びつ

訳注4：両社とも、アメリカの電池会社。

けられるだろう。3つ目は、単純に、多くの資源を投入し、時間をかけながら一貫したブランド構築によって結びつきを創造することだ。ブランド活性化要素が、長期にわたりいくつかの方法で利用されるものではなく、1回限りの事象だと見なされると、結びつきは創造しにくくなる。

　第3に、ブランド活性化要素は、ターゲット・ブランドを著しく強化しなければならない。活力とブランドの結びつきがあっても、その活力の方向が適切でなかったり、散逸したりする場合は、十分でない。イメージの変化や売上高の急増といった証拠が、成功か否かの最適な指標となることが多い。EZスクイートは、いくつかの指標を見ても、ハインツのケチャップ製品にホームラン級のインパクトをもたらし、発売初年度に同社の売上高は前年比13％増となったほか、同カテゴリは4％以上増加した。さらに、EZスクイートはメディアばかりでなく、色付きケチャップというコンセプトを嫌がったり、あきれたりした親たちにも大きな反響を呼んだ。

　しかし、活力を見出す、あるいは創造しようとして、ブランド・アイデンティティを危うくしないように注意するべきだ。ブランド活性化要素は、ブランドの連想や起用によって、顧客を不愉快にしてはならない。サウスウエスト航空やヴァージン、アップル、マウンテン・デュー、またはアバクロンビー・アンド・フィッチといった型破りな挑戦者ブランドであれば、楽しさや活力を創造するために突飛なことができる。しかし、「年輩」ブランドについては、まったく話が違ってくる。ブランド活性化要素は親ブランドよりもエッジが効いているものだが（それが活性化要素を用いる利点である場合が多い）、これらの場合、多くの選択肢が除外されるだろう。

　第4に、活性化要素を所有できれば、より強力で持続的な影響力を持てるので、企業にとって大きな利点となる。所有できるということは、つまり、競合他社がその活性化要素を模倣するのが難しく、またうまくいけば、持続的な競争力を持つ可能性があるということだ。一般的に、効果的なブランド活性化要素を創造することは難しく、コストもかかるため、ある活性化要素を何度も利用できるなら、その経済性はいっそう魅力的となる。

　ブランド差別化要素とブランド活性化要素との違いを検証することは、有意義であろう。ブランド差別化要素は、製品やサービスに直接的または間接的に

関わっていなければならない。つまり、製品定義の役割がある。たとえば、ブランド化特徴やブランド化成分（ヘブンリー・ベッドなど）は、製品の提供によってもたらされる機能的便益の一部である。対照的に、ブランド活性化要素は、より広範囲な種類のブランド化された取り組みに関わるものである。これらは、製品やサービスに結びついているとしても、機能的にその一部ではない。したがって、活性化要素のほうは製品定義の役割ではなく、ポートフォリオの役割を担っている。

ブランド活性化要素には多くの種類がある。最も有用なものは、ブランド化された製品、プロモーション、スポンサーシップ活動、シンボル、プログラム、用途、CEO、さらにはライフスタイルなどである。

◘ブランド化された新製品

新製品をブランド化する価値があるのは、それが十分に差別化されており、長期にわたり売上高を支えることが見込め、ブランド構築コストを正当化できる場合である。そして「ブランド化」による活力創出の本質的な判断基準は、そのような新製品のとぎれのない流れである。たとえば、EZスクイート・ブランドは明らかにこの基準を満たしていた。新しい製品ブランド、サブブランド、またはターゲット・ブランドに結びついた保証付ブランドは、ブランドと企業の究極のメッセージであり、顧客との関係性の中心なのである。さらに、これらのブランドは将来の売上げや利益の基盤をもたらす。刺激的な新製品は、シルバーブレットの役割を担う可能性もあるブランド活性化要素である。

新しい製品ブランドの力が明確に現れるのが、自動車業界だ。考えてみてほしい。1998年に発売された新型「ビートル」が、モダンでありながら、信仰にも似たビートルの伝統に明らかに結びついたデザインによって、いかに多大な関心をフォルクスワーゲンにもたらしただろうか。新型ビートルは、万策尽きていたフォルクスワーゲン・ブランドに売上高の回復をもたらした。数十年前、スポーツカーで初めて手頃な価格を実現した「240Z」は、日産（当時はダットサン）ブランドに莫大な活力をもたらした。日産は現在、現行ブランドの再活性化を目指して、「Z」を復活させる計画を練っている。

さらに、次の事例も考えてみてほしい。

- ミアータ（日本名はロードスター）が、いかにマツダに話題性をもたらしたか。
- レトロなPTクルーザー・モデルが、クライスラーと顧客を同社の伝統に結びつけながらも、その斬新さゆえに、いかにクライスラーに関心をもたらしたか。
- 「TT」スポーツカーが、いかにアウディにデザイン性とスポーツカーとしての活力および雰囲気で貢献したか。

強力なサブブランドを持つ新製品がマスター・ブランドを活性化した例には、以下のようなものがある。

- ボーズの「ウェーブ・ラジオ」は販売価格が300ドル以上するが、他のラジオよりも格段に優れた性能であるため、ボーズ・ブランドに活力をもたらし、強化している。
- 1000近くの曲を保存できる携帯デジタル音楽プレーヤー、アップルのiPodはめざましい販売実績を示すと同時に、アップル・ブランドを拡張および活性化した。
- ナイキの「プレスト」シューズは、ぴったりと合うサイズを選べるようにS、M、Lのサイズがあるほか、多様で独特なデザインが用意されている。このため、13種類もの色から選ぶことができる。これによって、ナイキは、さまざまなブランド構築プログラムとファッション分野への参入が可能となった。この製品はターゲットのティーン層で大当たりし、ナイキ・ブランドの活力を創造した。
- P&Gの「クレスト」は、「ドクター・ジョーンズ・スピンブラシ」（使い捨て電動歯ブラシ）を買収し、すぐにその製品名を「クレスト・スピンブラシ」に変更することで活力を高めた[11]。この製品はクレスト・ブランドとしての発売初年度、売上高で競合製品のコルゲート・アクティブラシの2倍以上となり、クレストの製品ラインに貴重なニュース価値をもたらしたほか、口腔

衛生のリーダー・ブランドとしての知名度と信頼性を高めた。
- マウンテン・デューは、カフェイン入りで、さわやかな味の「マウンテン・デュー・コード・レッド」を投入することで活力を獲得し、顧客基盤を拡大した。この製品は、都市圏層、女性、そしてアフリカ系アメリカ人をブランドに引きつけた[12]。

　ある顧客セグメント、特に若年層については、活力が必要になる場合が多い。こうした問題に直面していた「カバー・ガール」はやや疲弊しており、とりわけ、カギとなる若年市場で苦戦していた[13]。しかし、2002年初めには、「ティーンにとって最もクールなブランド」の第3位（ナイキ、アバクロンビー・アンド・フィッチに次ぐ）として浮上した。この理由の1つは、1日中持続するラスティング口紅の「アウトラスト」、塗るときに練り状になるファンデーション「アクアスムーズメイクアップ」によってもたらされた製品の活力だった。こうしたイノベーションは、カバー・ガールの新しく、クールな装いと雰囲気をつくるのに役立った。

　トヨタは、いくつかの自動車ブランドに共通する問題である、顧客基盤の高齢化に悩んでいる。トヨタ・ユーザーの平均年齢は44歳で、すでにホンダと日産の平均年齢（ともに41歳）を上回り、なおも上昇している。この問題に対処するため、同社は2003年に、より若いユーザーをターゲットにした車、「サイオン」を発売した[14]。第1弾はファイブ・ドア・ハッチバックのミニバンで、ターゲット市場に合わせて、シンプルでファンキーなデザインを採用している。

◆ブランド化プロモーション活動

　クラフトの宣伝車、「オスカー・メイヤー・ウィンナーモービル」は何十年もの間、非常に退屈なカテゴリに活力を注いできた。巨大なオスカー・メイヤー・ウィンナーの形をした8台の自動車が語呂のよいナンバー・プレート（「HOT・DOG」など）をつけて、全米を走り回っている。この宣伝車はイベントやパーティーに現れたり、年1回、歌唱コンテストを支援し、オスカー・

メイヤーのCMソングを歌う子供を探したりしている。ウィンナーモービルは製品の売上げを伸ばすことが立証されている。また、ウィンナーモービルは、インターネットでも見ることができる。ウェブ上でオスカータウンのツアー客を乗せ、オスカー・ミュージアムやオスカーマート、市庁舎などの施設を訪問する。ウィンナーモービルの製品カテゴリへの結びつきは、オスカー・メイヤーにもつながっている。

◆ブランド化スポンサーシップ活動

「アディダス・ストリートボール・チャレンジ」は、地域で行われる3人制バスケットボール・トーナメントを中心としたブランド化されたイベントで、フリースロー競争やストリート・ダンス、落書きイベント、極限スポーツの公開競技などの出し物がある。これらの出し物ではすべて、ヒップ・ホップやラップ系のバンドが生演奏する。「チャレンジ」はターゲット顧客にうってつけの内容で、パーティーのようである。そして、このイベントは、ブランド名、看板、アディダスが提供する帽子とジャケットによって同社と結びついている。アディダスはこのイベントによって、創立以来の危機的な時期に活力を取り戻すことができた。

1992年の初試行から5年で、50万人以上の人が参加し、ベルリンの決勝戦では3200人のプレーヤーと4万人の観戦者が集まった。ミラノで行われた世界決勝戦では、30カ国以上の代表が参加した。チャレンジは、サッカーを中心とした「アディダス・プレデター・チャレンジ」(その後、DFBアディダス・カップと改称)と、アウトドア志向の「アディダス・アドベンチャー・チャレンジ」(マウンテンバイク、ラフティングなど)に拡張された。

◆覚えやすいブランド化シンボル

ピルズベリーのドウボーイ、メイタッグのリペアマン、ミシュランのビバンダムといった関連性を持った強力なシンボルに恵まれたブランドは、そのシンボルを積極的にマネジメントし、利用することで、ブランド活性化要素にな

る。このようなシンボルは、平凡きわまりないブランドにもパーソナリティを持たせることができる。また、これらのシンボルは、ブランドの特性を示唆することも可能だ。

たとえば、ピルズベリーのドウボーイは陽気で、ユーモアのセンスがあるため、新鮮さと優れた品質を表している。メイタッグのリペアマンは穏やかで、自信たっぷりであるため、同社の信頼性を象徴している。ミシュランのビバンダムは力強く、前向きなため、安全性を意味している。

シンボルは、それ自身が生きている。製品よりもシンボルに対してのほうが、ずっと簡単に親近感を持つことが多い。バドワイザーのキャラクターであるカメレオンのフランクとルイーがまさにこうした例で、顧客は同社のウェブサイトを訪れ、そのコマーシャルを再び観ている。さらに、顧客はそのウェブサイトでシャツや人形を買ったり、eカードを送ったりすることも可能だ。このように、このキャラクターはバドワイザー広告のスターであるため、同社に密接に結びついているのだ。

◆ブランド化プログラム

ブランド化プログラムは、企業の社会貢献活動の分野におけるプログラムのように、効果的な活性化要素となりうる。
「エイボン・ブレスト・キャンサー・クルセード」を例に考えてみよう。これは、研究や早期発見、臨床診療、支援サービス、および教育などの広範な領域をカバーするブランド化プログラムである。医療サービスを十分に受けられない女性に重点をおいており、実体と重要性を伴っている。このことは、同プログラムが、10年間で2億5000万ドルの資金を集めたことでもわかる。このプログラムは、「女性のための会社」を標榜するエイボンに、より高い目標と「真心」を与えている。

もう1つ、「ロナルド・マクドナルド・ハウス」の例を考えてみよう。これはマクドナルドが運営するプログラムで、深刻な病気の子供を抱える家庭のために住宅を提供するものだ。このプログラムは、意義のあるすばらしい事業を行っているだけでなく、マクドナルドと子供や家族の関係にも貢献している。

◆用途のブランド化

　新しい用途が発見されると、カテゴリ全体も活性化される。その用途がブランド化され、親ブランドに結びつけば、その影響力は大きくなる。主にマンハッタン・カクテルに使われる160年の伝統を持つブランド、「アンゴスチュラ・ビターズ」は、「チャージャー」（ソーダ水とビター、ライムでつくられている）を手始めに、ノンアルコール飲料のプロモーションを行うことにした[15]。カナダドライは、その瓶の首にレシピとともにビターを入れた袋をつけ、アンゴスチュラ・ビターズをプロモーションした。美術館や街角の催し物で試飲会も開催された。チャージャーのテーマ曲を持つラジオCMも流された。「カリビアン」（クランベリー・ジュース、パイナップル・ジュース、ビター）などの新しいドリンクも投入された。

◆ブランド化CEO

　CEOがブランド化されている企業もある。このようなCEOはブランドの活力をとらえ、増幅させたり、ブランドに移転しうる活力を生み出したりする。クライスラーの元CEO、リー・アイアコッカは、顧客と投資家がこの会社は倒産すると思っていたとき、自信と能力を溢れさせることによって同社を救済した。ウィリアム・クレイ・フォードは、フォード家の献身と伝統を強調することなどによって、同社が安全性の問題に関して一番であることをユーザーに再認識してもらおうとした。リチャード・ブランソンの突飛な行動（熱気球による冒険など）はヴァージン・ブランドの活力とパーソナリティの大部分を占めている。ハーブ・ケレハーはサウスウエスト航空の企業文化を自身でわかりやすく、変化をつけて表現することによって、同ブランドを擬人化した。スティーブ・ジョブズとビル・ゲイツは、著名なオピニオン・リーダーとして、それぞれアップルとマイクロソフトに多くの活力をもたらした。

　「CEOブランド」は、優れた特性を数多く持っている。これらの個人はブランドと結びついており、他の広告担当者やブランド構築プログラムにはない、

メディアとのつながりがある。しかし、これらの人たちの活力を創出する力は、彼ら自身の社会的立場や名声、あるいは性格などに基づいている。このため、こうした役割を果たせるCEOはわずかしかいない。また、意に沿わない報道にさらされる危険性もある。このような場合、彼らの知名度がかえって裏目に出ることもありうるのだ。また、彼らもいつかは現場を離れる。そうなると、望ましくないブランドの空白が生まれるかもしれない。

◖ライフスタイルのブランド化

　多くのブランドはライフスタイルを背景にポジショニングしようとするが、AT＆Tワイヤレスは、ライフスタイルそのものをブランド化した数少ないブランドの1つである。「mライフ」とは、電話を生活の中心においたモバイル・ライフスタイルの究極のかたちである。mライフは決して退屈しない。なぜならば、電話をかけたり、インターネットを閲覧したり、ゲームをしたり、スポーツの得点経過を見たり、あるいは電話でショッピングしたりすることもできるからだ。mライフは、必ずしも直接会話することのないコミュニケーションによって、自分のやり方で自己表現することだ。mライフは決して迷ったりしない。なぜならば、AT＆Tワイヤレスのオペレーターにはあなたのいる場所がわかるからだ。まだある。mライフ・ブランドが2002年のスーパーボールの試合中に紹介されると、その日のmライフ・ウェブサイトのヒット数は68万件（前日は3万件だった）を超え、同サイトを訪問した人の5％が申し込みを行った。

◖ブランド化することの価値

　これらの活性化プログラムの多くは、ブランドがなくても実現できたかもしれないが、ブランドがあれば、この活性化の目的を実現し、そのプログラムを自分のものとして所有することが格段に容易になる。ブランド差別化要素の説明でも述べたとおり、企業はブランドがあるおかげで、複雑になりがちなコンセプトを広告宣伝し、親ブランドに結びつけることが容易になる。また、顧

客にとっても、ブランドがあるからこそ重要な差別化ポイントが思い出しやすくなるのだ。しかし、何にでもブランドをつければよいのではない。ブランドを持つだけでは、効果的なブランド強化を創出することはできない。むしろ、資源を投資する価値のある活性化要素がブランド化されていれば、より効果的な活用ができるということだ。

ブランド差別化要素とブランド活性化要素のマネジメント

　ここで注意すべきなのは、ブランド差別化要素とブランド活性化要素のコンセプトは、ブランドを見境なく追加する根拠にはならないということだ。共に強力なブランド構築要素になりうるが、それぞれの定義を思い出してほしい。ブランド差別化要素は、意味とインパクトのある差別化ポイントを創造しなければならず、積極的にマネジメントされる価値がなければならない。もし、この基準をクリアできない場合は、そのブランド差別化要素の役割は適切ではなく、違う理由が必要になる。ブランド活性化要素はブランドを著しく強化し、やはり、積極的にマネジメントされる価値がなければならない。もし、この基準に合致しない場合は、ブランド活性化要素の役割はたぶん正当化されないだろう。

　ブランド差別化要素とブランド活性化要素を特定することは容易ではないし、場合によっては、考えている以上に多く存在するのかもしれない。しかし、以下の質問は有用である。

- ブランド・アイデンティティは何か。またその位置づけは何か。そのブランドは、顧客と共鳴する可能性を秘めているか、もしくは競合他社と差別化できているか。それはなぜか。証明できるものはあるか。
- ブランド化できる既存の特徴やサービスはあるか。それらを結合、あるいは拡張した場合、その潜在力は強化されるか。
- 市場セグメントはどうなっているか。各セグメントにおいて、顧客が求めている現在の、そして浮上しつつある便益はそれぞれ何か。どのようなブラン

ド差別化要素が、購買やロイヤルティに影響を及ぼすか。
- 顧客にとって重要な活動や関心のなかで、ブランドとなんらかの関係を持っているのはどれだろうか。どうしたら、ブランドをこのようなブランド化された活動や関心に結びつけることができるか。どのブランド活性化要素を創造し、所有できるか。
- ブランド差別化要素とブランド活性化要素の源泉は、社外にあるか。どのようにしたらそれらをブランドに結びつける可能性が生まれるか。

ブランド差別化要素とブランド活性化要素は、ターゲット・ブランドに結びつかなければならない。アディダス・ストリートボール・チャレンジやハインツ・EZスクイートのように、サブブランドとしてターゲット・ブランドに結びついている場合には、この課題を実現するのはやさしいだろう。そうでない場合には、課題を実現するための資源やマネジメントが結びつきに必要となる。強力なブランド差別化要素を創造しながら、市場の大半がそれを競合ブランドの特性だと考えているのがわかったときほど、悲惨なことはない。

そこで、戦略的で長期的な視点を持って、ブランド差別化要素とブランド活性化要素を利用しなければならない。そうでないと、ブランド構築コストをあまりに短期間に償却しなければならず、それらを生かしきることができない。また、長期にわたって役割を果たすことができるように、積極的なマネジメントが欠かせない。

割り当てられた役割を果たすのに必要な強みを維持するために、独自の構築プログラムが必要になる場合もある。たとえば、ブランド化サービスに変化がなければ、競合他社はそれを模倣するだろう。そうなると、ブランドの力が衰退していく。しかし、ブランド化サービスが常に改良を加えられる「動く標的」となれば、その効力を削ぐことはより難しくなる。

ブランドにブランド差別化要素が欠けており、それを創造するのにコストがかかりすぎる、または時間がかかりすぎる場合は、ブランド差別化要素を他の企業から「借りる」または「リースする」選択肢がある。この選択肢はブランド提携に関係がある。こうした提携の潜在的可能性、リスク、およびマネジメントについては次章で説明する。

◆優先順位をつける：シルバーブレット

　状況によっては、多くのブランド活性化要素といくつかのブランド差別化要素があるというケースが考えられるだろう。そのような場合、優先順位をつける必要がある。この優先順位は2つの基準に基づいて決めるべきである（図5－5参照）。1つ目は、ターゲット・ブランドに対する影響力である。具体的には、ブランドを著しく強化する意味とインパクトのある、ブランド差別化要素やブランド活性化要素を探すべきである。2つ目は、ブランドやブランドの結びつきを構築し、支えるのに必要な資源の量である。影響力は小さいが、少ないコストで運営やマネジメントができるブランドに妙味がある場合もある。
　優先順位は、顧客セグメントごとに決定する必要があることが多い。たとえば、ソニーの例では、若年層市場でソニー・ブランドを最も活性化する潜在力がある要素は、プレイステーションの最先端の映像であろう。一方、思い出づくりに関心のある家庭向けには、ハンディカムのほうが影響力を持っているだろうし、品質に関心のあるビジネスマンにはVAIOのほうが優れている。
　最も高い優先順位を持つブランドの差別化要素や活性化要素は、シルバーブレットの地位が与えられる。一連のブランド差別化要素やブランド活性化要素のなかで、シルバーブレット・ブランドは大きな戦略的影響力を持ち、当然、高水準のブランド・マネジメント資源を割り当てられる。どんなターゲット・ブランドでも、多くて1つか2つのシルバーブレットしかないのが普通で、まったく持っていない場合も多い。
　通常、シルバーブレットを持つブランドは、関連性、差別化、活力を確立するうえで優位性がある。しかし、だからといって、この役割を担うブランドを構築または指定することが有用だというわけではない。実際、そのようなことは無駄や錯覚に終わってしまい、そして混乱を招くだけという事態に陥りやすい。シルバーブレットを生み出すには、実質が伴っているということ、そして戦略的見通しに支えられ、長期にわたってそれに投資しようという意欲が必要である。

◘ 図5-5　シルバーブレット

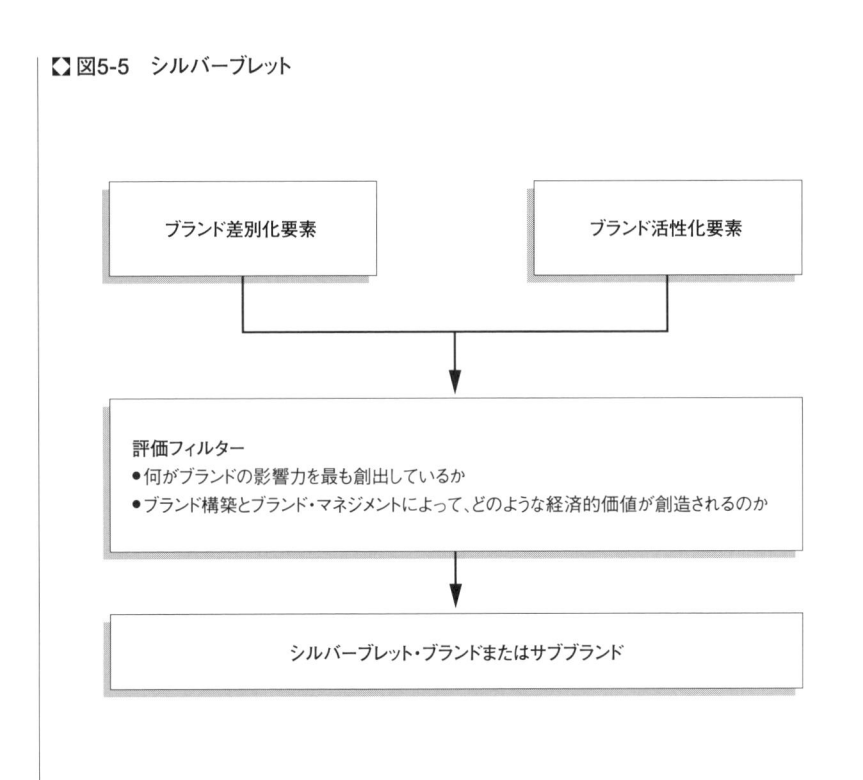

```
┌─────────────────────┐        ┌─────────────────────┐
│  ブランド差別化要素  │        │  ブランド活性化要素  │
└─────────────────────┘        └─────────────────────┘
            │                              │
            └──────────────┬───────────────┘
                           ▼
┌─────────────────────────────────────────────────────┐
│ 評価フィルター                                        │
│ ● 何がブランドの影響力を最も創出しているか             │
│ ● ブランド構築とブランド・マネジメントによって、どのような経済的価値が創造されるのか │
└─────────────────────────────────────────────────────┘
                           │
                           ▼
┌─────────────────────────────────────────────────────┐
│        シルバーブレット・ブランドまたはサブブランド        │
└─────────────────────────────────────────────────────┘
```

◘学習のための問題

1. あなたの会社の主力ブランドについて考えてみてください。どのように差別化されていますか。ブランド差別化要素を持っていますか。ブランド化特徴、ブランド化成分、ブランド化サービス、またはブランド化プログラムはありますか。それらがある場合、そのブランドを支援するために、ブランド構築予算があるならば、どのくらいの額を提言しますか。

2. あなたの会社の主力ブランドについて考えてみてください。それらを、活力を基準にしてランクづけしてください。どのブランドの評価が高

いですか。それはなぜですか。活力をもっと必要とするブランドについて、一連のブランド活性化要素を提案してください。あなたの会社の現在のブランド活性化要素に関して、活力、ブランドに対する妥当性、所有可能性、ターゲット・ブランドとの結びつき、の4点について評価してください。

第6章
戦略的資産の利用：ブランド提携
ACCESSING STRATEGIC ASSETS: BRAND ALLIANCES

「かゆいところに手が届かなければ、だれかに頼んでかいてもらえばいい」
——マシュー・グリム（『ブランドウィーク』誌記者）——
「風がなければ、漕ぐことだ」
——ポルトガルのことわざ——
「1人で行くなら、今日出発できる。しかし、ほかの者と行くなら、
相手の準備ができるまで待っていなければならない」
——ヘンリー・デビッド・ソロー（『ウォールデン』）——

事例：フォード・エクスプローラー・エディー・バウアー仕様

1920年、エディー・バウアーはシアトルで最初の9店を開いた。この店は品質を重視する一方、返金保証制度の先駆けとなり、それらは今日でも行われている[1]。このブランドは、創立から最初の50年間はアウトドア関連に焦点を当て、レジャー用アウトドア衣料に加え、本格的な登山用衣料も製造していた。また、同社はイノベーターでもあった。たとえば、同社が世界で初めて開発した製品の1つに、ダウンジャケットがある。この製品は「スカイライナー」と名づけられ、1936年に発売された。数年後の第2次世界大戦では、5万着を上回るエディー・バウアーの飛行ジャケットが戦争に貢献し、当時を象徴する品の1つになった。

1970年以降、エディー・バウアーはシアトルの一小売店から一転して積極的な拡大を進め、2000年には500店舗を上回るほどになった。そして、ブランド

の焦点も広げ、男女それぞれのカジュアル衣料へも進出した。しかし、このブランドの伝統であるアウトドア志向から逸脱することはなかった。エディー・バウアーの広告は、アウトドア場面の写真を掲載し、そのような状況に耐えうる製品の性能を表している。環境保護団体「アメリカン・フォレスト」とのパートナーシップや「1ドルの寄付で、1本の植樹（Add a Dollar, Plant a Tree）」販売店プログラムは、数百万本の植樹という成果につながった。また、「緑の都市創造」植樹ツアーは、たくさんの樹木を都市地域にもたらした。2000年には、同社は『ナショナル・ジオグラフィック』誌と協賛で、映画『ルイスとクラーク』とナショナル・パブリック・ラジオの探険シリーズを後援した。

共同ブランドの始まり

1983年、エディー・バウアーはフォードにブランドをライセンス供与し、「フォード・エクスプローラー・エディー・バウアー仕様」を開発した。この注目すべきパートナーシップは20年間続いたばかりでなく、販売台数は100万台を突破した。この**共同ブランド**（co-brand）のSUVは、エディー・バウアーのファッション性とフォード・エクスプローラーの安らぎを提供している。つまり、内装をエディー・バウアー風にすることで、ブランドの拡散と製品の混乱が増えつつあったSUV分野で、他車と一線を画したのである。このパートナーシップは、フォードとエディー・バウアーの双方に多大な恩恵をもたらしている。

フォードはエディー・バウアーとの共同ブランドから、アウトドア・セグメントへの結びつきや、「アウトドア」「活動的な人々」「安らぎ」「品質」「個性的な趣味やスタイル」といった連想を享受している。またフォードは、発行部数が1億部を超えるエディー・バウアーのカタログに独占的に掲載されている。これらの連想は、フォードに対して機能的便益ばかりでなく、この車がもたらす安らぎやスタイルによる自己表現便益も与えている。

エディー・バウアーは、広告、評判、ショールームでの体験、そして最も重要なことに、フォード・エクスプローラーのオーナーから友人たちへの影響などを通して、驚くほどの露出を得ている。さらに、SUVからの連想は、エディー・バウアー・ブランドの要であるアウトドアの伝統とカジュアルなライフ

◎ 図6-1　フォード・エクスプローラー・エディー・バウアー仕様

スタイルを強化する。このパートナーシップが時間を超え、自動車市場の好不況、および顧客の好みの変化についていけたのは、それが双方に利益のある持続可能なプログラムだからである。

　エディー・バウアー・ブランドに対するリスクは限られていた。第1に、主要ブランドの役割はフォード・エクスプローラー・ブランドが担っていた。顧客はフォード・エクスプローラーを購入しており、その内装にエディー・バウアーの品質、趣味、スタイルが反映されているのである。第2に、フォード・エクスプローラーは、エディー・バウアーのブランド水準を比較的容易に満たすことができた。

エディー・バウアーの共同ブランド展開

　1990年代、エディー・バウアーは、数多くの共同ブランド製品を市場に投入し、同社の連想を強化・拡張した。97年、レーン・ホーム・ファニシングズは、「エディー・バウアー・ライフスタイルズ・バイ・レーン」というブランドでリクライニング・ソファーとソファー・ベッドの製品ラインを発売した。この製品ラインは市場での評判がよかったため、「子供用」ソファーまでつくられた。さらに98年、「エディー・バウアー・バイシクル・バイ・ジャイアント」を発売。2000年、「シグネチャー・アイウェア」がエディー・バウアーの高性能サングラスを発売。01年、エディー・バウアーは「アメリカン・レクレーション・プロダクツ」と提携し、キャンプ用品のシリーズを発売。03年、「スカイウェイ・ラゲッジ」は旅行カバンの新シリーズを発売した。こうした過程で、エディー・バウアーは知名度と連想を強めた。さらに、ブランドは守備範囲を拡大し、よりライフスタイル・ブランドに近づいた。そして、それがまた、ブランドの境界を拡張させていく助けとなった。

　ブランドの拡張にはリスクもある。1つには、このブランドは競争の最前線にさらされた。また、拡張製品のいくつかは、ブランドにとって安心感の高い領域を超えたところにあった。リスクを考慮すると、製品のデザインや生産は、ブランドが表現しようとしている日常生活の質、趣味、そしてスタイルを創造することが必須となった。従来のレベルを逸脱してしまうと、ブランド・エクイティをリスクにさらすことになるだろう。

企業を取り巻く厳しい環境

　ほとんどの企業は、ダイナミックな変化によって、関連性、差別化、活力の3つを維持することが難しい環境下で競争している。新技術、顧客の使用法や好みの変化、そして競合他社の新たな取り組みなどによって、ほぼすべての市場が変わり続けている。

　この要求の厳しい状況下で、企業は数々の大きな課題を抱えることになる。新製品や新サービスはより速いペースで必要とされているが、そのなかには多数のヒット商品も含まれなければならない。既存の製品やサービスの改良はもちろん、新しい製品やサービスも創造・支援するため、新事業を生み出す能力やブランド資産を開発する必要もある。また、既存の製品やサービスを差別化し、活性化する方法を、成熟製品の分野で見つけなければならない。そして、もはや月並みの収益性やそれ以下ではやっていけないため、ブランド構築はより効率的かつ効果的になる必要がある。

　このような課題に取り組むにあたって、多くの企業では、資源、時間、組織能力の制約に悩まされる。既存の事業が活力を維持し、効率性を高めるためには資源が必要だが、これと同時に、研究開発、生産、ブランド、ブランド構築のために、さらなる資源が必要となる。

　第3章で述べた「信頼性の有効範囲」の観点からいうと、この場合、ブランドの関連性または企業の組織能力に、あるいはその両方にギャップがあるのかもしれない。とりわけ、市場環境が利幅を縮小する方向に作用している場合には、これらの資源をどのようにして調達すべきだろうか。また、市場の脅威に負けたり、機会が消えたりしないうちに、これらの問題を速やかに処理するにはどうすべきだろうか。時間が待ってくれる時代は終わった。機会をとらえるチャンスはわずかしかないのだ。

　さらにいえば、時間と資金に限りがないとしても、これらの問題に対処できるかどうか明確でない。たとえば、新しく信頼性のあるブランドを製品化することが、どの企業にも実行可能とは限らない。また、混乱を打開する効率的なブランド構築プログラムを開発できるともいえない。企業の組織能力のギャップを解決するには、もっと資源が必要かもしれないし、悪くすれば、既存事業を妥協する必要があるかもしれない。望むことと実行することはまったく別物

である。

ブランド提携の効果

　資源、時間、そして能力の制約を打開する1つの方法は、ブランド提携の道を探ることである。**ブランド提携**（brand alliances）とは、優れた製品やサービスを創造したり、効果のある戦略的または戦術的ブランド構築プログラムを実行したりするために、2社以上の企業がそれぞれのブランドを結びつけることである。ある会社に欠けている能力や資産を他の会社が持っている。そういう場合には、提携によって、それまで不可能だった新しい製品やサービスの提供とブランド構築活動がタイミングよく行える。少なくとも理論的には、ブランド提携を通じて、関連性、信頼性、差別化、活力をただちに手に入れることができるのだ。

　フォードは、エディー・バウアーとの共同ブランドを使わなくとも、たとえば、「フォード・エクスプローラー・レザーライド」といった独自ブランドを構築することができただろう。しかし、ここで2つの問題がすぐに浮上する。第1に、多数の既存ブランドを構築する必要性に迫られていたなかで、フォードが、レザーライド・ブランドの構築に必要な予算を確保し、ターゲットとするニッチ層を満たすべく、そこに自己表現便益を吹き込むことは、きわめて困難であっただろう。

　第2に、資源に限りがない場合でも、独自ブランドの構築は実現できなかったかもしれないし、時間がかかりすぎて価値がなかったかもしれない。対照的に、エディー・バウアー・ブランドは、ただちに認知、期待、そして自己表現便益をもたらすことができる。フォードは、エディー・バウアーとの共同ブランドによって、現実的には独自で開発できなかったかもしれない差別化製品を、ただちに手に入れることができたのである。

　同じようにディズニーは、テーマパーク内で独自のメニューや食品小売能力を開発する代わりに、マクドナルドのレストランを起用している。そして、マクドナルドはプロモーションをより効果的にするために、ディズニーのキャラクターと映画を使っている。ウェンディーズは、スポーツ専門チャンネルのESPNによるプロモーションのスポンサーとなっており、同社のウェブサイト

を訪れれば、ESPNの本拠地への旅行を獲得するチャンスがある。また当選者は、人気番組「スポーツセンター・ショー」の司会を務めることができる。こうしたブランド提携はすべて、コスト効率と提携プログラムの影響力を高める可能性を秘めている。

　ほとんどの人は、ブランド・ポートフォリオは自社所有のブランドに限られると考えているが、他社との提携ブランドもポートフォリオの一部ととらえて、考え方を広げるべきだ。提携ブランドは他社にコントロールされ、管理される面があるが、提携ブランドの選択、ポートフォリオにおける役割、そしてポートフォリオ内の他のブランドとの結びつきは、積極的にマネジメントしなければならない。

　ブランド提携の利用には、さまざまな種類がある。ここでブランド提携の持つ可能性と問題を明らかにするために4つの形態を探る。1つ目の提携は、共同マスター・ブランドを起用するものである。この場合は、両方のブランドが製品やサービス、あるいはプログラムに対してマスター・ブランドの役割を果たす。2つ目は、差別化ポイントを持つ競合企業には利用できない他社ブランドを使って、ブランド差別化要素を創造するものである。3つ目は、他社のブランド活性化要素を使うもので、ブランド化されたイベントやパーソナリティがターゲット・ブランドを強化してくれる。そして、4つ目が戦術的ブランド提携である。それぞれを説明した後、ブランド提携のマネジメントに関連した問題点について述べる。

共同マスター・ブランドの製品やサービス

　共同マスター・ブランド（co-master brand）は、両方のブランド・パートナーが同時にマスター・ブランドの役割を果たす形態である。この場合、両方のブランドが主要であり、製品やサービスにおいて重要なドライバーの役割を担っている。たとえば、ソニー・エリクソンは、エリクソンの通信技術における名声とソニーの創造力と自己表現に対する情熱的な取り組みを結合した合弁事業である。この提携事業で生まれた最初の製品は携帯電話と「コミュニカム・

モバイル・カメラ」だが、後者はソニーの信頼性に基づく製品である。それぞれのブランドは、共同ブランドなしには、マーケット・リーダーのノキアを相手に、顧客価値を創造するのが難しかったであろう。

　財務的な影響力という点で、最も重要な共同マスター・ブランドの例としては、クレジット・カード業界が挙げられる。その先駆者がアメリカン航空の「アドバンテージ」だ。これは、1986年にシティバンクVISAカード（シティグループとVISAの共同ブランド）との共同ブランドとして開発されたものだ。このカードはクレジット・カードでの買い物すべてにマイレージを供与するというもので、会員数は250万人を突破し、アドバンテージ・プログラム会員数を5％上回った。要するにこのカードは、マイレージ・プログラムを、単に飛行機の利用に応じてリワードが得られる基本的なものから、それ以上のものへと高めたのである。それ以来、これを模倣した共同ブランドのクレジット・カードが数多く発行された。その結果、こうした混乱状態のなかで共同ブランドのエクイティを構築することが課題となっている。

　以下で述べるように、共同マスター・ブランドはいくつかの潜在的優位性を持った、強力な戦略的ツールとなりうる。

◆関連性があり、差別化された製品やサービスを創造する

　共同マスター・ブランドは、差別化ポイントを持った製品やサービスを創造する可能性を持っている。ただし、ブランド連想が重複せず、相互補完的である場合に限られる。共同マスター・ブランドのポイントは、個々の企業が独自に開発した場合に得られる製品やサービスよりも、優れたものを創造するということである。

　アマゾンとトイザらスは、2つの相互補完的ブランドを提供する共同マスター・ブランドのサービスを開発した。アマゾンは、使いやすく刺激的なオンライン・ショッピング体験と、確実で迅速なサービスの提供で評判を獲得し、インターネット顧客という巨大な顧客基盤を提供する。トイザらスのほうは、小売業における信頼性があり、昔ながらの玩具からより現代的な玩具に至るまで、品質の高い製品クラスを扱う。

この共同マスター・ブランドの効果は、各企業が1999年の休暇シーズンに単独で上げた実績と比較できる。トイザらスのインターネット配送システムが故障してしまったため、多くの顧客が失望すると同時に怒りを示し、ブランド・イメージが後退してしまった。アマゾンは玩具事業には素人だったが同市場に参入し、3900万ドルもの未売玩具の評価損を計上した。このブランド提携は、2つのカギとなる競争次元において際立った共同ブランドを生み出した。いずれの企業も、単独ではしかるべき業績を残すことはできなかっただろうし、特に常識的な期間内には無理だった。この共同ブランドの売上高と利益率の実績は、共にすばらしかった。

　共同ブランドの影響は、ブランド間に本物のシナジーがあれば、すなわち、各連想が強力かつ補完的である場合は、期待以上に大きくなる可能性がある。コダックの調査によれば、仮想の娯楽機器について、調査対象者の20％がコダック・ブランドの製品を買うと答え、同じく20％がソニー・ブランドの製品を買うと答えたが、両社のブランド名がついていればその製品を買うと答えた人は80％にのぼった[2]。このことから、両社のブランドを結合すれば、それぞれ単独では創出しえない優位性を獲得できることがわかった。

　共同マスター・ブランドが成功するのは、各々のブランドに目に見える顧客便益があり、両方を合わせた際に差別化ポイントができる場合である。これといった便益がなく、単に似たような顧客層や連想を持っているというだけでは不十分だ。たとえば、フィッシャープライスとマクドナルドは、子供向けままごとセットを共同ブランド化したが、失敗に終わった[3]。マクドナルド・ブランドは、フィッシャープライス・ブランドがもたらす便益を上回るものを創出できなかったのだ。実際には、この提携は玩具分野における同社の信頼性をおそらく引き下げてしまっただろう。

◆ブランドを拡張する

　共同マスター・ブランドは、より自由な拡張の可能性を与える。ちょうど2本のゴムを結んだときのように、2つを組み合わせることで、単独でよりももっと遠くへ行けるのである。つまり、共同マスター・ブランドは、新しいブラ

ンドの構築や、既存ブランドの拡張以外の、新しい製品市場に参入する方法となるのだ。新しいブランドはコストがかかりすぎるか、実現できない場合が普通である。ブランド拡張は、ブランドの製品領域を超えて拡張させてしまうリスクがある。共同ブランドは、各ブランドがそれぞれの伝統やイメージに則っているため、リスクは最小限で済む。アマゾンもトイザらスもブランド提携において、それぞれのブランドを危うくする必要はなかった。そして、この共同ブランドは、それぞれの活動領域を広げている。

　ブラウンとオーラルBは、共に電動歯ブラシの分野にブランドを拡張するのは行きすぎると思ったが、共同ブランドの「ブラウン・オーラルB」歯ブラシは見事に市場に適合した。ブラウン・ブランドは、確実な電動式パーソナルケア製品をつくるという信頼性がある（主にカミソリ製品で築いた基盤による）。オーラルBは、「歯科医師会推薦」と強い連想で結ばれており、オーラルケアでの信頼性を獲得している。この2つのブランドが結びつくことによって、2つの重要な領域で支配的な地位を得ている。

◆ブランド構築への投資を少なくする

　共同マスター・ブランドは、既存のブランド・エクイティを利用することから、新しいブランドを支援するための投資を最小限度に抑えることができる。たとえば、ゼネラル・ミルズの「ヨープレイト」はトリックス・ブランドを用いて、子供向けに「トリックス・ヨープレイト」ヨーグルトを発売した。この新製品は、トリックスのシリアル製品にすでに使われていた1200万～1500万ドル以上のテレビ広告予算を、追加する必要はなかった。ヨープレイトは、トリックス・シリアルとそのアイデンティティに対する子供たちの認知を利用したのである。もし、ヨープレイトが独自の子供向けブランドを構築しようとしていたら、そのコストは膨大になっていただろう。

　ダンキンドーナッツ、バスキン・ロビンズ、トーゴーズの3つのブランドを組み合わせた共同店舗では、ブランドと事業運営のシナジーが生まれ、各社の推定売上高が50％増加した[4]。各ブランドが顧客を引き寄せ、それによって他のブランドの知名度が上昇した。また、この3つのブランドは、1日のうちで

それぞれが中心となる利用時間が異なるため、店舗や従業員をより効率的に活用することができた。対照的に、イタリアンとメキシカン料理のブランドを結合させようとする試みはうまくいかなかった。顧客は両方のコンセプトに同時に引かれたが、サービスと店舗運営の質が共に低下してしまった。

◆防衛的役割を果たす

　共同マスター・ブランドの提携は、戦略的な防衛的役割も果たしうる。競合相手が市場トレンドに反応し、戦略的に重要なポジションを築こうとしているとき、これに素早く成功率の高い方法で対応することが重要となる。試行や修正に時間を取られている余裕はない。たとえば、シリアル食品業界の健康セグメントは、割り込むのが難しいが重要な成長セグメントであり、どの企業も、そこでのポジションを固めようとしていた。ケロッグも他のブランドも、軒並みうまくいっていなかった。しかしケロッグがヘルシー・チョイスのブランド供与を受けると、比較的ヘルシーで味もよいというイメージで、すぐに信頼感を勝ち取った。こうした動きは競合他社の動きを抑える足がかりとなると同時に、競合他社がヘルシー・チョイスとの共同ブランドを実施することを防ぐ役割も果たした。

◆共同マスター・ブランドに関与する3つのブランド

　共同マスター・ブランドを実施すると、2つのマスター・ブランド（たとえば、アマゾンとトイザらス）と1つの共同ブランド（この場合、トイザらス・オン・アマゾン）の3つが関与することになる。当然、共同ブランドに対する2つのマスター・ブランドの影響力は重要である。共同ブランドは成功する必要があり、パートナー・ブランド（つまり、パートナーとなっている2つのマスター・ブランド）の連想と信頼性が、市場における共同ブランドの存在感を大きく左右する。

　こうした関係は、シモニンとルースの研究で実験的に示された。2人は、印刷広告において自動車ブランド（フォード、トヨタ、フォルクスワーゲン、ヒュ

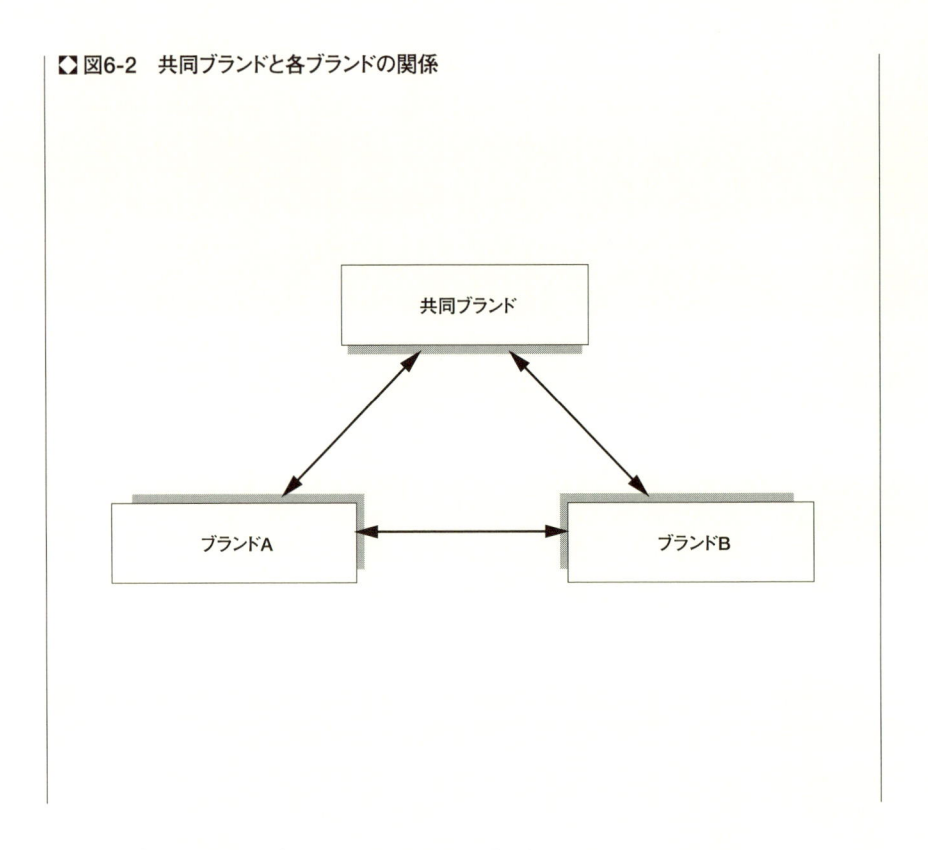

◘ 図6-2　共同ブランドと各ブランドの関係

```
            共同ブランド
           ↗         ↖
         ↙             ↘
    ブランドA  ←——→  ブランドB
```

ンダイ）とマイクロプロセッサ・ブランド（モトローラ、富士通、シーメンス、サムスン）を結びつけ、共同ブランド化された製品に対する反応を測定した[5]。その後、彼らはディズニーや小売業者とのペアとして、ノースウエスト航空とVISAについてそれぞれ同じ調査を行った。この結果、パートナー・ブランドは、共同ブランドの反応に影響を及ぼすことがわかった。さらに、2つのパートナー・ブランドが強力かつ身近であるほど影響力が大きく、また2つのブランドの適合性も共同ブランドの評価に影響するということもわかった。

　そして、どのようなブランド提携においても、こちらが相手にどのような効果を与えられるかということだけではなく、提携によってつくられる連想が自社と自社のイメージにどう影響するかということがある。したがって、共同ブランドを検討するにあたって、一方のパートナー・ブランドと共同ブランドが、

他方のパートナー・ブランドにどのような影響を及ぼすかを考えることが重要である。最も望ましいのは、パートナー・ブランドと共同ブランドがそのブランド・イメージを高める連想を有する場合である。

シモニンとルースの研究は、共同ブランドに関する認識がパートナー・ブランドの持つ連想に影響を及ぼすことも示した。あまり馴染みのないパートナー・ブランドには、比較的確立しているパートナー・ブランドに対してよりも、強い効果がある。あまり知られていないブランドに対する見方に影響を及ぼすことは、比較的容易である。究極的には、顧客がまったく知らないブランドは、共同ブランドとパートナー・ブランドから多大な影響を受ける。

よって、やり方を間違わなければ、フォード・エクスプローラー・エディー・バウアー仕様はエディー・バウアー・ブランドを強化するスタイル、特徴、そして雰囲気を持つだろう。さらに、フォード・エクスプローラーと（そして程度は弱くなるが、フォードとも）の連想も、エディー・バウアー・ブランドに影響を及ぼす可能性がある。一方のパートナー・ブランドが他方のパートナー・ブランドに及ぼす影響は、とりわけ、両者のうち一方が、品質か名声、あるいはその両方に関する認識が他方よりも「劣る」または「優れている」場合に大きくなる傾向がある。このような場合、そのブランドを自社のポートフォリオの外に位置づけてしまうのは危険である。

社外ブランド差別化要素

第5章で強調したとおり、ブランド差別化要素は、関与と関心が低下している成熟した製品カテゴリにおいても、差別化を創造する1つの方法である。これはコミュニケーションに役立つばかりでなく、長期にわたって適切にマネジメントされれば、選択、ロイヤルティ、そして競争優位の基盤の構築につながる明確な差別化ポイントを創出することができる。問題は、ブランド、そのブランド構築、および必要なブランド・マネジメントに価値をもたらす適切な特徴、成分、サービス、またはプログラムを見出すのが難しいという点である。ブランドを創造・構築していくことはコストがかかるし、まったく実現できな

いことも多い。また、新しいブランドをターゲット・ブランドにリンクさせるのも、簡単ではない。

別の選択肢としては、ブランド差別化要素として、すでに牽引力、信頼性、そして強力な連想を持っている他社のブランドを使用することである。このブランドは組織の外部のものなので、**社外ブランド差別化要素**（external branded differentiator）という。適当なブランドを見つけられれば、残る問題は提携関係の構築とブランドをターゲット・ブランドにリンクさせることだけとなる。これは、新しいブランドを創造することに比べて、実現の可能性の点からも経済的にも正当化しやすい。

ブランド化特徴、ブランド化サービス、ブランド化プログラム、またはブランド化成分のどれもが、社外ブランド差別化要素になりうる。最も一般的なものはブランド化成分である。たとえば、ドライヤーズはマース社と提携し、アイスクリームのフレーバーとしてトゥイックス、エムアンドエムズ（M&Ms）、スニッカーズ・キャンデーを使用することが可能となった。

社外ブランド化差別化要素としての条件は、競合他社がアクセスできないことである。したがって、ドルビー・システムズ、ゴアテックス、ライクラ、テフロン、テトラパック、THX、ウールマーク、「インテル、入ってる！」、GEエンジンなど、競合他社すべてが利用できるブランドは、社外ブランド差別化要素として認められない。これらは独占的な関係も、一体化した見せ方もできないからだ。

ハーシー・シロップなどの排他・独占的成分ブランドは、パートナーのベティー・クロッカー・ケーキミックスに対して持続的差別化ポイントの可能性を提供している。成熟し、競争の激しいケーキミックス市場には、強力ではあるが差別化が弱い3つのブランドが参入しており、そのなかでハーシーズの成分ブランドは差異性を与えている。ダンカン・ハインズやピルズベリーといった競合他社にハーシーズの成分ブランドへのアクセスがないために、差別化ポイントとして機能しているのである。

社外ブランド差別化要素を独占化する方法の1つは、競合他社がアクセス不可能なことを明記した長期契約を結ぶことである。ジャイアント自転車は、エディー・バウアーとの契約にこのような一条項を入れ、他の自転車メーカーが

エディー・バウアー・ブランドを入手できないようにしている。

　独占と同じくらいの効果を発揮する方法はほかにもある。1つ目は、先行者優位の利用と強い共同ブランドの構築で圧倒的な存在を有し、他社に同様の戦略をとることをあきらめさせたり、十分な知名度を得られないようにすることである。2つ目は、補完的な成分や技術を自力で生み出して所有するか、またはそれらへの独占的なアクセス権を獲得することである。ブランドと独占的な成分の組み合わせは、差別化ポイントとなる。また、この組み合わせは所有することも可能である。3つ目は、競合他社にとって魅力のない共同ブランドを選択することである。たとえば、低価格ブランドが、ブランド差別化要素として高級成分ブランドを利用する場合がある。高級または超高級ブランドを抱える競合相手には、同じ高級成分ブランドを利用できたとしても、それとの関連は、役に立たないだろう。

　社外ブランド差別化要素が、いかに効果的に創造され、活用されうるかを理解するには、各パートナー企業の動機を検証してみるとよい。

◆ブランド差別化要素を共同ブランド化する動機

　成分ブランド（ingredient brand）が、マスター・ブランドを持つ企業とパートナーを組む動機はいくつかあり、それらの重要性は状況によって異なる。これらの動機は、訴求力を持つ、シナジーのある共同ブランド化された製品やサービスを創造するほかに、以下のような意図もある。

- **知名度と連想の強化をもたらす**。社外ブランド差別化要素になることは、優れたブランド構築の担い手になりうる。KCマスターピース・バーベキューソースはレイズのポテトチップスにつけることで、カテゴリ・リーダーとしての知名度と信頼性を獲得している。
- **長期にわたって収益を生み出す顧客との関係を構築する**。企業が社外ブランド差別化要素の促進に取り組むことは、そのブランドを買収、利用していることをも意味する。ポーラン芝刈り機がブリッグス・アンド・ストラットンのエンジンを搭載していると強調するのは、顧客に対して自社製品がどんな

ものか説明するためである。結果、ポーランがエンジンを他社に乗り換える可能性は非常に低くなっている。
- **ライセンス収入を得る**。ブランド差別化要素として使用されるブランドをライセンス化するだけでも、サンメイドなどのブランドにとっては、重要な収入源になる。サンメイドのブランドは、同社が販売しているレーズンよりも価値が高い。

◆マスター・ブランドが社外ブランド差別化要素を利用する動機

通常、社外ブランド差別化要素を利用する動機は、関連性や差別化の獲得を、他の戦略をとるよりもより効率的かつ効果的に、そしてよりタイミングよく達成することにある。

ブランド差別化要素の基本的役割は、対象となるブランドに重要な領域において利点を付与することである。この利点は、排他性が高ければ持続可能となりうる。たとえば、スニッカーズ・フレーバーのアイスクリームは、スニッカーズ愛好者から価値のある支持者を獲得できるだろうし、そのアイスクリーム・ブランドは差別化ポイントを得ることになる。

効果的な差別化要素となるためには、その成分ブランドが、顧客にとって意味があり、また選択とロイヤルティに影響を与え、その製品を強化または支持する必要がある。KCマスターピース・ブランドは、スナックに起用されたとき、おいしくて独特だと思われているフレーバーを付加している。対照的に、ピザハット・ドリトスとタコベル・ドリトスは、ブランドを強化するフレーバーや顧客とのつながりをもたらさなかったため、うまくいかなかった。

ブランド差別化要素は、品質が劣るといわれているブランドを、購買検討の対象へと動かし、関連性を創造することもできる。ポーラン芝刈り機は、競合他社よりも価格が安く、ブランドの定着度も低いが、品質が劣るという認識を緩和するために、機械にブリッグス・アンド・ストラットン製のエンジンを搭載していると視覚的に伝えている。ブリッグス・アンド・ストラットン製のエンジンは品質がよいと受け取られ、ポーランの他部品も品質がよいのだろうと自然に考えられる。これは、ブリッグス・アンド・ストラットンの連想が品質

の劣る機械と結びつかないからでもある。対照的に、ジョン・ディアやクラフツマンといった、より定着した競合他社は、すでに優れた部品を使用していると見られているため、ブリッグス・アンド・ストラットンといったブランドを使う動機がない。むしろ、このようなブランドを使用すれば、顧客に部品の品質を確かめたほうがよいということを示唆し、かえって製品の価値を落とすおそれがある。

　マスター・ブランドの知覚品質がブランド差別化要素の影響を受けるのは、後者の評判が前者のそれを上回る場合に限られる。詰め合わせクッキーの中にあるチョコレートチップや、調理器具のよく知られたテフロン加工に関する未公開の研究によると、すでに非常に強力なイメージを持っているブランドに付加された場合を除き、ブランド化成分が付加されると価値が高まり、マスター・ブランドの知覚品質を高めることに寄与することがわかった。たとえば、ブランド化されたチョコレートは「ナビスコ」を助けたが、超高級ブランドであるペパリッジ・ファームに影響を及ぼすことはなかった（ペパリッジ・ファームはいずれにしても最高級の材料しか使用しない、と顧客が考えていたからだろう）。

　意思決定が必要なのは、影響力を秘めた成分ブランドの存在を前提にしたうえで、ポジショニングやブランドの長期戦略において、ブランド差別化要素をどこまで強調するかということである。その答えは、意味のある差別化や関連性を創出する能力、そして独占的関係を維持できる可能性にかかっている。極端な場合には、その成分ブランドはポジショニングの原動力となる。そうでない場合、そのブランドは目に見える特性にはなりうるが、ポジショニング戦略にとってはあまり重要とならない。たとえば、レクサスのカタログとウェブサイトには、オーディオ・ファンの関心を引くために、「マーク・レビンソン・オーディオ・システム搭載」と書かれているが、それは、同車の顧客層のほとんどの人にとって、目を引くほどの事柄ではない。

◨賃借するか所有するか

　ブランド差別化要素が、ある製品やサービスの認知や評価に関して、ブラ

ンド名をつけるに十分値する要因となっている場合、選択肢は2つある。1つ目は、第5章で述べたように、そのブランドを所有し、コントロールすることである。所有したブランド差別化要素が、それ自身に独自の価値があるか、または会社が投資したことによって、牽引力やエクイティを獲得したなら、それを利用し、持続可能な差別化ポイントをサポートできる可能性がある。

　もう1つは、本章の主題でもあるが、他社の定着したブランドを社外ブランド差別化要素として使う、製品やサービスの共同ブランド化である。結果は2つの企業の既存の連想や信頼性を結びつけることになる。もちろん、共同ブランドを使い続けるかどうかは、両社がそれを展開し続ける動機と組織能力を持つかどうかにかかってくる。

　定着したブランドを「賃借」するべきだろうか。この意思決定は、確立した社外ブランド差別化要素の力と、所有可能な差別化要素を社内で創造できる可能性に左右される。ハインツの場合は、賃借が正解となった。当時、ハインツは、「ホット・ソース」という独自ブランドの激辛ケチャップを販売しようとして苦戦していた。しかし、「タバスコ」ブランドのペッパー・ソースとの共同ブランド「ハインツ・ケチャップ・キッカーズ」はよい結果をもたらした。タバスコ・ブランドがこの製品の特徴を広く知らせる役目を果たし、信頼性と差別化ポイントを付与したのである。

　一方、GEの場合は、賃借という答えは最適ではなかった。当時、GEはウォーター・バイ・カリガンというブランドを使って、高級冷蔵庫用浄水器を販売していた。カリガンは浄水器のトップメーカーなので、理想的な共同ブランドのパートナーに思えたし、コンセプトも十分に受け入れられた。しかし、GEは「スマート・ウォーター」という自社ブランドの、台所用の独立型浄水器の製品ラインも抱えていた。結局、このカリガン・ブランドの製品は、スマート・ウォーターと比べて、冷蔵庫分野で十分な付加価値を生み出すことができなかったため、製造中止となった。

　デサイとケラーの研究が、確立したブランド差別化要素の力を説明している[6]。彼らは、確立した成分ブランド（ライフセイバーズ・ウィズ・デイクイル）と、自分たちで名づけた成分ブランド（ライフセイバーズ・ウィズ・クリアコールド）を使って、拡張したコンセプトに対する反応を比較した。結果は、確立したブ

ランドのほうが、拡張領域でも信頼性があり、製品ラインの拡張とブランドの拡張の両方で優れていた。もちろん、これは研究としての実験であり、説得力のある説明とすばらしい演出があれば、クリアコールドも結局は受け入れられたかもしれない。

独占できない成分ブランド

「インテル、入ってる！」、マイクロソフト・ウィンドウズ、ドルビー、ゴアテックスなど、多くの卓越した強力な成分ブランドは、複数の競合他社が使用しているので独占できない。実は、これらのブランドを所有する企業の目的は、すべての競合他社にそのブランドを使う契約をしてもらうことなのである。問題は、成分ブランドによる差別化が難しくなるか、まったくできなくなることだ。極端な場合には、顧客はブランド化成分を探し求める一方で、パートナー・ブランドは意味のないものになってしまうだろう。

そこで、なぜ、どの企業も独占できない成分ブランドと提携するのか、という疑問が浮上する。これには3つの理由がある。1つ目は、技術や関連特許の関係でその成分ブランドを使わざるをえないからだ。たとえば、ドルビーは、マイクロソフトと同じようにさまざまな領域でこの状況をつくり上げた。共同ブランドのパートナーは選択の余地がなく、協力するしかない。つまりそのブランド化成分は、本質的にカギとなる成分を独占しているのである。これは、ブランド戦略家すべての夢である。

独占的な地位はうらやましいが、これは同時に不平等で高圧的なパートナーシップとなる場合もある。パートナーシップへの参加を強いられた相手企業は、この権力構造から抜け出す方法を模索するかもしれない。この場合、パートナーシップは不健全で脆弱なものとなる可能性がある。パートナーは他の選択肢を探すこともできるし、成分ブランドの市場支配力に刺激を受けて、法的手段をとることもあるかもしれない。したがって、強力な成分ブランドにとっては、健全な関係を確実に維持するこ

とと、共同ブランドのパートナーに対して、力関係に影響されないインセンティブ策を確実に講ずることが、長期的に大きな価値となりうる。

　2つ目は、第1章のインテルの事例で述べたように、財務上の理由から、マスター・ブランドが独占できない成分ブランドを受け入れる場合がある。パートナーは「インテル、入ってる！」のロゴを製品や広告につけることで、インテルから製品購入代金の6％をリベートとして受け取り、50％を限度に、広告費の支払いに充てることができた。これは、競争が激しく、利益率の低い事業において、やむをえない行動であった。

　3つ目は、インテルやドルビーなどの成分ブランドが相当規模のエクイティを構築した場合、それらのブランドを起用しない製品やサービスは著しく不利になるおそれがあるからだ。ある成分ブランドが十分に確立している場合、それを起用しないと、顧客は購買の検討対象からそのマスター・ブランドを外すことになりかねない。「インテル、入ってる！」ブランドがあまりに強力なため、このロゴをつけたコンピュータの販売価格は長い間、10％割高だったことを思い出してほしい。

　成分ブランドが独占できない場合、それをユーザー企業が自社ブランド化する、すなわち、独自ブランドを構築することを認めさせる方法もある。GMは、運転者が現在地を知ったり、特定住所への道順を教えてもらったり、トラブルに巻き込まれたときに支援を受けたりできる、「オンスター」というナビゲーション、通信、安全システムを開発した。この画期的なシステムはキャデラックに差別化ポイントを付与し、その後はGMの他種にも波及した。この革新的システムをレクサスにライセンス供与する際、GMはレクサス・リンクというブランド名に変更することを認め、オンスター・ブランドの差別化力を弱めた。ブランディングの観点からいうと、この対応はとんだ失敗に思えるが、ブランディングの作業はさまざまな外的要因の影響を受けるものだ。事実、レクサスは自社ブランド化する選択肢がなかったら、この革新的システムを搭載することはなかっただろう。さらに、GMはオンスターを業界標準として確立する実利的な意思決定を下し、その目標を達成するためには、レクサスなどもライセンシーとして受け入れる必要があった。

社外ブランド活性化要素

　第5章で詳しく述べたとおり、ブランド活性化要素は、とりわけ関与や関心が低い成熟製品カテゴリにおいて、活力、知名度、関心、連想、そして（あるいは）情緒的および自己表現便益を創造するために活用できる。自社のブランド活性化要素の源泉は、製品（アウディTT）、プロモーション（オスカーメイヤー・ウィンナーモービル）、自社で所有するスポンサーシップ活動（アディダス・ストリートボール・チャレンジ）、プログラム（エイボン・ブレスト・キャンサー・クルセード）、シンボル（ピルズベリー・ドウボーイ）、CEO（ビル・ゲイツ）、そしてライフスタイル（mライフ）まで、たくさんある。これらの活性化要素は、ブランドの活力が低下し、競争の熾烈な市場で苦戦しているときに、それらを立て直し、再活性化するための強力な手段となりうる。

　第5章で明らかになったように、ターゲット・セグメントと共鳴し、ターゲット・ブランドを強化するブランド活性化要素はなかなか見つけにくいし、構築するにもコストがかかる。社内ブランド活性化要素を構築し、マネジメントすることは、資源を大量に使うことになるばかりでなく、数カ月で達成しなければならない課題に、何年もかけてしまうこともある。実際、競合他社が強力なブランドと独自の活性化要素を有する市場においては、それは実現不可能かもしれない。

　企業が社内ブランド活性化要素を見出し、マネジメントするという困難な課題を考慮すると、社外のブランドに目を向けざるをえない。実際、社外には、著しい強さを持ったブランド、顧客のライフスタイルに結びついたブランド、ブランドを強化するのに必要な連想を持つブランド、競合他社に結びついていないブランド、そしてターゲット・ブランドに結びつけられるブランドなど、使えるブランドはいくらでもある。一定の規律と創造力をもってすれば、候補ブランドを見出すことは可能だ。その次の課題は、共同ブランドの提携を創造し、マネジメントすることである。

　社外ブランド活性化要素（external branded energizer）にはさまざまな種類

の源泉がある。しかし、それぞれの場合において、最も効果的な源泉には共通点がある。そういった源泉は活力の源であり、顧客の興味を引き、知名度があり、ブランドについての連想を持っており、ブランド間の結びつきを創造する手段を提供してくれる。とりわけ重要な源泉は、スポンサーシップ活動、エンドーサー、製品、国や地域、そしてシンボルである。各々を以下において説明する。

◆スポンサーシップ活動

　適切なスポンサーシップ活動は、うまく運営すれば、ブランドを転換することができる。実用的製品であるエンジン・オイルと伝統ある「バルボリン」ブランドの例を考えてみよう。このようなブランドは通常、興味や活力を創造するのが難しいうえに、個人の生活において重要な役割を果たすことはあまりない。エンジン・オイルの広告を読もうとする人はほとんどいないだろうし、多くの人は差別化のない製品だと考えている。しかし、スポンサーシップ活動を通じて、バルボリンはNASCAR（全米ストックカーレース協会）の一部分となり、すべてが変わった。

　バルボリンのレーシング・プログラムは多面的である。バルボリンはNASCARのスポンサーであるばかりでなく、そこでレーシング・チームも1つ保有している。レースに関わる人たちの目的地サイトでもあるバルボリンのウェブサイトでは、閲覧者はNASCARや他のレース場の日程を入手できるほか、最新のレース結果を知ることができる（写真とインタビューも掲載されている）。「閉ざされたガレージの内側」のコーナーでは、内部情報や関係者の視点での分析を掲載している。さらに、バルボリン・レーシング・グリーティング・カードの送付、バルボリン・レーシングの用具一式の購入、バルボリン・レーシングのスクリーン・セーバーのダウンロード、そしてレース場の最新情報を伝える週刊ニュースレター『トラックトーク』の購読申し込みなどができる。このように、バルボリンはレース体験と密接に関連するようになり、単にレースカーの車体にロゴをつけるだけよりもはるかに大きな効果を生んでいる。

　バルボリンの核となるセグメントは、自分でオイルを変える顧客、自動車に

強く関心を持っている顧客、そしてNASCARレースに夢中な顧客からなる。バルボリン・レーシング・プログラムは、この顧客グループにいくつかの方法で影響を与える力を備えている。最も基本的なレベルでは、このプログラムは、エンジン・オイル技術のリーダーである信頼性と連想をもたらしている。質が悪ければ、エンジン性能に余計な負担をかけるため、トップ・チームは製品が優れていなければ使用しないだろう。

しかし、ほかにもっと微妙な効果の可能性もある。バルボリンを選ぶことによって、それが自分自身をトップ・ドライバーやチームと重ね合わせて連想する方法となるため、顧客は自己表現便益を受けることができる。この連想がブランドによい結果をもたらすという調査結果もある。1998年、ある調査によると、アメリカ国民の47％がNASCARレースの観戦に興味があると答えた。別の調査では、NASCARレースのファンのうち、スポンサー製品を信頼していると答えた人は60％だった（NFLのファンに同じ質問をすると30％だった）。また、どこかの企業がそこでスポンサーになったら、その企業のブランドに乗り換えると答えた人は40％を上回った[7]。

スポンサーシップ活動は、関連性を究極の姿、すなわち、ブランドを可能な限りの上層位置、あるいはリーダーシップの位置にまで高める働きをもたらすことがある。あるソフトウエア企業はヨーロッパ市場で活路を見出そうとしたが、あまりうまくいっていなかった。しかし、自転車レースにおける上位3チームの1つのスポンサーになったところ、数カ月のうちに最もよく知られるブランドになった。サムスンが数多くの韓国低価格ブランドの1つから、アメリカ市場における本物の競争業者へと変身を遂げることができた理由の1つは、オリンピックのスポンサーシップ活動だった。こうしたスポンサーシップ活動によるブランドのコミュニケーションは、製品広告の効果をはるかに上回る。追跡データによると、よく知られ、よくマネジメントされたスポンサーシップ活動は、目に見える効果をもたらすことが確認されている。クレジット・カード業界においてVISAカードに対する優越性の評価は、オリンピック開催前は15％であったが、開催期間中には30％になり、1カ月後には20％となった。こうした評価測定の結果が、通常は非常に安定していることを考慮すると、スポンサーシップ活動は、大きな変動を与えるものだといえよう[8]。

実際、いかなる社外ブランド活性化要素についてもいえることだが、スポンサーシップ活動におけるきわめて重要な問題とは、それをブランドに結びつけることである。そうした結びつきを測定するDDBニーダム（広告代理店）のスポンサーウォッチによると、スポンサーシップ活動の成果は一般的に明確ではないという[9]。102社のオリンピック公式スポンサーを1984年以来、追跡調査したところ、このうち、オリンピックのスポンサーだったことについての認知率を最低15％達成し、スポンサーにならなかった競合他社のブランド認知率を最低10％上回った（これは決して厳しい基準ではない）のは、約半数だけだった。VISAやサムスンのように、結びつきの創造に成功したブランドは、プロモーション、広報活動、ウェブサイトの内容、ニュースレター、そして長期にわたる広告などの数多くのブランド促進活動とスポンサーシップ活動を併せている。

バルボリンNASCARプログラムは、1つのモデルとなろう。スポンサーシップ活動の持つ可能性は、自動的に具現化されるわけではないのだ。

スポンサーシップ活動を活用する際の指針は、以下のとおりである。

- **到達度**——スポンサーシップ活動はターゲット顧客に届いているか。それとも、活動範囲が狭すぎないか。直接のターゲット顧客だけでなく、周辺顧客も考慮すること。
- **関与**——ターゲット顧客の興味と行動を注視すること。もし、スポンサーシップ活動がターゲット顧客の興味と行動に到達していれば、ブランドは顧客の生活における大切な一部（バルボリンのNASCARレースや地域自動車ディーラーのカレッジ・フットボール・チームのように）となるか、生活に関連づけられるチャンスを得ることになる。
- **連想**——目的を知ること。スポンサーシップ活動によって、ブランド・アイデンティティのどの要素を強化するのか。そして、適切な連想を持つスポンサーシップ活動を積極的に探すこと。
- **プログラムの効力**——バルボリンの事例のように、プログラムに関わるスポンサーシップ活動を利用する方法はあるか。スポンサーシップ活動との長期的なブランド関係を維持する見込みがあるか。

◖エンドーサー

　ブランドには活力が不足しているかもしれないが、現代的で、ブランドに則っていて、活気があってそして面白い有名人はいくらでも存在する。ビュイックは、全自動車ブランドのなかでユーザーの平均年齢が最も高くなり（2001年には、キャデラックやリンカーンよりも）、関連性を維持するのに苦労していた[10]。日本車や欧州車に乗り換えようとしている人たちや、成功した若きエグゼクティブを手本にしている人たちに、ビュイックはカッコよいと思われないまでも、受け入れられるようになる必要があった。しかし、とりわけ若いユーザーをターゲットとした市場で、ビュイックのようなブランドの状況を一変させることは、製品や広告だけではほとんど不可能であった。そこで、タイガー・ウッズの出番となった。タイガー・ウッズは1999年にビュイックと長期契約を結び、その後、ビュイック・バッグの使用、コマーシャル、ビュイックのプロモーション・イベントへの登場、そしてビュイック・トーナメントに出場したりしている。タイガー・ウッズとの連想と、彼のビュイックに対するブランド保証によって、SUV「ランデブー」などの新車種の信頼性は高まり、ユーザーの平均年齢が低下し始めた。

　著名人の起用によるブランドへの結びつきと、その結果から得られるブランドのレバレッジ効果は、それらが大きなプログラムの一環であれば、より効果が高まる。ビュイックのタイガー・ウッズとの結びつきは、ビュイック・オープンが創設された1958年から同社がゴルフに深く関わっていたことを背景としている。現在では、ビュイックがスポンサーを務めるツアー・イベントは4つにのぼる。さらに、アマチュア向けには「ビュイック・スクランブル」（旧称「オールズモービル・スクランブル」）という大会も開催されている。この大会は80年代半ばに始まったもので、延べ10万人の参加者を集め、オーランドでの最終日は特に注目される。タイガー・ウッズはその名誉委員長となっている。この大会のウェブサイトは、ビュイック・ゴルフバッグやビュイックのラベルがついたスポーツウエア、そしてタイガー・ナイキ・ゴルフボールなどを販売する「ビュイック・プロショップ」にリンクしている。このように、タイ

ガー・ウッズは、ゴルフ・トーナメント、それを支援するさまざまな活動、ウェブサイト、そしてプログラムを支援するブランド・ポートフォリオの核なのである。

エンドーサーを選んで起用することは、戦略的なブランド活性化要素を創造するための重要な第1ステップである。この場合、検討すべき事項がたくさんある。エンドーサー候補は、以下のようでなければならない。

- 魅力を訴求できること
  - ターゲット顧客における知名度（知名度が低いとその影響力は限られる）
  - 魅力、好感度（単純に好感度が高ければ、それを保証付ブランドに移行させることができる）
  - 誠実さ（エンドーサーがその仕事をしているのが金のためであるとか、製品を心から信頼していないと思える雰囲気がないか）
  - 露出しすぎていない新鮮さ（エンドーサーの影響力は、エンドーサーとして露出しすぎると薄れてしまう）
- 適切な連想を持っていること
  - 連想がそのブランドのブランド・アイデンティティ目標を強化している
  - 連想がブランドそのものに対する自然な結びつきを創造している
  - 連想がプラスのものは強められ、マイナスのものは抑制されているように植えつけられている
- 長期的な関係を築ける可能性を持っていること
  - 持続可能な相性のよい関係
  - 一時的な流行ではなく、長続きするエンドーサーの連想
  - マイナスの連想を創造しそうにないエンドーサー
- エンドーサーを取り巻くプログラムを構築する可能性を持っていること
- コスト効率がよく、実際に利用できること（ビュイックはタイガー・ウッズに5年間で2500万ドル払っているが、実質のコストはエンドーサーを取り巻くプログラムにかかる費用である）

◆製品

　ハインツ・EZスクイートやiMacといったワクワクするような新製品ほど、社外ブランド活性化要素の選択肢が少ない。しかし、例外もある。大型量販店の「ターゲット」ブランドは、建築家のマイケル・グレイブスを起用しブランド化した。そして寝具をはじめ、ゲーム、家庭用品に至るまで幅広い製品を開発している。また、同社は、トレンディな南カリフォルニアの衣装デザイナー「モッシモ」と契約し、衣料や靴の広範な製品ラインのデザインを依頼している。グレイブスやモッシモがつくった製品は、ターゲットにとってブランド活性化要素となっている。

　ドライヤーズ・アイスクリーム・リミテッド・エディションは、ドライヤーズにとって活力源の1つである。このアイデアは、スクービー・ドゥー、オークランド・レイダースなどのプロフットボール・チーム、ガール・スカウト・クッキーズなどのテーマで、期間限定のアイスクリームを発売するというものだ（この企画は年に1度実施される）。こうした「特別感」が関心を引き、ブランドの活力と売上高を大きく増やしてくれる。唯一の問題といえば、この期間限定商品はあまりにも大きな活力があるため、バニラやチョコレートなどの通常人気商品が棚から少々減らされてしまうことだ。

　大ヒットする共同ブランドの製品を創造するには、固定観念を打ち破って、創造的で新しいアイデアを見つける必要がある。また、その結果を顧客の心に響くものにするというこだわりも欠かせない。ターゲット社が割安価格で提供する有名デザイナーによる上質の製品やオークランド・レイダース・アイスクリームは、それぞれが重要セグメントのツボにはまった例である。そして、製品発売の実施には不備があってはならない。ドライヤーズはこの共同ブランドをライセンス契約とし、製品の発売をコントロールしているが、ターゲット社の場合は製品化に2社が関与しているため、製品発売の実施面では課題を抱えている。

◆シンボル

　エンドーサーの問題の1つは、たとえ適切な選択をしても、問題が生じることもあるという点だ。生身の人間ならだれでも過ちを犯しやすいし、歳もとる。マイケル・ジョーダンでさえ最終的には完全に引退し、彼の影響力は低下した。このため、ナイキは、レブロン・ジェームス（プロ・バスケット選手）などの新しいエンドーサーを段階的に導入しなければならなかった。また、その人自身に責任のない場合もあるが、否定的な報道をされ、エンドーサーとしての効力を抑制されるか、ひどい場合にはブランドを傷つけるエンドーサーもある。しかし、シンボルにはこのリスクがない。1990年代初め、アニメの人気キャラクター「バート・シンプソン」は、バターフィンガーに対して活力とパーソナリティをつくり、売上げの大幅増加をもたらした。またスヌーピーは20年近く、保険会社メットライフのシンボルとなっている。
　メットライフは、チャーリー・ブラウンのキャラクターを1985年に採用した。その目的は、保険業界に温かく、軽妙で、脅迫的でない販売方法をもたらすためだった。つまらなく、貪欲で、官僚的だと考えられていた業界では、これは非常に難しいことだった。スヌーピーは、こうした目的を実現するための手段となっている。スヌーピーは親しみやすく、愛嬌があり、ユーモアや温かみを持ち、さらにチャーリー・ブラウンの他のキャラクター・イメージと結びついている。同社は、ウェブサイト、広告の飛行船、さらには会社のロゴにまでスヌーピーをつけている。それは、心理学者が「反駁」と呼んでいるものを防ぐ役割を果たしているのだ。保険会社の広告や宣伝文句には自然と皮肉な見方をしてしまうが、メットライフの場合は、感じのよいスヌーピーのおかげで、この傾向が弱まっている。これは、感じのよい漫画キャラクターと論争しても意味がないと思えるからであろう。
　シンボルの役割を理解することは重要である。それは、パーソナリティを創造することだろうか。連想を示唆すること、あるいは強化することだろうか。気の抜けた面白味のないメッセージに、ユーモアや好ましさを吹き込むことだろうか。期待する役割を念頭におけば、適切なシンボルを積極的に見つけるこ

とができる。

◆国や地域

　国や地域は、ターゲット・ブランドに関心、活力、差別化を与える強いブランドを持つことができる。たとえば、シャネルとロレアルはパリを意味するし、ベック・ビールとメルセデスはドイツ、ストリチナヤ・ウォッカはロシア、ボルボはスウェーデン、ブルーミングデールズはニューヨーク、マクドナルド、コカ・コーラ、リーバイスはアメリカ、ソニーは日本を表し、ブイトーニはイタリアの本物感を、デュワーズはスコットランドを象徴している。それぞれの事例において、国や地域に関するこれらブランドの連想は、比較的高い品質を示唆している。というのは、その国や地域には、その分野で最高のものをつくっているという伝統があるからだ。特定の製品分野のブランドについて、信頼性が原産の国や地域に影響されることを、多くの研究が裏づけている。
　国や地域のブランド化は信頼性を生むだけにとどまらず、情緒的、そして自己表現的な便益ももたらしうる。日本市場では、何十年にもわたって、ブランドを欧米と結びつけることによって自己表現便益を創造してきた。そのことが、スターバックスをはじめ、マクドナルド、ロレックス、メルセデスなどの欧米ブランドが日本で高い好感度を得ている一因でもある。ブルーミングデールズは、マンハッタンという街の活力を利用し、顧客が最終的な目的地とする店となった。これは、機能的便益だけでは構築するのが難しい。通常、国や地域は、エンドーサーのように衰退してしまうとは考えにくい。しかしリスクはある。というのは、政治的・文化的要因が国のイメージやパーソナリティに影響し、その連想がマイナスのものに転じてしまうことがあるからだ。
　国や地域との連想を強化すべきかどうかを決めるには、いくつか考慮すべき点がある。その国や地域は、その製品カテゴリに適切か。そのブランドは、その地域に妥当な結びつきを持っているか。その結びつきは所有可能か。そして重要な差別化ポイントを表しているか。また、一連の効果的なブランド構築活動に活用することが可能か。たとえば、ブイトーニのイタリアへの結びつきは、本物感をもたらすと同時に、調理器具や伝統を通じて、ブイトーニに関係する

多数の活動を生んでいる。

戦術的ブランド提携

　ブランド提携は、戦術的なブランド構築にも活用できる。戦術的ブランド構築の目的は、短期的活動において関連性、差別化、活力を素早く創造することだ。戦術のプログラムとしては、広告、報道、ゲリラ・マーケティング、プロモーションなど、さまざまな形態がある。

　ここでは、戦術的ブランド提携を積極的に活用するプロモーションを取り上げ、関連する問題を紹介する。

　通常、プロモーションは、短期的な売上げ増や顧客向けの活動を得るための戦術的手段と考えられている。そのため、プロモーションはブランド構築の担い手というよりも、むしろブランドの価値を落とし、傷つける場合もある。たとえば、自動車1台の購入につき3000ドルをリベートとして返金するとか、食料品1つの購入につき50セントのクーポンをつけるといったような金銭的インセンティブは、関心をブランドから価格に移すため、ブランドが値引きの対象であることを示唆してしまう。価格を強調するのは、商品がコモディティであることを含意しており、差別化や活力を創造するのとは正反対だ。しかし、ブランド提携は、ブランドの価値を高め、補強する一方で、コスト効率のよい、独特で、人を巻き込むプロモーションを創造するのに役立つ。

　提携ブランドは、連想を付加または強化する。たとえば、フォルクスワーゲンは、ある夏のプロモーションで、VWジェッタにトレック・マウンテンバイクとバイクを運ぶためのラックをつけて売り出したところ、1万6000台あまり売れた。トレックの自転車を提供するという方法は、自動車市場に浸透していたリベート合戦とはまったく対照的であり、それはジェッタ・ブランドとそのユーザーのライフスタイルを表現するものだった。

　ペプシは、ウェイト・ウォッチャーズ・スマート・ワンズ（食品）を3つ購入すると、ダイエットペプシかペプシ・ワンを1本無料で提供した。ウェイト・ウォッチャーズとの連想は、ペプシ飲料の低カロリーという特性をさりげ

なく強化し、ウェイト・ウォッチャーズはペプシの活力を受け取った。

また、たとえば、ヌーベルの再生紙を使ったトイレットペーパーは、環境や資源保護に強い関心を持つ「グリーン」セグメントに訴求する力がある。そこでヌーベルは懸賞付きのプロモーションを実施し、100組の家族にヨーロッパの5つの大公園のネットワークからなる「センターパークス」をめぐる旅行のチャンスや園芸用具一式が1万セット当たるチャンスを提供した[11]。このプロモーションは両方とも、環境問題への関心に則したものであった。

プロモーションを効果的に行うには、広範なターゲット・セグメントに訴求し、かつ新規性のある内容によって、混乱から抜け出す必要がある。混沌とした市場でこれを実現するのは容易でない。しかし、パートナー・ブランドを使えば、ひねりを加え、プロモーションが目立つようにすることができる。トレックの自転車が使われたことは自動車業界にとって目新しかったし、差別化されたプロモーションの基盤をもたらした。ヌーベルのプロモーションは、3つのブランドを共通の価値で結びつけるという斬新な手法だった。

プロモーションを支援するために2社以上の企業が提携すると、そのコストも分担される。これは、プロモーションの経済性を完全に変えてしまう場合が多い。実際、リスクの1つとして、コスト分担がプロモーションの牽引力となってしまい、効果的なプロモーションのための他要素が無視され、ブランド・リスクが生じると同時にあるべきプロモーションの機会を失うことがある。ブランド提携で、より多くの資源が利用可能にもなる。各社がそれぞれ貢献できる能力と顧客基盤を持ち寄るからだ。特に複数の企業が参加すると、プロモーションを支援するためにより多くのウェブサイトとそのトラフィックが使用可能となる。

したがって、優れた提携パートナーにはいくつかの特徴がある。第1に、ブランド・アイデンティティとポジショニング戦略を支える連想を持っている。第2に、興味深く、人を引きつけ、また混乱した市場から距離をおくプロモーションをもたらしてくれる。第3に、プロモーションのコスト効率をいっそう高める資源または能力を提供してくれる。

効果的なブランド提携の構築

　効果的なブランド提携とは、持続的競争優位となり、そのブランドを効果的または効率的に構築するのに役立つ、説得力のある顧客価値提案をするものであるべきだ。また、戦略を実行するのに必要な事業戦略とブランド構築の両方を支援するものでなければならない。さらに、一時的な提携ではなく、少なくとも持続的な関係を支援できる可能性が必要だ。ブランド提携の実現とマネジメントに成功した企業の経験は、検討するに値する指針を示してくれる。以下にその概要を述べる。

広い網を投げる

　ブランド提携の利点の1つは、無限の可能性を秘めていることである。数多くの提携選択肢を検討し、差別化を創造する確率が最も高い提携を確実に選ぶことだ。最適な可能性を積極的に模索せず、たまたま提示された選択肢を選り分けているだけの、日和見的な企業が多すぎる。事業戦略、マーケティング戦略、そしてブランド戦略に則って、適切な提携が実現されれば、大ヒット商品が生まれる可能性はずっと大きくなるだろう。

　ブランド提携のパートナーは、いくつかの次元に適合する必要がある。他企業のどのブランドが、自社のブランドが望む連想を持っているか。それらのうち、どのブランドが同じ顧客基盤と結びついているか。または同じ用途に関わっているか。完全なるパートナーというのは、それが友人であれ、配偶者であれ、企業であれ、どんな場合にもなかなか見つかりにくい。そこでとにかく、広い網を投げて、粘り強く探すことがカギとなる。

顧客主導の提携を結ぶ

　顧客には、2つの段階でブランド提携戦略を主導してもらえる。まず、顧客はどのようにして製品分野と関係しているのだろうか。何が関連性となるか。何が顧客を動機づけるのか。トレンドは何か。そのブランドに傾倒している顧

客に目を向けよう。なぜ、この人たちはそのブランドにそれほど強い愛着を持っているのか。つながりは何なのか。どうしたら製品やサービスにもっと関連性が深まるのか。次に、もっと広い意味で、顧客の興味、価値観、そして活動を探ろう。どうしたら、そのブランドを顧客の生活に結びつけられるのか。

　最大の目標は、顧客の生活の重要な部分と結びつくことである。バルボリンのターゲット顧客は、自動車とNASCARレースに関わっている。ビュイックのターゲット顧客はゴルフに結びつく、または関係することができるだろう。オリンピックは、旅行に強い関心を持っている幅広い高額所得層を抱えており、それはVISAの理想的市場である。メットライフの顧客は、一般的にユーモアを尊重し、「ピーナッツ」のキャラクターを愛している。

長期的に考える

　共同マスター・ブランド、ブランド差別化要素、もしくはブランド活性化要素を創造するブランド提携は、本質的には長期的視点を持ったプログラムである。長期的なブランド構築プログラムがなければ、成功することはまずないだろう。というのは、ブランド間の連想を創造するには時間がかかり、経済的な成果が生まれるにはさらに長い時間が必要となるのが普通だからだ。フォード・エクスプローラーとエディー・バウアー、ビュイックとゴルフ、スヌーピーとメットライフ、VISAとオリンピックといった連携はそれぞれ、何十年にも及ぶ関係に基づいており、その提携関係の長さが連想と影響力の強さに寄与している。

　2001年、出張旅行者向けの高級ブランド「ナショナル・カーレンタル」とレジャー旅行者向けの格安ブランド「アラモレンタカー」は、共同ブランドの下、事業統合した。1つの共通バス、1つの共通カウンターと共通従業員、1つの共通駐車場などによって、莫大なコスト削減には結びついた。しかし、結果的には、特にナショナル・カーレンタルにとっては、それは大損害となった。いくつかの主要都市における同社のシェアは、5％減の15％に低下した。何よりも注目すべきは、顧客認知に与えた影響だった。シャトルバスの運行頻度は35％ほど向上したにもかかわらず、顧客はバスのスピードが遅くなったと感じた。また、並ぶ列が長くなり、サービスが低下したとも顧客は感じた。2年

後、バンガード・カーレンタルがこの2つのブランドを買収すると、すぐにブランド統合を解消した。2つのブランドが分けられたと同時に、顧客の不満は減少した。

　プロモーションの戦術的ブランド提携でさえ、長期的視点から恩恵を受ける。共同ブランド化プロモーションが本当に1回限りの試みである場合、それはプロモーション自体のエクイティだけでなく、2社のコラボレーションがどれだけ機能するかについての学習をも無駄にする。プロモーションに息の長い市民権を与えれば、長年にわたってコストを分散でき、積み上げたエクイティを利用することもできる。テーマパークでの持続的なプロモーションと、1回限りのイベントを比較してみるとよい。

ブランド提携をブランド・ポートフォリオとプログラムに組み込む
　ブランド提携を一連のブランドとプログラムに組み込めれば、提携の影響力と価値を長期にわたって強化することができる。共同ブランドのパートナーを見つけることはなかなか難しい。ブランドの適合が必要であり、また多くの場合プログラムを成功させるためには、組織構造とプロセスを構築しなければならないからだ。そのため、適当なパートナーが見つかった場合には、1回限りでなく、一連の共同ブランド化プログラムを開発し、長期のパートナーシップを組むほうが理にかなっている。

　ディズニーは、マクドナルドやケロッグなど、いくつかのブランドと、共同でブランド構築に尽力し、それを長期的な視点で行う関係にある。たとえば、ケロッグは、シリアルの製品ラインに「くまのプーさん」などのディズニー・キャラクターを使用し、ディズニーの共同ブランド保証を行うライセンス契約を締結している。一方、ケロッグは、ディズニーのテーマパークにおける朝食の公式スポンサーの役割を担っており、これはいくつかあるパートナー・プログラムの1つである。

リスクに注意する
　ブランド提携は、とりわけ強力なブランドと結びつく場合は、大きなリスクも伴う。一連のプログラムと長期的視点を持ったパートナーシップの場合、こ

うしたリスクは高まる。もし、一方のパートナーが行き詰まると、他方のパートナーは期待した恩恵を受けられなくなる可能性もあり、最悪の場合には損害を被るおそれもある。たとえば、マクドナルドとディズニーの長期契約は、一連のディズニー映画がヒットし、これが子供や家族におけるマクドナルドの名声と活力の持続に加え、そのプロモーションを支援するものと想定されている。しかし仮に、どちらかの想定が崩れた場合、この提携は資産ではなく、重荷になってしまう。

　プログラムとタイムフレームが拡大されるにつれ、提携ブランドの一方または市場が変化し、便益が期待を下回る、あるいはさらに悪い場合、ブランドの一方が他方によって汚される可能性も高まる。さらに、パートナーの一方の事業戦略が変わり、提携の重要性が下がってしまうリスクもある。課題は、適切なパートナーを厳選し、提携を積極的にマネジメントしたうえで、浮上しつつある問題を察知し、それに対処することである。

組織の連携

　ブランド提携には、それぞれ独自の構造、システム、そして戦略を擁する複数の組織が関わっているため、特に長期的に積極的な共同作業を必要とする提携にとって、このことが大きな問題となる。緊張感の低下や効率性の悪さがすぐに浮上するおそれがある。長期間においてはカギとなる人々が異動してしまうため、関係が再構築されなければならない。そして、最もやっかいな問題は優先順位が変わることで、それによってその組織の取り組み方に影響が出ることだ。

　1990年代中頃のスウォッチとメルセデス・ベンツのブランド提携は、両社の戦略目標が異なるうえに、それぞれの企業文化によって、実行が困難になった典型的な事例である[12]。この提携の目的は「スウォッチモービル」を開発、販売することだった。この自動車に対するスウォッチ側の認識は、取り替え可能なカラーボディー・パネルを採用した、「使い捨て」のファッション性を重視した自動車をメルセデス・ベンツが製造し、販売するというものだった。一方のメルセデス・ベンツは、次第に自社に関連する車はすべて安全で、環境にやさしく、高品質でなければならないことを認識したが、こうした特徴はスウ

ォッチのコンセプトの主眼ではなかった。このため、メルセデス・ベンツは、スウォッチを買収してこの合弁事業を引き継ぎ、最終的にその車種名を「スマート」に変更することになった。

　経営学専攻の学生による提携に関する研究で、こうした事態を回避するのに役立つ洞察が示されている。第1に、提携が、両者に同時進行で価値をもたらすことが重要である。そのため、強固で持続的な価値貢献の基盤が確認される必要がある。第2に、提携に十分な優先権が与えられるよう、両方の組織内で提携が戦略的根拠を持っていることが必要だ。提携の多くが失敗するのは、なかなか期待するような結果が出ないからではなく、他の優先事項や戦略的指示によって一方の企業が気を紛らわしてしまうからである。極端な場合には、提携は、推進者のいない、孤立した取り組みになってしまうこともある。第3に、両企業にまたがる優秀な作業チームが必要だ。すなわち、一体となって働ける一流の人材を配置するということである。

　一方のブランドが他方の企業にライセンス供与されていれば、問題は簡単である。この場合、供与を受けた企業が共同ブランドの展開をコントロールすればよい。ハーシーズは、ベティー・クロッカーのケーキミックスとその他製品にココアが材料として入っていることを知らせるために、ハーシーズ・ブランドの使用をライセンス供与している。ケーキミックスの製造とマーケティング活動に関して、ハーシーズの関与は最小限にとどまる。しかし、ライセンス供与側（この場合はハーシーズ）は一連の手順を定めて、ブランドが常に一貫した方法で表示され、最終製品がハーシーズの品質にかなうものであることを確実にする必要がある。こうした合意を実現し、強化することは、緊張感を生む。そのため、ライセンスを基礎とした提携であっても、2社にまたがる事項としてのマネジメントが必要なのである。

ポートフォリオを考える

　他社ブランドもブランド・ポートフォリオの一部であり、一定の役割を与えることができると考えれば、思考の幅はぐんと広がる。ポートフォリオ的な視点とは、他社ブランドとその関係も積極的にマネジメントすることを意味する。それは、その他社ブランドのイメージ、パーソナリティ、製品特性、そして組

織的連想に関する情報を入手する必要があるということだ。提携が本当に戦略的で長期的なものであれば、そのブランドの将来的な方向性も理解しなければならない。そうすれば、パートナー・ブランドの強みと展望を反映するよう、ブランド提携戦略を調整できる。

さらに、他社ブランドをポートフォリオ的な視点で見ることによって、ブランド構築と強化の予算配分も、自社と他社ブランドの両方を含めた、全ポートフォリオ横断的になる。したがって、他社ブランドをその場限りのものとして扱うべきではない、ということになる。

ブランド提携を構築、実行、活用することは簡単なことではない。ブランド戦略の問題はそれ自体十分に難しいが、提携が関わってくると、組織的な課題がそれにかぶさる。しかし、いきなり出現する脅威や機会に対し、迅速で、効率的で、説得力のある対応が必要な環境下では、ブランド提携を選択肢の1つとして上手に活用することが重要となる。

◆学習のための問題

1. ブランド提携を1つか2つ、本章で言及したブランドは避けて選んでください。選んだ共同ブランドそれぞれについて――
   a 2つのブランドは、その共同ブランド製品やサービスにどのような影響を与えますか。
   b ブランドAは、ブランドBと共同ブランドの製品やサービスとの連想から、どのような影響を受けていますか。このことは、共同ブランドの位置づけやブランド構築プログラムによってどのように影響を受けますか。
   c ブランドBに対して、同様に質問bに答えてください。
2. ブランドとその製品市場を1つ選び、以下の項目をもたらす可能性のある提携案を作成してください。また、それぞれの選択肢を評価する基準をつくり、その実行に関する問題を議論してください。

a 共同マスター・ブランド化された製品やサービス
b 社外ブランド差別化要素
c 社外ブランド活性化要素
d プロモーションやコミュニケーション活動を創造する戦術的提携

第III部

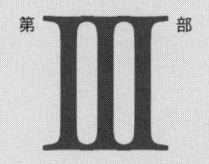

ブランド資産の活用
LEVERAGING BRAND ASSETS

第7章 ブランドの新たな製品市場への活用
LEVERAGING THE BRAND INTO NEW PRODUCT-MARKETS

「ブランドは参入障壁であったが、参入の手段にもなる」
——エドワード・タウバー（南カリフォルニア大学）——

「絶対に貸さないものが3つある。上司、妻、そして自分の名前だ」
——ロバート・スミス・サーティーズ（小説家）——

事例：ダヴ

1955年、ユニリーバ（当時はリーバ・ブラザーズ）は「ダヴ美容石鹸」を発売した[1]。この製品には、特許を取得したマイルド洗浄成分が含まれており、定期的に使うと見違えるほどの「肌触り」が生まれるというものだった。これは、成分の4分の1を占める洗浄クリームが、洗っている間に肌に「クリームを塗る」効果を生むためであった（一方、従来の石鹸は汚れや油脂を落とすときに肌を乾燥させてしまう）。この製品は美容石鹸（ビューティー・バー）と位置づけられ、それは現在でも変わっていない。洗浄クリームが石鹸の中に流し込まれている場面をとらえた広告は有名である。79年には「洗浄クリーム」という呼び名が「保湿クリーム」へと置き換えられた。

同じ1979年、ペンシルベニア大学の皮膚科医が、ダヴは他の石鹸と比べて肌を乾燥させたり刺激したりする度合いが、きわめて小さいことを示した。こ

の調査結果に基づいて、ダヴは医師に対する積極果敢なマーケティング活動を展開した。この結果、医師に薦められて購入したという人がダヴのユーザー全体の25％を占めることとなり、医師の推薦が保湿効果のあるこのブランドの信頼性を大幅に高めたといえる。80年代半ばまでには、ダヴは最も売れ行きのよい石鹸ブランドになり、価格プレミアムを維持した。現在では、ユニリーバのダヴ固形石鹸の売上高は3億3000万ドル、市場シェアは24％を上回っており、2位を大きく引き離している。

ブランド拡張の失敗と成功

　ダヴ・ブランドを拡張しようとする最初の取り組みは、1965年に行われた。食器用洗剤への拡張である。この製品は現在も残ってはいるが、失敗だったと言わざるをえないだろう。当時の最大の競合製品は「パルモリーブ」で、「食器を洗っている間に手に潤いを与えてくれる」というのが宣伝文句だった。ユニリーバは、ダヴの洗浄クリームのほうがパルモリーブよりも効果があると思ってもらえるだろうと考えていた。しかし、顧客には、すっかり定番となったパルモリーブからあえて製品を変更する理由がなかった。そもそも、クリーミーさを謳うダヴのメッセージがきれいな食器に結びつかず、顧客にとって利点はまったくなかった。ブランド拡張が市場に十分受け入れられなかったため、ダヴは製品価格を引き下げたが、これがこのブランドにさらなる緊張をもたらした。この製品を発売してから15年が過ぎても、アメリカ市場でのシェアは3％前後の7位と低迷していた。ダヴの食器用洗剤はダヴ・ブランドを強化するのに失敗しただけではなく、ダヴ・ブランドの拡張を数十年阻害してきたことも疑う余地はない。

　1990年、ダヴ美容石鹸の特許が失効すると、最大の競争相手であるP&Gは、すぐに保湿成分を配合した「オレイ」美容石鹸の開発を始め、93年に発売した。さらに、その1年後にオレイ・ボディウォッシュを発売し、時をおかずして利益率の高い製品カテゴリにおいて25％を超える市場シェアを獲得した。ダヴのブランドチームは、ダヴこそが保湿性ボディウォッシュの役割を担う最適なブランドだと気づいてはいるが、不意をつかれてしまった。ダヴ側は、明らかにこの新しいサブカテゴリのリーダーになるチャンスを逃してしまった。

◆ 図7-1　ダヴの広告

Nutrition Pack

　しかし、ダヴ側はオレイに対抗して、大急ぎで「ダヴ・モイスチャリング・ボディウォッシュ」を発売した。この製品はヨーロッパの伝統的なボディウォッシュ・モデルを基礎としており、ダヴの謳い文句に沿うものではなかった。1996年に行った成分変更によって状況は多少改善されたが、本当の意味でオレイに対抗できる存在になったのは、99年、脂質・ビタミンE・その他の成分を皮膚に堆積させる技術を採用した革新的な「ダヴ・ニュートリウム」製品ラインが導入されたときだった。皮膚に滋養成分を与えるというこの製品の先進的特性によって、通常のダヴ・ボディウォッシュよりも50％高い価格がつけられた。そしてさらに、抗酸化剤（老化を抑える）を配合した老化防止用ニュートリウム・ボディウォッシュも発売した。これらの製品のおかげで、ダヴはボディウォッシュのカテゴリでオレイと並ぶ水準に到達することができた。ダ

ヴは、強力な既存ブランドの活用、革新的技術の追求、あるいは粘り強く挑戦することで、このカテゴリへの参入の遅れを取り戻したのである。

このダヴ・ボディウォッシュの効果は、ダヴ石鹸事業に貢献している。この事業の業績は1990年代半ばまでは横ばいだったが、96年には下降に転じた。ところが、このボディウォッシュの投入によって、2001年のダヴ石鹸事業の売上高は90年代半ばと比べて30％も急増しており、ダヴ・ボディウォッシュそのものの売上げのみならず、その勢いと広告露出が同事業の業績全般を後押しした。このダヴ・ボディウォッシュがボディウォッシュ・カテゴリで定着すると、次にニュートリウムというサブブランドが石鹸事業を強化するために起用された。01年、ユニリーバは、皮膚の栄養素を活性化させる効能を謳った「ダヴ・ニュートリウム」石鹸を従来のダヴよりも30％高い価格で発売した。

新カテゴリへの積極的参入

ダヴにとってのさらなる挑戦の場は、デオドラントという、どちらかというと成熟した市場だった。このカテゴリでは、カギとなる便益は乾燥性であり、保湿性というダヴの謳い文句と矛盾していた。また、ターゲットとなるセグメントの年齢層は、ダヴの通常のそれよりも低かった。しかし、2000年、リスクがあるのは明らかだったが、ダヴは、「次の停車駅は、アームピットヘブン（脇の下のくぼみ天国）」といったセリフのダヴらしくない広告を使って、デオドラントの製品ラインを発売した。ふたを開けてみると、ダヴのデオドラント製品は売上高7000万ドル、市場シェア5％近くを獲得し、01年の食品を除く新製品のトップテンに名を連ねたほか、女性用デオドラントではナンバー2のブランドになった。結局、差別化につながったのは、製品ポジショニングの基礎となっていたマイルドな「4分の1配合の保湿ローション」であり、脇の下の肌にも保護が必要だという事実を広告することで、乾燥性の便益に対する逆転を生み出したのである。

ダヴのこうした成功をものともせず、2000年半ば、P&Gはダヴを市場で再び打ちのめそうと、今度は保湿成分を染み込ませた使い捨てフェイスクロス「デイリー・フェイシャル」を投入してきた。ダヴが、「ダヴ・デイリー・ハイドレーティング・クレンジング・クロス」で対抗するまでには1年かかったが、

ボディウォッシュでの成功を背景に、ダヴ・ブランドはこのカテゴリでも十分に競争でき、初期の業績も有望だった。

次に発売した「ダヴ・ヘアケア」は、このカテゴリではまだ満たされていない2つの主要ニーズのうちの1つである「保湿力」に直接応えたブランド差別化要素、「ウェイトレス・モイスチャライザー」を起用していた。ウェイトレス・モイスチャライザーは、髪をよりなめらかでさらさらで鮮やかに見せる15種類の成分からできており、髪に余分な負担を与えないものだった。この製品は日本と台湾でナンバー1の地位を獲得し、2003年はじめには大々的な販売促進キャンペーンを伴ってアメリカでも発売され、いまではアメリカの家庭のほぼ3分の1で使われている。売上高は数年にわたって年率20〜30％伸び続け、02年では総額で20億ドルを超えている。

これらの事例から、以下のような洞察を得ることができるだろう。

- 守備範囲の狭いブランドをパワー・ブランドにすることは可能である。うまくすれば大きな業績向上もありうる。成功要因の1つは、価値ある特性——この事例ではダヴの保湿性——による強力なポジションの確立である。
- ブランド拡張の成功は、将来のさらなる拡張の基礎になる。もし、ダヴ・ブランドにおいて固形石鹸のみが販売されていたとしたら、デオドラント製品への拡張もなかっただろう。
- 拡張の苦戦は、拡張の失敗よりも始末が悪い。なぜなら、ブランドが負荷を抱え続け、将来の拡張の妨げにもなるからである。
- 競争は健全なものである。ダヴは、オレイからの厳しい圧力によって、パワー・ブランド戦略の実行を後押しされた。ダヴは、将来に向けての悲観的な戦略展望に直面し、それに対処しなければならなかったからだ。もし、オレイがなかったら、ダヴは積極果敢な架空のオレイを想定する必要があっただろう。
- サブブランドとブランド差別化要素が、競合との差別化を実現する。サブブランドのニュートリウムは、利益率の高い差別化されたボディウォッシュ製品と、それに続く新しい石鹸を開発するのに重要な役割を果たした。これらを実現するには、ダヴ・ブランドだけでは不可能だっただろう。また、ブラ

ンド差別化要素のウェイトレス・モイスチャライザーは、ダヴ・ヘアケアの展開に不可欠のものだった。
- 先行者優位は打破することができる。確かに、市場に最初に参入しないと高い障壁に直面する。ダヴも、食器用洗剤市場でパルモリーブに挑もうとしたときに、それを実感した。しかし、ダヴのボディウォッシュやデオドラントのように後発でも、正しく攻めれば成功できる。

戦略的に成功を収める1つの方法は、資産を築き、それを強化し、活用することである。実際のところ、それが戦略の本質なのかもしれない。大半の企業において、最大の資産の1つはブランドである。そこで、本章と次章では、事業規模を拡大し強化するために、ブランド資産をどのように活用しうるかについて、紹介していく。新製品に起用するブランドには、自社開発したもの、他社から取得したもの、製品のライセンス供与先企業が開発したものがあるが、いずれにせよ、ブランドは新しい製品市場における事業のカギとなる可能性を秘めている。

新しい製品市場へのブランド拡張

ブランド・ポートフォリオ策定での重要な次元は、ブランドの範囲を規定することである。そのブランドは、どんな製品カテゴリやサブカテゴリでその役割を果たすことができるのか。そのブランドは、ドライバー・ブランドまたはエンドーサー・ブランドとして、どの程度拡張すべきか。そもそも、そのブランドは拡張すべきか。もしすべきでないなら、事業戦略を支援するために、そのブランドを再定義する必要はないか。新しい製品市場での成功を支援するために、新しいブランドは必要になるのか。

ブランド・ポートフォリオを新しい製品市場に活用するのは、顧客のニーズにまだ応えていない分野を見つけて事業を成長させ、増収増益を実現するためである。成長は財務上望ましいだけでなく、企業の活力の源でもある。企業が新しい製品市場を切り開くのは、従業員やパートナーにチャンスをもたらす方法の1つである。また、成長していれば、優れた人材を雇用し、確保するのも比較的容易になる。

しかし、ブランドを拡張する戦略上の理由はほかにもあり、それは、状況によっては等しく重要になりうるものである。特に、新しい製品市場へのブランド拡張は、以下のような効果をもたらす。

- ブランドの露出とイメージを高められる。ブランドを新しい状況に適応させるほうが、広告にコストをかけるよりも効果的で効率的なブランド構築手法になりうる。
- コミュニケーションの効率性を高められる。これは、より巨額のブランド構築予算の投入などによってもたらされるが、特に同一市場でブランドが拡張される場合や、製品の横断的なブランド構築（ワールドカップのスポンサー活動など）が行われる場合に、効果を発揮する。
- ブランド・イメージを変えられる。戦略的取り組みを支援するために、ブランド連想の拡大や転換の必要がある場合、そのブランドを新しい分野に移行させるのが最も効果的な方法かもしれない。
- 既存のブランド資産の活用なくしては参入が難しい、あるいは不可能な新興の製品市場に対し、競争力のある参入を実現することが関連性を維持する方法となる（第4章を参照）。
- 競争相手が市場に参入し、足がかりを獲得すること、または開拓することを妨げる。つまり、拡張は骨の折れる仕事だとしても、戦略的防衛手段としての価値があるということである。マイクロソフトは、競合他社が中核の事業分野に参入するのを抑制するために、さまざまな事業分野に参入している。
- ブランドに活力源を提供できる（第5章を参照）。とりわけ、すでに定着し、やや疲弊したブランドには有効である。

新しい製品市場に参入するには、新しいブランド、少なくとも新しい保証付ブランドが必要になるだろう。しかし、新しいブランドにはリスクがあるし、その構築にはコストもかかるため、選択肢として既存ブランドを活用することが好ましい。一般的に、ブランドのレバレッジ効果は有効である。130社を対象としたマッキンゼーの調査によると、複数の製品市場にまたがる強力なブランドを抱える企業の収益は、その競合企業よりも5％多く、強力だが1つの分

野に特化したブランドを抱える企業の場合は、業界平均よりも1.9%上回るにすぎないことがわかった[2]。

範囲ブランドを活用する

ブランドを拡張するには2つのアプローチがある。1つ目は、ブランドを臨機応変に次から次へと拡張していくやり方である。この場合の課題は、それぞれの拡張が目的を達成する最大の機会であると確認でき、そのブランドに対するリスクを最小にすることである。ブランド拡張は、ブランドの連想が最も付加価値を生みやすい製品市場、そしてそのブランド自体が色あせずに強化されるような状況において実施されるのが理想である。

2つ目は、より戦略的であり、複数の製品市場の事業を支援するために、範囲ブランド・プラットフォームを構築することである。**範囲ブランド（range brand）** とは、複数の製品カテゴリにまたがるブランドを指す。範囲ブランド・プラットフォームの構築には、一連の拡張が実施された後での、そのブランドの最終的な製品範囲についてのビジョンを持ち、長期的にブランドをマネジメントすることが必要となる。企業はこの最終的な目標を念頭におきながら、これらすべての製品において、そのブランドが力を持つような連想を創造しなければならない。そうすれば、ビジョンに描いたブランド拡張を持続的に行えるだろう。

戦略的なブランド拡張プログラムが実施される範囲ブランド・プラットフォームという考え方は、本章の後半でさらに詳しく説明する。まずは、ブランド拡張を決定する考え方について検討していく。その際、ブランドを活用するために、どんな状況においても中心的に検討されるべき諸課題について詳しく述べる。それらは、ブランド・プラットフォームの範囲を設定することや、ブランド・プラットフォームにおけるビジョンを実現するために一連の拡張を展開していくことに関係している。

新しい製品市場へのブランド拡張が、本章の焦点である。なお、これとは違うタイプの拡張がほかに2つある。1つは、ブランドの垂直的拡張である（第8章を参照）。これは、現在よりも上方（高価格）か、下方（低価格）の市場に拡張するために既存のブランドを活用することである。もう1つは、ライン拡

◘ 図7-2　ブランド範囲

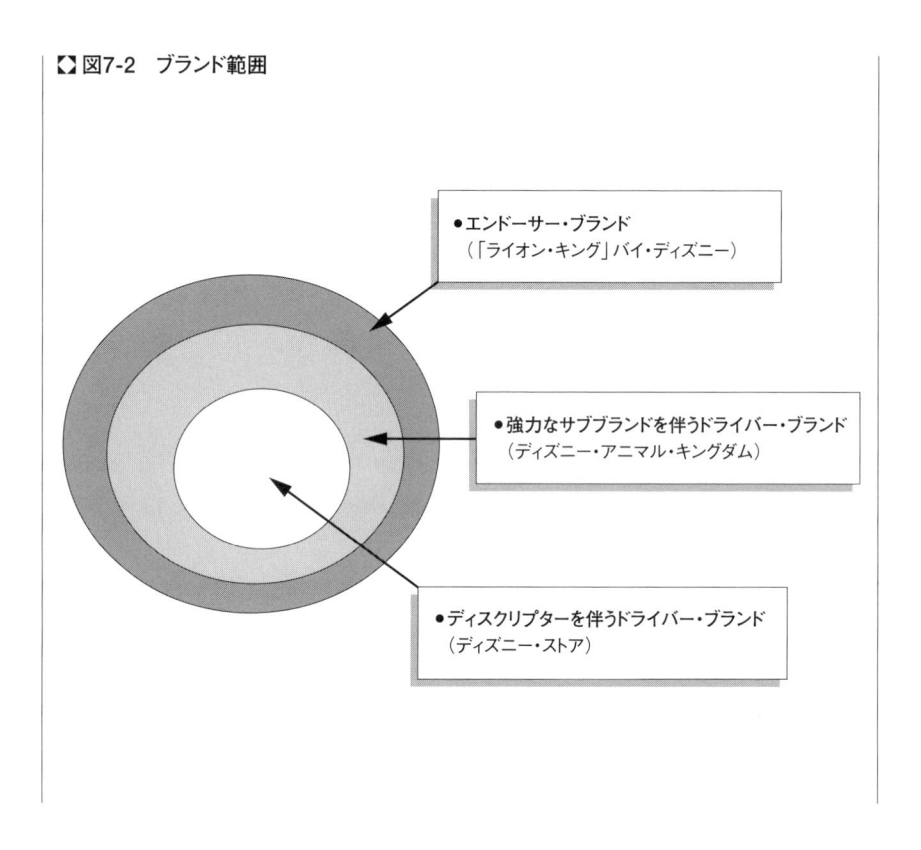

- エンドーサー・ブランド
  （「ライオン・キング」バイ・ディズニー）
- 強力なサブブランドを伴うドライバー・ブランド
  （ディズニー・アニマル・キングダム）
- ディスクリプターを伴うドライバー・ブランド
  （ディズニー・ストア）

張であり、ブランドが同一の製品市場で他のバリエーションに拡張される場合である。たとえば、異なる味つけ、型、パッケージ、サイズなどによる拡張である。ここでのリスク（第10章を参照）は、ライン拡張の1つひとつが個別では目的にかなっていても、それが次第に増えてくると、選択肢の増大によって顧客を混乱させ、結局は収益性とブランドの影響力を低下させるということである。

　ブランド拡張は、レベルの異なる拡張が組み合わされて存在する場合もある。最初のレベル（**図7－2**を参照：中心の円）では、ディスクリプター（製品説明的なブランド）もしくは弱いサブブランドを伴うだけで、拡張に際しては既存ブランドが主要なドライバーの役割を果たすことになる。メルセデス、ダヴ、ウェイト・ウォッチャーズ、ヘルシー・チョイス、ヴァージン、IBM、ニュー

マンズ・オウンが単一ブランドの例であり、新しい製品に参入するために、その核となる連想を活用している。2番目のレベルでは、ブランドが強力なサブブランドとともに拡張されている。ソニーはブランドを広く拡張しているが、VAIO、ハンディカム、ウォークマンなどの強力なサブブランドを伴っている（第5章を参照）。3番目のレベルでは、保証付ブランドを使って拡張している。マイクロソフトはエンドーサーとして幅広く拡張しており、ワード、オフィス、ドット・ネット、MSNなどのブランドを支援している（第3章を参照）。

ブランドが使用される範囲は、そのブランドがエンドーサーとして使われるとき、あるいは、少なくとも主要なドライバーであるときに最も広くなる。図7－2は、ブランドの範囲の違いを図で説明している。この図におけるディズニー・ブランドのように、1つのブランドは、ある製品に対してはディスクリプターを伴うドライバーとなり、他製品では強力なサブブランドを伴い、そしてそれ以外の製品ではエンドーサーの役割を果たしうる。ディズニーがエンドーサーとして使われる場合、ターゲット・カテゴリは非常に広くなる。

ブランドの新製品への活用

ブランド拡張において最初に決定すべきことは、「どの分野に拡張するか」である。どのような製品やサービスであればそのブランドを活用でき、強化できるだろうか。次に決定すべきことは、「どのブランド戦略を採用すべきか」である。これについては、第2章のブランド関係チャートにおいてすでに議論を展開し、選択肢を提示した。図7－2に示すとおり、ブランドの拡張には強力なサブブランドや保証付ブランドを起用することができる。既存ブランドではどうしても売りたい製品に適合しないという場合は、その製品に合った新しいブランドを構築する方法もある。

◆どの分野に拡張するか

最も有望な拡張の方向を見つけるには、まず、そのブランドがどのような分

野に価値を付与できるかを見極めることだ。この場合、拡張顧客調査が役に立つ。拡張顧客調査の第1段階は、ブランドの連想を理解することだ。どの連想が活用できるか。第2段階は、適合すると思われる製品カテゴリの候補を挙げることである。第3段階は、その事業の魅力についてカテゴリを評価することだ。満たされていないニーズはあるか。競争環境はどうか。成功を妨げる障害にはどのようなものがあるか。第4段階は、販売する製品やサービスの選択肢、ポジショニングの選択肢を検討することである。企業の強みと弱みを前提として、何が利用できるだろうか。それでうまくいくだろうか。

拡張調査①──活用できる連想を見つける

拡張調査は、そのブランドが適合し、価値を付与する製品カテゴリを特定するために行う。第1段階は、既存ブランドの連想と、ブランド・アイデンティティ（すなわち、将来に向けて実現していく連想のビジョン）を決定することである。共通の連想を導き出すための軸は数多くある。たとえば、ユーザーの種類（たとえば、赤ちゃん）、立地（たとえば、フランス）、素材（たとえば、オート麦入り）、シンボル（たとえば、傘）などである。ウェルズ・ファーゴは銀行業務に関する連想ばかりでなく、駅馬車、古きよき西部、安全、開拓者といった連想を生み出している。マクドナルドは、「子供たちにとっての楽しいひととき」ばかりでなく、「ロナルド・マクドナルドやその友だち」という連想でつながっている。それぞれの事例において大切なのは、そのブランドが本来の分野から拡張する場合に、どのような連想が強力であり、有効なのかである。

ジリアン・ガケンフルが共同研究者たちと行ったある調査手法は、ブランド拡張の可能性について洞察をもたらしている。この調査はまず、被験者に幅広い40製品（自動車から宝石、芝刈り機、ヨーグルトに至る）の中から、用意された連想リストに最も適合している製品と最も適合していない製品をそれぞれ10選んでもらう。次に、その中でも一番適合している製品を1つだけ選び、それを選んだ理由を説明してもらう。そして、2番目に適合しているもの、3番目に適合しているものといった具合に質問を続ける。その次に、製品リストにはないが、各連想によく適合している製品を2つ指摘してもらい、その理由を説明してもらう。さらに、適合しないと思われる製品を同じ手順で選択して

もらう。被験者に、最も適合していない製品に順位をつけてもらい、その理由を説明してもらう。この調査から、第1に、ブランドの連想はどの顧客にも一様というわけではなく、異なる傾向があることがわかる。たとえば、ペンズオイルについては、主に自動車について連想する人もいれば、自動車オイルだと思っている人もいる。クラフトについては、乳製品だと思っている人もいれば、冷凍食品だと思っている人もいる。第2に、連想されるブランドの特徴が、ブランド拡張の際の適合性の予測に直結するということが理解できる[3]。

拡張調査②――カテゴリを見つける

　第2段階は、ブランドの主な連想や一連の連想の1つひとつについて、関連する製品カテゴリを見つけることである。この段階では、連想の選別は限定的にする。なぜなら、ここでは拡張するカテゴリの選択肢を議論することが主眼だからである。たとえば、ウェルズ・ファーゴの駅馬車や西部の連想は、西部開拓時代の服装やウエスタンテーマパークを示唆する。また、安全への連想は、盗難警報装置や現金輸送サービスを暗示する。マクドナルドは子供に関連する連想があるので、おもちゃ、衣服、ゲーム、あるいは子供向けテーマパークなどに拡張することもできる。さらに、マクドナルドには効率的で低コストのサービスといった連想もあるため、これらの特性が価値を持ちうるサービスであれば、どんな分野にでも参入できるだろう。たとえば、マクドナルドの衣料店があれば、商品が比較的安く効率的に売られている、との期待を抱かせる。

　ヴァセリン・インテンシブ・ケアは、保湿剤の連想を持っている。このことは、石鹸、洗浄クリーム、スキン・クリームなどの保湿剤の位置づけを持った製品への拡張を示唆している[4]。また医薬関連の連想も持っている。これは、防腐剤、応急手当用のクリーム、痔疾患用のクリームといった製品への拡張を示唆している。さらに、ヴァセリン・インテンシブ・ケアは、ローションの連想も持っている。このことは、日焼け止めローション、アフターシェーブ・ローション、ベビー・ローションなどの製品につながる。実際には、ヴァセリンは「ヴァセリン・リップ・セラピー」「ヴァセリン・インテンシブ・ケア・フォーム・バス」「ヴァセリン・インテンシブ・ケア・リニューアル」「プロテクション」の各ローション製品に拡張しており、これらはポジショニングとして

は医薬や治療薬のブランドだが、ローションと保湿剤との連想に基づいて構築されている。最大の競合であるジョンソン・エンド・ジョンソンを脅かす「ヴァセリン・ベビー・オイル」に代表されるように、これらの製品はどれもよく売れている。しかし、例外としてうまくいかなかったのは「ヴァセリン・ヘア・トニック」だ。これは、このブランドのもともとのインテンシブ・ケア製品からくる油っぽさの連想が重荷となったことは、間違いない。

クロロックスに関する拡張調査によると、顧客はこのブランドを洗濯用製品だけではなく、一般的な清掃用製品と結びつけて連想していた。このため、クロロックスは、洗濯部屋から家の他の部屋にもその焦点を拡張した。そして、「クロロックス殺菌ふきん」や「クロロックス・レディーモップ」というモッピング・システムなどの、一連のヒット製品が生まれた。

拡張調査③──カテゴリを評価する

次に、拡張調査によって示唆されたカテゴリを評価する必要がある。そのカテゴリは魅力的か。今後もその魅力は維持されるか。成長しているか。利益率は健全か、それとも低下しているか。現在および将来の競争環境はどうか。既存の競合他社は強力で当該事業に注力しているか、それとも脆弱で将来の成長のために他分野への進出を検討しているか。他社の参入はあるか。飽和状態ではないか。満たされていない顧客ニーズはあるか。そのブランドに適合するセグメントに機会はあるか。新しい製品市場に参入するという目標以外に、拡張の戦略目標はあるか。

また、そのカテゴリで競争するために必要な資産や競争力についても、検討する必要がある。戦略的に必要となる資産や組織能力には、研究開発、製造、販売、資金調達、世界的な物資調達、配送体制、顧客関係などが含まれるが、必要な資産がない場合、それらをタイムリーにコスト効率よくつくり出せるか、もしくは獲得できるだろうか。

拡張調査④──拡張コンセプト

最終的には、企業は特定の製品やサービスとポジショニング戦略によって、市場に参入する必要がある。このときの最大の誤ちは、差別化できる優位性の

ない、似たような製品を投入することである。何年にも及ぶいくつもの研究から、新製品の成功を予想するうえで最も重要なのは、その製品と既存製品との相違点であることがわかっている。優れた便益と差別化ポイントを有する製品を開発すべく、こだわりを持って忍耐強く努力すれば、それなりに報われるのだ。

新製品コンセプトがどれもそうであるように、拡張コンセプトもさまざまなところから生まれうる。新しいコンセプトは社内で創造することもできる。インテルが新しいマイクロプロセッサの製品ラインを社内で開発したとき、ディズニーが中国における新しいテーマパークを社内で考えついたとき、既存ブランドの潜在的な拡張の可能性が実現できた。この拡張の可能性は、他社から獲得することもできる。その会社自体、あるいはその会社の製品やサービスのポートフォリオの一部を獲得するのである。

実際、ブランドを新しいカテゴリに拡張するために製品を獲得することが、買収の1つの動機となる。HPによるコンパックの買収は、HPの拡張の土台となる製品とサービスをもたらした。拡張に使用する製品やサービスの出所がどこであろうと、よい製品やサービスが必要になる。よい製品であれば、ブランドの強さによって成功に導けるが、悪い製品では、ブランドによって差別化を生み出すことはできない。

次に、そのコンセプトを試す必要がある。通常は、従来からあるコンセプト検証の手法が使われる。カギとなるのは、顧客が最終的にその商品と接する状況とできる限り近いコンセプトを創造することである。実際に広告や包装を試作することができない場合、コンセプトを詳細に説明しなければならない。同時に、ブランディングの選択肢も試す必要がある。

通常、ブランドの適合性と信頼性を顧客に直接評価してもらうことができる。顧客は、ブランドが価値を付加できるかについても評価できる。たとえば見込み客にそのコンセプトとブランド名を教え、それを買うべきかどうか、またなぜ買うのかを聞いてみるとよい。そのブランドがつけられた新製品のコンセプトが魅力的だからという答えが返ってくれば、そのブランドは価値を付加していることになる。しかし、特定の理由が出てこない場合は、そのブランド名が大きな価値を付与している可能性はまずないだろう。

◨実行可能なブランド戦略を構築する

　製品やサービスを拡張するには、当然のことながら本書のテーマであるブランド戦略が必要になる。基本的には、第2章で説明したブランド関係チャートの選択肢が利用される。ブランド関係チャートには数多くのバリエーションがあるが、主要な選択肢は4つあり、そのうちの3つは以下のように既存ブランドを活用するものだ。

- ディスクリプターのようなサブブランドを伴う既存のマスター・ブランド（マスター・ブランド戦略）
- サブブランドを伴う既存のマスター・ブランド
- 既存ブランドからブランド保証される新ブランド

　ブランド関係チャートの4番目の選択肢、すなわち既存ブランドに関係のない新ブランドを採用すること（個別ブランド戦略）も、拡張の可能性を考慮する際には念頭におくべきである。ブランド拡張の選択肢を評価していると、結局のところ、どの選択肢も望ましくなく、実行可能でもないという結論に陥ってしまうこともあるだろう。新ブランドの採用を、そうした既存ブランド使用の選択肢と比較することで、決定プロセスの最適化に近づくのだ。
　これら4つの選択肢（とそのバリエーション）は、ブランド関係チャートの重要なポイントを表している。第2章では、新しい製品やサービスについて、これらの選択肢の中からどれを選ぶかは3つの質問に基づいて判断された。しかし、その分析について述べなかったので、ここで検討してみよう。拡張に用いる最適なブランドを選択するための3つの質問は以下のとおりである。

- そのブランドは拡張を強化することができるか。
- その拡張はブランドを強化することができるか。
- 単独ブランド、保証付ブランド、サブブランドのいずれであろうと新ブランドを構築する説得力ある理由があるか。

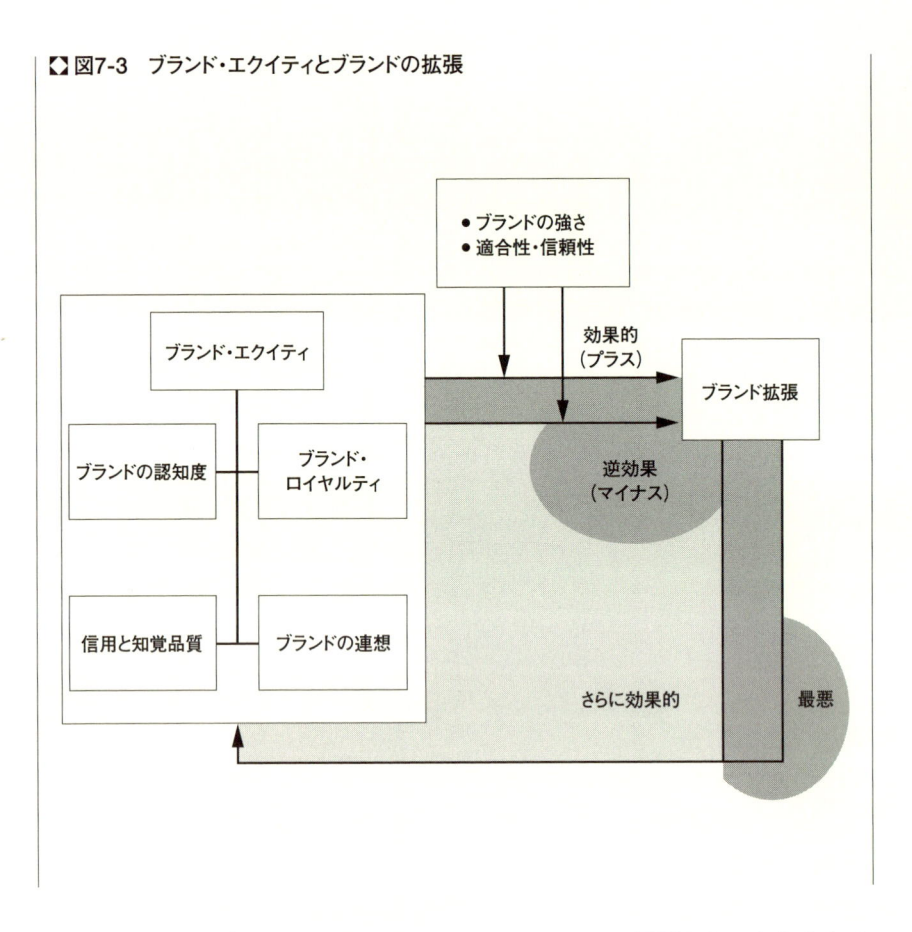

図7-3　ブランド・エクイティとブランドの拡張

```
                        ●ブランドの強さ
                        ●適合性・信頼性

┌─────────────────────────┐     効果的
│      ブランド・エクイティ    │    （プラス）    ┌─────────┐
│                         │ ─────────────→ │ ブランド拡張 │
│  ┌──────────┐ ┌────────┐ │                └─────────┘
│  │ブランドの認知度│ │ブランド・ │ │      逆効果
│  │          │ │ロイヤルティ│ │    （マイナス）
│  └──────────┘ └────────┘ │
│                         │
│  ┌──────────┐ ┌────────┐ │
│  │信用と知覚品質 │ │ブランドの │ │
│  │          │ │ 連想   │ │      さらに効果的         最悪
│  └──────────┘ └────────┘ │
└─────────────────────────┘
         ↑
         └──────────────────────────────────────┘
```

　これらの質問のうち、最初の2つは、そのブランドが活用されるとどうなるかに焦点を当てている。図7－3は、ブランド・エクイティ（認知度、信用と知覚品質、連想、ロイヤルティで構成される）が拡張に対してプラスにもマイナスにも影響しうることを示しており、逆に、拡張がブランド・エクイティに対してプラス（さらに効果的）にもマイナス（最悪な状態）にも影響しうることも示している。

　拡張がブランドに及ぼす影響力は、重要視されないことがあまりにも多いが、長期的にはそれが拡張の最も重要な成果となる。プラスとマイナスそれぞれの効果の性質と大きさは、新しい分野におけるブランドの適合性と信頼性に加え

図7-4　ブランド関係チャート上での戦略の位置づけ

	ディスクリプターを伴うマスター・ブランド	サブブランドを伴うマスター・ブランド	エンドーサーを伴うマスター・ブランド	新しいブランド
そのブランドは拡張を強化するか	Yes			No
その拡張はそのブランドを強化するか	Yes			No
新しいブランドを構築するための説得力ある理由があるか	No			Yes

て、ブランド・エクイティの強さによっても左右される。

　3つ目の質問は、拡張を検討する際には新しいブランドの構築も選択肢に入れる必要があることを再度繰り返すものだ。ただ、一般論でいえば、新しいブランドの構築は（サブブランドの役割であろうと）、本来的にコストがかかるうえにリスクも大きい。初期の戦略では、経営資源をつぎ込むブランドの対象を常に最少とし、できる限りコストのかからないブランド・ポートフォリオにするべきである。

　これら3つの質問がブランド戦略を方向づける（図7－4を参照）。最初の2つの質問の答えが「イエス」で、3番目の質問の答えが「ノー」である場合、チャートの左端、すなわちマスター・ブランド戦略が当てはまる。一方、最初の2つの質問の答えが「ノー」で、3番目の質問の答えが「イエス」であれば、

最適なブランド戦略はチャートの右端にある新ブランド戦略ということになる。
次の節では、これら3つの質問1つひとつについて説明していく。

そのブランドは拡張を強化するか

ブランドは拡張に対してプラスにもマイナスにも影響しうる。最初に、プラスの影響について説明する。

◆プラスの影響

定番のブランド名は、認知、品質と信用への連想、顧客基盤の創造と強化によって新しい製品やサービスを支援してくれる。結果としては、市場開拓の時間と資源を節約でき、成功のチャンスを高めることができる。

認知と存在感

新しい製品市場に参入する際のきわめて基本的な仕事は、第4章で説明したとおり、関連性を持たせることに尽きる。「クレスト」が歯磨き粉から歯ブラシにブランドを拡張したとき、同社は顧客に歯ブラシを開発したことを知らせ、次に歯ブラシを買い替えるときもクレストを購買対象にするよう働きかけることが必要だった。電動工具の定番ブランドであるブラック・アンド・デッカーが台所用品の分野にブランドを拡張したとき、まったく異なる分野で関連性を持つことが必要だった。ブランド関連性がある程度ないと、どのような製品やサービスでも、ほとんどの市場において購買対象から除外されてしまう。

関連性を実現するには、ブランドが認知され、その製品クラスへのつながりを持つことが必要である。新製品にクレストやブラック・アンド・デッカーといったよく知られたブランドを使えば、ブランド名はすでに認知されているから、広告宣伝の仕事は、そのブランド名を新しい製品クラスに関連づけることだけに軽減される。たとえば、ウォーカーズ・コーラといった新しいブランド名を構築するよりも、コーラを飲みたいときの選択肢の1つとしてヴァージン

があることを広告宣伝するほうが容易である。

　ブランド名の親しみやすさも、顧客の共感を呼ぶ基盤となる。多くの場合、顧客はその製品を支持する理由が何もなくても、それになじみがあるように感じる（ある表現が的を射ているものでなくても、それが以前から使われてきたというだけでほかよりも好まれることが、実験で示されている）。さらに、顧客は、そのブランドが親しみやすいことから、ある程度は市場に受け入れられているはずだと考える場合も多い。「インテル、入ってる！」が成功したのは、パソコン・メーカーがインテルのロゴを自社製品につけていることには何か理由があると、顧客が考えたからである。

　しかし、定番のブランドにとっても、新しい製品クラスとの連想を構築することは容易ではない。ブラック・アンド・デッカーは、GEから小型電化製品事業を買収した後、消費者にそのカテゴリで事業を開始したことを知らせるために１億ドル以上を投じた。このコミュニケーション活動によって、認知度は57％まで上昇した。それは喜ばしいことではあったが、それでもまだ、カテゴリからすでに撤退してしまったGEよりも認知度は低かったのである。

知覚品質と信用

　定番ブランドは、拡張した先でも知覚品質をもたらしうる。知覚品質は組織の無形資産であり、とりわけ明確な差別化ができていない場合、消費者がその製品を購買検討対象とするために重要な役割を果たすことに加えて、購買決定にも重要な影響力を与えうる。アーカーとケラーの研究では、６つのブランド（マクドナルド、ヴェルネ、クレスト、ヴィダルサスーン、ハーゲンダッツ、ハイネケン）による18件のブランド拡張案を評価した際、知覚品質がそれらの評価結果を予測するものとなっていた[5]。この研究は５カ国で８回にわたって行われたが、知覚品質の影響力は非常に一貫していた[6]。知覚品質に劣るブランドを拡張することは、ほとんど意味をなさない。

　知覚に関連する組織の無形資産は、「信用」である。組織が信用できると認知されていれば、その製品が約束するものが何であれ、その約束は実行されるものと見なされる。信用は、買い手のリスクを軽減する。信用は、その企業が世間に認められていることを意味しており、「欠陥製品を売ることはないだろ

う」「買った製品を将来サポートしてくれそうだ」ということまで伝えられる。

GEやマリオットという名前が製品やサービスについていると信用されるが、無名のブランドでは、製品やサービスがよくてもほとんど信用されない。消費財に対するコンセプト調査では、ピルズベリー、ケロッグ、東芝、ソニーといったブランド名を使うと、必ずといってよいほど新製品の評価に劇的な改善を示す。

既存ブランドの使用は、知覚品質と信用といった組織的連想を効率的に構築する1つの方法である。アメリカン・エキスプレスは、長年にわたって数多くの製品に対して高品質の評判を獲得してきた。IBMという名前が数多くの製品に提供しているのは、たいていの場合、個々の製品の特徴的なことをはるかに超えた、品質に対する評判の傘である。実際、HP、クラフト、GE、フォードといった企業名はあまりに多くの製品につけられており、特定の連想を強く持っているわけではない。つまり、その価値は、主に知覚品質を与えることにあり、またそれに関連して、その製品はすぐに市場からなくならないという安心感を顧客に与えることである。

ブランド連想

ブランド認知や、高水準の知覚品質と信用があっても、競争に勝つには十分でないことも多い。通常は、購買やロイヤルティを刺激して買い手を動かすための差別化ポイントがなければならない。「ピルズベリー・マイクロウェーブ・ポップコーン」は、初めはピルズベリーの名前からの恩恵を享受していたが、それと同等かより優れた製品で定番ブランドが参入してくると、その地位はすぐに脅かされた。「オーヴィル・レデンバッカー」は、このカテゴリへの参入は遅かったものの、カテゴリに対する著しい専門性を持っており、結局は認知された差別化ポイントを武器に勝利を収めた。ピルズベリーは冷凍ピザでも似たような経験をしている。イタリアの伝統ある定番ピザ・ブランドの参入によって、初期の利益を失ったのだ。

重要な製品属性において、持続可能な差別化ポイントを生み出すことは難しい。とりわけ、競合が定番ブランドである場合はそうである。既存ブランドの連想が、機能性に関するもの、パーソナリティに関するもの、ライフスタイル

に関するもの、その他顧客との関係に関するものなど、どれであろうとそれらをうまく活用すれば、差別化ポイントを効率的に、確実に、そして経済的に提供または支援することが可能となる。

強力な連想は、ブランドの位置づけのみならず広告宣伝にも役立つ。たとえば、スノーチェーン、電動空気ポンプ、ハロゲン・スポットライトの製品ラインの品質を広告宣伝する場合を考えてみよう。これらの製品に「ミシュラン・エクイップ」のブランド名をつければ、ミシュラン・ブランドから連想される安全性というイメージで恩恵を受けることになる。広告宣伝の仕事は、顧客にそのブランド名とシンボルを知らせることに軽減されるのである。

さまざまなブランド連想は、ブランド拡張に際して信頼性と差別化ポイントを提供する。そして、ほとんどの連想は、次のレバレッジ・ポイントの1つに該当する。

- **製品カテゴリ**——自動車におけるメルセデス、コンピュータにおけるIBM、国際航空サービスにおける英国航空
- **製品属性と機能的便益**——ボルボの安全性、ハーシーズのおいしさ、サターンのディーラー体験
- **用途**——デュラセル・デュラビームのフラッシュライト、サムソナイトの旅行用衣料
- **技術**——ホンダの小型モーターでの経験は、芝刈り機の開発に役立った。また、Bicのカミソリは、使い捨て可能で安価なプラスチック製品の製造における競争力が下支えとなった
- **チャネル**——アマゾンのeコマース、エイボンの訪問販売
- **ユーザー**——VISAのトラベラーズ・チェック、シアーズ貯蓄銀行、ガーバーの赤ちゃん服
- **ブランド・パーソナリティと自己表現便益**——ヴァージン航空の旅行カバン、ハーレーダビッドソンの衣料、ティファニーの腕時計、キャタピラーのブーツ

ブランドが特定の製品に強く結びつく連想を持っている場合、ブランド拡張

の可能性は限られる。しかし、ブランドがもっと抽象的な連想——ユーザーのイメージ、ブランド・パーソナリティ、あるいは自己表現便益など——に基づいている場合は、拡張の可能性は広がる。名声（ジャガー）、個性（ヴァージン航空）、ファッション性（ピエール・カルダン）、ライフスタイル（シャーパー・イメージ）、技術（HP）、健康（ヘルシー・チョイス）といったアイデンティティの基礎は、特定の製品分野と結びついているわけではないため、ある製品に固有の属性と結びついているブランドと比べれば、ブランドを拡張できる可能性は大きい。

ブランド・ロイヤルティ

既存の顧客は、ブランドに対する親しみを持っており、拡張によってそのブランドへの理解と関係をさらに深めることができる。クラフト・フィラデルフィア・クリームチーズは顧客本位の姿勢で取り組んできた結果、10億ドルを上回る事業になった。1999年、クラフトは、主な材料にチーズを使った甘い菓子「フィリー・スナック・バーズ」を発売した。この製品は、クラフトが発売した新製品の中で最も成功したものの1つとなったが、フィラデルフィア・クリームチーズの顧客層をうまく誘導して、その中心的な顧客層を形成したのだ。

もちろん、拡張するたびに、そのブランドの顧客基盤を誘導できるわけではない。もし、ホンダがそのブランドを小型ジェット機に拡張しようとすれば（実際に、積極的に開発中だが）、同社のバイクや自動車の顧客基盤と異なる新しいユーザーを開拓することになる。しかし、ブランドと既存の顧客基盤との関係性は、拡張にとって重要な資産となりうる。

既存ブランドと拡張の適合性と信頼性

いくつかの研究によると、ブランド拡張の成功を左右するものは、拡張の対象となる製品分野に対するそのブランドの適合性と信頼性であることがわかった。適合性は、新しい製品分野において、顧客がそのブランドに対し違和感を持つか否かに関係する。一方、信頼性は、そのブランドが拡張先の製品分野でも有効であると現在認識されているか否かに関係する。

先述の6つのブランドの拡張事例に関する研究によると、全般的に知覚品質

に加え、適合性と信頼性がブランド拡張に対する顧客の反応に影響を及ぼしていたことがわかった[7]。信頼性の測定では、そのブランドを抱える企業が、優れた拡張製品をつくるのに必要な資産と能力を持っているかどうかが評価された。一方、適合性の測定では、補完的な関係（たとえば、ハイキング靴のメーカーにとってのキャンプ用品や、ゴルフクラブのメーカーにとってのゴルフウエア）が存在するかどうかが評価された。適合性と信頼性はそれぞれブランド拡張の成功に影響を与えており、このことは、5カ国における8つの事例研究にも共通していた[8]。

ただ、適合性と信頼性の評価について、注意を要する場合がある。ブロニアクジクとアルバの研究によると、「クロス・アップ」は、洗口液とブレスミントには気分転換に関する連想を与えるが、デンタルフロスと歯ブラシにはほとんど効果を及ぼさなかった[9]。対照的に、クレストは、虫歯予防に関する連想からデンタルフロスと歯ブラシには有効だが、洗口液とブレスミントにはあまり効果がなかった。さらにアーカーとケラーは、たとえば、クレストのチューインガムと洗口液は共に歯の健康と口腔衛生についてプラスの連想を持つが、チューインガムではその味が問題となり、洗口液ではそうでもないことを突き止めた[10]。つまり、洗口液については味のよさは重要ではないのかもしれない。事実、リステリンは、効果的なリフレッシュ機能を持った「あまりおいしくない味」という連想を持たれてきた。

また、適合性と信頼性は、製品分野によっても左右される。ミルバーグとその同僚は、強力な機能的連想を持つ腕時計であるタイメックスのブランド拡張と、高級ブランドであるロレックスのブランド拡張とを比較研究した[11]。両者ともそれぞれ、高級性（ブレスレット、ネクタイ、カフスボタン）もしくは機能性（フラッシュライト、計算機能、電池）のどちらかを志向した製品への拡張だった。ロレックスの名前は、高級品という連想に対してタイメックスの名前よりも断然に有効だったが、機能性を志向した製品に関しては立場が逆転した。この研究では、タイメックスがガレージドア・オープナー、煙探知機、オーデコロンに拡張された場合、適合性に問題が生じることがわかった。明らかにこれらの製品が腕時計や時計技術からかけ離れていたことが問題だった。

適合性と信頼性の評価が低くても、それが致命的になるとは限らない。ブラ

ンドと製品クラスとの間の結びつきを強調するようにポジショニングできれば、明らかな問題を抱える製品でも実際には有効に機能する場合がある。たとえば、マクドナルドが写真現像サービスを行う場合、利便性と効率性が強化されれば、これは受け入れられるかもしれない。このように、魅力のある拡張（たとえば、望ましい市場に向けての拡張）であれば、そこに問題がありそうな場合でも、より幅広いコンセプト・テストを行う価値があるかもしれない。クリンクとスミスの研究によると、拡張のコンセプトがより精緻化された場合、また、見込み客がそのコンセプトを何度も聞かされた場合、適合性と信頼性は向上することがわかった[12]。また成功した拡張は、ブランドの認知を変える可能性もある。もし、タイメックスが人々に広く受け入れられるガレージドア・オープナーをつくることができたら、その成功は煙探知器のカテゴリにおける適合性の評価を変えるだろう。

◆マイナスの影響：ブランドは拡張を支援できない。妨げになる場合もある

　図7-2に示すとおり、拡張を支援するブランドの力を左右するものは、新しい製品分野における適合性と信頼性に加えて、それ自体の強さである。強さに欠けるブランドは、拡張を支援できない。しかし、強力なブランドでも適合性や信頼性の問題を抱えていると、それが重荷になるおそれがある。

　以下の拡張事例にはすべて、なんらかの支援できるロジックがある。しかし、これらはどれも適合性あるいは信頼性に欠けており、価値を付与しているとは認知されなかったばかりか、悪くすると拡張の妨げにもなった。なかには、失笑するほどの不調和が見られる最悪の事例もあった。

- 「リーバイ・ストラウス・テーラード・クラシックス」スーツの製品ラインは、ほぼ失敗だった。リーバイスの日常生活、ごわごわした素材、アウトドアといった連想がスーツとは適合しなかったのだ。このブランドは、新しい製品分野における信頼性にも欠けていた。なぜなら、リーバイ・ストラウスは、カジュアル衣料関連に折り紙つきの技能を持つ会社だと認知されていたからだ。

- スウォッチの自動車も苦戦した。カラフルな腕時計に見られるこのブランドのきらめきが、自動車の分野に伝わらなかったのだ。
- コーンフレークという名前は、「ハニーナッツ・コーンフレーク」が甘いシリアルの味がするという期待感を削いでしまった。この製品は失敗し、結局、コーンフレークの連想を持たない「ナッツ・アンド・ハニー」という名前でやっと成功にこぎつけた。
- アイケア製品の専門メーカーであるボシュロムは、その研究開発、販売チャネル、知覚品質を洗口液市場に活用しようとしたが、失敗した。ボシュロム・ブランドは、顧客に対して便益をもたらさなかったのだ。
- Bicの香水は便利で使い捨てもできたが、この分野では評判を得ることはなかった。
- クロロックス洗濯用洗剤は、同社の漂白剤との連想から、衣服の色が落ちるのではないかと解釈されてしまった。
- ログ・キャビンは、同社のシロップ・ブランドをパンケーキ・ミックス事業に拡張することができなかった。ねばねばして甘いシロップの連想が、軽くてふわふわした製品のイメージを生まなかったのだろう（対照的に、「ジェマイマおばさん」は親しみのある同名のキャラクターとの連想も手伝って、逆方向、すなわちパンケーキ・ミックスからシロップへの拡張に成功した）。
- アーム・アンド・ハンマーは、歯磨き粉、洗剤、オーブン・クリーナーの製品分野に拡張するために、ベーキング・パウダーの消臭効果との連想を創造するのに成功したが、適合性の問題から、わきの下用の消臭スプレーへの拡張は失敗に終わった。
- ソニーとアップルはビジネス市場への拡張に苦戦し、IBMとHPは家庭用市場への拡張が難しいことに気がついた。これは、それぞれの企業が培ってきたブランド・パーソナリティの問題が一因だった。
- ドールはハワイとの連想を持っているが、ドール・ハワイアン・リゾート、あるいはトラベル・サービスは拡張しすぎかもしれない。

　拡張がそのブランドの中核的な製品から距離をおいていれば、信頼性の問題が実際に縮小することもある。もし、コカ・コーラやマクドナルドが衣料分野

にブランドを拡張しようとしたら、味などの属性は移転されないだろう。よって、コカ・コーラ・オレンジジュースは有効でないかもしれないが、コカ・コーラ・スウェットシャツは受け入れられるかもしれない。もちろんこの場合、消費者はその衣料の品質保証については、供与されたブランド名よりも、拡張された製品を実際につくるメーカー（コカ・コーラの場合のムルジャーニなど）や小売業者（マックキッズの場合のシアーズなど）を参照することになる。

その拡張はブランドを強化するか

　ブランド拡張を行う場合、そのほとんどが拡張を成功させることに焦点が当てられる。しかし、それと同様、もしくはさらに重要なことは、その拡張がブランド・エクイティにどのように影響を与えるかについて考えることである。拡張は、ブランド・エクイティの4つの要素すべてに寄与する力を秘めている。

◆「さらに効果的」：ブランド・アイデンティティへの望ましい拡張

　拡張は露出を高める。拡張した製品が、アップル・Xサーバー（アップルのサーバー市場への参入製品）であろうとジレット・ヴィーナス・レーザー・フォー・ウィメンであろうと、宣伝広告は増え、製品は陳列され、そのブランドを話題にする人も増える。このように、消費者の目に触れる機会が増えることは、ブランドに対するボーナスのようなものであり、拡張せずには起こりえない。露出が増せば、市場でのパフォーマンスや組織能力が高いと思ってもらうことができる。顧客はさまざまな製品への拡張に成功している企業に好印象を持つ、という研究結果も出ている。

　またロイヤルティの高い買い手は、ブランドとの関係をいっそう強めるだろう。なぜなら、彼らは新しい製品分野でそのブランドを使用することができるし、おそらくもっと重要なことには、競争相手のブランドを使わなくなるからである。たとえばナイキは、タイガー・ウッズによるブランド保証を用いてゴルフ用品の製品ラインを強化しているが、このことは、ナイキのランニングシ

ューズやテニスラケットを使っている人が、このブランドに新たに別に結びつきを持つということを意味する。一方、ナイキにとっては知覚品質と信用を構築するチャンスになる。

　こうした拡張は、ブランド・イメージに多大な影響を及ぼしうる点で重要である。拡張はブランド・イメージを強化しうるし、また、強化しなければならない。そうすることによって、ブランド名を弱体化させたり信用を低下させたりすることなく、ブランド構築機能を提供するのである。

　ブランド・イメージは、関連性を保ち、新しい戦略的方向性に適合するためにも、場合によっては変える必要もある。実は、こうしたイメージの変更または増幅が、ブランド拡張の最も重要な目的であり、拡張による販売の成功は、これと比較すればさほど重要ではないのかもしれない。IBMのシンクパッドによるノート型パソコンへの拡張は、IBMブランドに重大な好影響を及ぼし、その価値は売上高よりもはるかに重要な意味を持っていた。巨大家電メーカーのフィリップスの場合、ナイキとの間でいくつかの電気製品を共同ブランド化する機会に恵まれ、これが自身のブランドをより現代的で意味あるものにするかけがえのないチャンスとなったのである。

　拡張は、そのブランドを新しいセグメントに投入することにより、すべてのエクイティの次元についてブランドを強化しうる。その結果、新しいセグメントの顧客が既存の製品分野の買い手になるかもしれない。たとえば、「スリム・ファスト」がそのブランドをシェイクとバーからスープとパスタに拡張すると、新しい顧客は既存分野のことを知ることになるのである。

◖ 「最悪」：拡張がブランドを傷つける場合

　ブランド名は、その企業の重要な資産である。ブランド名は、有形資産よりも、あるいは補てん的な投資ができるかという観点からすれば、人材と比べても、さらに重要なものとなりうる。したがって、企業としては、利益計画に則した経営の決定事項としてのみ拡張を評価するのではなく、ブランド・イメージの希薄化、望ましくない連想の創造、ブランドの約束の不履行、またはなんらかの起こりうる災いを予想することによって、拡張がもたらす損害の可能性

についても考慮する必要がある。

　実際、拡張の失敗自体は、通常それほどやっかいなことではない。成功した（あるいはかろうじて生き残ることができた）としても、属性について望ましくない連想を生んだり、ブランドの知覚品質の評判を落としたり、あるいは既存の連想を変えてブランドの名前にダメージを与えてしまったりするほうが、たちが悪い。ブランド拡張の失敗は通常目立たないので、それがむしろ救いとなる。たとえば、グリーン・ジャイアントは6年間にわたって冷凍食品を定着させようと取り組んできたが、特に損害は見られなかった。なぜなら、世間ではグリーン・ジャイアントのこの取り組み自体すら知られていなかったからである。むしろ問題なのは、ダヴの食器用洗剤など、苦戦したすえにかろうじて「成功」した場合である。

既存ブランドの連想が希薄化する

　拡張によって創造されたブランドの連想が、重要な資産であった既存ブランドの明確なイメージをぼやけさせると同時に、そのブランドのもともとの信頼性を低下させてしまうこともある。キャドベリーが、マッシュポテト、ドライミルク、スープ、飲料といった主要な食料品分野に拡張したとき、その高級なチョコレートとキャンディとの連想が確かに薄れてしまった。キャドベリーは、顧客がそのチョコレート・ブランドだけをきちんと別格扱いして、いままでどおりの高い評価を与えることを、もはや困難なことにしかねないリスクを犯した。とりわけキャドベリーにロイヤルティのない消費者、あるいはその伝統に対する理解に欠ける新規の消費者にとって、高い評価を与えられることは困難なことだろう。

　ブランドの自己表現便益が、そのブランドはだれでも手に入るものではないということに下支えされている場合、拡張のしすぎ（特にライセンス供与による）は、そのブランドをありふれたものにしてしまうおそれがある。ラコステのシンボルであるワニは一度に使われすぎたため、その訴求力をほとんど失ってしまった。グッチの名前も規律なく使われており——グッチの製品は一時、1万4000種類もあった——、ブランドが落ち目になる要因の1つとなった。

属性について望ましくない連想を創造する

　通常、拡張を行うと、そのブランドの新しい連想が創造されるが、なかにはもともとの文脈におけるブランドを傷つける連想もある。こうした可能性があることは確かで、たとえば、「サンキスト・フルーツ・ロール」がサンキストの健康のイメージを傷つけたこと、ブラック・アンド・デッカーの家庭用雑貨製品が電動工具のイメージを傷つけたこと、ソロモンがシェアソン（証券会社）と統合し、さらに銀行（シティバンク）と合併したとき、投資銀行としてのイメージが損なわれたこと、「カーネーション」のペットフードが食品のイメージを傷つけたこと、そしてリプトンのスープが高級紅茶メーカーとしてのイメージを傷つけたこと、などがこれに該当する。

　拡張によるマイナスの連想が元のブランドの文脈に及ぶのは、どのような条件がある場合だろうか。マイナスの連想が及びにくいのは、次のような場合である。①元のブランドの連想が非常に強い、②元のブランドの文脈と拡張との間に明確な違いがある、③元のブランドの文脈と拡張との差異が、不調和といえるほど極端ではない。

　たとえば、チェリオスは、オート麦、ドーナッツの形、ノンシュガー・シリアルという強い連想を持っている。一方、「ハニーナッツ・チェリオス」は甘味がつけられたシリアルだが、消費者の記憶の中では別々に区分されるだけの明確な差異を持っている。この２つは明確な違いがあるが、不調和とはいえない。

ブランドがその約束を実践できない

　拡張によってブランドの主要な約束が実現されないと、その拡張はブランド・エクイティをリスクにさらすことになる。拡張がブランドにロイヤルティのある顧客頼みである場合は、特にそのリスクが高まる。もし、ブラック・アンド・デッカーの家庭用雑貨製品が、同社の電動工具によって育まれた品質を満たすものでなかったら、そのブランドは同社の顧客基盤をリスクにさらすことになるし、長期的には多くの犠牲を払うおそれがある。次章で述べるとおり、ブランドは下方に垂直的な拡張を行うときに、特に傷つきやすい。

思いがけない惨事の発生

　企業の統治能力を超えた思いがけない惨事（たとえば、アイボリーのモデルがアダルト女優だったと露見したこと、タイレノールのパッケージに毒物が混入されたこと、フォード・エクスプローラーに装着されたファイアストンのタイヤに危険性があったこと、「リライ」の製品が健康上の深刻な危険要因を抱えていたことなど）は、ほぼすべてのブランドに起こる可能性がある。そのブランド名で使われている製品が多いほど、損害も大きくなる。フィッシャー・プライスは、ブランド名に対する思いがけない惨事の脅威があったことから、保育事業への参入を断念した。同社のブランドは、品質の高い子供の遊び道具というきわめて肯定的な連想を持っており、その連想が保育事業の分野に及ぶ可能性は非常に高かった。しかし、たった一度でも子供への性的虐待事件が起これば、あるいはなんらかの非難を浴びるだけでも、フィッシャー・プライスのエクイティ全体に深刻な損害をもたらすおそれがあった。

　アウディ5000が突然加速する問題は、1978年以降ずっとマイナスの宣伝となっていたが、86年11月にCBSの番組「60 Minutes」の特集で放送され、それが頂点に達した。アウディ側はアメリカ人の運転技術の問題だとしたが、そのことはこの状況を収めるのにほとんど役に立たなかった。この結果、アメリカでのアウディの販売台数は、85年の7万4000台から89年は2万3000台に急減した。

　アウディは卓越した自動車を次々に投入していったにもかかわらず、業績が回復するまでに15年もかかった。この出来事は、フォルクスワーゲン・グループ傘下にあるほかの車種の価値の低下になんらかの影響を及ぼした可能性があり、これに関する調査結果は示唆に富んでいる[13]。こうした問題とは関わりのないアウディ4000も、アウディ5000とほぼ同程度の影響を被った（7.3％と9.6％）が、アウディ・クアトロへの影響は少なかった（4.6％）。これは、アウディ・クアトロとアウディとの結びつきが弱かったためである——車体ではクアトロの名前はアウディから切り離されているほか、クアトロの宣伝広告では親ブランドの名前を出さない場合が多かった。さらに、フォルクスワーゲン・グループ傘下にあるポルシェやフォルクスワーゲンといったブランドは、影響を受けなかった。

ブランド・フランチャイズの重複

　ブランド・エクイティの重要な一要素は、そのブランドの顧客基盤である。ブランドを拡張した後の売上高が元のブランドを犠牲にしてもたらされたのであれば、元のブランドのエクイティに対する損害をその拡張後の売上高で賄うことはできないだろう。もちろん、競争相手にそのポジションを徐々に奪われるよりは、ブランドの売上高を分け合ったほうがまだよい。たとえば、ミラーの「ハイ・ライフ」が「ミラー・ライト」によって売上高を奪われるのは、市場でのポジションを競争相手に奪われるよりも幾分かはよいということになる。

　主な問題点は、セグメント間の重複の度合いである。拡張が異なる固有のセグメントに訴求する場合は、その重複は最小で済む。ゼネラル・ミルズは、甘味をつけたチェリオスの新製品を発売することを躊躇した。というのは、ノンシュガー・シリアルというチェリオス・ブランドの連想を混乱させるばかりでなく、対象とするセグメントが重なり合うおそれがあったからである。同社は、チェリオスの中核市場に支障のないように、ハニーナッツ・チェリオスを長期にわたってテスト販売し、大人向けシリアルのポジションについてもテストを実施した。結果的には、拡張しても、チェリオスの売上高にはまったく損害が生まれなかった。というのは、セグメントの重なりがあったとしても、消費者のなかには甘くないシリアルと甘いシリアルの両方を買う人も多く、甘味をつけたシリアルのセグメントに関連性を持っていたからである。さらに、アップル・シナモン・チェリオスが発売され、チェリオスとハニーナッツ・チェリオスの市場シェア（それぞれ4.8％、3.1％）に影響を与えることなく、コールド・シリアル市場の1.5％を獲得した。ダイエット・コークについても、同様のことがいえる。

新しいブランドがどうしても必要か

　新しいブランドを構築すること（あるいは既存の他と調和しないブランドの支援を継続していくこと）は、コストもかかるし困難が伴う。ブランドがいくつもあると、企業も顧客もそのブランド体系にとまどうことになる。このため、

別のブランドを構築または支援するのは、やむにやまれぬニーズがあると思われる場合にのみ限定すべきである。

最新の製品改良は新しいブランド名に値するとしばしば希望的に信じている社内の人々は、新ブランドの構築を要求して多大な圧力をかけてくるものだ。そのため、組織的な規律をもって、新ブランドを構築する際には必ず正当な理由を求めることが必要だ。この規律を実践するには、承認権限を有する最高レベルの委員会が必要であり、承認に際しては、以下の根拠の中で1つ以上が該当しなければならない。

- 既存ブランドのいずれもが、その製品やサービスには相容れない連想を持っている。
- 新しい製品やサービスがブランド名を傷つけるおそれがある。
- ある連想を創造し、所有するチャンスを実現するために、新しいブランド名が必要である。
- その製品やサービスの新しさを伝えるには、新しいブランド名しか適さない。
- 買収したブランドが非常に強いロイヤルティを持っており、もし名前を変更すれば、それらを失うおそれがある。
- チャネル間の利害の衝突から、別のブランドが必要である。
- その事業は、新ブランドへの投資を正当化できるだけの十分な規模と存続性を持っている。

このうち、最初の2つに関してはすでに説明したとおりである。残りの5つについて、これから詳細に説明していこう。

◧連想を創造し所有する

ある製品クラスにおいて要となる連想で、特に新たに導入された連想であれば、新しいブランドを構築する1つの根拠となる。たとえば、パンテーン(「健康に輝く髪へ」)の場合、この製品独自の便益は「ヘッド・アンド・ショルダーズ」や「パート」といった既存ブランドの連想からは出てこないため、既

存ブランドでは成功しないと考えられた。ある製品やサービスが機能的便益を支配する力を持っていれば（この点は、P&Gの多くのブランドに当てはまる）、新しいブランドの構築を正当化できる。しかし、ブランドを増やそうとしたGMの事例では、欠点があることが判明した。GMは一時期、30を超えるブランド群を抱えることを目指したが、これほど多くの顧客を動機づけられる価値を提案することはできず、また、これほど多くの固有のセグメントを特定することもできなかったのである。

◨従来とは異なる、新しい製品やサービスであることを表す

　新しいブランド名は、これまでとは真に異なる製品やサービスのストーリーを伝えたり、画期的な便益を備えていることを知らせたりするのに有効である。しかし、新製品の担当マネジャーならだれでも、何か劇的なものをマネジメントしていると信じたくなるが、より大局的な見方をする必要がある。ある製品を復活させるための、ちょっとした改良やあまり中身のない取り組みは、新しいブランド名に値しない。新ブランドは、技術や機能の著しい進歩を象徴する必要がある。たとえば、レトロな印象を持つPTクルーザーのデザインとパーソナリティは、他のクライスラー車と比べて、さらには自動車業界全体として見ても、まったく異なっていることを示していたため、新しいサブブランド名をつけるに値するものだった。

◨顧客とブランドとの結びつきを維持または獲得する

　ある企業が他社のブランドを買収する場合、そのブランド名を保持するかどうかが問題となる。この判断を下す際には、買収する側のブランドの強さに加えて、買収されるブランドの認知度、連想、顧客ロイヤルティといった強みを考慮する必要がある。この場合、買収されるブランドの顧客との結びつきが重要な判断材料となることが多い。買収されるブランドが強力で、名前を変えることが難しければ、そのブランドを保持することが健全な決定となるだろう。以下のような場合は、ブランド・エクイティの移転が困難となる。

- ブランド・エクイティを移転するために必要な経営資源を調達できない（または資源の使用を正当化できない）。
- 買収されるブランドの連想が強力で、ブランド名の変更が浪費となる。
- 買収されるブランドに、組織連想によって創造されたと考えられる顧客との情緒的な結びつきがあり、これを移転するのが難しい。
- 適合性の問題がある。買収する側のブランドが、買収される側のブランドの文脈やポジショニングに適合しない。

　もちろん、ブランド名を変更することが賢明だと判断される状況もある。通常、その根拠として、強力なマスター・ブランド戦略が挙げられる。たとえば、HPはここ何年間かで数百件の買収を実施し、それら買収したブランド名が相当な認知度、魅力的な連想、顧客の支持を有していたとしても、いずれの場合にもそれをHPに変更した。この方針がどの事例においても正しい決定だったかどうか定かではないが、HPの強力な連想とマスター・ブランド戦略の利点を考慮すると、認められうるものであった。

◆チャネル間の利害衝突

　チャネル間の利害衝突は、新しいブランドが求められる根拠となりうる。通常、これに関する問題には、2つの側面がある。第1に、既存チャネルは、ある1つのブランドをある程度独占的に扱えるからこそ、そのブランド製品を仕入れ、販売促進することが動機づけられている。それが破られると、この動機づけは崩れる。第2に、既存チャネルはより高いレベルのサービスを提供することを志向しており、より高額な製品を取り扱おうとする。もし、そのブランドが格安チャネルで入手できるようになれば、もともとの収益率の高いチャネルを維持することが危うくなってしまう。

　たとえば、香水と衣料のブランドは、高級小売店からデパート、ドラッグ・ストアやディスカウント・ストアまでの販売チャネルを確保するために、異なるブランドが必要になる。ロレアルの化粧品ブランドは、異なる販売チャネルごとに、ランコム、ロレアル、メイベリンと分かれている。VFコーポレーシ

ョンは、販売チャネル間の対立問題に対処するためもあって、リー、ラングラー、マーベリック、オールド・アックスという4つの異なるブランドを支援している。

◖その事業は新しいブランド名を支援するか

　その事業が結局のところあまりにも小規模もしくは短命なために、必要不可欠なブランド構築の活動を維持できない場合、ほかにどんな議論があったとしても、新しいブランド名は実現不可能である。ブランドを構築し維持することは、想像以上にコストがかかり、困難を伴うのが常である。新しいブランドに浮かれてしまい、そのブランドに十分な予算を割り当てるだけの会社の能力と意思について、非現実的な見方がなされることがあまりにも多い。この「意思」というのが、特に重要である。というのも、多くの企業が、資金はあってもそれを使いたがらないからだ。このような場合は、ブランド構築を計画しても無駄である。ブランド構築に必要な資金調達や、ブランドの維持に必要な予算の確保ができずに終わるだけだ。

拡張のリスクを考慮する

　ブランド拡張に関するリスクは、恐ろしいものとして説明されることが多い。こうしたリスクは多発するので、拡張は避けるべきだと論じる者もいる。たとえば、ライズとトラウトは、ポジショニングに関する影響力ある古典的著作の中で、強力なブランドがその焦点を失うことを警告している[14]。スコットタオル、スコットティッシュ、スコッティーズ、スコットキンズ、ベビー・スコットが追加されたとき、スコット（Scott）という名前の意味が混乱したと述べている。これらの名前は買い物リストを混乱させる原因となりがちで、バウンティやパンパース、クリネックスといった強力な製品クラスのアイデンティティとは著しく対照的だった。

　さらに、ライズらの著書では、ブランドの力は、その展開範囲と反比例する

と論じている。たとえば、シボレーは10車種に使われているのに、それらにまったく共通点がないため、その名前自体に意味がないという[15]。確かにリスクはいくつも存在する。十分な分析も行わず、また、戦略的思考も持たずに拡張すべきではない。しかしながら、いくつかの事例の考察によって、こうしたリスクを正しくとらえることは可能だ。

　第1に、ブランド拡張の決定にはビジネスモデルの問題が関連してくる。もし、マクドナルドの成長が鈍化し、さらに売上高が減少に転じるようなことがあれば、食品以外の分野であろうと新しい分野に参入するために、所有する資産、すなわち何万という数の小売店舗とそのブランドを活用しようとするのが妥当な判断である。たとえば、売上高と収益の伸びを取り戻すために、「ロナルド・マクドナルド」のおもちゃをその店舗網で販売することができる。もし、ソニーが家電製品で儲からなくなったら、ブランド拡張としてはやりすぎの感はあるにしても、金融サービス事業への参入には事業上の説得力ある理由がありうるだろう。そして、厳しい現実問題として、新ブランド（保証付ブランドでさえも）を混沌とした市場において構築することは、常に実行可能でもなく、新ブランドの構築という選択肢はそもそもないのかもしれないのだ。拡張の決定に際して、事業上の要因は無視できない。

　第2に、連想を付加することと希薄化することを区別することが重要である。第4章で詳しく述べたシュワブの事例で示したように、もともとの連想が強力であれば、拡張によって他の連想が付加されても影響を受けることはないだろう。ピルズベリーのドウボーイやヒューレット・パッカードのようなブランド名とシンボルは非常に強力であるため、既存の連想は簡単に傷つくことなく、変更も非常に困難である。新しい連想は単につけ加えられるだけで、新しい文脈の中だけに限定されることが多い。

　第3に、第4章で述べたとおり、どの製品がそのブランドと結びついているかではなく、そのブランドが1つの製品分野と結びついているかどうかが問題である。製品分野の範囲についてのイメージに問題があると、拡張によって顧客はブランドとその製品分野との関連づけをいっそうしなくなる。ジャック・ダニエルがアルコールを買う際の選択肢に入っており、その文脈の中でジャック・ダニエルが持つ連想が保持される限り、ジャック・ダニエルがバーベキュ

ースをつくっていると顧客が知っても、それは問題にはならない。

　第4に、第5章で述べたとおり、疲弊したブランドでも、拡張によって渇望していた活力と認知を獲得できる場合もある。そのブランドが、イノベーションが困難な成熟した製品分野で競争している場合は、こうした後押しは特に歓迎される。「自分のことをどう言おうと構わないが、名前だけはちゃんと覚えてくれ。届け出ているのは名前だけなのだから」という古い格言にも一理ある。

　第5に、サブブランドや保証付ブランドを使いながら、もともとの製品領域から距離をおくことによって、拡張によるブランドのリスクは軽減されうる。こうしたブランド・ポートフォリオの手法を導入すれば、直接的なリスク・マネジメントの方法が得られる。さらに、ポジショニングによっては、元のブランドと矛盾することなく独自の変化をつけることができる。また、拡張を厳しくマネジメントして、矛盾したブランドの構築を回避することは可能であり、製品やサービスの売上高が目標に達せず、ブランドがいまにも傷つきそうな場合には、その製品やサービスを市場から撤退させることもできる。

　最後に、背伸び気味の拡張でも、説得力のある価値提案と優れた実行によって、成功する可能性がある。こうした成功を収めた後には、そのブランドは新しい信頼性の領域を享受するだろう。たとえば、型破りのレコード会社だったヴァージンが航空業界に参入したことは、ブランドに関する最も唖然とさせられた意思決定の1つだった。しかし、ヴァージンが鋭いセンスとパーソナリティによってその拡張を首尾よく成功させたとき、さらなる拡張を実現する能力が大きく広がった。

　明らかに、常に目標とすべき拡張は、ブランド・アイデンティティを補強することによってそのブランドを強化するものである。しかし、変化の大きな市場で長期にわたって1つの事業を運営していくことは難しく、杓子定規な経験則は現実的ではない。どのような場合にブランドのリスクを許容できるかを理解するために、戦略的ビジョンの観点からより深い分析を行う必要がある。これから、その問題について議論しよう。

範囲ブランド・プラットフォームを構築する

　ブランド拡張の決定に際しては、他の製品クラスへの製品やサービスの進出を支援するために、直接的にそのブランドを活用できるか、またはブランド保証戦略によって対応できるかについて焦点を当てるのが普通である。ここでの問題は、短期的な見通しによって意思決定が場当たり的になってしまうと、その事業の長期的な戦略展望からすると決定が最適でなくなり、あるいは有害にもなりうるということである。

　より戦略的なブランド戦略をとるためには、ブランド拡張よりも範囲ブランド・プラットフォームについて考える必要がある。**範囲ブランド・プラットフォーム**（range brand platform）は、1つの範囲ブランド（すなわち、複数の製品カテゴリをカバーする1ブランド）によって構築される。このブランドのアイデンティティには、各種カテゴリに全般的に適用でき、かつ差別化できる連想が含まれている。具体的な事例には以下のようなものがある。

- ダヴの範囲ブランド・プラットフォームは、石鹸、洗剤、ボディウォッシュ、洗浄クリーム、デオドラント、ヘアケアについて差別化ポイントを創造するために、保湿成分の連想を用いている。
- ニベアは、その範囲ブランド・プラットフォームをなめらかさといたわりにおいている。
- ヘルシー・チョイスの範囲ブランド・プラットフォームは、300種類あまりの商品全般にわたって「味も健康にもよい」を活用している。
- ボルボは、各車種の全般にわたって安全性というポジションを活用している。
- タイレノールは、女性用タイレノールをはじめ、喉の痛み、かぜ、鼻炎、インフルエンザ、関節炎などの症状を和らげる各種薬品に、鎮痛剤（アセトアミノフェン）を活用している。

　ターゲットとする一連の製品カテゴリで、共通に起用できる差別化ポイント

を創造することと、単一の製品カテゴリで共鳴する差別化ポイントを創造することとはまったく異なる。そのブランド・アイデンティティとポジションは、ダヴの事例のように最初の製品から反映される場合もあるが、最初は目標であって、拡大する製品クラスや製品にそのブランドがつけられて初めて達成されることもある。あるソフトウエア会社がシステム志向に訴求するのであれば、システム製品に関する必要要素を取り入れながら、システム志向の方向に発展していく必要がある。多くのコーポレート・ブランドが各種の製品カテゴリを拡張し、規模、財務上の資産、さらにイノベーションなどの連想を助長しているが、それらのカテゴリのほとんどで関連性を持っているような差別化をもたらす連想には欠けている。

範囲ブランド・プラットフォームに対する考え方は、場当たり的な拡張とは異なっており、ここでの戦略策定には、ドライバー・ブランドやエンドーサー・ブランドによって促進される最終的な製品範囲の構成を判断することが含まれる。こうしたプラットフォームの内容は時間とともに変遷していくが、拡張を決める判断となる目標範囲を常に持っていなければならない。

範囲ブランド・プラットフォーム戦略を実行する際に、拡張の順序とタイミングが重要となる。考え方としては、ブランド範囲は、おそらくはブランドの連想も同じであろうが、徐々に拡張していくということである。しかし、ある時点ではやりすぎと思われる拡張も、そのブランドが新しいポートフォリオ戦略のなかで展開していくにつれ、最終的には実行可能になる。たとえば、ジレットがシェービングクリームの「ジレット・フォーミィ」を発売したときは、ジレットはまだカミソリだけを意味していた。しかし、このサブブランド（ジレット・フォーミィ）は、カミソリに密接に結びついていながらも、一連のジレット・ブランドで発売される男性向け化粧品への橋渡しとなった。ジレットがカミソリだけでしか知られていなかったら、一連の化粧品の発売はブランド拡張の許容範囲を超えたものになっていただろう。

図7－5に示したとおり、範囲ブランド・プラットフォームは、戦略的に決定され、その焦点は製品カテゴリのグループ化であり、長期的視点を持つ。対照的に、場当たり的な拡張の決定は、追加的であり、焦点は単一の製品クラス内であり、短期志向である。

◆ 図7-5　ブランド・プラットフォーム

	ブランド拡張	範囲ブランド・プラットフォーム
決定の焦点	追加的	戦略的
決定の範囲	製品クラス	製品クラスのグループ化
時間枠	短期	長期

◆ブランド・プラットフォームをブランド・アイデンティティに適合させる

　範囲ブランド・プラットフォームでは、すべての製品カテゴリにおいて成功する1つのブランド・アイデンティティと1つのポジショニングだけを持つと考えるべきではない。1つひとつの製品は、それ自体アイデンティティとポジションを持っており、他の製品との混乱や、価値を傷つける原因となる一貫性の欠如をもたらさない限り、それは継続しうる。製品種別において競争していく場合は、通常、基本となるブランド・アイデンティティの増幅となる連想の追加が必要になる。

　たとえば、ヘルシー・チョイスは（おいしくて、脂質と塩分を抑えた栄養補助食品だという）明確なアイデンティティを持っていたが、ヘルシー・チョイス・ゼネラス・サービングスはこのアイデンティティに冷凍食品と標準摂取量という次元をつけ加えた。範囲ブランドとしてのカルバン・クラインは、ファッションとニューヨークのパーソナリティを結びつけたものであるが、各種製品は一貫性を保ちながらも個別の異なるアイデンティティを持っている。たとえば、香水は性的魅力と反抗を強調しているが、スーツと眼鏡製品は保守的である。しかし、それらのアイデンティティは、一貫性に欠けることなく独特に

維持されている。ホンダはさまざまな種類の製品全般にわたって、競争力、効率性、欠陥のなさといった連想に関わる共通したアイデンティティを持っている。ただし、ホンダのバイクは若い人の楽しみという次元を持っているが、ホンダの自動車はアメリカでは家族向けというイメージが強く、また転売しやすいという属性を強化している。

◆なぜブランド・プラットフォームが必要なのか

ブランド・プラットフォームを必要とする動機はいくつかある。1つは、戦略的な観点からみて、この概念が組織の戦略に対して、戦略の一貫性と戦略立案体系をもたらしてくれるからである。事業戦略の本質は、次の3つの質問に対して、その答えを出すことである。どの事業分野（製品市場）に参入するか、どのような価値提案をするのか、各事業分野ではどのような戦略資産を持っているのか。範囲ブランドの概念は、この答えを出すのに役立つ。ヴァージンやニューマンズ・オウンのブランド範囲が製品市場の範囲を規定し、そのブランド・アイデンティティが価値提案をもたらし、そのブランドの強みが重要な資産となる。

2つ目は、単純に強力なブランドを活用するためである。ブランド・プラットフォームに基づく戦略によって事業基盤は拡大され、ブランドそのものも強化される。たとえば、カルバン・クラインは、デザイナー・ブランドのジーンズからあらゆる種類の衣料（下着、ジーンズ、男性用スーツ）のみならず、香水や眼鏡製品に至るまで、数多くの商品において、ファッション性での信頼性を活用している。ブラウンは小型電化製品における成功を時計に活用したほか、フードプロセッサ、ハンドミキサー、コーヒーメーカー、カーリングアイロンといった幅広い家電製品にも活用した。ディズニーは、もともとは短い動画から出発したが、現在では長編アニメ、テーマパーク、衣料、玩具店、ホッケー・チーム、クルーズ旅行会社と強く結びついている。

これらの範囲ブランドの拡張可能性は、そのブランドと競合他社とを比べてみると、とりわけ際立っている。背広メーカーのブルックス・ブラザーズが香水や靴下類を販売したらどうなるだろうか。調理器具ブランドのクイジナート

が電気カミソリの分野に参入したらどうなるだろうか。ホッケー・チームのモントリオール・カナディアンズが、その名称をテーマパークや映画会社につけようとしたらどうなるだろうか。グリーティング・カードで有名なホールマークが、その名称をクルーズ旅行会社につけたらどうなるだろうか。

そのブランドが、特定の製品に密接に結びついていない連想に比較的強く依存する場合、範囲ブランド・プラットフォームは拡大する傾向がある。たとえば、ヴァージンの幅広いブランド範囲は、顧客に対する特定の便益ではなく、パーソナリティやスタイルによって拡張されたものだ。アマゾンのプラットフォームは、さまざまな製品に適用しうる顧客とのやり取りの方法や配送方法に基づいている。対照的に、1つの製品に非常に強く結びついているブランドは、幅広い役割を担うことが限られる。

3つ目は経済性である。ブランド・プラットフォームは、ブランド構築においてコスト効率をもたらしてくれる。経済学者なら、範囲ブランド・プラットフォームは伝統的な範囲の経済をもたらしている（すなわち、1つのブランド名を維持するための固定費が異なる事業間で分担できる）と指摘するだろう。また、事業戦略家なら、ブランド・プラットフォームがシナジーをもたらし、1つのブランドに対する投資が他のブランドにも役立ち、各種事業のグループ化された運営は、個々の事業運営の結果の単なる足し算よりも効果的だと考えるだろう。この2つの見方は同じ効率性をとらえている。さらに、ブランド・プラットフォームの認知とイメージによって、新しい製品の販売に伴うコストとリスクを減らすことができる。

ブランドを構築または支援することは、特にコミュニケーションとプロモーションにおいて、今日では非常にコストがかかる。ブランド・プラットフォームと競合する独立ブランドは、もちろん好ましいポジションにあるニッチ・ブランドなら成功できるが、規模の経済に欠けるため大幅に不利な立場におかれる。

4つ目は、複数の製品との関連を持っていれば知名度が高まり、その企業が異なる製品分野で成功を収める力があることを消費者に納得させることが可能だということである。デイシンとスミスは、1つのブランドに結びつく商品の数の影響力と、これら商品全般の品質の差異について調査した[16]。調査対象

の商品数は、3つ（調理家電、ガレージドア・オープナー、持ち運び可能な園芸用品）または7つ（前出3つに加えてヘアドライヤー、電動工具、じゅうたん掃除機、留守番電話機）だった。製品の質についても操作が施された。この製品ラインを拡張（スポーツ・ウォッチもしくは電気アイロン）した場合の評価では、このブランドに関連する製品の数が、拡張に対する評価と、その評価に対する消費者の信用の両方を高めた。

最後に、ブランド・プラットフォームは、いくつかの製品クラスにまたがってそのブランドの露出を上げ、使用機会を提供することで顧客との関係をより広げ、深める働きをする。もし、ダヴが石鹸だけだったら、顧客がその製品を知り、使う機会は限られていただろう。しかし、何種類もあるダヴ製品のうち2種類以上使っている人ならば、その連想が強化されるため、ダヴについての思い入れが深くなると考えられる。

◘範囲ブランド・プラットフォームの構成

範囲ブランド・プラットフォームは、さまざまなブランド・ポートフォリオ構成のなかに存在しうる。極端な例として、ある範囲ブランドが幅広い拡張に適合できる差別化ポイントに恵まれているなら、その単一の範囲ブランドをディスクリプターや弱いサブブランドとともに使って、幅広く事業運営できる。デルはダイレクト・モデルをはじめ、さまざまなコンピュータ機器とサービスの全般にわたって直販が示唆するものすべてを活用している（第9章でさらに詳細に説明する）。ヴァージンはコーラや鉄道事業などをはじめとする数多くの製品カテゴリへの参入に際して、そのパーソナリティと、顧客を喜ばせるまったく新しいやり方による評判を活用している。IBMは、広範な製品とサービスを促進するために、大型システムの信頼性を活用している。しかし、それほど差別化ポイントに恵まれていない多くの企業は、強力なサブブランドを構築するか、複数の範囲ブランド・プラットフォームを活用したり、エンドーサー範囲ブランドを活用したりすればよいだろう。

第5章で述べたとおり、ソニーは、VAIO、プレイステーション、ハンディカム、ウォークマンといった強力なサブブランドを使ってその範囲ブランドを

支援している。ソニー・ブランドは「驚きの技術」とデジタル分野の娯楽との連想を活用し、広範な家電分野のリーダーとなった。ただ、サブブランドのエクイティなくして、それを実現することはできなかっただろう。ソニーが一貫して日本における最強ブランドであり、競合他社が、多くの製品カテゴリをカバーする1つのコーポレート・ブランドであるソニーに大きく水をあけられていることは偶然ではないのだ。

　最も成功している企業の多くは、複数のブランド・プラットフォームを持っており、そのうちの一部は範囲ブランドである。P&Gは80種類あまりのブランド・プラットフォームを持っており、それらが同社の強みと戦略的柔軟性に貢献している。P&Gはアイボリー、タイド、ジョイ、パンパース、クレスト、シークレット、プリングルスなどのブランドを抱えているが、仮に一企業としてP&G固形石鹸、P&G洗剤、P&G紙おむつ、P&G歯磨き粉、P&Gデオドラント、P&Gポテトスナックといった製品ラインを持った場合を想像すれば、これら範囲ブランドの貢献の程度が理解できるだろう。もちろんクレスト、タイド、パンパースといったブランドの範囲は広いが、限られている部分もある。たとえば、クレストやタイドが紙おむつ製品をカバーすることはできない。

　一連のエンドーサー範囲ブランドのプラットフォームを構築した企業もある。たとえば、マイクロソフトはエンドーサーとして、同社の製品すべてについている。ワード、オフィス、ドット・ネット、Xボックスといった保証付ブランドはそれ自体が範囲ブランドだが、すべて、マイクロソフトのブランド保証という傘の下で販売されている。このことは、その製品が大規模で、成功しており、持続性のある企業によって支援されていることを示している。

　ネスレは、ネスレやピュリナなどのいくつかのエンドーサー範囲ブランドを持っている。ピュリナは現在、ネスレのペットフード製品全体の傘エンドーサー・ブランドとなっている。ピュリナのブランド保証は、そのペットフードには背後で支える巨大企業、すなわち、さまざまなペットフード製品で実績のある企業の信頼性があることを示している。ネスレ・ブランドは、粉ミルクのグッド・スタートやアイスクリーム製品をはじめとして、ネスレの食品ブランドのほとんどに対して同じ役割を担っている。

◆学習のための問題

1. あなたの会社の主要ブランドについて、どんな連想が活用できますか。その連想はどんな製品クラスを対象として、その製品やサービスを支援していますか。そのブランドはその製品やサービスを強化しますか。それはなぜですか。そのブランドによってどのような場合に製品やサービスが売れなくなりますか。そのブランドの拡張の影響力を評価するとどうなりますか。新しい製品やサービスと、それが既存ブランドに与える影響力に関して、想定しうる最悪のシナリオはどのようなものですか。
2. あなたの会社の業界とそれ以外の業界におけるブランドの拡張事例を挙げ、その拡張を評価するとどうなりますか。どんなブランディング戦略が使われましたか。それはなぜですか。その戦略を評価するとどうなるでしょうか。
3. あなたの会社における既存ブランドのプラットフォームはどのようなものですか。それらは適切な成長と活力をもたらしていますか。組織の資産と文化を前提とすると、どんなブランド・プラットフォームを構築することができますか。あなたの会社の主な競争相手について、これらの質問に答えるとどうなるでしょうか。

第8章
高級品市場と低価格品市場への参入
PARTICIPATING IN UPSCALE AND VALUE MARKETS

❧

「何をすべきで、何をすべきでないかを知ることが、非常に重要だ」
——ガートルード・スタイン——

「自分がどこへ向かっているのかは、わからないかもしれない。
でも、何から逃げているのかは、わかりすぎるほどわかっている」
——映画『ファイブ・イージー・ピーセス』 ジャック・ニコルソン——

❧

事例：GEアプライアンス

　GEは競争の熾烈な高級家電市場で戦っており、さらなる利益の獲得やブランドに対する関心と活力の創造、そして、成長著しい「デザイナー」家電のカテゴリに関連性を持つべく、超高級品市場への参入を検討した[1]。その際、選択肢の1つとして、トヨタにおけるレクサスのような新ブランドの構築も考慮したが、それだけの投資をこの市場の状況で正当化することは難しかったため、実現されなかった。別の選択肢としてGEブランドの拡張も考えられたが、それでは必要とされる独自性とインパクトを打ち出せないと考えられた。

　GEは、いずれの選択肢も採用せず、サブブランドの使用によって超高級品市場に参入することを決めた。この計画の実現に向け、GEは新しい家電サブブランドを2つ導入した。1つはGEプロファイルであり、高級品分野のGEアプライアンス（家電）製品の上部に位置づけられた。この製品モデルは、やや

先進的なデザインと一貫して高めの価格帯を特徴とし、最新技術を象徴する革新的な商品であると認識された。もう1つはGEモノグラムであり、超高額所得者層と、この層を取り巻く建築家やデザイナーに狙いを定めたデザイナー家電の製品ラインだった。この製品ラインには、装飾のついた部品、特注の取っ手、そしてその他個別オプションがついていた。GEモノグラムは、個人のセンス、自信に溢れた生活様式、プロの料理人仕様の厨房設備のショーケースとして位置づけられており、その製品ラインはワインクーラー、飲料収納庫、そして戸外調理設備にまで及ぶ。ウェブサイトには、モノグラム・ブランドの台所を備えたデザイナーズ・ホームが表示されていた。モノグラムとプロファイルの両ブランドは、相当の（時には思わず息をのむほどの）高価格と販売利益で、GEの収益のカギとなったのである。

　高級品分野への移行にサブブランドを使用する場合の課題は、そのマスター・ブランドが超高級品市場で競争するために必要な信頼性と名声があるか否かである。事実、GEモノグラムは、よいポジションにあったものの、GEブランドを拡張したため、最初は苦戦を強いられた。しかし、時間とともに製品ラインが充実するのに伴い、次第に市場に受け入れられるようになった。サブカテゴリの成長によって、マスター・ブランドは恩恵を受ける結果となったのだ。

　一方、GEプロファイルは、展開当初から好調だった。このサブブランドは名声を象徴するのではなく、既存の製品ラインから外れたところにポジショニングされたからである。この製品ラインは、イノベーションによる高機能をもたらした。価格とデザインの両面で高級なGEアプライアンスから離され、より高品質の部品と優れた機能を背景に、一貫した価格水準に設定され、総じてより大胆なデザインが使用された。そして、ターボクール・セットをはじめとする多くの画期的なブランド差別化要素を備えた冷蔵庫、GEプロファイル・アークティカなどのブランド活性化要素によって、このサブブランドは強化された。もし、この製品が、写真フィルムや肥料、もしくはエンジンオイルのように差別化するのが難しければ、サブブランド戦略の展開はより多くの課題を抱えていたであろう。

　GEは、低価格品市場でも課題に直面した。この市場は、積極的な買い物客やサーキット・シティなどの格安小売業者のおかげで、大幅な成長を見せてい

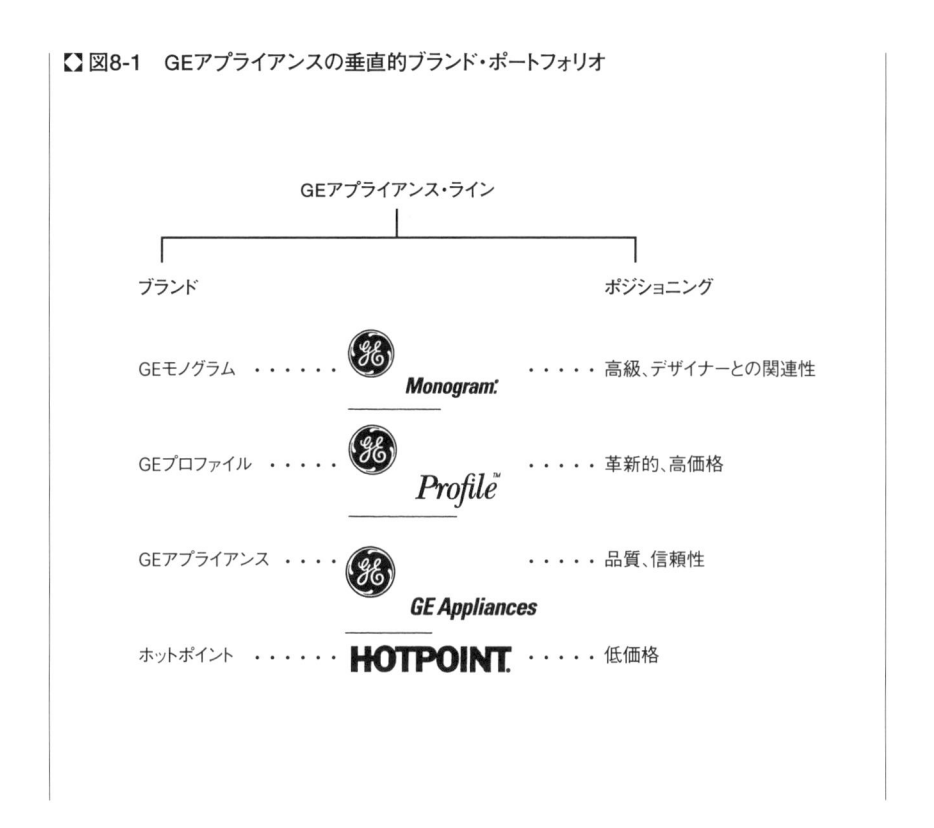

図8-1　GEアプライアンスの垂直的ブランド・ポートフォリオ

```
              GEアプライアンス・ライン
        ┌──────────────┴──────────────┐
      ブランド                    ポジショニング

   GEモノグラム    ·····  [Monogram]  ·····  高級、デザイナーとの関連性

   GEプロファイル  ·····  [Profile]   ·····  革新的、高価格

   GEアプライアンス ·····  [GE Appliances] ·····  品質、信頼性

   ホットポイント  ·····  [HOTPOINT]  ·····  低価格
```

た。GEは、販売量や規模の経済を維持するため、この市場に積極的に参入する必要があると考えた。だが、サブブランドもしくは保証付ブランドのどちらの場合であれ、この低価格品市場でGEブランドを使用するのは、GEブランド同士の市場シェアの奪い合い（高級なGEアプライアンスの顧客を低価格ブランドに引きつけてしまうことによって）とブランド・イメージの損失という、2つのリスクを意味した。こうしたリスクを考慮し、低価格品セグメントには新ブランド投入のほうが賢明だと判断された。しかし、低価格品市場においてはコスト競争力が必須であり、利益幅も薄いため、低価格ブランドを新しく構築する余裕はない。よって、新ブランドの構築は、超高級品市場よりも低価格品市場のほうが難しいといえる。

　GEはこの問題を、過去に買収したブランドを使用するという戦略でうまく

対処した。GEは、堅実なエクイティを有する高級家電ブランド「ホットポイント」を買収していた。ホットポイントは、高級品から中級、あるいは低価格品へと再ポジショニングされ、GEブランドをリスクにさらすことなく、ホームデポ、ベストバイ、サムズクラブなどの格安小売業者での取り扱いを可能にした。ホットポイントの再ポジショニングは確かにその知覚品質に影響を及ぼし、ブランドが将来高級品市場に戻ることはありえなくなった。しかし、低価格品セグメントへの参入は、GEの家電製品ライン全体を強化した。ホットポイントの事例は、低価格品セグメントへの参入に際して、定番ブランド(所有、買収、ライセンス供与されたものどれであろうと)の利用が有効であることを示している。

このように、GEアプライアンスの製品ラインは、2つのサブブランドと1つの個別ブランドを追加し、4つの製品階層を持つことになった(図8-1参照)。

事例：マリオット

「マリオット」ブランドは、高級都市型ホテル市場における安定したフランチャイズとして出発した[2]。しかし、マリオットも、GEと似たような拡張の問題に直面した。マリオットがとった最終的なブランド戦略は、GEの道筋と瓜二つで、垂直的拡張の課題にさらなる洞察をもたらすものだ。

マリオットは高級ブランドであったが、ホテル業界の最高級分野には参入していなかった。この市場は、名声や自己表現便益が関係するため、マリオット・ブランドを格上げすることは非常に難しいと思われた。したがって、マリオットは、リッツ・カールトンの株式を大量に買いつけることによって超高級品セグメントに参入する方法を選んだ。注目すべきは、マリオットがリッツ・カールトン・ブランドと既存の自社ブランドを関連づけないようにしたことである。この名声あるブランドがマリオット・ブランドにプラスに作用し、事業運営にシナジーを発揮する可能性が高いにもかかわらず、である。リッツ・カールトンは、マリオット・リワード・プログラムにさえ関連づけられていない。

マリオットは、低価格品セグメントではまったく異なる課題に直面した。低価格品セグメントの売上げ規模と成長は、マリオットが確立していた高級品市場と比べれば大したものではなかった。しかし、より完全な商品ラインは、客室予約と会員制度において事業運営上のシナジーを発揮できると考えられた。このため、低価格品市場で成功するべく参入することが、マリオット・グループにとっては戦略的に必要だった。

　低価格品市場への好ましい参入方法は、新ブランドの投入、もしくは、GEのように定番となったブランドを買収して投入する方法だと思われた。しかし、利用可能な定番ブランドは玉石混淆の状態だった。品質、一貫性、販売地域が異なるブランドが混在していたのである。そもそも、低価格ホテル市場では競合がひしめき合っていたため、新ブランドの構築はきわめて難しく、コストもかかった。したがって、マリオットはかなりの不安を抱えながらもマリオット・ブランドを活用し、「コートヤード」「フェアフィールド・イン」「スプリングヒル・スイート」という３つの新しい低価格ブランドを保証することとした。

　コートヤード・バイ・マリオットは、ビジネス旅行客向けに設計された部屋とサービスを備えており、通常は郊外に立地し、飲食施設はない。フェアフィールド・イン・バイ・マリオットは、低価格品セグメントを競争の場とする家族向けホテルである。スプリングヒル・スイートは、シンプルな続き部屋を備えている。マリオット・ブランドを動かしている要因は数多くあるため、ブランド保証戦略の影響だけを取り出すのは難しいものの、これら低価格ブランドに対するマリオットのブランド保証は、マリオット・ブランドを傷つける可能性が非常に高いものだといえる。

　マリオット・ブランドによるブランド保証の価値はきわめて大きい。コートヤードや、フェアフィールド・イン、スプリングヒルがデベロッパーやホテル運営業者、地域社会に事業提案する際にも、マリオットが後ろ盾であると知られているため好意的に迎え入れられる。また、新規顧客を呼び込むという、コストのかかる難しい作業の負担も軽減される。なぜなら、マリオット・ブランドが未知のブランドに対するリスクを軽減し、マリオットとはっきりと結びつき、すべてのホテルにとってもドライバーとなりうる会員制度も魅力となるか

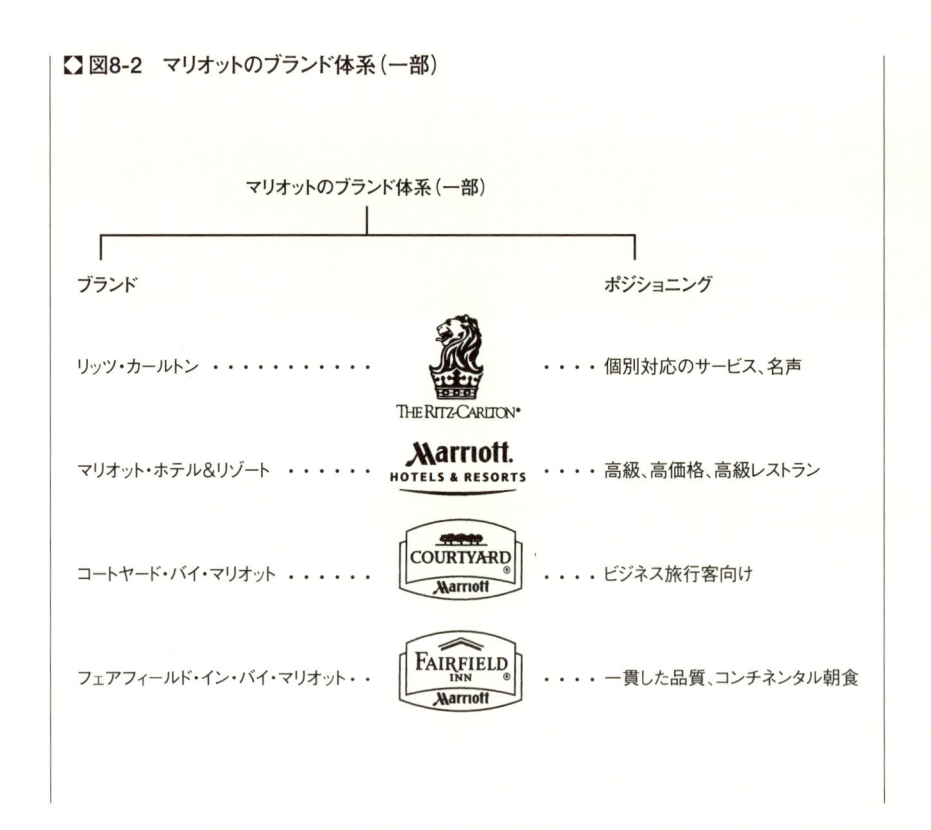

◘ 図8-2　マリオットのブランド体系（一部）

```
                マリオットのブランド体系（一部）
        ┌───────────────────┴───────────────────┐
      ブランド                               ポジショニング

リッツ・カールトン ・・・・・・・・・  [THE RITZ-CARLTON]  ・・・・ 個別対応のサービス、名声

マリオット・ホテル&リゾート ・・・  [Marriott HOTELS & RESORTS]  ・・・ 高級、高価格、高級レストラン

コートヤード・バイ・マリオット ・・・  [COURTYARD Marriott]  ・・・・ ビジネス旅行客向け

フェアフィールド・イン・バイ・マリオット・・  [FAIRFIELD INN Marriott]  ・・・・ 一貫した品質、コンチネンタル朝食
```

らである。これら3つのブランドがしっかりと定着した現在でさえ、マリオットによるブランド保証がなければ、客室稼働率は目に見えて低下するという調査結果が出ている。

「低価格」ホテル・ブランドをブランド保証するとマリオット・ブランドが損傷するおそれがあるが、それを軽減する要因は3つある。1つ目は、どのブランド保証の場合においても、保証されたブランドをフラッグシップであるマリオット・ホテルから区別することである。マリオットホテルとは異なる立地、設備、概観、雰囲気などによって、そのホテルへの期待感はうまくマネジメントされる。2つ目は、マリオット・ブランドには、マリオット・ホテルと組織としてのマリオットの2つがあるということだ。マリオットによる保証がはっきりと示すことは、コートヤード、フェアフィールド・イン、そしてスプリン

グヒル・スイートの後ろ盾はマリオット・ホテルではなく、組織としてのマリオットだということである。3つ目は、一貫したサービスと親しみやすさというマリオットのコア・アイデンティティ要素がすべての市場で機能し、ブランド間の橋渡しになるということである。

マリオットのブランド保証戦略は、ホリデー・インが各事業を区別するためにディスクリプターとサブブランドを用いた戦略とは対照的である。ホリデー・インは、ホリデー・イン・セレクト（対コートヤード）、ホリデー・イン・エクスプレス（対フェアフィールド・イン）、ホリデー・ファミリー・スイート・リゾート（対スプリングヒル・スイート）を展開した。ホリデー・インの場合、ホリデー・イン・ブランドと低価格ホテル・ブランドの距離が、マリオットの場合よりも近かったため、混乱を生じることがはるかに多かった。

ブランドの垂直的拡張

主流高級ブランドの多くは、過剰生産による衰弱、利益率の縮小、そして成長見通しの悪い不良市場と向き合っている。こうした状況は、パソコンをはじめ、航空業界、銀行、自動車、通信、缶スープ、ゴルフ場など多くの分野で起きている。競合他社の参入も増える。ブランドを活用しようと、隣接するカテゴリから参入する企業もあれば、地域全体、もしくはグローバル規模での活躍の場を求め、異なる地域から参入する企業もある。特に消費財分野では、かつては低価格で安っぽい製品に限られ、ニッチであったプライベート・ブランド製品が、現在では品質面で競争力を備えてきた。

市場支配を目指すトップ企業から、存続をかけてもがいている3、4番手ブランドまで、こうした競合の多くは、製品ではなく、価格プロモーションや販売イベントを重視し始めるようになった。その結果、顧客はお買い得品や価格に注目するようになり、ブランド・ロイヤルティは蝕まれる。そして（時には劇的なまでの）市場シェア低下を受容しなければ、長年続いたブランドの価格プレミアムを維持することは難しくなっている。顧客と小売業者による低価格への強い要求が、この動きを助長しているのだ。

高級ブランドの主流市場での競争が悪化すると、企業が参入を検討するのは健全で成長している2つの新興ニッチ市場である。1つは超高級ブランドが参入している超高級品市場であり、めざましい利益とはいわないまでも、活力（そして時には話題性）と魅力を兼ね備えた市場である。もう一方は低価格ブランドが活躍する市場で、成長性や販売量に魅力がある。実際、多くの市場が砂時計型になりつつある。つまり、市場が成長しているのは中間部分ではなく、上部と下部の両端にあるのだ。どんどん富裕になる高所得者層は、彼らのステイタスにふさわしい象徴的でかつ実のある対応を求め、一方で生活がどんどんきつくなる低所得者層は、支出を抑えてバーゲン品を見つけようとしている。

　自社の高級ブランドが競争環境の悪化に直面している企業にとって、超高級品分野か低価格品分野に事業を移行することは、絶対的とはいわないまでも、魅力的な戦略の選択肢の1つとなっている。こうした移行を支援するのに、ブランド戦略が必要となる。明白な選択の1つは、既存ブランドの垂直的拡張である。しかし、ブランドの垂直的拡張には重大なリスクが伴うため、ブランド・ポートフォリオにおける最も難しい取り組みの1つとなっている。本章では、こうしたリスクの詳細な説明と、リスク削減に向けた戦略を論ずる。

◆垂直的拡張の意思決定

　高級品市場あるいは低価格品市場への事業移行は、通常は重要な戦略的意思決定であり、軽々しく行うべきでない。また、考慮すべきことはブランド戦略だけではなく、ほかにも2つの検討要因がある。図8-3は、第3章で紹介した「信頼性の有効範囲」を参考にして、垂直的拡張の意思決定に関する検討要因を説明している。

　第1の要因は、市場機会である。市場の魅力について、顧客動向に注意を向けつつ、品質、活力、競合他社の取り組み方、予測利益率の点から現実的評価を下すことが必要である。顧客動向の過大視、競合の過小評価、あるいは利益率維持の困難さを予想できず、戦略的なイニシアチブを失敗させる企業が多い。

　第2の要因は、競争していくための企業の組織能力である。高級品市場と低価格品市場の両方で競争に打ち勝っていくためには、特定の企業文化、体制、

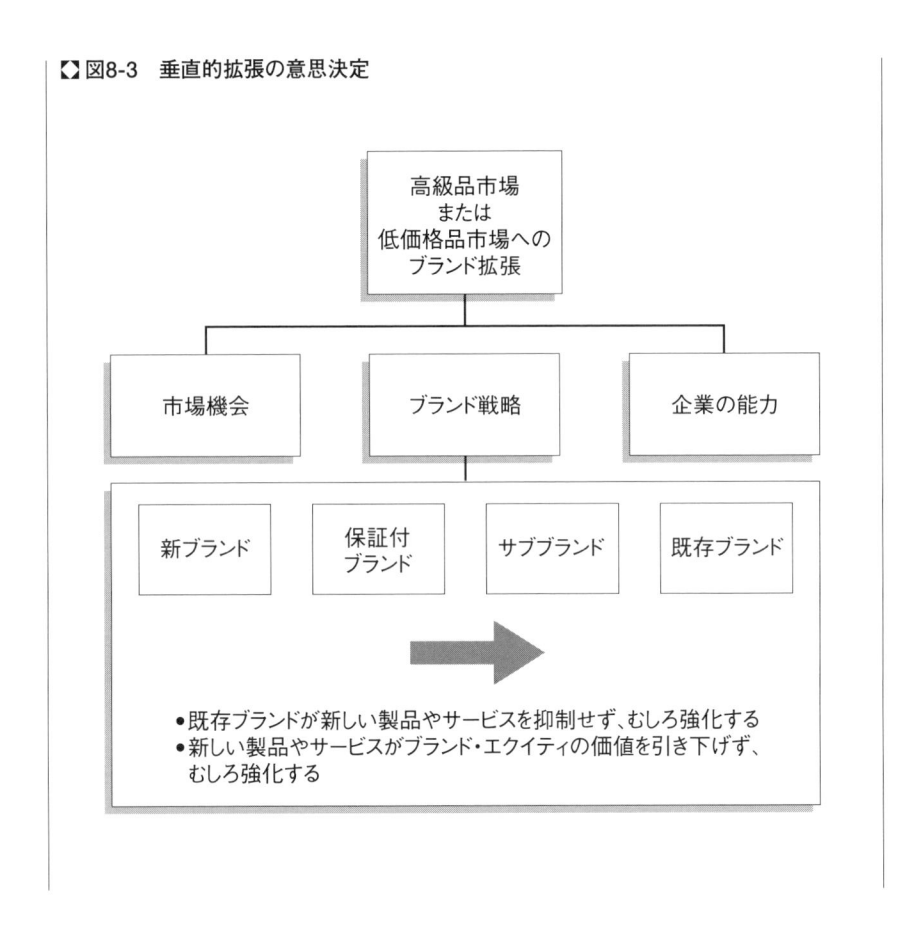

図8-3　垂直的拡張の意思決定

```
          高級品市場
          または
     低価格品市場への
       ブランド拡張
    ┌──────┼──────┐
  市場機会  ブランド戦略  企業の能力
            │
  ┌────┬────┼────┬────┐
 新ブランド 保証付  サブブランド 既存ブランド
       ブランド
            ↓
・既存ブランドが新しい製品やサービスを抑制せず、むしろ強化する
・新しい製品やサービスがブランド・エクイティの価値を引き下げず、
  むしろ強化する
```

構造、そして人材が必要となる。企業は必要なスキルと資産を構築し、組織を成功に向けて適合させることができるだろうか。

　低価格品分野では、持続可能なコスト優位性を築く必要がある。そうでなければ、事業が脆弱になる。高コスト構造と高品質なサービス文化を持つ航空会社が、サウスウエスト航空などの低コスト航空会社と競うために行った取り組みを思い出してほしい。競争に必要なコスト構造と企業文化を築けなかった企業は多く、ユナイテッド航空のシャトル便もその一例である。

　超高級品分野では、持続可能な差別化ポイントを提供する必要がある。事業戦略について確実にいえるのは、いかに市場が魅力的でブランド戦略が強力だ

◘ 図8-4 垂直的拡張のリスク

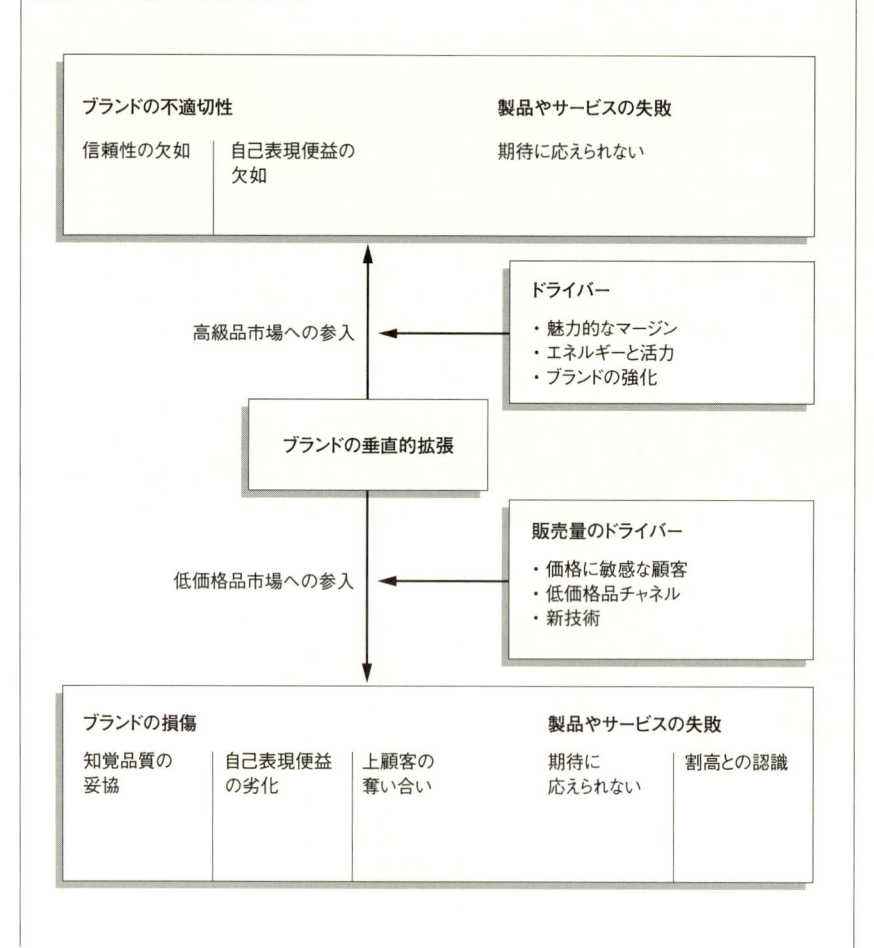

```
┌─────────────────────────────────────────────────────────┐
│ ブランドの不適切性            製品やサービスの失敗        │
│                                                         │
│ 信頼性の欠如 │ 自己表現便益の   期待に応えられない        │
│              │ 欠如                                      │
└─────────────────────────────────────────────────────────┘
                          ▲
                          │                ┌──────────────────┐
                          │                │ ドライバー        │
         高級品市場への参入 ◀──────────────│ ・魅力的なマージン │
                          │                │ ・エネルギーと活力 │
                          │                │ ・ブランドの強化  │
                          │                └──────────────────┘
                  ┌───────────────┐
                  │ ブランドの垂直的拡張 │
                  └───────────────┘
                          │                ┌──────────────────┐
                          │                │ 販売量のドライバー │
         低価格品市場への参入 ◀──────────│ ・価格に敏感な顧客 │
                          │                │ ・低価格品チャネル │
                          ▼                │ ・新技術          │
                                           └──────────────────┘
┌─────────────────────────────────────────────────────────┐
│ ブランドの損傷                   製品やサービスの失敗     │
│                                                         │
│ 知覚品質の │ 自己表現便益 │ 上顧客の  │ 期待に    │ 割高との認識│
│ 妥協       │ の劣化       │ 奪い合い  │ 応えられない│            │
└─────────────────────────────────────────────────────────┘
```

としても、差別化のない、もしくは顧客との関連性を欠いている製品やサービスは、失敗するということだ。また、企業に期待される品質水準を提供するための意欲と実現化能力があることも重要である。1980年代後半に高級コーヒーの分野への参入を試みたマックスウェル・ハウス・プライベート・コレクションは、会社が製法に手を抜いたため、3年で失敗に終わった。それは、レギュラー製品と同じように大きなオーブンでコーヒー豆を焙煎し、そして棚の上

で鮮度を保つこともないというものだった。妥協された品質は、当然、受け入れられるものではなかった。

　第3の要因はブランド戦略である。新分野ではブランドの信頼性が必要になるが、それを実現するには、通常、4つの戦略的選択肢がある。これらは、第2章で紹介したブランド関係チャートでモデル化されている。一般に、既存ブランドを使用した場合が、最小限の投資で抑えられる。しかし、そのブランドがリスクにさらされる場合、または新分野で成功しそうにない場合は、サブブランド戦略、保証付ブランド戦略、あるいは新ブランド戦略をとれば、新しい製品やサービスと距離をおくことができる。

　この4つの選択肢からどれを選ぶかは、製品やサービスに対する既存ブランドの影響力によって左右される。既存ブランドがその製品やサービスを強化し、その価値を引き下げたり抑制したりする連想がなければ、図8－3に示されているように、既存ブランドの選択肢がある右方向へと戦略を動かすことができる。また、既存ブランドのエクイティに対する製品やサービスの影響力によっても、この選択は左右される。新しい製品やサービスがブランドを強化し、そのブランド・アイデンティティと矛盾した連想を生むことのない場合も、そのブランドを切り離さなければならない圧力は減り、右側へと戦略を動かすことができる。

　ブランドの垂直的拡張のチャンスとリスクの両方について、以下でより詳しく検証しよう。**図8－4**にその概要をまとめた。

低価格品分野へのブランド移行

　成長が鈍化していたり、後退している成熟市場に直面すれば、成長を模索する動きが生じよう。事業の運営規模が脅威にさらされている場合、成長源を見つけることが必須となる。販売量の減少は、製造、流通、マーケティングそれぞれの活動を非効率的にするおそれがあり、収益性もさらに圧迫される。成長源の1つは、多くの場合、低価格品市場である。この市場は、安さを求める顧客、格安小売業者、新技術の導入などによって、相当な活力が生み出されるこ

とがよくある。

　タイヤから衣料、そしてコンピュータに至るまで、ますます多くの市場が成長中の低価格品分野に注目している。この動きのドライバーとなるのは、価格に敏感な顧客である。こうした市場では、かなりの数の買い手が、高級ブランドから許容できる品質と機能を持ち合わせた低価格ブランドへと乗り換えている。このような状況の1つの原因は、買い手が値引きとプロモーション活動に慣れてしまったことだ。その結果、低価格品セグメントで知覚される差別化は弱まり、価格の関連性が浮上する。そして、もう1つの原因は、単純に経済性にある。とりわけ経済が鈍化もしくは悪化しているときは、家計が圧迫されるため、一般世帯では節約を重視する傾向になる。

　低価格品分野の成長に寄与している2つ目のドライバーは、新しい販売チャネルである。こうした販売チャネルは、低コスト構造であることに加え、積極的な「エブリデイ・ロープライス（常時特売）」戦略を採用し、プライベート・ブランド商品を思うがままに活用する。ターゲットやウォルマートなどのチェーン店に加え、ホームデポ、サーキット・シティ、オフィスデポといった専門大型ディスカウントショップは、個別製品カテゴリに関心のある顧客に向け、並外れた仕入れ能力を生かしている。また、インターネットの導入によって、デルなどの企業によるダイレクト・マーケティングが過去10年間で爆発的に増えた。そして、継続的に低コスト構造を利用し、販売価格を引き下げてきたのである。こうした小売業者は、格安商品を前面に押し出し、購入を促すだけでなく、メーカーに価格引き下げの圧力をもかけている。

　3つ目のドライバーは、技術の刷新である。これによって、本質的な低コスト構造を持つ新世代の製品やサービスが生み出されている。使い捨てカミソリ刃のジレット・グッドニュース、使い捨てカメラのフジ・クイックスナップ（写るんです）、電動歯ブラシのクレスト・スピンブラシは、それぞれ従来の競合技術よりも著しく低い価格構造を有する低価格品カテゴリを代表する。

　これら3つのドライバーは、大きなパラダイム・シフトを象徴している。古い考えはもはや通用しなくなり、低価格品分野への参入に圧倒的な圧力が生じている。たとえば、ジョン・ディアは、高品質なサービスを行うディーラーを通して販売する芝刈り機を製造している。このチャネルの販売価格帯は低下

していないものの、現在ではホームデポなどの量販店がこの市場の大きなシェアを占め（さらに拡大しつつある）、ジョン・ディアの製品価格の半値で販売される製品が売り物となっている。このためジョン・ディアは、この新チャネルに参入する方法を見つけるか、もしくは市場シェアの低下と規模の経済の減少を甘受しなければならなかった。ジョン・ディアをはじめとする多くの企業が直面する問題は、ブランドが築いてきたブランド・エクイティを損なうことなく、いかにしてこうした課題に取り組むかということである。ジョン・ディアがとった方法は、「マニュファクチャード・バイ(manufactured by)」のほうが「フロム・ジョン・ディア」よりも結びつきが弱いという意味で、弱いブランド保証を付加したブランド「スコッツ・マニュファクチャード・バイ・ジョン・ディア」の投入することであった。

低価格品分野へのブランド移行は容易だが、リスクも大きい

　ブランドは、低価格品分野へ簡単に、また時にはうかつに移行してしまう。そしてブランドは、高級品分野に戻る際にさまざまな問題に直面する。低価格品市場へ参入する際の最大の課題は、参入によって、知覚品質に関する連想、自己表現便益、そして既存の優良顧客の維持能力に影響を与え、ブランドを傷つけないことである。

　問題は、低価格品分野への移行がブランドの認知に影響してしまうことである。その影響は、おそらくブランド・マネジメントの他の選択肢によるものよりも甚大なものであろう。心理学の研究によれば、人は望ましい情報よりも望ましくない情報に大きく影響される。たとえば、人に関する最初の悪い情報は、それに続くよい情報にバイアスをかけてしまう。ところが、最初によい情報があっても、それに続く情報が悪いものだと、印象が変わってしまう可能性が高い。政治家が対立候補のマイナス・イメージを選挙広告で使うのは、こうした研究結果を実践に利用しているのだ。

　伝統的なマーケティング調査でも、同じような結果が出ている。たとえば、モトリーとレディーは、サックス（名門デパート）とKマート（ディスカウント専門店）について、店舗の再ポジショニングに関する説明文を消費者に見せた[3]。説明文には、その店が非常に高級か、非常に低価格か、もしくはその中間か、

記載されていた。結果は、Kマートに対する態度は、店が非常に高級であると説明されても変わらなかった。ところが、サックスに対しては、低価格と説明された場合だけでなく、中間という説明の場合もその態度に影響を及ぼした。また、アルントの研究では、悪い口コミ情報は、よい口コミ情報よりも購入意向に2倍の影響力を持っていることがわかった[4]。

　低価格品分野への移行に伴うリスクの1つは、自己表現便益をもたらすブランドの能力が低下することである。製品やサービスが、水、高級リゾート、自動車、あるいは銀行業務であっても、自己表現的なブランドは、通常は高品質製品に結びついているだけでなく、排他性にも結びついている。ブランドが低価格品市場に投入され、より多くの人（低所得者層でなくても一般の）がその製品を使用するようになると、名声は薄れる。たとえば、ティファニーがデパートにあの青い箱の使用を認めた場合、ティファニーのプレゼントを贈るというシンボルが色あせてしまうであろう。

　低価格品への参入は、自社の市場シェアの奪い合いになるおそれもある。「コダック・ファンタイム」フィルムは、コダックの写真フィルム・ラインの競合製品と競うために導入された普及品だった。問題は、競合の低価格製品の顧客ではなく、コダック・フィルムの愛用者が売上げの多くを占めたことである。競合の低価格ブランドは、すでにコダック製品よりもずっと価格が低かったため、価格に敏感な購入者はコダック・ファンタイム・フィルムに魅力を感じなかったのである。この製品は競合製品を攻撃する代わりにコダック自身を攻撃することになってしまい、ただちに販売中止となった。ジレットはシェービング・クリームの普及品を望み、使い捨てカミソリの「ジレット・グッドニュース」製品ラインの拡張を検討したが、同じような自社ブランド同士の争いをおそれた。

　失敗のリスクも問題の1つである。低価格品や低価格サービスは、顧客に価格が割高と思われると失敗しやすい。もし、マリオットが自らブランド保証するフェアフィールド・インの代わりに、マリオット・ブランドそのもので低価格品市場に参入していたら、顧客は、宿泊料が競合よりも高いのではないか（おそらく事実である）と疑ったかもしれない。低価格品市場において、価格が重要なドライバーとなる場合、こうしたことは問題となりうる。したがって、

マリオットのブランド保証の場合は、宿泊料が高いという認識は依然として残るかもしれないが、それでも影響はより少ないであろう。

　低価格品や低価格サービスが、ブランドから期待される品質と一致しないと認識される場合、期待感の問題も生じるおそれがある。キャデラック・シマロンの低価格品分野への参入は、うわべだけ装った安っぽいシボレーだったため、結局は失敗に終わった。ポルシェも「914」（フォルクスワーゲンのエンジンを搭載）や「924」（フロント・エンジン式）で低価格品分野に参入を試みたが、同じような運命をたどった。ポルシェは、ポルシェ・ボクスターでようやく成功を収めた。この車は、ポルシェの伝統を忠実に受け継いでいると認識されたからだ。ここでもう1つ教訓を引き出すとすれば、ブランドを支える実体の部分で、顧客を失望させてはいけないということである。

　こうしたリスクの対処法にはさまざまな戦略がある（**図8－5参照**）。1つは、苦戦中の既存ブランドを高級品分野から遠ざけ、低価格ブランドとして再ポジショニングすることによって、これらのリスクを回避する戦略である。これは、重要なブランド・エクイティが失われないという論理に基づく。別の戦略としては、ブランドがすべての価格帯で機能するようにポジショニングすることである。これは、そのブランドに低品質の製品が存在しない場合に可能な戦略である。

　その他の選択肢としては、そのブランドを低価格品分野と高級品分野から離す戦略がある。隣接する製品クラス、または異なる市場に限っての低価格ブランドとしての使用、サブブランドや保証付ブランドの使用、異なるブランド・パーソナリティの創造などは、いずれもこうした分離を実現する手段となりうる。新しい別のブランドの構築は最終的な選択肢であり、ブランドにとっては最大の防衛策である。

◪苦戦中の高級ブランドの低価格品分野への再ポジショニング

　高級ブランドが苦戦している場合、そのエクイティのより有効な活用方法は、低価格品市場で競争させることだろう。たとえば、それが市場で3、4番手といった弱いブランドで、上位に食い込む見通しがわずかなものであれば、むし

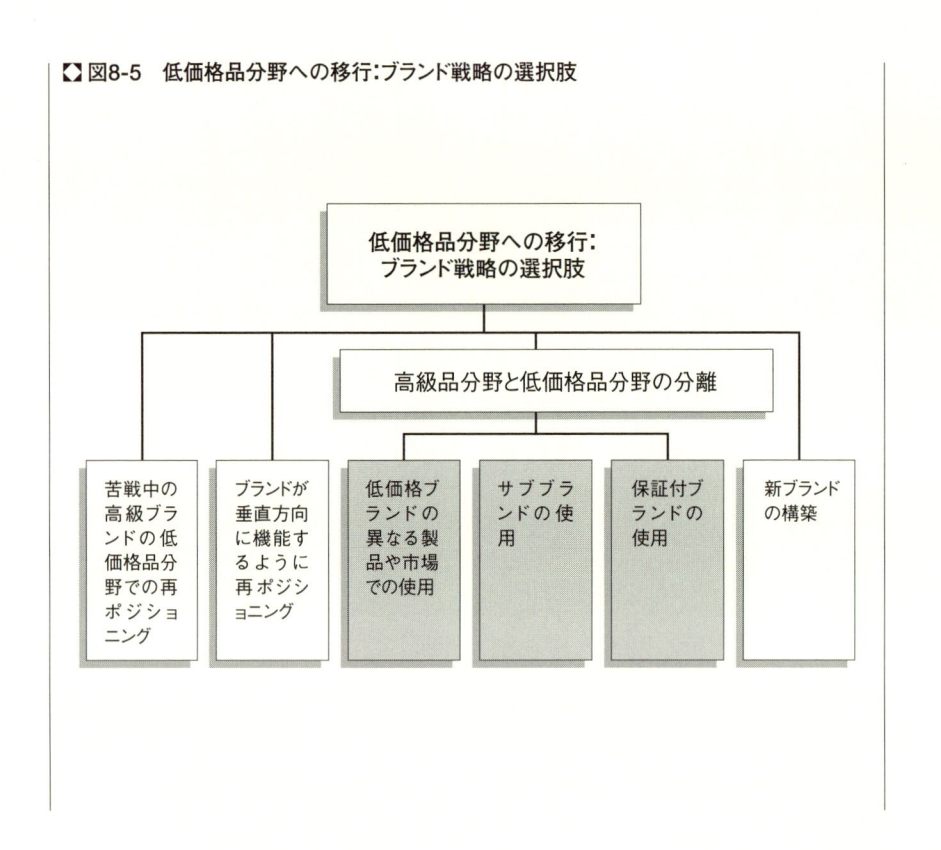

◘ 図8-5　低価格品分野への移行:ブランド戦略の選択肢

```
            低価格品分野への移行：
            ブランド戦略の選択肢
                    │
            高級品分野と低価格品分野の分離
    ┌──────────┬──────────┬──────────┬──────────┬──────────┐
  苦戦中の    ブランドが   低価格ブ    サブブラ    保証付ブ    新ブランド
  高級ブラ    垂直方向    ランドの    ンドの使    ランドの    の構築
  ンドの低    に機能す    異なる製    用         使用
  価格品分    るように    品や市場
  野での再    再ポジシ    での使用
  ポジショ    ョニング
  ニング
```

ろ、低価格品市場で競ったほうが長期的に大きな可能性を秘めているかもしれない。また、高級ブランドがイメージの低下に直面している場合も、同じ論理が当てはまる。たとえば、ビール・メーカーのシュリッツが生産コストを削減するために大鉈を振るった結果、妥協した知覚品質となってしまった。シュリッツは高級イメージを取り戻そうとしたが、うまくいかず、低価格ブランドになる以外に選択の余地はなかった。イメージの低下したブランドの復活に多大なコストがかかる場合、あるいは復活が不可能な場合は、低価格ブランドとしての役割しか残されていないであろう。

　また、高級ブランドが苦戦しているというよりも、重複しているといったほうが適切な場合があるかもしれない（その両方が当てはまることもある）。ブランド・ポートフォリオの観点では、重複しているブランドのうち、1つを低価

格ブランドとし、ポートフォリオでの役割を担うようにすれば生かすことができる。これはGEが、「ホットポイント」ブランドに対して行った方法である。

◆垂直方向に機能するポジションの探求

　ブランドのイメージ、アイデンティティ、そしてポジションは、そのブランドが適切な価格帯に広がるのを助けてくれる。しかし、排他性と価格がそのブランドの知覚品質や自己表現便益のドライバーとなっている場合は、垂直方向へ拡張することは避けなければならないだろう。一方、低価格品分野のポジションは、規模の縮小もしくは機能の減少を表すことになるが、固有の品質と本質は同じであることを示さなければならない。たとえば、ヴァージン・ブランドは、さまざまな価格帯で効果を発揮するパーソナリティに基盤をおいている。デルのダイレクト・モデルは、さまざまな周辺機器とサービスに及ぶブランドであることを働きかける。BMWも、究極のドライビング・マシーン（反応性がよく、運転が楽しい自動車）というアイデンティティが同社の全車種を貫いているため、幅広い垂直範囲で機能するのだ。

　ソニーの場合、デジタル融合、イノベーション、楽しさ（だれもが持つ子供心）に基づいた同社のポジションが、多様な価格帯に当てはまるため、幅広い価格帯への適用が可能となっている。ソニーは、比較的高級なテレビセットと比較的低価格のオーディオ機器を製造している。たとえば、ウォークマンだけでもきわめて多くの価格帯を有する。しかし、第5章で述べたように、ソニーが世界のトップブランドの1つでいられる理由は、顧客が、ソニーの理念は高級品分野から低価格品分野まで反映可能だと信じているからである。ソニーは、低価格品分野でも最も価値のある製品を提供するという信頼を得ている。確かに、低価格ブランドやサブブランドを持たないことはソニーにとってリスクであるが、ソニー・ブランドが成功している事実は示唆的である（一方で、ソニーは低価格品カテゴリのブランドとして、巨額の投資を行ったアイワ・ブランドの使用を増やしていると考えられる）。

　全社的な戦略によって、やむをえずブランドに対するリスクを取らざるをえないこともある。メルセデスは、販売価格が3万ドルほどの「190」モデルを

発売した際に、批判を受けた。特にアメリカ市場において、メルセデス・ブランドがもたらしてきた重要な自己表現便益を危うくさせるおそれがあったためである。しかし、メルセデスには、長期的視野から見ると低価格品分野への移行なしには、広告やディーラー網を支えるのに必要な台数を販売するのが難しいという厳しい現実があった。さらに、顧客層の高齢化もあり、若い購入者を獲得する必要もあった。このため、企業戦略としてある程度のリスクを取ることを余儀なくされ、結果として成功した。売上げは好調であり、メルセデス・ブランドを幾分か再ポジショニングしたこともあって、損害を被ることもなかった。メルセデス・ブランドの「ステイタス」という側面は、すべての価格帯で機能する品質というアイデンティティを強調するために、後退させられることになったのである。

◆低価格ブランドの異なる製品分類や市場での使用

　高級ブランドの文脈から低価格ブランドを引き離す方法の1つは、低価格ブランドを異なる製品クラスで使用することである。また、まったく異なる市場で使用することもある。

　低価格品分野における高級ブランドの使用に伴うリスクは、複数の製品クラスを対象とすることで軽減される。たとえば、GEはすでに小型電化製品の製造を取りやめているが、ウォルマートに対し、GEの高級大型電化製品が販売されている店舗内の小型電化製品にGEの名前をつける独占的権利を与えている。ウォルマートに比較的低価格の従来型製品を置くことは、GEの大型電化製品のブランド・イメージを低下させるリスクはあるが、新ブランドは異なるカテゴリにあるため（隣接はしている）、そのリスクは軽減される。また、この露出は、GEの大切な顧客であるウォルマートに限られているため、ブランド表示についてそれなりの規制をしていることも考えられる。これは、少しでも売上げと利益に貢献し、そして重要な小売業者との関係を強化するために、ブランド・エクイティをある程度犠牲にしている事例の1つである。

　低価格ブランドの異なる製品クラスへの拡張は、ブランドに対するリスクを縮小することが実験的に証明されている。たとえば、ケラーとアーカーは、ポ

テトチップスのあるブランドをクッキーとアイスクリームの分野に拡張させた場合、味と食感が原因で拡張ブランドはあまり受け入れられなかったという情報を与えても、元のポテトチップス・ブランドの知覚品質は影響を受けないことを発見した[5]。ローケンとジョンは、あるシャンプー・ブランドを品質の劣るティッシュ製品へ拡張させた際、そのティッシュ製品はブランドを代表するものかという質問を最初に回答者にしておいた場合に限り、そのシャンプーの知覚品質には影響を及ぼさなかったことを見出した[6](訳注1)。この2つの事例は、顧客はブランドのアイデンティティを2つの製品クラスにおいて区別できないことはないが、注意深いポジショニングなどの手助けが必要であることを示唆している。ブランドが遠い分野へ拡張される場合（コカ・コーラの衣料品など）は、品質に対する印象が移転してしまうリスクは減るものの、ブランドが新しい分野でまったく貢献できない、あるいは顧客を心地悪くすらさせてしまう危険はあるだろう。

　異なる市場を目標にすると、親ブランドの顧客が新しい製品やサービスに接する機会は少なくなるため、差別化ポイントをもたらすだけでなく、イメージ低下のリスクも減少できる。たとえば、ある高級スポーツクラブ・チェーンは、主要サービスを若年齢層、あるいは小都市に焦点を当て、大都市市場は親ブランドに任せることができる。どちらも、中核となる上顧客が拡張に接することはおそらくないであろう。

◆サブブランドの使用

　サブブランドは、自社内の市場の奪い合いやイメージ低下のおそれを軽減させつつ、新興の低価格品市場へのブランドの参入を可能にする力がある。サブブランドの役目は、低価格サブブランドを親ブランドから離すことで、こうし

訳注1：この実験において、ティッシュ製品は、そのブランドを代表するような「典型的な」商品だとは考えられなかった。被験者に対してこうした質問をあらかじめしたことにより、ブランドに対する製品の「典型性」という意識が彼らのなかで顕在化され、さらにティッシュ製品が元のシャンプー・ブランドにとって「典型的でない」と判断されたことによって、元のブランドの知覚品質に対する影響が弱まったものと考えられる。

た危険を小さくすることである。低価格製品や低価格サービスそのものが非常に特徴的な場合、またそのサブブランドが独自のパーソナリティを与えられている場合、この役割の実行可能性はさらに高まる。

　サブブランドが低価格品や低価格サービスの分離に役立つことを示す実験結果がある。アーカーとマーキーは、クリネックスのトイレットペーパーへの拡張と、「スナップル」フルーツ飲料の低カロリー・オレンジジュースへの拡張について調べた[7]。どちらも、サブブランドを使用しない場合、低品質への拡張（堅くてザラザラしたトイレットペーパー、水っぽいオレンジジュース）は親ブランドに対する態度に影響を与えることとなった。サブブランドは、低品質製品への拡張に伴う危険から、親ブランドを守る働きをしたのである。

　高級ブランドとサブブランドとの分離は、サブブランド製品が質的に異なる、もしくは異なる顧客セグメント向けに設計されていると、より効果が高まる。たとえば、イギリスの小売業者であるセインズベリーは、低価格品分野でのポジションを強調するため「サバセンター」を立ち上げた。マーサ・スチュワート・エブリデイは、他のマーサ・スチュワート製品や活動からKマートの商品ラインを離す役割を担っている。鍵メーカーのマスターロックは、「ロッカーズ・アンド・バイクス」という、より軽い鍵の製品ラインを持っている。異なるデザインの使用で適用範囲を明確にすることにより、このサブブランドは、親ブランドからの分離と顧客の期待感を満たす役割を果たしている。フェンダーは、高価格で販売されている高品質のエレキギターを製造しているが、初心者向けのエレキギターを「スクワイア・ミニ」というサブブランドで、より低価格で販売している。この場合、サブブランドは、低価格品がふさわしい、明確に規定された市場セグメントを反映している。

　サイズや機能の欠如は、ディスクリプターによって示唆することができる。たとえば、パン類、ファーストフード、スペシャリティコーヒーまで含む幅広い品揃えを持つコンビニエンス・ストアが、狭い店舗面積で品揃えを確保しなければならない場合を想定しよう。この問題に対処するには、「エクスプレス」「ジュニア」「ミニ」などの言葉をつけ、同系列ではあるが完全な品揃えではないということを知らせるのがよいだろう。たとえば、ピザハットは、メニューが限定的でテーブル・サービスもない店にピザハット・エクスプレスというブ

ランドを使っている。

　低価格ブランドのディスクリプターの目的は、期待感をマネジメントし、低価格品分野のなかで製品やサービスを位置づけることである。ある製品やサービスが、サブブランドの使用により低価格品として明確にポジショニングされると、競合の低価格品との比較で評価され、製品グループのなかで最もよい製品となる可能性もありうる。たとえば、ジレット・グッドニュースは「入手できる最高の製品」（ジレットの約束）からはほど遠いかもしれないが、使い捨てカミソリのサブカテゴリ内では最高の製品と位置づけられている。

　問題は、低価格のサブブランドを導入しつつ、一方で高級ブランドのポジションを守り、2つを切り離すことである。1つの戦略としては、高級ブランドを同時に強化する、あるいはブランド差別化要素を伴うなどによって強化された製品やサービスの発売を通して、超高級サブブランドを構築することである。低価格品は新しい高級品のポジションを相対的に高める基準点となり、助けとなるであろう。たとえば、ある工具の製品ラインを高級化し、「プロチョイス」などのサブブランド名をつけ、その一方で低価格のサブブランド「ホームマスター」も導入するとしよう。これは、ブランドを高級品分野に引き上げるのと同時に、低価格品分野にも導入する戦略である。低価格品分野のサブブランド「ジレット・グッドニュース」が機能したのは、1つには、他のカミソリ製品が、ジレット・ブランドの価値を高めている「ジレット・マッハ3」とともにポジショニングされていたからである。グッドニュースをジレットから離すよりも、マッハ3から離すほうがやさしいのだ。

◪保証付ブランドの使用

　保証付ブランドの使用によって、サブブランドを使った場合よりも親ブランドから距離をおくことができる。たとえば、マリオットは低価格品分野への移行を助けるため、保証付ブランド戦略を使用した。しかし、この手法は、親ブランドと低価格ブランドの間に明白な結びつきがあるため、ブランドに対するリスクも内包している。このことは、自社内の市場シェアの奪い合いやイメージの低下につながりかねない。

ブランド間に物理的で明確な違いがあると、2つのブランドを離す選択（保証付ブランドまたはサブブランドのどちらであろうと）は最も有効に機能する。製品の主要な特徴がはっきりとしないため、違いが見えにくければ見えにくいほど、問題は深刻になる。エンジンオイル、写真フィルム、洗剤などの製品では、ロゴ、色、必要な差別化をもたらすブランド構築の取り組みなどが、他と異なるパーソナリティを創造する助けとなる。対照的に、コートヤード・バイ・マリオットは一貫した差別化されたサービスを持っている。同様に、ミニ・クーパー・フロムBMW（レトロな雰囲気を持った、一風変わっている、かわいらしい自動車）は外見的、そして機能的に主力BMWモデルとまったく異なるため、リスクは軽減される。

◆異なるパーソナリティの創造——親子の関係

低価格品分野と高級品分野との製品やサービスの相違が明確でない場合、ブランド・パーソナリティによって分離をつくり出す、もしくは強化することができる。さらに、低価格ブランドのポジションを親子関係のメタファーを用いて概念化することができれば、自社内における市場シェアの奪い合いやイメージの低下といったリスクを軽減する手段としてきわめて効果的である。保証付ブランドやサブブランドは、親ブランド（父親か母親）にとっての子供（息子か娘）であり、グレードの高いバージョンにまだ手が届かなかったり、識別できなかったりしている存在である。

ジョン・ディアなどの親ブランドは、そのパーソナリティとして「スモールタウン」特有の価値観とともに、純粋さ、誠実さ、思いやり、正直、そして勤勉という特徴を持っている。そして、おそらくそれは有能で、成功もしている。このブランドの息子（スコット・バイ・ジョン・ディアなど）も、こうした特徴を数多く持つことが可能だ。この息子は勤勉、誠実、そして純粋となることができる。さらに、息子は有能となり、成功する可能性も秘めている。結局、息子は父親と瓜二つということになる。

息子は父親と世代が異なるため、多くの点で異なることもある。息子はより素朴で、費用のかからない選択に引かれる可能性が高く、徐々にお金が増える

につれ、高級志向になるかもしれない。パーソナリティに関しては、息子には若さと活力がさらにあって、楽しい時間にもっと興味を持っているだろう。たとえば、オートバイの分野では、息子ブランドは親ブランドよりもかっこよく、楽しく、そして安いと期待されているかもしれない。衣料の分野では、息子は自然で、陽気、そして一緒にいて楽しい奴かもしれない。おそらく、ジョリー・グリーン・ジャイアントのキャラクター「リトル・スプラウト」のパーソナリティと似ているだろう。スポーツカーや登山の分野では、息子は、製品ラインとユーザーのイメージに合うような、向こう見ずでギリギリのところで生きている要素を持っているかもしれない。いずれの事例も、息子のパーソナリティは、親ブランドとは異なる特徴を提供しており、ターゲットとなる市場に結びつく方法となっている。

　プラダ（デザイナーのミウッチャ・プラダによる、男女向けの高級アパレル・靴・アクセサリーブランド）は幅広い顧客に門戸を開くため、1993年に若者向けブランド「ミュウ・ミュウ（ミウッチャのニックネーム）」を立ち上げた。プラダは、排他的で、かっこよく、裕福な社会の一員であることを象徴している。対照的に、ミュウ・ミュウは、時に生意気で時に無垢というような、きまぐれな感じの若い「ワルっぽい女の子」のパーソナリティを表している。結びつきは連結ブランドであり、ファッションに関心のある人なら、この2つのブランドがブランド名で強く結びついていることを知っている。

◪新ブランド

　高級な親ブランドを分離し、保護する究極的な手段は、まったく新しい単独ブランドを構築することだ。特色あるカジュアル衣料の小売業者だったギャップは、同社の類似商品を20～30％安く販売し、価格志向の顧客をターゲットとする競合他社に直面していた。この脅威に対抗するため、ギャップは1993年に幅広いカジュアル衣料を競争的な価格で販売するギャップ・ウェアハウスという倉庫スタイルのアウトレットを試験的にオープンした。問題だったのは、商品がギャップで販売されていたものとあまりに似すぎていたことで、自社内における市場シェアの奪い合いやイメージの低下が深刻なリスクとなった。こ

のため、1年後、この小売店はオールドネイビーという名前に変更されることになり、史上最も成長の速い小売りコンセプトの1つとなった。

　しかし、まったく新しいブランドの導入が可能な企業はほとんどない。とりわけ低価格品分野では、コストを考慮すると、ブランド構築の支援が難しくなる。新ブランドの導入は、きわめて困難でコストがかかりすぎるのだ。しかし、もし企業が休止状態だったり、不必要だったり、あるいはあまり使用していない定番ブランドを所有している場合は、低価格ブランドの候補にしてよいだろう。GEが、家電事業においてホットポイントというブランドを「棚下ろし」して、低価格ブランドとした方策を思い出してほしい。GEがフラグシップとなる高級ブランドだったため、ホットポイント・ブランドは使い道がなかったが、このブランドは耐久財分野ではかなりの知名度、信頼性、好感度があったため、最小のブランド構築支援で存続可能だった。

高級品分野へのブランド移行

　図8－4に示すとおり、超高級品市場における成長は、1つには過去数十年に先進国がますます豊かになったことによって推進された。経済状況が悪いときも、統計の最上部階層は豊かであり、消費のためのお金を持ち合わせていた。また、こうした富裕層には、情緒、そして自己表現便益を求める贅沢さがあり、そのことが多くの市場での超高級品購買に拍車をかけている。機能面のみに焦点を当てることは、彼らにとっては値打ちがなく、つまらないことなのである。

　一見矛盾しているようだが、経済的に厳しい顧客でさえ、贅沢の機会を探している。大きな家や高級車を買う余裕がない人々も、理性的に考えれば浪費なのかもしれないが、スターバックスやディズニーランドに行くし、高級な大工道具セットを購入する。超高級品の価格は、こうした顧客が通常選ぶ商品よりは高額であるが、彼らの月収や年収のほんの一部にしかすぎない。

　企業の低価格品市場への参入動機は販売量の確保だが、高級品市場への参入動機はまったく異なる。売上げのアップは歓迎すべきだが、第1の魅力は高水準の利益率、ブランドと事業への活力、そして高品質で格調高い製品やサービ

スとの結びつきによるブランドの強化である。地ビール、デザイナー・コーヒー、高級な飲料水、高級車、デザイン家電製品、そして専門誌などはすべて魅力的なニッチ市場であり、大市場よりも価格に敏感でなく、疲弊したカテゴリやブランドに関心を注入することが可能である。

◆利益率の向上

　企業が超高級品市場への投資に前向きなのは、中核となる高級品事業が価格低下や利益率縮小にたびたび見舞われるためである。同時に、真のイノベーション、差別化、そして活力を有する超高級品分野の利益率が驚くほど高いということもある。ある石油会社の超高級潤滑油ブランドの売上高は、全体のおよそ5％にすぎないが、その利益は全体の90％以上を占めている。こうした利益の源泉を持つのは、単に魅力的というだけでなく必須といえるであろう。

　ワールプールの事例で検証してみよう[8]。ワールプールは、丸みを帯びたスタイルの「ワールプール・デュエット」洗濯乾燥機を発売した。この製品は、バスタオル二十数枚分の容量を持ち、さらに、作動時間の短縮、電気の節約、布地へのいたわり、洗浄力の向上などのために洗濯と乾燥のプロセスを最適化するコンピュータも搭載していた。この製品は、ワールプールの平均的な洗濯乾燥機の3倍の価格にもかかわらず、発売直後に売上高が予測の2倍に達し、好調な出足となった。そして、購買者は富裕層でなく、堅実な中間層だった。この超高級品分野は、ワールプールにとって攻略のポイントとなったのである。

◆活力

　超高級品分野は、すべての興味と活力が存在する場であるため、顧客と企業はこの分野に魅了されている。単なる高級ブランドは、通常、成熟して、活力ばかりでなく差別化ポイントをも欠いた退屈な文脈にある。スーパーマーケットで販売されている缶コーヒーは、高級ブランドでさえ平凡で、成熟し、面白味がないと受けとめられている。対照的に、デザイナー焙煎コーヒーやスターバックスは、人々の価値観やライフスタイルに訴えるものがあり、重要な自己

表現便益をもたらしている。

　事実、多くのカテゴリにおいて、イノベーションや品質が「非常に高いために注目される」のは超高級品分野である。利益率縮小に伴い、成熟分野の高級ブランドは、意味のあるイノベーションや付加価値のあるブランド差別化要素を取り入れようとせず、コストにこだわり、残ったマージンを守ろうとする。しかし、GEプロファイルやワールプール・デュエットなどの超高級品は、イノベーションの温床となり、ブランド・パーソナリティ、顧客関係、そして差別化などに新しい道筋を与えている。イノベーションが刺激されるのは、1つには小組織（場合によっては大企業内の）が関与しており、また1つには、それによって得られる大きな利益を新製品開発およびマーケティング活動に充てるためである。

◆ブランドの強化

　高級ブランド製品を生み出すもう1つの重要な動機は、高級品市場におけるブランドの信頼性と名声を強化することである。超高級品がブランド活性化要素またはシルバーブレットの役割を果たしうる場合、新ブランドの潜在的な収益性は二次的なもの、あるいは無関係なものにさえなる。

　ワイン・メーカーの「ガロ」は、ブランドそのものが高級品分野へと大きく移行した数少ない例である。その際にカギとなる役割を果たしたのが、サブブランドと保証付ブランドである。ガロは、アメリカ市場における安物ワインのカテゴリから抜け出すため、適度な価格設定のワイン「アーネスト・アンド・ジュリオ・ガロ・バライエタルズ」を発売した。この製品は、低価格品分野におけるガロのポジションを強化するのに役立ったばかりでなく、ガロ家の目標である、尊敬されるワイン・メーカーになるための努力の発端となった。ガロは、安物ワイン事業の競合買収を通じ、その市場からガロ・ブランドを撤収することができた。その後、ガロは「アーネスト・アンド・ジュリオ・ガロ・コースタル・ビンヤード」「ガロ・オブ・ソノマ」といったブランドの発売、そして「ターニング・リーフ」や「シカモア・キャニオン」といったブランドをシャドウ・エンドーサーとしてブランド保証し、次々に高級ワインを出していっ

た。ガロ・オブ・ソノマとシカモア・キャニオンは主として、伝統的なブランド名よりも品質と賞を評価するレストランに販売された。ガロ・ブランドのレストランでの露出が信頼性を高め、本来ならば困難な最高級ワインへの参入を助けた。

次に、超高級車がシャドウ・エンドーサーとしてコーポレート・ブランドに果たす役割について考えてみよう。BMWの「ロールス・ロイス」デザイン、そしてダイムラー・クライスラーの「マイバッハ」デザインは、共に彼らが最高級レベルで競争可能な、すばらしい機能と性能を持つ車を開発する能力があることを示している。そして、いずれも多くの競合他社がひしめくなかにいるコーポレート・ブランドに、ニュースと話題を提供する機会を提供しているのだ。

◆高級品分野への移行のリスク

低価格品分野への移行と比べると格段に小さいものの、高級品分野への移行にもコアとなるブランドを傷つけるリスクがいくつかある。1つは、企業に必要な資産や組織文化が欠如しており、高級な体験を伝えるための組織能力がないため、製品やサービスが失敗する可能性である。記憶に残ってしまった失敗は、ブランドを傷つけるおそれがある。また、超高級品が成功しても、コア・ブランドが以前よりも平凡に見えてしまうというリスクもある。スコッチ・ウィスキーの飲用者は、ジョニーウォーカー黒ラベルの存在によって、ジョニーウォーカー赤ラベルが最高の体験を意味しているとは信じないだろう。

より深刻なリスクは、図8－4に示すとおり、高級品分野への移行を試みているブランドに、適切な製品やサービスがありながらも成功できない場合である。そのブランドは、必要な知覚品質や機能的便益をもたらす能力における信頼性に欠けているのかもしれない。または、そのブランドを持つ企業が、超高級品分野における品質レベルを遂行できないと思われている場合もある。そのような場合、知名度のあるサブブランドやブランド差別化要素を使用しても、そのブランドの伝統的なポジションを変えることはできないかもしれない。

多くの場合、超高級品分野のドライバーとなる自己表現便益をブランドにも

たらすことは難しい。たとえば、ホリデー・インが自らブランド保証し、立ち上げた高級ホテル「クラウン・プラザ」の例を考えてみよう。この事例では、ホリデー・インの親しみやすく、快適で、気取らないホテルという強いイメージが障害となった。ホリデー・インは、長年の努力と相当な資源投入の果て、最終的にはあきらめなければならず、ホリデー・インとの結びつきを外してクラウン・プラザを独立ブランドとした。ガロはブランドが高級品分野へ移行できることを示したが、潤沢な資源を有する最大ワイン・メーカーでありながらも、何十年も苦戦しなければならなかったのは、この課題の難しさを物語っている。

◘ブランドの高級化という選択肢

　マージン縮小の圧力から抜け出し、成長の優位性を享受するべく、ブランドを「高級化」させるにはどのようにすればよいのだろうか。高級化する際の選択肢は、低価格化する場合よりも少ない。特に、ブランドを低価格品分野に再ポジショニングすることはたいてい可能だが、高級品分野に関してはきわめて困難なことである。知覚品質と自己表現便益の面で定着したポジションを打破するのは、不可能に近い。

　高級品のブランド化を試みる場合、保証付ブランドを選択肢として選ぶことはまずない。保証付ブランドは強い分離を与えるので、製品やサービスとの結びつきを弱める利点がある。しかし、ブランド保証の特性が問題となる。ブランド保証は、その製品やサービスを提供している企業、その価値観、プログラム、そして従業員を明確にし、その製品やサービスが企業の基準に則したものであることを主張する。すると、たいていの場合、ブランド保証は障害となる。なぜなら、そのことは自己表現便益の実現を妨げ、顧客に超高級品質の実現を確信させることができないからである。このことは、ホリデー・インのクラウン・プラザの事例では間違いなく真実であった。

　ブランド保証が自己表現便益の邪魔にならないシャドウ・エンドーサーのかたち、あるいはブランド保証を始める時期を遅らせれば、可能性はもっと高まるかもしれない。たとえば、キャンプ用品のリーダー・ブランドであるコール

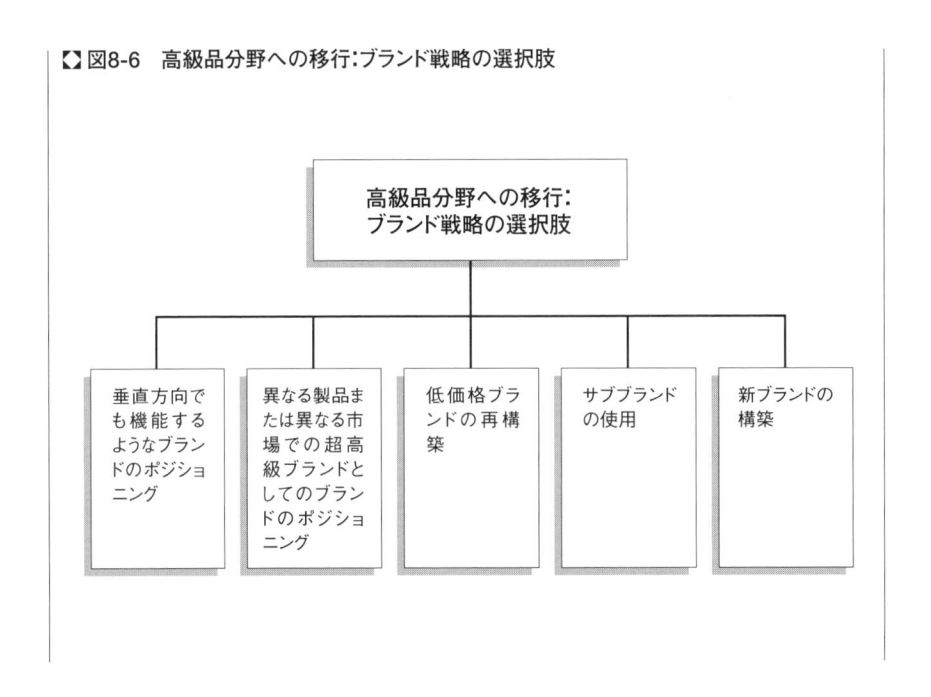

◯ 図8-6　高級品分野への移行：ブランド戦略の選択肢

```
                高級品分野への移行：
                ブランド戦略の選択肢
    ┌──────────┬──────────┬─────┬─────┬─────┐
  垂直方向でも  異なる製品ま  低価格ブラ  サブブランド  新ブランドの
  機能するよう  たは異なる市  ンドの再構  の使用      構築
  なブランドの  場での超高    築
  ポジショニ   級ブランドと
  ング        してのブラン
              ドのポジショ
              ニング
```

マンは、重くて扱いにくいというイメージが邪魔して、アウトドア用品を高級品市場へ移行させるという願望が阻まれた[9]。コールマンは独立ブランド「ピーク1」を立ち上げた。このブランドはコールマンとの連想がないこともあって、成功した。数年後、新ブランドが定着してから、コールマン・ブランドを強化するため、ピーク1にコールマンという名前がつけ加えられた。

ブランドを高級化する際に、検討すべき最も効果的な戦略は以下のとおりである。

- 垂直方向でも機能するようなブランドのポジショニング
- 異なる製品または異なる市場での超高級ブランドとしてのブランドのポジショニング
- 低価格ブランドの再構築
- サブブランドの使用
- 新ブランドの構築

◆垂直方向で機能するポジションの発見

すでに述べたとおり、ブランドが垂直方向で機能するポジションを持つこと、またはそのように開発することは可能である。この場合、ブランド・エッセンスが高級品市場、超高級品市場、低価格品市場のいずれでも機能することが必要である。すでに述べたBMW（究極のドライビング・マシーン）、ヴァージン（奇抜な特徴とサービスで英国航空などの業界トップと競合）、デル（ダイレクト・モデル）、ソニー（デジタル・ドリーム・キッズ）といったブランドはすべて、こうした資質を持っている。もちろん、そうはいっても高級化は困難な課題である。一方、そのポジションが最高品質に見合わない場合は、実現はほぼ不可能である。

ブランドは、信頼性が全製品分野に結びついている場合、垂直拡張できる能力を有する傾向がある。たとえば、「アンクル・ベンズ」の米は、料理本に載る基本食材に結びついたブランドとして認識されている。このため、アンクル・ベンズは、「ライス・アルフレッド・ホームスタイル・ピラフ」や「ハーバル・ライス・オ・グラタン」といった米を材料にした食品シリーズ「アンクル・ベンズ・カントリー・イン」で成功した。このカントリー・インというサブブランドは、レシピが最高級の宿屋（イン）から発想を受けていることを表し、また片田舎の興味深いレストランと付き合いのある親戚であることさえ示唆している。対照的に、「ライス・ア・ロニ」は普段の食事に使われる商品で、さまざまな味があり、多くの場合主食となっている。同社は「ライス・ア・ロニ・サボリ・クラシックス」という商品で高級品分野への参入を試みたが、ライス・ア・ロニの名前が足を引っ張り、失敗に終わった。

◆異なる製品分類または市場への参入

ブランドを異なる製品や市場で利用すると、より簡単に超高級品分野に参入できることがある。この場合、ブランドを高級化させているということがそれほど明白でなく、本来の製品クラスが他の文脈で資産となりうる。

新世代製品のブランディング

　高級品分野への移行の際と類似したブランド・ポートフォリオに関する問題は、新モデルに新技術やまったく新しい機能、便益が付与される場合に起こる。既存ブランドが、劇的な製品の進歩に関して信頼性を持ちえている場合、新しいサブブランド、保証付ブランド、または新しいマスター・ブランドを使用して、その進歩を知らせる必要があるだろう。ジレット・マッハ3は、当時の高級サブブランドであったジレット・センサーを超えた重要な技術的進歩を象徴していたため、このようなまったく新しいサブブランドをつくることが適当とされたのだった。業績が不振だった生理用品ブランドのタンパックスは、業績を回復させるために、40％高い価格でも販売可能と予測され、重要な技術的進歩を付与したブランド「タンパックス・パール」として発売した。

　ブランディングの選択肢のなかには、新世代の文脈に関連性があるものもいくつかある。その1つは、「新しく改良された」という話題をつけ、既存ブランドを用いることである。もう1つは、技術名のMMXをペンティアムにつけた事例のように、新しいものに信頼性を付与するため、ブランド差別化要素を使用することである。さらにもう1つは、新しい名前をつくり出すことなく、新世代を示すのに応用可能なサブブランドを使用することである（インテルは、ペンティアム・プロ、ペンティアムⅡ、Ⅲ、4などのサブブランドを展開した）。「エア・ジョーダンXVII」はアルミケース梱包CD付きで、一足200ドル以上で販売されている。「ジレット・マッハ3」が改良されたとき、そのブランド名は「ジレット・マッハ3・ターボ」となった。

　以下の質問は、新世代技術の創造に関連したブランド・ポートフォリオの問題を体系化するのに役立つ。

- その技術はどれほど新しいのか。32ビット・プロセッサから64ビット・プロセッサへと進歩したインテルのアイテニアムは、明らかに重要な

変化であり、新しい名前をつけるに値した。
- その新世代技術には、ブランド構築の取り組みと投資を正当化するだけの持続性があるか。
- その新技術、またはその一部は所有可能か。新技術には、パソコンやビデオデッキのように一般化してしまうリスクがあり、ブランドは、技術、もしくは少なくともバージョンの1つを所有する必要がある。インテルのペンティアムはそれほど重要な技術的変化ではなかったが、「インテル586」よりも所有とマネジメントが行いやすい名前が必要だったため、新ブランド名が適当とされた。

これらの質問に対する回答が肯定的であれば、ブランド関係チャート（第2章を参照）の右側、すなわち新ブランド方向への動きが正当化される。しかし、この場合も倹約の原則を適用すべきである。すなわち、ブランドは少なければ少ないほど望ましい。新ブランド名をつくり出し、強調することによって、ブランド関係チャート上の個別ブランド戦略方向に進んでいくには、それ相当の理由がなければならない。

旅行カバン分野でグローバル・リーダーである高級ブランド「サムソナイト」は、さらに知名度を高め、領域を旅行カバンから旅へと広げ、より高級で格式のある、ファッション性志向のブランドであるというイメージを強化する必要があった[10]。

この課題は、旅行カバン分野の枠のなかでは難しかったため、サムソナイトは、旅行にやさしいファッション衣料や装飾品を含む、ファッション性と機能性が合致したブランドに拡張した。この「デザイナー旅行着」には、サムソナイト・ブラック・ラベルというブランドがつけられた。このサブブランドは、堅い旅行カバン事業から十分な距離を持ち、サムソナイトにファッション衣料の分野で信頼性を与えた。

ガロはアメリカでは低価格ブランドだが、ヨーロッパ（ここでは安物ワインだと見なされていない）では話が違ってくる。ガロは、3代にわたるガロ一族、

カリフォルニアとの結びつき、そして受賞ワインを拠り所とし、ヨーロッパでは中級から最高級までのブランドのポジションをしっかりと築いた。各ブランドは、「アーネスト・アンド・ジュリオ・ガロ・ワイン・セラーズ」「アーネスト・アンド・ジュリオ・ガロ・コースタル・ビンヤード」といった名前によって伝統を強調している。

◨低価格品分野のブランドの再構築

　高級品分野への参入は、低価格品分野のブランドを再構築し、低価格ブランドのイメージを促進する要因を1つでも取り除くことができれば、成功の可能性が高まる。ガロは、低価格ワインのブランドに、買収した「カルロ・ロッシ」を使用し、その分野ではガロの名前を消した。サムソナイトは、低価格ディスカウント・ストアや量販店向けのブランドに、買収した「アメリカン・ツーリスター」を使用し、サムソナイト・ブランドは高級品を扱う販売チャネル向けとした。同様に、ソニーは、低価格品の一部を「アイワ」ブランドに移行させようとしている。

◨サブブランドの役割

　超高級品分野への参入にクアーズ・エクストラ・ゴールドやGEプロファイルのようなサブブランドを使用することは、有利な点がいくつかある。まず、こうしたサブブランドは、高品質、格式、信頼性といったイメージを親ブランドに結びつけることによって、ほとんどの場合、親ブランドを支援する。唯一の危険は、その理由を論理的に説明することなしに、超高級ブランドがその親ブランドよりも優れていることを示唆する場合である。この状況を改善する最も簡単な方法は、わかりやすい差別化ポイントやブランド差別化要素を持つことである。そうすれば、本来の親ブランドは品質の劣った製品と見られるのでなく、程度を抑えた製品と見られる。

　第2に、サブブランドを伴ってでも既存ブランドを使用することは、ブランド構築をさらに実行可能とし、コストも抑えてくれる。新ブランド名の知名度

と連想をつくり出すコストの大部分が抑えられる、もしくは削除できるのである。多くの競合他社がしのぎを削る市場に、新ブランド名で参入するよりは、クアーズと超高級ビールを結びつける、またはGEと高級家電を結びつけるほうが容易であろう。

　定番ブランドを使用する3つ目の利点は、連想とプログラムが応用可能で、価値提案を与えるのを助けることである。GEプロファイルの顧客は、GE顧客サービス制度を利用できることをわかっており、クアーズ・ゴールドの顧客は、そのビールが大手企業で製造されていることを（場合によっては、クアーズの乳ガン撲滅のプログラム「ハイ・プライオリティ」と関連があることも）知っている。

　高級品分野への移行にサブブランドを使用することの基本的な問題は、ブランドが高級品分野において信頼性に欠けるということである。中級品分野のブランドからブランド保証を受けた高級サブブランドが、その高級品市場の水準に適合するという主張は、どのようにすれば信頼に値するものになるだろうか。こうした基本的な矛盾は、高級品分野へのブランド移行を非常に難しくする。しかし、不可能ではない。有効な手法もある。

シルバーブレットの創造

　製品の信頼性を高めるため、ブランド差別化要素、またはブランド活性化要素のかたちで、高級品ライン内にシルバーブレットがあると、高級品分野への移行は円滑となる。たとえば、ニューヨークやロンドンにある知名度の高いフラグシップ・ホテルの存在は、「ホリデー・イン・クラウン・プラザ」が存続可能なブランドとなるのを助けたと思われる。

　第6章で述べたとおり、「ターゲット」は、建築家マイケル・グレイブスと衣装デザイナーのモッシモ・ジャンヌリというブランド活性化要素を擁している。この2人は一連のブランド商品をデザインしており、市場におけるターゲットのイメージ向上に貢献している。ブランド化特徴は、高級品分野へ参入する手段となることができる。

高級ディスクリプターの使用

　ディスクリプターは、覚えやすく、しかも、本来ブランドがポジショニング

されている分野にある製品やサービスから明確に区別したかたちでそれが高級品であることを知らせることができる。高級ディスクリプターには、「スペシャル・エディション」「プレミアム」「セレクト」「プロフェッショナル」「ゴールド」「プラチナ」といったものがある。ワイン・メーカーの場合、高級品分野の顧客を獲得するため、「プライベート・リザーブ」「ライブラリー・リザーブ」「リミテッド・エディション」などの名前を使用し、航空会社には「カノッサー・クラス」「レッド・カーペット・クラブ」などの商標がある。

「超高級品分野の低価格品」としてのポジショニング

いかに確立された超高級品市場でも、そのサブカテゴリの底辺にブランドをポジショニングする余地があるものだ。そこでの製品やサービスからの機能的便益を望んではいるが、割引価格でそれらを入手し、満足したいという顧客はいる。100%「アラビカ」コーヒー豆の場合、「セーフウェイ・セレクト・エステート」のコーヒー豆の購入が1つの選択肢となる。この商品には、スターバックスやピーツほどの信頼性の高い品質はないかもしれないが、明確な価格優位性がある。

ここでの課題は、ブランドが存続するように、支持顧客層を育てることである。たとえばセーフウェイ・セレクトの場合、自社で棚を管理しているため、商品を店に置いてもらうことは問題ではないはずだ。

一流ブランドとの共同ブランド

高級品であることを信じてもらえるように知らせる方法の1つは、すでに名声を得ている一流ブランドと組んで、共同ブランドを構築することだ。たとえば、フィリップスは、トレンディーなデザイナー・テーブルウェア・ブランド「アレッシ」と密接に協力し、高級家電ラインを開発した。アレッシそのものは、「アレッサンドロ・メンディーニ」などのイタリアの一流デザイナーと関連性を持っている。この製品ラインにはコーヒーメーカー、トースター、やかん、そしてジューサーなどがあり、すべて鮮やかな色合いと大胆なデザインが施され、標準価格の3倍に設定された。これらの製品は「フィリップス・アレッシ」というブランド名で、高級インテリア専門店で販売された。

◆新しいブランドの構築

　既存ブランドがあまりにも重荷になる場合、唯一可能な選択肢は、独立ブランドの構築であろう。たとえば、ブラック・アンド・デッカーが建設業者向けの製品ラインを開発した際、日曜大工用家庭工具、あるいは、キッチン家電製品との連想のため、ブラック・アンド・デッカーのブランドは明記されなかった。なぜなら、製品がどれほどよくても、プロの大工はキッチン・トースターと同じブランド名の工具に引かれたり、あるいは満足したりすることはないからだ。このため、「デウォルト」というブランドが構築された。デウォルトの工具は性能面で優れているほか、ブラック・アンド・デッカー製品の緑色とは対照的な明るい黄色を用いており、外見的にブラック・アンド・デッカーとの結びつきはまったくなかった。

　さらに、トヨタのレクサス、ホンダのアキュラ、日産のインフィニティを例に考えてみよう。どれも、それぞれのコア・ブランドが、名声やハンドルさばき、快適性よりも、経済性やシンプルさを知らせているだけに、これらの新ブランドが高級車としてのポジションを信頼性を持って獲得するのを妨げるおそれがあった。しかしながら、新ブランドを投入して成功するという選択肢は、高コスト、または実行不可能という場合が多い。超高級品カテゴリは高いマージンを享受できるが、とりわけ確立した競合ブランドがいくつかある場合、販売量は少なくなる可能性が高い。したがって、既存ブランドを利用する代替案を検討することには、大きなインセンティブがある。

　ブランドの垂直的拡張は、なによりも戦略的な意思決定であり、他の選択肢と合わせた戦略的分析によって支えられていなければならない。企業にとって、ブランド戦略は意思決定の1つにしかすぎないが、しかしカギとなるものである。ブランドの垂直方向への拡張は難しく、リスクもあるが、新ブランドの構築にも似たような課題がついてまわる。このため、ブランドの垂直的拡張戦略を用いた既存ブランドの活用を模索するべきである。うまく成功したブランドも少なからず存在し、模範となっている。

◆学習のための問題

1. あなたの会社のブランドが参入している市場について、将来の成長性と利益率の点から、健全性を評価してください。その市場の超高級品分野または低価格品分野への参入によって、将来的な魅力が増し、脅威が減少するでしょうか。
2. 顧客分析と競合分析を行い、超高級品市場または高級品市場を評価してください。新しい製品やサービスをどのように差別化できますか。この市場への参入のため、既存ブランドをどのように活用できますか。
3. 顧客分析と競合分析を行い、低価格品市場を評価してください。新しい製品やサービスをどのように差別化できますか。この市場への参入のため、既存ブランドをどのように活用できますか。

第IV部
ブランド・ポートフォリオの焦点と明確さ

BRINGING FOCUS AND CLARITY TO THE BRAND PORTFOLIO

第9章 コーポレート・ブランドの活用
Leveraging The Corporate Brand

「差別化しなければ、消え去るのみ」
——トム・ピータース——
「秘密を始末できないなら、いっそそれを活用したらいい」
——ジョージ・バーナード・ショウ（劇作家）——

事例：デル

　1984年にデルは、シンプルなコンセプト——業界標準のコンピュータを顧客の注文に応じて組み立て、直接届ける——のもと、マイケル・デルによって創設された[1]。コンピュータを直販する企業はほかにも存在するが、デルはビジネスモデルに関わる根幹が優れている企業として出現した。直接の競合他社を凌いで取引高で優位に立った後に特に顕著となったことだが、デルは常にロジスティクス、流通、そして製造における効率性で、他社を圧倒していた。

　デルの成功要因の主なものとして、販売とサービスの優位性を維持できる能力が挙げられる。デル製品の購買経験に不満が存在しないことは、「デルほどにシンプル」という約束へとつながった。1987年にデルが業界で初めて開始した出張修理サービス（オンサイト）は、顧客から依頼のあった翌営業日に出張修理に赴くことを売り物としていた。これは、同社の急成長に伴い時折問題

が生じたものの、長期にわたって特に優れたサービスであると目されていた。実際、デルは顧客サービスと製品品質において300回以上もの表彰を受けており、96年には50億ドルであった売上げが、6年後の2002年には310億ドルを超えるまでになった。

デルのダイレクト・モデル

デルのダイレクト・モデルは、顧客にとって目に見える大きな利点がある。その1つは、注文を受けてからコンピュータを組み立てるため、顧客が要求する製品に的確に応えることが可能なことである。2つ目は、小売業者やその他再販業者による値上げを排除することで、企業がダイレクト・モデルに基づいて価値提案ができることである。顧客、特に法人顧客は、デルのコスト構造が最小限の在庫と保管費用——4日という在庫回転日数——から利点を得ていることを理解している。3つ目の利点は、製品として倉庫や小売店におかないため、常に新しい技術がそれぞれの製品に適用できることである。そしてさらに、ダイレクト・モデルにおいては、顧客は会社と直に接触し、デルの顧客サービスの真価を経験できる。デルの従業員のうち90%は顧客となんらかの接触を持っている。

デル・ブランドは、同社の製品やサービスのほとんどで主要ドライバーとしての役割を果たし、購買決定を促し、使用経験を定義している。デルの主なサブブランド（デスクトップ・コンピュータの「ディメンジョン」「オプティフレックス」、ノート型パソコンの「インスピロン」「ラティテュード」「プレシジョン・ワークステーション」「プレシジョン・モバイル・ワークステーション」「パワーエッジ・サーバ」「パワーボウルト・ストレージ」）は、主にディスクリプターの役割を果たし、デル製品の範囲を定義している。結局のところ、顧客はデルとそのダイレクト・モデルという手段を購入しているのである。その結果、これらのサブブランドはブランド構築できるほどの関心は払われなかった。

デルはブランド戦略策定を進める一助として、コンピュータと関連機器の市場におけるサブブランドの効果について調査した[2]。その結果、ハイテク機器市場においては、サブブランドのエクイティはコーポレート・ブランドのエクイティと比べ、著しく低いことがわかった。実際、好感度調査ではVAIOがノ

ート型パソコン・ブランドにおいて最も強いブランドの1つであったにもかかわらず、それがソニー製であることを知っていたのは回答者の12%にも満たなかった。むろん、これはVAIOブランドのエクイティに価値がないということを意味しているのではない。ソニーVAIOは、もともとのソニー製ノート型パソコンと比べれば、よりインパクトを与えるかもしれないからである。しかし、それでも躊躇させてしまうのだ。この結果は、以前にコンパックが行った調査結果とも合致する。同社のプレサリオ・ブランドのエクイティは、期待をはるかに下回るものであった[3]。

なぜハイテク機器市場では、サブブランドのエクイティが低いのであろうか。その理由として、第1に、デル、HP、ソニー、キヤノン、IBM、東芝といったコーポレート・ブランドが非常に強力であり、特にこのカテゴリの初期段階でそれらが大規模に支援されたことが挙げられる。実際、デルのノート型パソコン市場への参入は話題になったが、ラティテュート・ブランドの場合は話題とならなかった。第2に、これらのサブブランドは、概して他社との持続的な差別化の特徴を開発できず、ブランド・パーソナリティにも欠けていたことが挙げられる。IBMのブランド化特徴であるトラックポイントや、アップルのiMacのパーソナリティは例外的である。したがって、サブブランドには人を引きつけるものがなかったということである。フリトレーのドリトスのように、パーソナリティがあり、他のスナック菓子から差別化する要因を持ったブランドとはまったく異なる。

「デル」のブランド力

デルの組織では、本部のブランド・グループが新ブランドの拡散を制限していた。各事業部は新サブブランドをつくろうとする際、このブランド・グループに対してその必要性を立証する必要があった。たとえば、デルはアジアにおいて、デルと密接に関連するカスタマイズという特徴を持たない、安価な既製の製品を供給する必要があった。この際、デル・ブランドを保護するため、「スマートステップ」というブランドが導入され、その製品ラインすべてに使用された。名前の妥当性を決めるにあたり、マネジャーたちは社内ホームページに掲載された新しい名前の採用基準を参照し、新ブランドがその基準をパス

するかどうか、彼ら自身が判断を下すことができた。

　デル・ブランドは、法人、個人どちらの顧客にも通用する。ゲートウェイとアップルは、共に彩り豊かなブランド・パーソナリティを持つが、それを心地よく思わない法人顧客もいる。デルのパーソナリティは、親しみやすさと同時に生まじめさ、能力、そして成功などを持ち合わせており、企業社会と大いに適合し、同時に個人客にも魅力的であった。

　デルにはエクイティやドライバーの役割を担うブランドあるいはサブブランドがほとんどないが、いくつかの市場においてブランド差別化要素を持っている。重要な法人顧客は、「デル・プレミア・ページ」というデルのウェブサイト上に、自社の従業員用個人ホームページを開設することができた。ある従業員は、そのホームページ上で自社のIT部門が承認しているモデルを発注したり、価格の割引や発注・在庫状況のトラッキングをしたり、デルの担当チームと連絡を取ったりすることができる。さらに、コンピュータなしでは業務遂行が難しい企業は、デルの「プレミア・エンタプライズ・サービス」という、IBMや他の企業のサービスにも引けを取らない、より高度なサービスを利用できる。デル・プレミアサービス・プログラムには4つの階層（プラチナ、ゴールド、シルバー、ブロンズ）があり、法人顧客は自社にふさわしいレベルのサービスを受けられる。このプレミア・サービスというブランドは、大切な市場でのブランド差別化要素の提供において、重要な役割を果たした。このサービスは有用ではありながらも、時が経つにつれブランドが拡張されるとともに乱用され、それなりの特別感と自己表現便益の提供能力を失っていった。このブランド・マネジメントに、規律と戦略的展望があったかどうかは疑問である。

　デル・ブランドは、コーポレート・ブランドであると同時に製品のマスター・ブランドでもあり、企業とその製品やサービスの両方を象徴する。他の多くのコーポレート・ブランドと同様、デルのコーポレート・ブランドの役割は、その規模、組織能力、伝統、そして長年の組織としての成功をもとに、デル製品に信用と信頼をもたらすことである。信用と信頼が重要であることは確かであり、このようなコーポレート・ブランドの役割には多大な価値がある。しかし、デルのコーポレート・ブランドの場合は、それらに加えてデルのダイレクト・モデルを反映させることで、より大きな価値をもたらす。ダイレクト・モ

デルは、デル製品に差別化を提供するからだ。

事例：UPS

　UPSは1907年に、シアトルでメッセンジャー・サービス会社として設立された[4]。その12年後、UPSはユナイテッド・パーセル・サービスとなり、その直後から、いまやおなじみの焦げ茶色のトラックでアメリカ西部を対象に配達を始めた。しかし、同社が全米中に配達を始めたのは、1970年代半ばからである。その頃から同社は「最高のサービスを最も安く」を目標に、低価格の選択肢としてポジショニングされた。80年代半ばには、UPSは航空便による翌日配達事業に参入し、さらに外国企業の買収を通して、その能力を国際的なサービス提供へと高めた。

　UPSは業務能力を拡大したにもかかわらず、1990年代半ばになっても、依然として、アメリカ中心の陸輸小包配達会社だと認識されていた。こうした連想の範囲が狭いことが、重要な成長市場へ参入するうえで次第に足枷となっていた。フェデックスやDHLがより国際的な総合サービスを提供する会社と見られていただけに、UPSの狭く限定された事業範囲は、顧客との提携関係の創造を困難にしていた。さらに、UPSのトレードマークである焦げ茶色のトラックは、国際的な現代企業を反映できるものではなかった。

　UPSは、コーポレート・ブランドを徹底的に活性化させ拡張する必要があった。同社の目標は、物流システム、ロジスティクス、そして金融サービスを展開し、国際的なサプライチェーンをマネジメントする際、他社から必要とされる存在になることだった。そのため同社は、多数の新商品ブランド、サービス、プログラムを導入し、新しいUPSに実体とブランド活性化要素をもたらした。

　これら新商品ブランドの中心として誕生したのが「UPSサプライチェーン・ソリューション」である。このブランドは、顧客の国際的なサプライチェーンの問題に対応すべく設計された、ブランド化サービスのポートフォリオを含む商品傘ブランドであった。このサービス・グループには、「UPSロジスティクス」「UPSキャピタル」「UPSメール・イノベーション」がある。1995年に設立

されたUPSロジスティクスは、製品のラベル貼り、返品、修復などを含む専門的なサプライチェーン・システムの設計と施行を支援する。また、最短1時間という時間枠で重要部品が配達可能な処理システムと倉庫も提供した。UPSキャピタルは、輸出入取引、在庫、運転資金などに関わる総合的な金融サービスを提供する。UPSメール・イノベーションはアメリカの郵便サービスの使用に際し、コスト削減と業務改善の支援を行っている。これらの取り組みは比較的高い収益をもたらしただけでなく、UPSブランドに劇的な影響をもたらした。

UPSはさらに、同社の一般的な認識を国内企業から国際企業へと変える必要もあった。大手の競合他社も国際市場で苦戦し、信用を確立するには至っていなかったため、そこで信用を確立することはUPSにとって真のチャンスだった。ここでまた、ブランド化された取り組みとサービスが役に立った。その1つが、技術を駆使してつくられた「UPSワールドポート」である。これは、ケンタッキー州ルイスビルに10億ドルかけて拡張されたUPSの中枢拠点である。ここでは、UPSの「スマート・ラベル」を読み取るカメラが設置され、122マイルのコンベヤーの上で数分のうちに小包は仕分けられ、発送される。これに加え、ブランド化された小包配達サービス（「UPSワールドワイド・エクスプレス」「UPSソニックエア」など）があり、これらがUPSの国際サービス能力をしっかりと支えている。

企業の伝統を生かす

多くの伝統ある大企業と同様、UPSの直面する課題は、活力を創出し、現代的でありながらも、一方でこれまで享受してきた堅固で、信頼性に満ち、安心できるという馴染み深い連想をいかにして維持するかである。この課題に対処するうえで、UPSのトレードマークとして、堅いイメージの焦げ茶色は重荷となった。この伝統的な茶色を、現代的な色彩デザインのアクセントにしてしまいたいという誘惑もあったであろう。しかしUPSはそうせず、「焦げ茶色はあなたに何をして差し上げられますか？」というキャッチフレーズの広告キャンペーンを展開し、焦げ茶色を新たに拡大した組織と結びつけ、肯定的なシグナルへと変えたのだ。図9－1がその典型的な広告である。広告キャンペーンにはいくつかの陽気なコマーシャルも使用され、たとえば、運転手が「大きな

第9章 コーポレート・ブランドの活用 | 333

◪ 図9-1 UPSの広告

焦げ茶のトラック」でレースをすることによって、UPSがNASCAR（全米自動車競走協会）のスポンサー企業であることを示唆するような広告もあった。実際、「焦げ茶」は、シンボルであると同時に大切なブランドとなり、重荷を資

産へと変換させたのである。

　このようなUPSの再定義は、事業およびブランディングの成功例である。2002年の売上高は300億ドルを超え（1995年は約200億ドル）、アメリカの国民総生産の約6％にあたる物資を輸送した。同社事業のうち、ばら積み貨物の輸送は20億ドルを優に超え、急速に成長しつつある。このUPSの事例は、マスター製品ブランドの役割を果たすコーポレート・ブランドの力を示した好例である。

コーポレート・ブランドの役割

　本書はここまで、主として事業戦略の目標達成に向けた、ブランド・ポートフォリオ戦略におけるブランドの活用について述べてきた。企業の新製品市場への戦略的参入は、ブランディング戦略によって支えられる必要があり、新ブランドやサブブランド、またはその両方が関係する。新ブランドやサブブランドの使用は、企業が関連性を創造し、維持するのに役立つ。ブランド差別化要素やブランド活性化要素の存在により、各ブランドはそのエクイティと健全性を高めることができる。あるいは、企業が、内部成長は難しい、もしくは時間がかかると判断すれば、他企業のブランド化された顧客フランチャイズを買収することも可能となる。

　本章と次章においては、いくつかのブランドの支援や活用も含めて、ブランド・ポートフォリオに焦点と明確さをもたらすことをテーマとする。その目的実現の手段として、ここではコーポレート・ブランドの活用を取り上げる。

　コーポレート・ブランドは、次の3つのうち、いずれかの役割を果たすことができる。

　最も重要なのが、いくつかの文脈において影響力の強いドライバーの役割を持つ、マスター・ブランドとなる可能性である。実際にデルやUPS、その他の企業で、コーポレート・ブランドは究極的なマスター・ブランド戦略と見ることができ、そこにおける製品ブランドの大部分はコーポレート・ブランドにディスクリプターを付け加えたものである。一方、ソニーも、さまざまな製品においてコーポレート・ブランドがマスター・ブランドとして役立っているが、強力なサブブランドの補強も受けている。いずれの事例も、コーポレート・ブ

ランドをマスター・ブランドとして使用することで、レバレッジ効果、シナジー、明確さといったブランド・ポートフォリオの目標を最大化している。さらにコーポレート・ブランドは、企業の組織としての力や独自性を顧客に想起させ、製品ブランドの差別化を生み出している。

　2つ目として、コーポレート・ブランドは、エンドーサーとして理想的である。コーポレート・ブランドは、その製品の精神や実体の面で背後から支える組織を象徴しており、機能的にも情緒的にも作用する確かなエンドーサーとなることができる。マイクロソフトの事例のように、コーポレート・ブランドはエンドーサーとして訴える信頼性のあるドライバーの役割も担うのだ。

　3番目の役割は、主として金融機関に対して持株会社を象徴することである。たとえば、伝説的な投資家ウォーレン・バフェットの投資機関バークシャー・ハザウェイは、ガイコ、デイリー・クイーン、フルーツ・オブ・ザ・ルーム、ジャスティン・ブランドなど多くの企業の背後にある企業体である。そして、バイアコムはCBS、パラマウント映画、ブロックバスター、ニコロデオンなどを所有する企業である。これらの場合、目に見えるエンドーサーではないが、バークシャー・ハザウェイがガイコに投資していること、あるいはブロックバスターがバイアコム・メディア・ファミリーの一員であることを多くの人々が知っており、その事実が少なからぬ安心感を与えるという意味でシャドウ・エンドーサーとなりうる。

　コーポレート・ブランドが構築され、強化され、その潜在力を目一杯引き出すように活用されるには、積極的なマネジメントと支援が必要である。そして、積極的なマネジメントは、コーポレート・ブランドの性質、その潜在能力、そして果たしうる役割の理解から始まる。コーポレート・ブランドのさまざまな役割が、ブランディングの実行を担当する人々にとって明確であり、理解され、受容されることが必要なのである。

　以下では、コーポレート・ブランドとは何かについて、より詳細に説明することから始める。次に、なぜコーポレート・ブランドは強い潜在能力を有するかについて論じる。3番目に、コーポレート・ブランドをマネジメントし、使用する際に直面する課題を、4番目にエンドーサーとしてのコーポレート・ブランドを考える。最後に、既存のブランド名が重荷となるときや、買収・合併

の際のコーポレート・ブランド名の変更について考察する。

コーポレート・ブランド

　コーポレート・ブランド（corporate brand）は、顧客が購入・使用する製品やサービスのブランド、すなわち、製品ブランドが象徴する製品やサービスを提供し、それらの背後に控える企業を規定する。デル、東芝、三菱、GE、モトローラなどのほとんどの製品がそうであるように、コーポレート・ブランドは製品ブランドとなることがある。しかし、これから見ていくように、同名であっても、コーポレート・ブランドと製品ブランドを区別して積極的にマネジメントすることが有効だろう。事実、「GEエアクラフト」エンジンを購入する顧客は、GEに支えられている製品を入手している。したがって、GE製品ブランドとGEコーポレート・ブランドの双方が関わっていることになり、双方を積極的にマネジメントする必要性を認識するべきだ。

　コーポレート・ブランドをエンドーサーの役割で使用する際、コートヤード（マリオットによる）、MSN（マイクロソフトによる）、ライオン・キング（ディズニーによる）というように、通常は製品ブランドとは別になっている。コーポレート・ブランドは、購入者を安心させる信頼性を提供し、特に新技術が関係する場合は有効である。

　コーポレート・ブランドのユニークで影響力のある特性は、それがその組織を反映するということであり、それはすなわち、製品やサービスの属性だけでなく、その組織の特性を創造し、活用できるということである。コーポレート・ブランドが直面しているほとんどの概念や課題、そして機会は、組織ブランドにも当てはまり、この組織ブランドは、その企業の本質というよりは、その企業内のそれぞれの組織の本質を定義する。たとえば、サターンは、実際にはGMコーポレート・ブランドの一部だが、独自の文化とスタイルを持った個別組織を反映する組織ブランドである。シェラトンは組織ブランドでありサービス・ブランドだが、スターウッド社所有の接客業ブランドの1つであるため、コーポレート・ブランドではない。

もちろん、組織についての多くの連想は、マリオット、ベティ・クロッカー、シボレーなどのように製品ブランドと関連するが、ブランドが企業組織を明確に象徴すれば、その組織の連想の数や力、信頼性などははるかに大きくなる。特に、コーポレート・ブランドは、豊かな伝統、資産と組織能力、価値観と優先順位、社会貢献、業績、そしてローカルまたはグローバルな視点などを含む、組織的な要素を持つ可能性を秘めている。

�伝統

　いかなるブランド、とりわけ苦戦しているブランドは、その起源に戻り、何がそのブランドを特別なものとし、成功させたのかを確認することが有効だ。通常、コーポレート・ブランドは、製品ブランドに比べてより豊かで関連性の強いルーツを持っている。

　LLビーンはニュー・イングランドの狩猟と魚釣りをルーツとし、アウトドアやカジュアル・ライフスタイルのブランドへと発達した。初期のルーツやビーン家にまつわる話が、ブランドに信頼性と差別化を与えるのに役立っている。HPのガレージの逸話やウェルズ・ファーゴの駅馬車にまつわるルーツ、GEのトーマス・エジソン時代までたどれる系譜、ナイキのトラック競技用シューズにおける初期の躍進、1940〜50年代にさかのぼるホンダのエンジン開発などはすべて、特に現代の観点で解釈されると、ブランドの今日を規定し価値の付加に役立っている。

◆資産と組織能力

　企業は、自社が革新的な製品と価値を顧客に提供できるだけの資産と組織能力を保有していることを、市場に対して認識させることができる。資生堂はスキンケアの知識と技術を保有している。ウォルマートは幅広い商品を安く提供する技術を有し、シンガポール航空はきわめて優れたサービスを提供する。プルデンシャルは背景に金融資産を持つ。リープ・フロッグは子供の教育ニーズを理解し、それを魅力ある効果的な商品にする能力を有している。

◧人材

　特にサービス業の色彩の強い企業において、組織の人材がコーポレート・ブランド・イメージの基礎となる。もし彼らが積極的で、顧客に関心があり、権限を持ち、反応がよく、そして能力があるように見られれば、コーポレート・ブランドは大いなる尊敬、好意、そして最高の顧客ロイヤルティを引き起こすに違いない。カギとなるのは、そこでなされたことではなく、そうした行為を促している企業の姿勢と文化である。たとえば、エイボン、フォー・シーズンズ、ホームデポなどで働く人たちは皆、コーポレート・ブランドの規定に役立つ明確なパーソナリティを表している。マイクロソフトのビル・ゲイツ、デルのマイケル・デル、ヴァージンのリチャード・ブランソンなど、その企業の人々を象徴する明確な代弁者は特に重要である。

◧価値観と優先順位

　企業の本質とは、企業の価値観と優先順位、つまり企業が何を大切と考えるかである。どんなことがあっても妥協しないものとは何か。何に投資をするか。多くの価値観と優先順位、そしてこの2つの組み合わせが事業戦略の根底をなす。低価格品市場向けの価値提案を支援する低コスト主義の文化を持った企業もあれば、高級感のある顧客経験を優先する企業もある。イノベーション、知覚品質、そして顧客への関心は、きわめて高い頻度でコーポレート・ブランドのドライバーと見なされるため、これら3つの価値観と優先順位に注目してみるとよい。実際、この3つのうち、1つも理念として採用していない企業はほとんどない。

　イノベーション
　その企業はイノベーションによって、顧客に便益をもたらしてきたか。イノベーションの評判は、信頼性を高める。特に新商品の場合、イノベーションによって市場での受容が高まることが、実証研究によって示されている。しかし、

革新的だという評判を確立するのは容易ではない。実際、ほとんどの企業（特に日本企業）は、革新的であると見られたがっているが、他社を圧倒するような企業は非常に少ない。

　研究開発への投資や特許権の保有も、それがブランド化された製品やサービスにならなければブランドを強化しない。イノベーションは、関連性を持って目に見えるかたちで示されなければならない。ソニーは、コーポレート・ブランドのさまざまなカテゴリの中からイノベーションを引き出すことができたために、恩恵を受けてきた。ホームデポ、デルなどその他の企業も、これまでとは異なる優れたやり方で顧客に製品を提供するため、目に見えるかたちでイノベーションを起こしてきた。

知覚品質

　その企業は、ブランドの約束を確実に果たしているか。ブランドが約束するものを基準にして、十分に高品質だと認識されているか。その企業は信頼できるか。その企業は製品やサービスの後ろ盾となっているか。知覚品質は、品質に対しての組織的な取り組みを必要とするものであり、投資収益率や株式投資利益率に影響することが明らかとなっている[5]。しかし、知覚品質は、イノベーションの認識と比べてもさらに得ることが難しい。現実に高品質であるだけでは不十分で、パーセプション、つまり知覚もマネジメントされなくてはならない。品質の手がかりとなるもの、たとえばケチャップの濃厚さ、航空会社の客室乗務員の制服、銀行の取引明細書の体裁といったものをよく理解し、積極的にマネジメントすることが必要である。

顧客への関心

　その企業は、本当に顧客のことを考えているか。顧客を大切にする企業と見られているか。顧客は尊重されているか。顧客経験に高い優先順位がおかれているか。ノードストロームやサウスウエスト航空などは、顧客満足に向けた目に見える情熱的な努力によって、著しい顧客ロイヤルティを築いた。顧客への関心は、ほとんどの企業が望んでいる価値の１つである。顧客はよい経験を語ってくれはするが、望む評判を獲得するためには、何かしら目に見えて思い切

った（できればブランド化された）プログラムが必要となる。伝説的な逸話も役に立つ。ノードストロームが自社ではタイヤを販売していないにもかかわらず欠陥タイヤを引き取った話や、フェデックスの従業員がサービスの質を維持するためにヘリコプターをチャーターした話などがその例である。

◆ローカル VS グローバル

　組織の特性で顧客関係に影響しうるものに、コーポレート・ブランドがローカルまたはグローバルな志向性を持っているかどうかということがある。どちらも両方狙うコーポレート・ブランド（ソニーなど）もいくつかあるが、地理的志向性を強調するなら、より実行可能なのはいずれか一方にポジショニングすることである。

　ローカルに徹する、すなわち、地域の環境と顧客に有形無形なものを通して結びつきを持つ努力をするならば、少なくとも2つの利点が得られる。1つ目は、顧客が成功した地元企業を誇りに思い、その誇りを購買行動で表す点である。たとえば、アメリカ人がアメリカ車を購入したり、カンザス・シティーの住民が地域に深く根ざした銀行に預金したりするのは、彼らにとってそれなりに価値のあることなのだ。

　2つ目は、そのような企業は、地域文化に合わせた外観や雰囲気、そしてブランドのポジションを提供することで、顧客との関係を構築できる点である。たとえば、「ローン・スター・ビール」は明らかにテキサスのビールであり、そのコンセプトを軸にブランドを構築した。

　グローバルに展開する、すなわちグローバルな存在感と展望、そして広がりを持つ場合、いくつかの利点を得られる可能性がある。グローバルに成功したブランドには名声がある。どこへ行ってもブランドは認知され、尊敬もされ、その延長でそれを使用している顧客も尊敬される。さらに、そのブランドがグローバル市場で成功しているのであれば、そのブランドはイノベーションと品質の高い製品やサービスを提供しているに違いないと思われるのも無理はない。ここでの課題は、コーポレート・ブランドがグローバルなイメージを享受しつつも、顧客にとって遠く、官僚主義的な存在に映らないようにすることである。

◆市民性：よい企業だという感触を創造する

　コーポレート・ブランドの背後には、どんな人々や価値観があるのだろうか。人々そして組織は、自分たちが尊敬し、称賛する相手と仕事をすることを好む。その組織は、単に株主価値を高めるという短絡的な見方を超える視野を持つ「よい人たち」なのか。その企業は、従業員や地域社会に対し、関心を持っているのだろうか。病気との闘いや対処、教育の改善、障害者への手助け、環境問題対応などに、どのように取り組んでいるのか。HPやジョンソン・エンド・ジョンソンといった会社は、その価値観によって持ち得た尊敬によって、製品が危機に面したときでさえも、顧客の好意的な態度とロイヤルティを享受することができた。

　社会活動のうち、目に触れる機会の多いのが環境問題である。環境問題は、特にヨーロッパで、成長中で影響力の大きいセグメントに対して重要問題となる。イギリスのある研究から得られた証拠はこの推測を支持するものであり、少なくとも産業の認知は高まり、コーポレート・ブランドは差別化されるという[6]。シェルとBPはそれぞれ、再生可能なエネルギー源に目に見えるかたちで投資を行ったことも一因となって、環境にやさしいブランドを構築した。これとは対照的に、エッソは、再生可能エネルギーは有効な解決策でなく、さらに環境に関する京都議定書には欠陥があるため反対すべきだという主義主張に基づいた立場をとった。このため、広く知られる「ストップ、エッソ」キャンペーンが、世界的な環境保護団体「グリーンピース」によって繰り広げられた。その後のグリーンピースによる調査によると、キャンペーン実施年には、イギリス人のガソリン購入者で、通常エッソのスタンドに行くと答えた人の比率が7％減少した。これは、コモディティ製品に対する選好の変化としては劇的な数字である。

　コーポレート・ブランドにおける**市民性**（citizenship）の側面は、プログラムをまとめ、ブランド化すると効果が高まる。たとえば、ゼネラル・ミルズは、「箱のふたで教育を」と称する独自ロゴのある、ブランド化された取り組みを行っている。その中心的なプログラムは、約800種類に及ぶゼネラル・ミルズ

製品の箱のふたについたクーポン券を同社に送ると、1枚につき10セントが返却されるというものである。このプログラムによって、2002〜03年の教育年度には2300万ドル以上が集まった。クロロックスには「セーフ・ステップス・ホーム」という、全米動物虐待防止協会（ASPCA）と共同の捨て猫対策用製品があり、「捨て猫の里親になろう」月間といったプログラムも行っている。ベライゾンはさまざまな読み書き推進運動グループと協力し、識字率向上の啓発と資金調達を目的とした「ベライゾン・リード」というプログラムを行っている[7]。第5章で述べたように、ブランド化プログラムが目に見えるように行われ、ブランドを補強している場合は、ブランド活性化要素になる。継続的な支援に見合うだけのプログラムは、ブランド化されるとコーポレート・ブランドの市民性を強化するのにより効果的となる。

◆企業の実績と規模

　その企業は成功しているか。課題はあるか。新製品や新プログラムによる活力はあるか。新しい製品やサービスは、知名度を上げて口コミに乗り、市場でうまくやっているか。それとも、苦戦しているか。第7章で述べたように、製品拡張が成功していると認識されれば、さらなる拡張の成功確率が高まる。企業が、新しい情報処理機能や顧客サービス・プログラムの導入など、目に見えるかたちでプログラムを実施すると、信頼性や信用に対する認識が強まる。逆に、約束を実行しない企業という評判がたつと、それを克服するのは難しい。

　影響力の強い投資家を懸念するコーポレート・ブランドの場合、財務実績が重要となる。企業の売上高の伸び、収益、株式投資利益は良好か。成功が見えているか、あるいは不安定か。ジャック・ウェルチがCEOを務めていた20年間のGEの業績は、そのコーポレート・ブランドやGE製品ブランドに確実に影響を与えた。一方、明白かつ増え続けている財務問題を抱える企業は、そのことによって自社ブランドが悪影響を受けるだろう。『フォーチュン』誌が行った企業イメージに関する調査でボブ・ジェイコブソンと筆者は、同誌の読者にとっては、財務実績がブランド・イメージに直接的に影響することを実証した。読者は株式市場と同調し、株価が好調なブランドを尊重する傾向がある。成功

が自信と積極的態度を育むのである。そしてそれは、野球チームの場合も企業の場合もなんら変わらない。

そのブランドの背後にある企業は、実体と存在感を持っているか。企業の規模と事業範囲は、能力と安定性の両方を示すことができる。顧客は、大規模で成功している企業は、この先もサービスを提供し、よい製品の設計や製造をする意欲があると感じるものである。もちろん、企業の規模は、官僚的で、反応が遅く、コスト高な組織の象徴ともなりうる。企業のイノベーションと成功を強調し、動きが鈍く要領が悪いというイメージでなく、ダイナミックで順応性があるというイメージをつくることにより、ブランドに正しい推進力を与えることが課題である。

なぜコーポレート・ブランドを活用するのか

コーポレート・ブランドは、組織と製品の両方を明示的にはっきりと象徴する特別なものである。すなわち、ドライバーもしくはエンドーサー・ブランドとして、ブランド構築に役立つ多くの特性とプログラムを有している。コーポレート・ブランドは、差別化やブランド活性化要素の創造、信頼性の提供、ブランド・マネジメントの促進、企業内ブランド構築の支援、製品ブランドの基盤を広げるための関係基盤の提供、幅広い顧客層へのコミュニケーションの支援、そして究極的なマスター・ブランド戦略の形成を促す。

第1に、コーポレート・ブランドは、組織連想において差別化を発揮する。製品やサービスは時間の経過とともにどれも似たものになりがちだが、組織の場合はさまざまな面で同じであるはずがなく、それぞれが必然的に異なることになる。ウェルズ・ファーゴは、スタイルやパーソナリティ、本社所在地、技術、社会貢献、および伝統の点で、競合のバンク・オブ・アメリカとはまったく異なる。類似した製品の場合は特に、ある特定の組織に親しみを感じることがある。したがって、その組織の特徴を明確にし、顧客にとって関連性あるものにすることが課題となる。

第2に、コーポレート・ブランドは、組織的プログラムをブランド活性化要

素として利用できる。社会貢献や大がかりなスポンサーシップ活動は、通常は組織全体に関わるため、これらを利用するにあたり、コーポレート・ブランドは、プログラムと結びつきが弱い製品ブランドと比べてはるかに有利な立場にある。ある意味では、これは純粋に効率性を反映している。つまり、複数の製品クラスにまたがる企業プログラムのほうが、1つの製品クラスにしか及ばないプログラムよりも、効果的で効率的だということだ。

第3に、コーポレート・ブランドの連想は、信用や好感、そして知覚された専門性に基づく信頼性をもたらす。心理学における態度研究によると、信用度や説得力は、発言者の信頼性、好感度、専門性が認識される場合に強化される。これと同じ特性が、組織による主張を評価する際に関連する。その分野の専門家の組織は、製品の製造・販売に関してとりわけ能力があると見なされる。組織はその社会活動によって好感を持たれ、製品の主張に関しても皮肉な見方でなく、より敬意を持って受け入れられる。信頼される組織は、疑いをかけられたときも信用してもらえるものである。

信頼は特に重要な属性であり、それは製品よりも組織のほうが築きやすい。ある研究によると、消費者に「最高のブランド」とはどんなブランドかと質問したところ、1位の属性は「信頼できるブランド」であった[8]。信頼は出所の正統さと関係がある。ウィリアムズ・ソノマやボーイングといった企業は、伝統に基づく哲学を実践する長い歴史を持っていると見なされているため、非常に強力な信頼性を持っている。

第4に、コーポレート・ブランドを製品と市場に活用すると、ブランド・マネジメントがより容易で効果的となる。コーポレート・ブランドは経営陣の関心を集めることもあり、それを使用する製品のプロダクト・マネジャーは、そのアイデンティティを理解し、真剣に受けとめる意欲を持つ。ブランドをつけないプログラムや取り組みも明確になる。さらに、コーポレート・ブランドに関わる優れたブランド構築プログラムが、組織全体で利用できるようになる。

第5に、コーポレート・ブランドが関わる場合、そのブランド・アイデンティティが組織のミッションや目標、価値観、組織文化を支え、そして逆にそれらに支えられることもあるため、社内の従業員にブランドの本質を理解させやすくなる。従業員が組織の価値観やプログラムを受け入れることが重要である

ことに疑いの余地はない。一方で、コーポレート・ブランドのアイデンティティは、組織と顧客をつなぐ架け橋でなければならない。このように、コーポレート・ブランドは、従業員や小売業者をはじめ、その他、企業の目標や価値観を顧客に示さなければならないすべての人々に対して、これらの要素を伝える重要な役割を果たす。製品ブランドには、このような支援機能はない。

第6に、コーポレート・ブランドは、製品ブランドとは異なる、顧客関係の基盤とメッセージをもたらす。この追加的な支援効果は、信頼性はあるが退屈だと見なされているブランド、特に確立された大きなブランドにとってはきわめて有効である。この場合、組織ブランドは、組織を取り巻く伝統と重要なエクイティを象徴する一方で、製品ブランドが活力源となることを可能にする。製品ブランドが強力なサブブランドを擁する場合はそのサブブランドが機能を果たすが、ヴァージン、三菱、GEのように製品ブランドがコーポレート・ブランドと同じである場合は、ブランドを二重構造化することによって機能を果たすことが可能となる。

たとえば、バドワイザー・ブランドは、豊かな伝統を持ち、ビール業界のマーケット・リーダーである。バドワイザーというコーポレート・ブランドは（厳密には企業名がアンハイザー・ブッシュであるため、コーポレート・ブランドではないが）、「クライズデール（スコットランド原産のたくましい荷役馬）」などのシンボルや、飲酒運転防止キャンペーン（「みんなで変えていこう」）、そしてビール学校といったプログラムを使用し、伝統を支えている。一方、製品ブランドであるバドワイザーやバド・ライトは、若さと現代的な意味合いを維持するための新しい手段と、そしてきわめてユニークなブランド構築により宣伝合戦のなかから抜きん出る新手段を模索することによって、思いどおりに活力を注入している。かくして、カメレオンのキャラクターや、「ワザップ?!（やあ、どうだい?!）」と声をかけ合う仲間たち、その他の華やかなキャラクターが、きわめてユーモラスで現代的な広告に登場したのだ。このコーポレート・ブランドがなければ、製品が競争から抜き出る自由度は格段に小さくなっていたであろう。

第7に、コーポレート・ブランド活用の理由として、入社希望者や小売業者、そして投資家などのステークホルダーとのコミュニケーションを促すことも挙

げられる。ブランドの知名度や会社が推進中の戦略、業績などには、だれもが影響を受けるだろう。ブランドを知っているというだけで安心感がもたらされる。多くの場合、投資家は特に重要だ。ある研究によると、機関投資家は、判断の35％を経営者の質や新製品開発の効果、市場でのポジショニングの強さといった無形要素におき、残りの65％を財務情報においていた[9]。強力なコーポレート・ブランドなしに、無形要素の部分をアピールするのは難しい。

最後に、コーポレート・ブランドは究極のマスター・ブランド戦略を生み出し、単一ブランドを強化する効力のすべてを握っている。ディスクリプターが使用され、サブブランドの使用が限定的である場合はなおさらである。この場合、ブランドはシナジーを得て、さまざまな文脈において連想を強化することもありうる。さらに、より重要なのは、単一のマザー・ブランドがあると、ブランド構築資源を集約でき、市場におけるブランドの影響力も強まることである。マスター・ブランド戦略は、実行可能であれば、常に優先すべき戦略であることを忘れてはならない。

油田サービス大手のシュルンベルジェは、コーポレート・ブランドを強化し、製品サブブランドを抑制した企業の1つである。同社は長年の間、専門的な油田サービスを行っている企業を買収してきた。買収企業はいずれも、各得意分野できわめて強力なブランドを持っていた。たとえば、アナドリル（掘削サービス会社）、ダウエル（油井建設と坑井刺激）、ジオクエスト（ソフトウエアとデータ管理システム）などである。これらのブランドは、買収後、顧客関係を促進するために保証付ブランドとなり、シュルンベルジェ内の小組織として、その伝統と文化を支援した。

シュルンベルジェ・ブランドを中心とした連合に焦点を合わせる動機の1つは、効率性とシナジーの達成に関係していた。同社は、単一ブランドの影響力を高めることにブランド構築の努力を集中させようとした。ブランド構築の観点からすると、油田サービスの商品にはコストをかける品数が多すぎたのである。そのうえ同社は、油田サービス以外の成長分野でシュルンベルジェの名前を活用できる立場にあった。しかし、より切実な理由は、同社の戦略的方向性から生じた。

シュルンベルジェは、事業の運営方法と同社に対する外部の見方を変える必

図9-2 シュルンベルジェの広告

要があった。顧客にとって、同社は常にイノベーションと価値創造を象徴していた。しかし、同社は、ブランドにチームワークの印象も加え、よりチーム志向の企業、つまり統合されたソリューション提供に向け、事業間を超えて顧客と一緒に緊密に作業を進める企業であると認識されることを望んでいた。ところがシュルンベルジェの実情は、買収した強力な組織から同社が必要とし期待していたシナジーが得られておらず、顧客のイメージにも影響を及ぼしていたのである。

このような状況下、コーポレート・ブランドへ焦点を合わせることが、社内外に新しい方向性を知らせる1つの方法であった。

新生シュルンベルジェのブランド戦略は、シュルンベルジェ・ブランドを新たなドライバー・ブランドとし、当該事業単位を指し示す記述的なサブブランドを使用するというものだった。「シュルンベルジェ・オイルフィールド・サービス」が主な伝統的サービス業務を表すブランドとなり、現在では次のブランドが傘下にある。

　シュルンベルジェ・データ・デリバリー、シュルンベルジェ・ジオロジー、シュルンベルジェ・ジオフィジックス、シュルンベルジェ・オイルフィールド・ソフトウェア、シュルンベルジェ・ウェル・コンストラクション、シュルンベルジェ・ウェル・コンプリーション、シュルンベルジェ・レトロフィジックス―フォーメーション・エバリュエーション、シュルンベルジェ・ワイヤライン・サービス

ジオクエストなど、かつての事業ブランドはそれにふさわしい場面で製品ブランドとして登場するが、現在では間違いなくシュルンベルジェが注目されるようになっている。

コーポレート・ブランドの強化は、シュルンベルジェが一連の価値とプログラムを遂行する1つの事業体であることを、顧客にも従業員にも象徴してみせたのだ。

コーポレート・ブランド・マネジメントの課題

　コーポレート・ブランドを拡張する場合、おそらくサブブランドや保証付ブランドの使用で状況を対処することになるが、コーポレート・ブランドは事業を牽引するきわめて力強い選択肢である。デルやUPSは、この戦略を使用して成功した企業である。ただし、直面しなければならない重要な課題もある。それは、関連性の維持、価値提案の創造、マイナス連想への対応、コーポレート・ブランドをさまざまな文脈に適応させること、そしてコーポレート・ブランドのアイデンティティの創造である。

◧関連性の維持

　その企業の事業は何か。その企業から連想される製品の範囲は何か。その企業はどの製品分野で信頼されているか。ブランドが解決策となる問題にはどのようなものがあるか。ブランドの境界は、ブランドの関連性の有効範囲と新製品市場拡張の潜在能力に直接影響を与えるが、それは、ブランドの伝統と将来の事業戦略に左右される。

　ブランドから連想されるそもそもの事業は、変化への努力に影響を与える。ブランドが1つのカテゴリと強く結びついている場合、顧客の認識を変えさせることは大型客船の向きを変えるようなものである。それはゆっくりと向きを変え、多大なエネルギーを要する。ゼロックスとコダックが経験した困難は、前者はコピー機、後者はフィルム式カメラとの結びつきが強いことに一因があった。両社ともに、デジタル画像システムが主流であるより広い市場への参入に苦戦した。クロロックスも、別の制約に直面している。漂白剤との連想が強すぎるため、同社が生産する食品にはコーポレート・ブランドが結びつけられないのである。

　関連性も事業戦略によって左右される。事業戦略を展開あるいは変更する場合、コーポレート・ブランドそのものも変更する必要が出てくるが、これをや

り遂げるのは、通常かなりの大きな挑戦となる。UPSは製品からサービスへ、そして、アメリカを基盤とする小包の陸上運送会社という一般的認識から、流通や物流、そして、金融サービスを提供するグローバル企業へと拡張した。最終的には、新しいサービスとプログラムは、新生UPSの背後に実体とブランド差別化要素をもたらす役割を果たした。IBMは、「eビジネス」の会社から、「eビジネス・オンデマンド」、すなわち情報と技術はユーザーが「要求するとき」に利用可能であるべきであり、コンピュータ資源は使用していないときもアイドリングさせておくべきではない、というコンセプトへと発展させた。さらに、次のような例もある。

- 日立製作所……1999年後半、財務状況の悪化が日立ブランドの再構築を促した。同社の将来の姿はコンピュータと電子情報技術の上に築かれていたにもかかわらず、同社のイメージは主として電化製品と重機のメーカーという認識に基づくものだった。このイメージを変えるため、「インスパイア・ザ・ネクスト」というキャッチフレーズに導かれたプログラムがつくられた。

- ソニー……ソニーは長く電子機器のリーダー・ブランドであったが、ゲーム分野（プレイステーション）への参入はそれほど知られていなかった。そして、同社が映画（コロムビア映画、「スクリーン・ジェムズ」、「ソニー・クラシックス」）と音楽（ソニー・ミュージック）の一流制作会社であり、多くの有名映画と有名歌手を抱えていることは、さらに知られていなかった。ソニーはより関連性を持ち、強力な企業となるために、電子機器だけでなく映画や音楽、そしてゲームにもそのブランドを拡張しようとしている。いずれにせよ、若い世代は音楽を聴き、ゲームを楽しむため、その分野にソニー・ブランドを幅広く展開することがブランドの将来にとって重要なのである。

◧ **価値提案の創造**

事実上、価値提案がないといえるコーポレート・ブランドが多すぎるほどある。これらのブランドは適切な製品やサービスを提供し、信頼できて大規模な

安定した企業であるが、差別化ポイントがなく、時には官僚主義的で重々しい印象を与える。このようなブランドは脆弱である。強いコーポレート・ブランドとは、差別化と顧客関係を支援する価値提案をもたらすブランドだ。

コーポレート・ブランドが最もよく機能するのは、それが機能的便益を提供するときである。この便益は、戦略の基盤となりうる。デルのダイレクト・モデルは、特注生産や最新技術の利用など、明確な便益を生み出した。UPSは、サービスとシステムに焦点を当てることで、物流管理の一部を改善または外部委託する必要のある会社に対し、価値をもたらした。また、コーポレート・ブランドの価値観など、その便益はブランドの他の要素に基づいている場合もある。たとえば、ノードストロームの顧客に対する気配りは、買い物客に機能的便益をもたらすため、顧客はよい体験を確信できる。高品質の製品を提供するという評判を持つ企業は、顧客に不快な体験をさせないという、似たような保証をもたらす。

コーポレート・ブランドは、情緒的または自己表現的な便益をもたらすこともできる。銀行は地域との密着により、そこを利用する経験から情緒的便益を、また地元産業の支援から自己表現便益をそれぞれもたらす。アメリカ製のサターンの購入は、この車のアメリカでの製造や、従業員の顧客への関わりに対する称賛などにより、著しい自己表現便益をもたらしてきた。社会貢献、たとえばベン・アンド・ジェリーズの政治への積極的関与、エイボンの乳がん予防運動、トヨタのハイブリッド・カーによる環境への取り組みなどはすべて、自己表現便益をもたらしている。

◆マイナス・イメージの回避

コーポレート・ブランドの活用におけるリスクは、その活用から生じるブランド・エクイティとビジネスが、目に見えるマイナス・イメージに弱いということである。たとえば、水源の汚染に直面したペリエ、石油流出事故を起こしたエクソン・バルデス、喫煙による健康問題に関わったフィリップ・モリス、タイヤ事故を起こしたファイアストンなどの場合、企業の対応がコーポレート・ブランドに影響を与えた。コーポレート・ブランドが、デル、ヴァージン、

東芝のように高度に活用されている場合、すべての意思決定や行動に際して組織全体でこのリスクについて神経を使う必要がある。最悪の事態が発生したとき、コーポレート・ブランドはどうなるのだろうか。

ブランドを危険にさらす紛糾事態が起きた場合、最良の対応策は、可能であれば間違いを認める、あるいは少なくとも問題があることを認め、明白な是正処置を直ちにとることである。しかし、ブランドに強力な市民性を持たせておくと、そのような危機の際には非常に役立つ。たとえば、いまでは古典的な事例となったが、タイレノール・ブランドの毒物混入事件が起きた際、ジョンソン・エンド・ジョンソンは直ちに対象製品を市場から回収し、販売前開封防止の包装をつくった。この行動によるプラス・イメージは、その後10年以上にわたり残っていた。

◆異なる文脈でのブランド・マネジメント

コーポレート・ブランドは、さまざまな利害関係者に向けて組織を代表するほかにも、ディスクリプターやサブブランドとの組み合わせによって、多数の製品ブランドと関係している。たとえばGEは、航空機エンジン、電化製品、そして金融サービスの分野で競わなければならない。1つのブランド、とりわけコーポレート・ブランドが、いかにそのような多数の仕事をこなすことができるのか。その答えは、競争を勝ち抜くべく、ブランド・エクイティを各文脈に適応させることである。しかし、このプロセスは、矛盾する観点が関わっているため、容易でない。

さまざまな文脈に共通する一貫性の創造は、可能であり、実施されるべきである。コア・アイデンティティと拡張アイデンティティは、どこでも機能しなければならない。しかしいくつかの要素は同じかもしれないが、特定の製品や市場で機能するには異なるひねりが必要である。したがって、GEア・プライアンスが意味するイノベーションとGEキャピタルが意味するイノベーションとは異なるだろう。それでも十分でなければ、その文脈のアイデンティティを補強することが必要となるかもしれない。おそらく、GEエアクラフトのエンジンは、GEの他事業部では見られない技術的次元を有している。

◆ 図9-3　コーポレート・ブランド──課題と潜在的影響

```
┌─────────────────────┐
│  コーポレート・ブランド     │
│  ●伝統                │
│  ●資産・能力           │
│  ●人材                │
│  ●価値観・優先順位      │
│  ●ローカル／グローバル   │
│  ●市民性              │
│  ●業績                │
└─────────────────────┘
```

潜在的影響
- 組織に基づく差別化
- ブランド活性化要素としての企業プログラム
- 信頼性（好感、専門知識、信用）
- ブランド・ポートフォリオのより効果的なマネジメント
- 社内におけるブランド構築の支援
- 製品ブランドを補強する支援の提供
- 投資家、入社希望者、政治家などへのコミュニケーション支援
- 究極のマスター・ブランド戦略の構築

課題
- 関連性の維持
- 価値提案の創造
- マイナス・イメージの回避
- 異なる文脈でのブランド・マネジメント
- ブランド・アイデンティティの創造

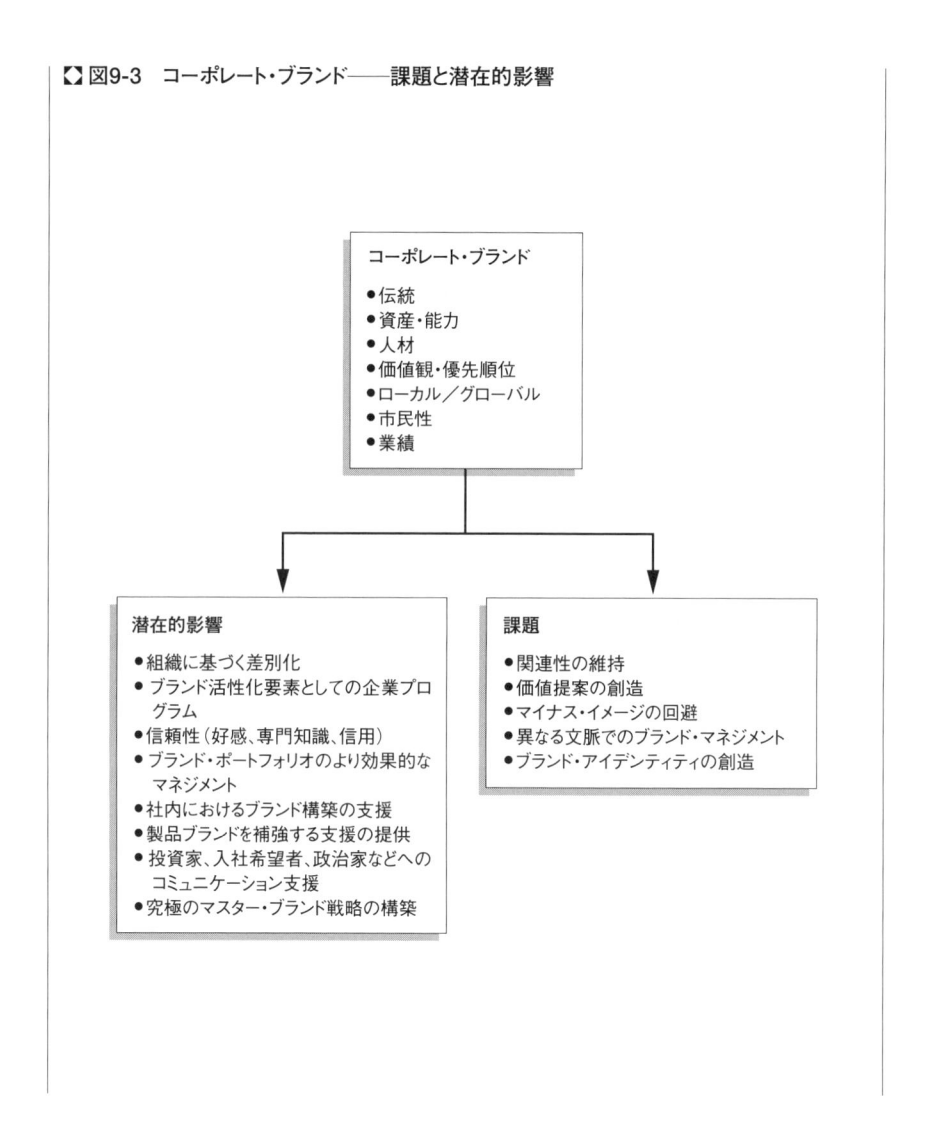

◆コーポレート・ブランドのアイデンティティの創造

　コーポレート・ブランドはあるイメージを持って始まるが、そのイメージを

ブランド・アイデンティティの方向、すなわち、コーポレート・ブランドがその役割を果たすべく、こうありたいと企業が考える一連の連想へと移行させることが望ましい。これを実現するには、ブランド・アイデンティティを開発する必要がある。ブランド・アイデンティティの開発プロセスは、ほかでも説明しているが、大切なことは優先順位をつけることである[訳注1]。こうありたいと思う連想のうち、短期的にはどれが最も重要で、ポジショニングのための戦略的基礎とするべきか。長期的にはどの連想が最も重要で、戦略的取り組みを先導するべきか。これらの回答は、以下のような論点によって変わる。

- 企業がもたらすものは何か。現在の市場認識、そして意義あるプログラムを開発・遂行する企業の能力と動機を考えた場合、信頼できるものは何か。
- 顧客の共感を得られるものは何か。
- 事業戦略とコーポレート・ブランドが果たすべき役割を支えるものは何か。

　コーポレート・ブランドのアイデンティティとポジションは、積極的にマネジメントされる必要がある。企業によっては、コーポレート・ブランドに対して事業部から自動的に予算がまわってこないため、いわば孤児のような状態になっている。ブランド構築のためには、コーポレート・ブランド・マネジャーを配置し、必要な資源を与え、企業全体にわたって一貫性とシナジーを得るための権限を与えることが重要である。
　コーポレート・ブランドは実体に基づく。イノベーション、顧客への気配り、そしてそれがなんであれ優先すべきことをブランドが確実にもたらすような、コミットメントとプログラムが共に必要である。企業が目標を実現する能力や意志に欠けるにもかかわらず、その企業が目標の実現に向けて邁進しているように見せるのは無駄なことである。しかし、どのような企業にとっても、特にその企業が財務上の苦境にある場合は、戦略規範の創造や遂行は容易でない。もちろん、ブランドの裏づけとして実体を創造すればよいというわけではない。

訳注1：たとえば、ブランド・アイデンティティの開発プロセスについての詳細は、著者の前著『ブランド・リーダーシップ』などを参照のこと。特に第2章と第3章に詳しい。

企業はさらに、約束の実践と顧客認識が合致していることを確かめなければならない。そのためには、対象となる連想ごとに、すべてのステークホルダーのコンタクトポイントを包括したコミュニケーション・プログラムを積極的にマネジメントすることが必要となる。

拡張範囲や事業目的の変更を伝達するには、ブランド・ポートフォリオにあるすべての資産の利用が役立つ。サブブランドはコーポレート・ブランドにどの程度影響を与えるか。どのサブブランドがシルバーブレットの役割を果たせるか。どのサブブランドがコーポレート・ブランドに露出と支援を提供できるか。どのようなイベントがブランド構築に役立つか。あるソフトウエア会社は、有力な自転車競技チームのスポンサーとなり、ヨーロッパで主要企業としての信頼をまたたく間に獲得した。

◆コーポレート・ブランドの活用時期

コーポレート・ブランドは究極的なマスター・ブランド戦略であり、各マスター・ブランド戦略が持つすべての長所を併せ持つだけでなく、組織をも象徴している。小売業（シアーズ、ランズ・エンド）、金融サービス（シティグループ、チェース）などのサービス産業において、ドライバーの役割を果たすコーポレート・ブランドは説得力を持っている。このような分野では、顧客サービスへの関心や親しみやすさ、そして効率性といった組織連想が顧客ロイヤルティの基礎となる傾向が強い。顧客は、商品よりもその組織の人々やプログラムのほうに関連を持ちやすい。

しかし、コーポレート・ブランドは、ドライバーの役割を持つ製品マスター・ブランドとして適しているとは限らない。一般的に、コーポレート・ブランドがこれまでに述べた5つの課題のうち1つでも対処することが難しい場合、その活用可能性は限られ、異なるブランドのプラットホームが必要となる。この課題を処理する能力に関し、ブランドの現実的評価が必要となる。以下に、いくつかの例を挙げる。

- 製品カテゴリの連想によって、ブランドの範囲が限定されている場合、ブラ

ンドの役割は限られたものとなる。たとえば、クロロックスのコーポレート・ブランドは洗剤関係の製品に限られており、ヒドゥン・バレー・ランチ・ドレッシングやKCマスターピースといった食品はクロロックスのブランドにもかかわらず、連想が結びつかない。

- コーポレート・ブランドが関連性のある価値提案に欠けており、そのエクイティが基本的に大規模で確立されたブランドであることに依拠している場合、強力なサブブランド、保証付ブランド、または新ブランドが必要となるかもしれない。デルとUPSはブランド自体に価値提案を内包しているが、このように恵まれたコーポレート・ブランドは数少ない。
- ブランドがマイナスの連想を伴う場合、その連想が変わるまではブランドの活用には意味がない。フォード・エクスプローラーに事故が頻発し、その原因の一端としてファイアストンが指摘された際、ブリヂストンはファイアストン・ブランドを控えさせ、ブリヂストン・ブランドを強調した。
- コーポレート・ブランドのエクイティや価値提案が適用不可、あるいは重荷であるという文脈では、違うブランドが必要になるだろう。
- コーポレート・ブランドのアイデンティティが大きな資産となっているが、必要なプログラムが整っていないためにそのアイデンティティを実現できない場合、コーポレート・ブランドに製品ブランドのドライバーの役割を早計に求めると、信頼性の問題を生じることがある。

エンドーサーの役割

　コーポレート・ブランドは組織を代表し、いくつかの限定された製品市場において信頼性があるため、エンドーサーの役割を担うのにふさわしい。エンドーサー・ブランドは、いかなる一般的な組織連想からも恩恵を受ける。マイクロソフトなどのように、組織ブランドのなかには常にエンドーサーの役割を果たすものもある。マリオットやGEといったその他ブランドは、ある分野ではエンドーサーとなり、また別の分野では製品ブランドとなっている。
　エンドーサーは、信頼と尊敬だけでなく、それ以上のものをももたらす役割

を担っている。すなわち、複数の保証付ブランドにまたがるサービスも提供できる。たとえば、シェラトンとザ・Wチェーンを傘下に持つスターウッド・ホテルチェーンは、マリオットやヒルトンのロイヤルティ・プログラムと競うために受け皿の広いロイヤルティ・プログラムを提供し、スターウッド・ブランドをエンドーサーとして利用している。ジョン・ディアのような機械メーカーの低価格ブランドに対するブランド保証は、顧客にとって、親会社の部品やサービス・プログラムを利用できることを暗示するといえる。

◆エンドーサーの役割の強化

コーポレート・ブランドは、エンドーサーの役割を通して活用できる。コーポレート・ブランドの影響力には限界があるだろうから、ドライバー・ブランドとして拡張する力にも同様に限界があるだろう。しかし、エンドーサー・ブランドとしては、積極的に活用できる可能性がある。製品の約束よりも、信用と信頼性をもたらすためにコーポレート・ブランドをエンドーサーとして利用する場合、ブランドは幅広く拡張しつつ、効果を維持できる。クラフトのいくつかのブランディングの取り組みがそれを例証している。

1990年代後半、クラフトはコーポレート・ブランドの役割をブランド・ポートフォリオ全体にわたって高めた。それまでは、クラフトはチーズ、バーベキューソース、サラダ・ドレッシング、そしてマヨネーズのマスター・ブランドであり、フィラデルフィア、クラッカー・バレル、ミラクル・ホイップ、そしてベルビータのエンドーサーであった。これに加え、クラフトのブランド・ポートフォリオにはさらに12以上の独立ブランド（ミニッツ・ライス、ポストなど、その多くはクラフトとゼネラル・フーヅが1980年に合併した際に取得したもの）があり、このことにより、ブランド構築資源が分散していた。

クラフトはブランド保証の強化を意思決定した。すなわち、あるブランドにはクラフト・ブランドをより目立たせ、またあるブランドには新たにクラフト・ブランドの保証を付け加えた。戦略の一部として、クラフトが保証するブランドは、アメリカの一般家庭で毎日使う、準備が簡単な食品というクラフトのイメージ、そして健康的、家庭志向、信頼できるというクラフトのパーソナ

リティに適合することが求められた。ブランドにクラフトのイメージとギャップがある際は、クラフトの傘の下にあっても違和感がないよう、そのイメージを徐々に変更した。そして、クラフト・ブランドを強化するため、5000万ドルにのぼる大がかりなキャンペーンが展開され、クラフトが確固とした幅広い傘ブランドとなる過程を支えた。

このようにして、クラフトは、ストーブトップ・スタッフィング、ミニッツ・ライス、そしてシェイク・アンド・ベイクの強力なエンドーサーとなったほか、オスカー・メイヤー、トゥームストーン、ポスト、マックスウェル・ハウス、プレイヤーズ、クール・ホイップ、そしてジェローの示唆的エンドーサーにもなった。興味深いことに、これらすべてのブランド、特に強力なブランド保証がつけられた3つのブランドは、毎日使用されるアメリカ的な商品であり、クラフトのブランド・イメージからそれほど離れていない。一方、ディジョルノ・ピザやブルズ・アイ・バーベキューソースは、クラフトのブランド保証を受けない独立したブランドとなった。なぜなら、これらは高級品市場向けのブランドとしてポジショニングされており、また、トゥームストーン・ピザやクラフト・バーベキューソースといった類似ブランドのほうが、より「クラフト的」であると見なされたためである。図9－4に、クラフトのブランド戦略がまとめられている。

クラフト・ブランドの拡張努力は現在も続いている。2001年のナビスコ買収に伴い、クラフトがチーズ・ニップスを取得した際、商品に強力なクラフトのブランド保証をつけた。これは、製品の売上高が伸びた一因だといわれている。また、チーズ・ニップスとその他商品に素材ブランド（「本物のクラフト・チーズ」）がつけられた。さらにクラフトは、ヨーロッパのチョコレート・ブランドであるミルカをブランド保証して、ヨーロッパにおけるクラフトの存在を強化し、ミルカをグローバル・ブランドに育てることを試みた。これらの事業計画の最終目標は、広範な営業基盤に一貫した方法でクラフト・ブランドを活用し、横断的にシナジーを発揮するような、プログラムとプロモーションの可能性をもたらすことである。クラフト・ブランドがある程度のドライバーの役割を果たしてくれるため、製品ブランドにはそれほど負担がかからない。

クラフト・ブランドの価値の上昇は、クラフトによるブランド保証がより強

図9-4　クラフトのブランド戦略

ブランド	ブランド・アイデンティティ	製品範囲	論点
ドライバーの役割を持つマスター・ブランドとしてのクラフト	アメリカの一般家庭で毎日使う、準備が簡単な良質の食品。健康的で信頼できるパーソナリティ	チーズ、マヨネーズ、バーベキューソース、サラダ・ドレッシング	クリーミーでないドレッシングでは弱い。高級品では弱い
強力なエンドーサー・ブランドとしてのクラフト	アメリカの一般家庭で毎日使う、準備が簡単な良質の食品。健康的で信頼できるパーソナリティ	ストーブトップ・スタッフィング、シェイク・アンド・ベイク、ミニッツ・ライス	クラフト・ブランドを強化し、活用する方法
示唆的エンドーサー・ブランドとしてのクラフト	アメリカの一般家庭で毎日使う、準備が簡単な良質の食品。健康的で信頼できるパーソナリティ	オスカー・メイヤー、ポスト、マックスウェル・ハウス、ジェロー、クール・ホイップ、トゥームストーン、ブレイヤーズ	クラフト・ブランドの保証が、クラフト・ブランドとその商品を助けるか、あるいは逆に傷つけるか

化され、総売上高の増大によってテコ入れされるため、クラフトのウェブサイトや世界的スポンサー活動などのブランド構築プログラムの実行可能性が高まることになる。たとえば、クラフトがブランド保証している顧客向け広報誌『フード・アンド・ファミリー』（カナダでは『ホワッツ・クッキング』。300万以上の発行部数があり、いまなお伸びている）は、クラフト・ブランドとその主要ターゲット顧客の関係を築くことになる[10]。この雑誌は、健康的な生活や映画などの情報も含んでいるが、手軽な夕食、朝食、残り物を利用したお昼、そしておいしいデザートなど、料理をめぐる内容が主な話題である。読者の半分以上が記事にあるレシピを試用したことがあり、その際にクラフト製品を使ったと回答している。このレシピは、「クラフト・キッチン」の研究成果とクラフト・キッチンが持つ独特のオーラを活用している。

エネルギー会社のBPもまた、ブランド保証プログラムを通じて、ブランドとブランド構築プログラムを活用することにした。それは、エネルギー分野において差別化されたリーダーとしての地位の獲得に向け、ブランドの新ポジショニング戦略を開発するためのBPブランドの拡大が動機であった。BPは自社のイメージを、安定した業績のよいイギリス石油会社のイメージから、「石油を超えた」ビジョンを持つ、革新的で進歩的、そして環境に優しいエネルギー会社というイメージへ変えようとしていた。新ブランドを構築し、そしてさらに重要なのは、それを活用するためにアルコ、アラル、カストロールなど、消費者と接する多くの企業にBPのブランド保証を付加したことである。

コーポレート・ブランドの名称変更

コーポレート・ブランドのイメージや顧客関係はブランドが握っており、それはブランドの名前によって表現されている。どのブランドでも、名前の変更は劇的で桁はずれなことである。それがマザー・ブランドである場合はなおさらである。既存のコーポレート・ブランド名が不適切あるいは重荷であるという場合でも、サブブランドや保証付ブランド、また新ブランドの採用といった選択肢もある。コーポレート・ブランドの名前の変更は、最後の手段である。

コーポレート・ブランドの名前を変更するには、余儀ない事情がなければならない。基本的には、次の3つの条件が必要である。第1に、企業の新しい方向性があまりにも飛躍的な場合、あるいは現在のコーポレート・ブランドの連想とあまりにもかけ離れており、現在の名前では著しく不利である。第2に、現在のコーポレート・ブランドからの連想にマイナス・イメージがあり、それを許容レベルまで修正できない。第3に、新しいブランド名を創造する資源と能力を持っている。

また、以下の理由のいずれかに該当する場合、名前の変更は正当化される。

新事業の焦点を反映するため
製薬業を主業とするAHP（アメリカン・ホーム・プロダクツ）は、最も知名度

があり、かつ最も戦略的なブランドであるワイスを活用し、新しいコーポレート・ブランド名を創造した。ポートフォリオの明確さが、ワイスというブランド名を強調することで達成された。たとえば、ワイス－アイエルスト・リサーチはワイス・リサーチとなり、ホワイトホール－ロビンズ・ヘルスケアはワイス・コンシューマー・ヘルスケアとなった。

株式市場の動向に対応するため

より親しみやすい名前や、事業の内容をより正確に反映する名前への変更は、投資を呼び込むのに役立つ。コンソリデーテッド・フーズは、最も知名度のあるブランド、サラ・リーに名前を変更したところ、株価が上昇した。プルデンシャル・インシュアランスはプルデンシャル・ファイナンスに変更したことで、同社はもはや保険事業だけの企業でないことを投資家に知らしめた。

「邪悪な」製品から距離をおく

フィリップ・モリスのタバコ関連の事業部は、タバコの連想を弱め、社名をタバコ事業から切り離すため、名称をアルトリアへ変更した。

合併によって麻痺した組織の敏感さを回復させるため

1990年代半ば、アルゼンチンの3つの民間石油会社（アストラ、イサウラ、プーマ）が合併し、新会社が誕生した。その社名にはエネルギーを暗示する「イー・ジー・スリー」が採用された。各社の名前はそれぞれ、プラスのエクイティ、地元との結びつき、そして豊かな伝統を持っていたが、これらの会社の経営権を握っていた各一族は、合併後の社名にライバル名が採用されないよう必死であった。論理的には、新しい名前を創造しなくとも、組織文化や構造をテコにすることで、このような問題に対処することは可能だ。しかし、常に論理が勝るとは限らない。

既存ブランドの地理的限界を打破するため

GTEとベル・アトランティックという、共に地域企業の響きがある2社の合併に際し、新会社の名前として選ばれたのはベリゾンである。同様に、

HSBCが、世界規模のシナジーと、グローバルな顧客サービスを目的として設立された金融グループの名前として採用された。それまでは、それぞれが香港上海バンキング・コーポレーション、マリン・ミッドランド・バンク（ニューヨーク）、ザ・ミッドランド・バンク（イギリス）、ザ・ブリティッシュ・バンク・オブ・ザ・ミドル・イーストといったブランド名で事業を行っていた。HSBCへの社名変更は成功したといってよいだろう。1998年第4四半期の時点では、マリン・ミッドランドというブランド名は、再認率が85％であった。一方、同じ市場において、HSBCという新ブランド名は、99年初めの10％以下の水準から同年後半には60％を超え、2001年末には80％に達した[11]。

　時にはブランド名を変える誘惑にかられるものだが、このような場合、よく見受けられる3つの錯覚に用心する必要がある。最初の錯覚は、名前の変更で連想も変わると思うことである。実際にはそのようなことはなく、ブランドの連想はすべて新しい事業戦略によって牽引される。つまり、その事業戦略がどのように表現され、実施され、そして以前の組織のブランド・エクイティと結びつけられているかによって決定されるのである。ブランド名の変更には、その根底に実体がなければならず、またその実体が正しく機能するよう、伝達していかなければならない。

　2つ目の錯覚は、いまよりもさらによい名前が見つかると思うことである。発音と記憶が簡単で、かつ受容される連想を持つブランド名、特にグローバルに通用する名前の創造はほぼ不可能に近い。イギリスの旧郵政公社はコンシグニアという名前を定着させようと2年間努力したが、結局、ロイヤル・メール・グループという名前に後退した。従業員も顧客もコンシグニアという名前になじめなかったのだ。

　最後の錯覚は、理にかなった予算のもとに、エクイティの進化と新ブランドへの移転が可能だと思うことである。実際、コストは予想を大幅に上回り、時には実現不可能なこともある。これは、1つには、競合も名前を変更することにより、ブランド名が混乱するためである。もう1つは、対象とする顧客層が新しい名前を覚えようとしないためである。1980年代前半、日産自動車はブランド名をダットサンから日産へ変更するために、4年間で2億ドル（当時の

2億ドルは大金だった）を投入したが、ダットサン・ブランドは消滅後も依然として日産と同じほど強かった。実際これは考えさせられる事例であり、特に、日産という名前が短く、覚えやすく、書きやすく、悪い連想もなく、さらに多少のエクイティが生じていたという点で、優れたブランド名の特性を持っていたことを考慮するとなおさらである。

　ブランド名の変更に対する根本的理由が妥当な場合、有能なチームがその問題を十分に分析し、そして代替手段も徹底的に模索し、その判断が上記3つの錯覚で曇っていないようにすることが重要である。

◆事業の合併、買収、売却

　事業の売却や買収合併によって、ブランド名の変更が避けられない状況になることがある。たとえば、事業売却の場合には、会社名の使用が不可となり、名前を変更せざるをえない。大手会計事務所であるアンダーセン・コンサルティングのコンサルティング部門が売却されたとき、かつての親ブランドと関係のない名前が必要となった。かくして、アンダーセン・コンサルティングは1億7500万ドルをかけてアクセンチュアとなり、幸運にも、この変更によってアンダーセンとエンロンとのスキャンダルに巻き込まれるのを免れた。デロイト・コンサルティングは、子会社の名前を選び、ブラックストンとなった。

　コーポレート・ブランドが買収、または他社と合併された場合、2つのブランドのうちの強いほうを残すべきであり、弱いほうは名前の変更を余儀なくされる。プライス・ウォーターハウスのコンサルティング部門がIBMに買収されたとき、そのブランドはIBMビジネス・コンサルティングと改名された。ノーウェストがウェルズ・ファーゴを買収した際、結果的に選ばれたブランドはウェルズ・ファーゴだった。ここでの課題は、存続するコーポレート・ブランドの名前にエクイティを移転させることである。つまり、顧客に、新しい組織（ウェルズ・ファーゴなど）が寄与する強みに加え、旧ブランド（ノーウェストなど）の利点すべてを得ていると感じてもらう必要があるということだ。弱いほうのブランドは撤廃、または、コンパック（HPが買収）やロータス（IBMが買収）の例のように、ポートフォリオ内で製品ブランドとして利用することもで

きる。

　合併した両方のブランドが、互いに補完し合うエクイティを持っており、移転が高コストあるいは不可能な場合、1つの選択肢は、シェブロン・テキサコ、ダイムラー・クライスラー、三井住友のように混合コーポレート・ブランドにすることである。この場合、特に初期においては両組織の既存文化や価値観の保持において利点となる。この2つの文化や価値観は、時とともに融合する必要があるが、注意深くマネジメントしない限り、この混合名が融合の過程を阻むことになりかねない。

　ブランディングの観点から考えると、事業の売却や合併、買収の際、関係するブランドのエクイティを慎重に考慮するべきである。前に述べた3つの錯覚にとらわれてしまうケースはあまりに多く、ブランディングや関連市場に詳しい人材によるブランドの困難な課題と関連するリスクやコストの分析に、時間と資源を投入しないというケースも多々ある。欠陥のあるブランド戦略や実行方法が一因となり、市場での失敗や組織崩壊につながることがきわめて多いのである。

◘学習のための問題

1. あなたの会社または参考とする会社のコーポレート・ブランドの連想を評価してください。それらの連想は中長期的な事業戦略を反映し、支援していますか。もしそうでない場合、ブランド・ポートフォリオのどの要素がそれを補完できるでしょうか。
2. あなたの会社の事業分野において、コーポレート・ブランドの利点は何ですか。
3. コーポレート・ブランドがドライバー・ブランドとして効果を発揮するための課題を検討してください。最も大きな課題は何ですか。また、それらはどう対処されていますか。
4. 現在または将来に、コーポレート・ブランドをエンドーサーとして利用することを検討してください。コーポレート・ブランドがブランド

保証することによって、それぞれの分野で与えるものと得られるものを考えてください。
5．ブランド・ポートフォリオにおける組織の各ブランドの使用を一覧表にしてください。それぞれの分野でよい状態にありますか。それぞれの分野における連想は何ですか。どのような役割を担っていますか。
6．あなたの会社が合併する可能性を考え、ネーミング戦略を開発してください。その過程で、次の点を考慮してください。既存の事業体のエクイティは何か。各ブランドの顧客関係はどのようなものか。また、それは他ブランドに移転できるか。新ブランドに移転できるか。各ブランドのエクイティを他ブランドや新ブランドへ移転するために必要な宣伝コストはどのくらいか。

第10章 ブランド統廃合の意思決定
Toward Focus And Clarity

>「石の塊からどうやってライオンを創るかって？　簡単さ。
>ノミを1本持って、ライオンらしく見えないところをどんどん削っていけばいいんだ。」
>――パブロ・ピカソ――
>
>「建築家にいちばん役立つ道具は、製図版では消しゴム、現場ではバールだな」
>――フランク・ロイド・ライト――
>
>「わが社の有力ブランドは大きな責任を背負っていることがわかった」
>――チャールズ・ストラウス（ユニリーバ社長）――

事例：ユニリーバ

　2000年2月、ユニリーバは売上げの成長と営業利益の増加を目指して、「成長への道」と題する戦略5カ年計画を発表した[1]。その計画には、少数の強いブランドに焦点を当てることが盛り込まれていた。具体的な目標は、同社の管理下にある1600のブランドを4分の1程度にまで減らしたうえで、消費者に対して持続的な訴求力を持ち、それにかなう売上高と成長見通しを有する主導的なブランドに集中的に取り組むことであった。それまでは、ブランド構築予算や人材、イノベーション推進などが分散し、1つのブランドに対する資源があまりにも少なくなっていた。そのため、資源を200のブランドに集中して投入することを目指したのである。

　このプロセスの一環として、ローカル、リージョナル、グローバルという各レベルのブランドを、次の3つの基準で評価した。

- 企業戦略との適合性

    ブランドが参入している製品市場は、会社の戦略的方向性に合致しているか。

- メディアにおける存在感

    そのブランドは市場において、クリティカル・マスとなる必要最小限の規模を達成しているか。マーケット・リーダーの1つになっているか。規模が小さすぎ、メディアや小売りにおける存在感があまりないブランドは、たとえ熱心な顧客から強く支持されていたとしても、必ずしも存続に値するとはいえないだろう。

- ポートフォリオのバランス

    ブランド・ポートフォリオの観点から見て、そのブランドは市場において独自のポジションを持っているか。他のブランドと重複してはいないか。重複する部分を多く持つ複数のブランドを保有することは、効率的でない。

ユニリーバは、同社の中長期的な事業展開のコアとなる40のグローバル・ブランドを、「食物連鎖」の最上位に据えた。グローバル・ブランドとは、5つの要素（提供する便益、価値観とパーソナリティ、信頼される理由、差別化要素、ブランド・エッセンス）を持ったブランド・アイデンティティに導かれており、ブランド名こそ違っても世界中どこでも同一であるブランド、あるいはその方向に向かいつつあるブランドと定義された。40のグローバル・ブランドのうち、18がクノール、リプトン、スリム・ファスト、ベルトーリなどの食品ブランドであった。そして、残りの22のブランドは、アックス、シフ（一部の市場ではジフ）、ヴァセリン、スナッグル、クローズアップ、リンクス、ダヴ、オール、スワーブ、ラックス、コンフォートなど、食品以外のブランドであった。いくつかのブランド（クノール、スリム・ファスト、オール、リンクス、ダヴなど）はブランド・プラットフォームとなっており、その範囲を拡張することが目標となっていた（第7章のダヴの事例を参照のこと）。

この40のグローバル・ブランドに対しては、それぞれ1人のグローバル・ブランド・ディレクター（食品部門ではSVPと呼ばれる）が、リージョナル・ブランド・リーダーを含むグローバル・ブランド・チームを率いてブランド・マ

ネジメントを行った。つまり、グローバル・ブランド・チームは、「ローカル」の担当者で構成されていた。このチームの役割は、グローバル・ブランドのマネジメントとローカル・ブランドの活性化とをより密接に連携させることにより、ブランド・マネジメントに一貫性を創造することであった。またチームは、ブランド・エクイティとイノベーション創造のマネジメント、承認を得たブランド・アイデンティティの展開、そのアイデンティティへの移行計画の立案、そして成長計画の策定と実行という責務を負ってきており、現在でも引き続きその責務を負っている。

さらに、健全で成長している事業を支える160のリージョナル・ブランドとローカル・ブランドが特定された。これらのブランドが訴求するもののなかには、グローバル・ブランドに容易に移転できない、伝統や顧客関係に起因するものもあった。フランス紅茶ブランド「エレファント」、北米アイスクリーム・ブランド「ブレヤーズ」などがその例である。

ほかに、小規模のブランド群は、他のブランドに吸収される、あるいは移行される候補と見なされた。これらのブランドは有望な事業分野を占めていたが、そのエクイティをグローバル・ブランドやリージョナル・ブランドに移転できる可能性も持っていた。その一例が、低価格の洗濯石鹸ブランド「サーフ」である。これは、アメリカ南部で力を持つブランドで、香りに定評があり、衰退しつつある粉石鹸分野で20年の実績を誇っていた[2]。サーフの営業権は、「オール」に吸収されることになった。オールはサーフのおよそ2倍の売上げを持つ洗剤ブランドであり、液体洗剤の分野でより強いブランドであった。オールに移行する一環として、サーフ・ブランド商品のいくつかはオールとの共同ブランドとなった。オールのブランド・ファミリーは、プラットフォームとなるブランドを築くために柔軟剤や添加剤にも拡張された。同様に、ヘアケア・ブランド「レイブ」はスワーブのブランド・ファミリーに吸収された。

約200の主導ブランドがポートフォリオの中核として積極的にマネジメントされ、残りのブランドは3つのカテゴリに分類された。まず、「廃棄」ブランドは、できるだけ早く撤廃された。ブランド削減の一環として、ユニリーバは料理油のマゾーラ、コーンスターチのアルゴを含む12以上のブランドを売却した[3]。「検討中」ブランドは、資源の割り当てはなかったが、引き続きキャ

ッシュフローを生み出すことが期待された。「警告」ブランドは、引き続き積極的なマネジメントと支援を受けるが、業績に目に見える向上がなければ格下げされた。

ユニリーバの主導ブランドが事業全体に占める売上高の割合は、このプログラムが始まったときには75％であったが、4年後には少なくとも95％になることを同社は期待している。

フォード対BMW

フォードのブランド・ポートフォリオ戦略においては、図10－1のように多くのサブブランドが製品を規定し、顧客関係の基盤をもたらす力を秘めている4)。乗用車とミニバンを規定するサブブランドは、ZX2、フォーカス、マスタング、サンダーバード、トーラス、クラウン・ビクトリア、ウィンドスターの7つであり、このほかにSUV系列を規定するものとして、エスケープ、エクスプローラー、エクスペディションという3つのサブブランドがある。

エクスプローラーやウィンドスターなど、サブブランドのほとんどは重要なドライバーの役割を果たすため、フォード・ブランドはエンドーサーとしての機能が高い。これらのブランドは、スタイルと仕様に関して、持続的な独自性で各車種を規定している。確かに、マスタングやクラウン・ビクトリアは、スタイルについて明確な連想が伴う。また、これらのブランドには、サンダーバードのように、商品の選択の際に、メーカー名にはないパーソナリティや自己表現便益を与える可能性を持ったものもある。

フォードというブランドは、品質とイノベーションに対する信頼性という点で強みを持っているが、少なくとも、いくつかのセグメントにおいては、特徴やパーソナリティに欠ける。このため、フォードの自動車は、サブブランドがなければこれほど強くなりえなかったであろう。しかし、ここでいくつかの疑問がわく。SUV系列は、3つのブランドではなく単一ブランドにできなかったのか。実際、フォード・ブランドをSUV分野で使用し、サブブランドを用いないことも可能だったのではないか。7つの乗用車ブランドのどれか1つを

図10-1　フォードのブランド・ポートフォリオ（一部）

フォード乗用車、ミニバン	フォードSUV	フォード・フォーカス
サブブランド	サブブランド	LX
ZX2	エスケープ	SEセダン
フォーカス	エクスプローラー スポーツトラック	SEワゴン
マスタング	エクスプローラー スポーツ	ZTSセダン
サンダーバード	エクスプローラー	ZX3
トーラス	エクスペディション	ZX5
クラウン・ビクトリア	エクスカーション	ZXWワゴン
ウィンドスター		SVT

（親ブランド：フォード）

複数のモデルに拡張し、市場におけるブランドの存在感を高め、マネジメントが必要なブランドの数を減らすことはできなかったのか。ブランド構築予算は、各ブランドがドライバーの役割でなく、ディスクリプターの役割を果たしている程度に見合ったものだろうか。

　フォードとは対照的にBMWブランドは、**図10－2**に示すとおり、どちらかといえば古典的なマスター・ブランド戦略をとっており、一連のディスクリプター・ブランドがマスター・ブランドを支援している。BMWブランドには、3シリーズ（小型）、5シリーズ（中型）、7シリーズ（大型）、Mシリーズ（高性能）、Z4（オープンカー）、そしてX5（SUV）などがある。マスター・ブランドは、ドイツの技術力や「究極のドライビング・マシーン」を所有する感動、安全対策に対する安心感、BMWラベルの名声などを象徴し、BMWの製品ラ

◘ 図10-2　BMWのブランド・ポートフォリオ

	基本モデル		特別モデル	
小型	300シリーズ	高性能	Mシリーズ
中型	500シリーズ	SUV	X5
大型	700シリーズ	オープンカー	Z4

(BMW)

イン全体に対するドライバーの役割を担っている。その結果が、純粋なマスター・ブランド戦略モデルに関連したレバレッジ効果と明確さである。

　特に自動車のように競争の激しい分野においては、マスター・ブランド戦略モデルは顧客と直接向き合うという点で利点がある。フォードは、乗用車とSUV車の分野において少なくとも10のブランドを擁しているが、顧客にとってこれらのブランドは、GM、クライスラー、トヨタ、ボルボ、ホンダ、その他ブランドなど、優に200を超える車種の中の1つにすぎない。その中から1台の自動車を選択することは、人によっては大変なことである。自動車の購入者は、まず、乗用車、ミニバン、トラック、SUVなどを決めなければならず、次にメーカーを選び（フォードか、ビュイックか、ホンダか）、最後にモデルを選ぶのである。

　これを、BMWのブランド・ポートフォリオによって示唆される情報・意思決定プロセスと比べてみよう。まず、BMWの選択肢はBMWしかない。次に、顧客はどのクラスにするかを決めるが、通常は予算次第となる。要するに、どのBMWを買えるかということである。次に、どのレベルの車にするか、スポ

ーツカーにするかなどのオプション選択となる。分析と決定の過程は容易で、顧客は結果に満足しやすい。

さらにBMWには、ブランド・マネジメントとブランド構築の点において利点がある。BMWのブランド・アイデンティティがすべてのモデルに対して機能する限り、BMWはその資源をBMWブランドに集中することができる。「究極のドライビング・マシーン」というキャッチフレーズは、BMWが謳う機能的かつ自己表現的な宣伝文句であり、製品ライン全体に適用する。BMWのブランドとブランド構築への取り組みは、焦点が絞られており、レバレッジ効果が効いている。それとは対照的にフォード・ブランドは、10のサブブランドに加え、フォード・ブランド自体も支援しなければならない。企業の持つ資源に限りがあり、ブランド構築に多額のコストがかかる場合、その展望には厳しいものがある。

GMの経験は教訓となる。同社は、主要ブランド（シボレー、ビュイック、キャデラック、ポンティアック、オールズモビル、サターン、GMC）の傘下にある35のブランドを、35の洗練された市場と結びつく機会と見なしていた。問題の1つは、潜在顧客のほうがこれらセグメントにうまく適合しなかったことである。そしてもう1つは、GMが、差別化されたモデルとブランド構築の取り組みを通して、一度にすべてのブランドを支援することができなかったことである。結果、同社は方針を変え、主要ブランドを強調し、サブブランドに重きをおかないことにしたのである。

GMは、主要ブランドそれぞれの役割を維持することにも失敗し、オールズモビルをポートフォリオから外すという苦しい決断を下した。1930年代には、しっかりとポジショニングされた製品ラインを投入し、GMはフォードを打ち負かした。シボレー、ポンティアック、オールズモビル、ビュイック、キャデラックといったブランドは、きわめて独特なスタイルと自己表現便益をもたらし、そのためGMは、フォードから市場シェアの首位を奪うことができたのである（フォードは1つのモデルしかなかった）。ユーザーは、価格が手頃なシボレーを1台目の所有車とし、その後にポンティアック、オールズモビルへとステップアップしていった。キャデラックは究極的な成功の証であり、そのわずか下にビュイックがあった。

しかし、時とともに、主要ブランドのポジショニングはぼやけた。その一因として、ブランドがそれぞれ独立した部門でマネジメントされ、各ブランドが完全なラインアップの開発を試みるという仕組みがあった。シボレーは高価なスポーツカーやビュイック風の大型セダンを投入し、キャデラックはシマロンで失敗した。シマロンは、シボレーの小型車に似せたものだったが、品質に問題があった。その後さらに、主要ブランドそれぞれがSUVを開発せざるをえなくなり、結果、面倒な重複が生じた。たとえば、ポンティアックのファイヤーバード・トランザムとシボレーのカマロは、まったく同じような車でありながら、GMのポートフォリオでは2つのブランドのもとにあった。こうした理由から、主要ブランドはアイデンティティの獲得に苦労した。ただし、ポンティアックだけは例外だったかもしれない。この車種は常に馬力とエネルギーといった連想を支持していたからだ。オーロラというサブブランドでオールズモービルを復活させようとした試みも、失敗に終わった。そして、3つの中級ブランドを維持できないことがはっきりしたとき、オールズモービルが犠牲となった。

本章では、前章の論点であったブランドやサブブランドの追加の正当化から転じ、それらの削除もしくは後退による、焦点と明快さの創造について論ずる。この点を踏まえ、趣の異なる質問をいくつか呈する。どうすればブランドや製品の数を減らすことができるか。どうすれば限られた数のプラットフォーム・ブランドを生み出し、それを活用できるか。ここでは、ブランドの追加または起用を考えるのでなく、ブランドの削減、またはその役割や責務の軽減を検討する。製品の種類を増やし、その分野を複雑にするのでなく、ブランド主導による単純化を追求する。

本章においては、次の2つの問題に取り組む。1つは、ブランドの数が多すぎないかという問題である。ブランドの拡散と製品の重複により、焦点の不明瞭さ、ブランド構築への散漫な取り組み、そして市場の混乱が起きていないか。重要なドライバーの役割を果たすブランドはいくつあるか。どのようにして優先順位をつけるか。どれが戦略ブランドか。

2つ目は、製品やサービスの種類が多すぎないかという問題である。製品ラ

インの拡張プログラムによって、あまりに多くの種類や選択肢をつくり、意思決定プロセスの混乱、面倒、あるいはさらに悪い状態を招いていないか。意思決定プロセスの混乱を解決するための、ブランド主導の対応策はあるか。

ブランドの数が多すぎないか

　ポートフォリオを検討し、ブランドの数が多すぎることに「初めて気がついた」という企業は非常に多い。そしてこれは、ポートフォリオ・マネジメントの非効率や混乱から、さらには麻痺状態にまで及ぶ結果となる。ブランド数が多すぎるポートフォリオでは、重要でないブランドにブランド構築予算や、さらには、マネジメント能力のある人材さえもとられ、そのために戦略ブランドがエクイティや市場での地位を失うおそれも出てくる。マネジャーは、新しい機会の開拓よりも目前の問題解決に取り組むこととなり、重要でないブランドが増えすぎることによって、多数の問題を生み出すこととなる。

　また、ブランド数が多すぎるポートフォリオは、衰弱につながる混乱を招く可能性もある。そこには明確さがなく、論理と一貫性を欠いた複雑なブランド構造のなかにブランドが存在することになる。製品種類を反映するブランドもあれば、価格や価値、さらには顧客タイプや顧客の望む用途を反映するブランドもあるかもしれない。ブランド化された製品やサービスが重複することもある。全体としては単に混乱を表しているにすぎないこととなり、顧客は製品やサービスの内容を理解するのに苦労し、何を購入すればよいのか迷うことになる。従業員でさえ混乱するだろう。

　いかにして、こうしたことが起こるのだろうか。どのようにして企業の規律が乱れ、ブランドが拡散してしまうのか。このような状態を修復するには、その原因を探ることが有効である。

　通常、その最たる原因となっているのはプロセスである。ブランディングのプロセスには規律が必要であり、新しいブランド、もしくは獲得したブランドやサブブランドの導入を承認する権限を持ったグループを、組織の中におくことも必要である。新しいブランドやサブブランドの追加の意思決定は、次の2

つの論点に基づくべきである。

- 新しいブランドやサブブランドに関連する事業は、十分な実体を備えており、ブランドの創造または維持を正当化するのに十分な寿命を持ちえているか。
- 既存ブランドの使用が、他ブランドの製品の約束を妨げる、あるいは損なうことになっていないか。あるいは、既存ブランドが傷つく、もしくは焦点がぼやけるという結果にならないか。

　獲得したブランドや既存ブランドの維持に関する意思決定は、論点が若干異なる。

- 獲得した、あるいは既存のブランドやサブブランドに関連する事業は、十分な実体を備え、ブランドの創造または維持を正当化するのに十分な寿命を持ちえているか。
- 獲得した、あるいは既存のブランドやサブブランドのブランド・エクイティは、十分な予算のもと、ブランドを傷つけることなくポートフォリオ内の他ブランドに移転できるか。

　ブランドの追加や削除に関する選別プロセスが失敗するパターンは、いくつかある。最も確実に失敗するのが、プロセスそのものが存在しない場合である。ブランド・ポートフォリオ全体の将来についてほとんど配慮がなく、ブランドやサブブランドを場当たり的に追加または維持しているという状態は、ほとんどの企業が固執している分権化された組織構造において、特によく見られる。起業家精神を持つべく事業部のマネジャーに権限が委譲され、その評価も長期にわたる事業部の収益性で判断される場合、ブランド戦略という戦略的テコを、彼らの打ち手から取り上げることは難しい。もちろん、強い意思があり、ブランドに詳しい人材があれば、分権化された事業運営であってもブランドに関わる規律を創造することはできるが、どちらかまたは両方が欠けている場合が非常に多い。
　他の状況では、プロセスが存在していても、間違いが起きる場合がある。た

とえば、顧客需要の見込みを間違えるなど、新規事業に対する見通しの過大評価がそうである。組織の成長を促進するために、新製品や製品改善の考案に関して責任のある人々は、製品の「新規性」や売上げ見通し、長期的な成功の可能性を誇張しがちである。彼らは、新しいブランドやサブブランドがあれば、新製品投入のためにより多くの資源が必要だという主張の説得力が強まり、成功の可能性も高まると考える。確かにそれは、たいていの場合において間違っていない。そのうえ、彼らは製品に対し、わが子のような思い入れがあるため、新しい名前の創造は非常に満足できるものであり、反対に、その製品が既存のブランド・ファミリーに吸収されることは、わが子が自宅から連れ去られるのと同じ気持ちになりかねない。

ブランドを獲得した場合、そのブランドを削減する意思決定は容易ではない。そのブランドが重要な顧客、そして業績や伝統に基づく重要な市場エクイティを持っている場合は、特に関連する製品市場において信頼性に欠けるコーポレート・ブランドにそのエクイティを移転することは困難となる。

さらに、組織としての感情が、獲得したブランドの削減によって、ただでさえ難しい合併にさらなる緊張を生じさせる可能性もある。獲得したブランドは人と組織のシンボルとなり、そのエクイティは、合併により脅威を感じている人々によって誇張されることもある。その結果、既存ブランドと混合し、重複する一連のブランドができてしまう。

解決策の１つは、ブランドの数を単純に減らすか、優先順位をつけることによってカギとなるブランドを特定し、それらが与えられた役割を果たすべく支援することである。

残念ながら、重要でないブランドや重複したブランドが役立たなくなっていても、それを廃棄する、または優先順位を下げるという自動的な仕組みはない。行政では、立法が改正されない限り、無効になるサンセット法（時限法）を持つ法律もあるが、ブランドには「サンセット法」のような規定は存在しない。すべてのブランドには愛好者がおり、ブランドの廃棄、もしくはブランドの支援を取りやめることすら、それらの提案は組織のだれにとっても異例の行為となる。その結果、そうした軋轢に政治力を使うことは避けられず、また、悪くすると、分の悪いブランドの復活を試みたりする動きも出てくる。

したがって、ブランド・ポートフォリオを綿密な分析のもとに定期的に見直すことには意味があろう。森を間伐すれば、残った木々が光と栄養をいままで以上に受けることができ、森はより健康になるが、ブランド・ポートフォリオを絞り込むことにも同様の効果がある。ブランド・ポートフォリオの見直しによって、安易に先延ばしされる意思決定を促し、縄張り問題を抱えながら、厄介な決定をしなければならない政治的コストの問題にも対処できる。防衛基地の閉鎖は、地元と結びつきのない中立的な超党派の委員会が分析と提案でも行わない限り、地元の強力な政治家を前に、事実上不可能である。同様に、ブランドの専門家によるポートフォリオの冷静な見直しは、必要に応じて、同様の決定構造と組織的な担保を与えることができる。

◆戦略的ブランド統合プロセス

ここでの目標は、ポートフォリオ内のブランドの強さと有用性を体系的に再評価する、包括的かつ客観的なプロセスをつくり上げることである。このようなプロセスを**戦略的ブランド統合プロセス（strategic brand consolidation process)**といい、図10－3に示すように、6つの段階に分けることができる。第1段階は評価の対象となるブランド群の選定である。そして、第2段階は評価基準の設定、第3段階はブランドの評価、第4段階は各ブランドの戦略的地位の決定、第5段階は修正ブランド・ポートフォリオ戦略の策定、そして最終段階は移行戦略の策定となる。

対象となるブランド群の選定

対象とするブランド群は、問題の状況によって決まる。もちろん、すべてのブランドやサブブランドが対象となることもあるが、多くの場合、焦点となるのは類似ブランドの系列やグループである。たとえば、GMの分析は、主要ブランド（シボレー、ポンティアック、ビュイック、キャデラック、サターン、GMC)が対象となるだろう。

他の段階の分析としては、マスター・ブランドに付随するサブブランドが考えられる。ポンティアックの例では、ヴァイブ、アズテック、ボンヌビル、フ

◘ 図10-3　戦略的ブランド統合プロセス

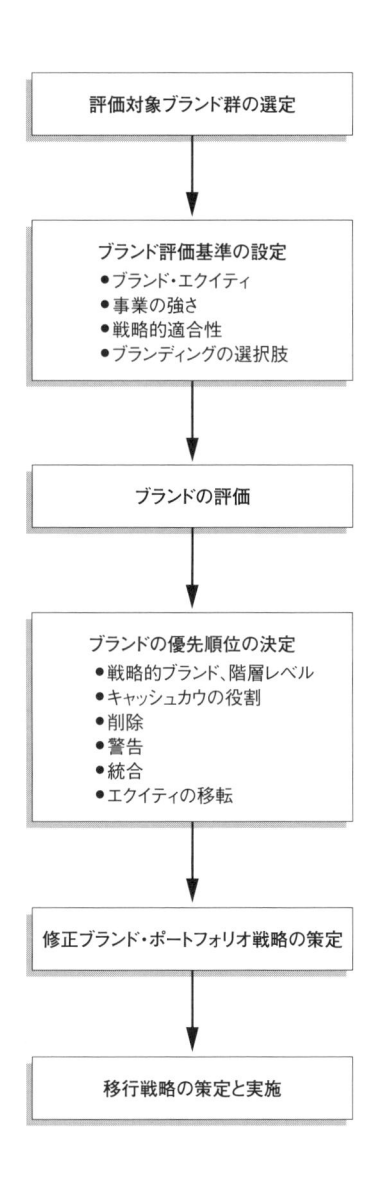

```
┌─────────────────────────┐
│   評価対象ブランド群の選定    │
└─────────────┬───────────┘
              ▼
┌─────────────────────────┐
│   ブランド評価基準の設定      │
│   ●ブランド・エクイティ        │
│   ●事業の強さ              │
│   ●戦略的適合性             │
│   ●ブランディングの選択肢      │
└─────────────┬───────────┘
              ▼
┌─────────────────────────┐
│        ブランドの評価        │
└─────────────┬───────────┘
              ▼
┌─────────────────────────┐
│   ブランドの優先順位の決定    │
│   ●戦略的ブランド、階層レベル  │
│   ●キャッシュカウの役割       │
│   ●削除                   │
│   ●警告                   │
│   ●統合                   │
│   ●エクイティの移転          │
└─────────────┬───────────┘
              ▼
┌─────────────────────────┐
│ 修正ブランド・ポートフォリオ戦略の策定 │
└─────────────┬───────────┘
              ▼
┌─────────────────────────┐
│    移行戦略の策定と実施      │
└─────────────────────────┘
```

ァイヤーバード、グランダム、グランプリ、モンタナ、サンファイヤーといったサブブランドである。類似する役割を担っているブランドは、相対的な力を評価しやすい。

ブランド評価の基準

　ブランドの優先順位を確立するには、ブランドの評価基準も確立する必要がある。さらに、これらの基準は、数量的な指標でブランドを測定できなければならない。このプロセスを、高度に構造化され、定量的なものにしていく過程のなかで、議論と意思決定プロセスに対する刺激と方向性が与えられる。高い数字のものを単純に選択するというのがデフォルト（標準設定）だという誤った思い込みをしてはならない。評価基準は状況にもよるが、一般的に4つの基準があり、それぞれに付随する基準がある。

ブランド・エクイティ
- 知名度：ブランドは市場でよく知られているか。
- 評判：ブランドは市場で評判がよいか。高い知覚品質を持っているか。
- 差別化：ブランドは差別化ポイントを持っているか。パーソナリティはどうか。
- 関連性：現在の顧客や用途に対して関連性を持っているか。
- ロイヤルティ：顧客はブランドに対してロイヤルティを持っているか。

事業の強さ
- 売上高：ブランドは高い売上げを上げているか。
- シェアと市場ポジション：ブランドは市場で支配的または主導的ポジションを占めているか。
- 利益率：ブランドは利益率に貢献しているか。またはコスト高あるいは市況によって利益率が悪いか。
- 成長：既存の市場で、ブランドの成長見込みはあるか。ブランドは成長市場でシェアを獲得できるか、もしくは参入可能か。

戦略的適合性
- **拡張の可能性**：ブランドは、マスター・ブランドやエンドーサーとして他製品に拡張できる可能性を持っているか。成長のためのプラットフォームとなりうるか。
- **事業の適合性**：ブランドは、企業の方向性に対して戦略的に適合した事業を推進しているか。将来の事業戦略の中心となる製品や市場を支援しているか。

ブランディングの選択肢
- **ブランド・エクイティの移転可能性**：ブランドをサブブランドに格下げする、あるいはディスクリプターの創造によって、ブランド・エクイティをポートフォリオ内の他ブランドに移転することはできるか。
- **他ブランドとの統合**：ブランドはポートフォリオ内の他のブランドと統合し、1つのブランドとすることができるか。

ブランドの評価

　ブランドは、以上のような4つの基準をもとに評価する必要があり、各基準の評価点から、ブランドの総合評価がなされる。各評価点を合計して得られる総合点は、ブランド同士を比較するのに役立つが、意思決定にはさらなる分析が必要である。加重平均方式を取り入れることも選択肢の1つだが、それが主観的なものであることを考えると、分析の精緻化は通常意味がない。

　すべての評価基準にわたった1つのプロフィールは、さらに詳細な診断を与える。全体評価はどうであれ、1つか2つのカギとなる評価基準で最低レベルに達していれば、そのブランドをポートフォリオに残すということもある。たとえば、戦略的適合性の評価点は、そのブランドの役割を査定する必要があることを知らせるのに十分だろう。また、ブランドが大赤字を出している場合、その他の点が健全であっても再評価の候補となりうる。

　評価点は、ブランドのマネジメント・チームやその関係者が持っている、事業および市場に関する知見に基づいてつけられる。その知見にばらつきがある場合、チームの外部に評価を委託してもよいだろう。ブランド・ポートフォリオについて、やや思い切った判断につながるような仮定を確認するためには、

正式な市場調査を行うことが有益、もしくは不可欠でさえあるだろう。

ブランドに優先順位をつける

　評価の結果、存続させ、支援し、積極的にマネジメントすべきブランドには、優先順位をつけるか、もしくはなんらかの階層づけが必要である。階層の数は状況にもよるが、そのロジックは、貴重なブランド構築予算を賢く配分できるような分類にするということである。

　最上層には、戦略的パワー・ブランドがおかれる。これは、重要な事業を支援する、あるいは将来的に支援する可能性のある、既存もしくは潜在的なエクイティを持つブランドである。また、そこには、重要な事業に差別化ポイントをもたらしうる戦略的基点ブランドも含まれる。戦略的パワー・ブランドと基点ブランドのアイデンティティが、間接的に他ブランドの内容を提示するため、これらのブランドを特定することがまず第一歩となる。

　第2層に入れるべきブランドの1つのタイプとして、フランカーやシルバーブレットのような、特殊な役割を担うブランドが挙げられる。別のタイプとしては、ニッチ分野や地域産業といった小規模な事業に関わるブランドもある。

　第3層のブランドは、エクイティや事業規模がより小さいブランドで、これらはブランド統合される可能性が強くなる。

　ユニリーバと同様、ネスレは長年にわたってブランド・ポートフォリオの優先順位づけを行ってきた。同社は、12のグローバル・ブランドを最上層におき、これらに焦点を当ててきた。各グローバル・ブランドにはブランド・チャンピオンとして上級幹部が指名される。彼らは、あらゆる活動がブランド強化につながるよう心がけ、ブランド拡張や主要なブランド構築活動に関する最終的な承認権を持つ。ピーター・ブラベックが同社のCEOに就任した際、これらブランドのうち6つ（コーヒーのネスカフェ、紅茶のネスティー、パスタとソースのブイトーニ、ブイヨンキューブのマギー、ペットフードのピュリナ、アイスクリームとキャンディのネスレ）をネスレ内の最優先順位を持つブランドに昇格させた。ネスレはさらに、スイス本社の経営陣が注視する83のリージョナル・ブランドを選定した。これに加え、同社は数百というローカル・ブランドを抱え、それらは戦略的と見なされるブランドもあれば（この場合は本社が関与する）、

戦術的と見なされるブランドもある（この場合はローカル・チームがマネジメントする）。

　もう1つのブランドのカテゴリは、ディスクリプター的な役割に格下げされ、資源を与えられないキャッシュカウである。このようなブランドは、廃棄こそされないが、より重要なブランドからブランド構築資源を回してもらうこともない。また、これらのブランドが全製品ラインの邪魔をしたり、市場で混乱を起こしたりする可能性は小さい。ブランドの格下げ、もしくはディスクリプターにするという選択肢が最も効果的に機能するのは、ブランドの名前が記述的な役割を示唆する場合である。そうでない場合、ブランドは、ブランド構築の手間なしに、記述するべき内容を知ってもらう必要がある。

　その他のブランドは、以下に概要を述べるとおり、削除、警告、あるいはなんとか再構築を行う必要がある。

- **削除**：ブランドが、実績、重複、もしくは戦略的適合性に関するいずれかの問題によって、ポートフォリオに適当でないと判断された場合、そのブランドをポートフォリオから削除する計画を策定する必要がある。この場合、他社への売却、あるいは単純に抹消することとなる。
- **警告**：ブランドが、業績目標は達成していないが改善されうる計画がある場合は、警告リストに載せられる。もし計画が失敗し、見通しが引き続き芳しくない場合は、削除が検討される。
- **統合**：一連のブランドを1つのブランド・グループにまとめることができれば、ブランドの数を削減し、より焦点を絞ったブランドを創造するという目標が実現に向けて前進する。マイクロソフトは、ワード、パワーポイント、エクセル、アウトルックの各アプリケーションをオフィスという単一製品に統合した。元の製品ブランドは、サブブランドに後退させられたのだ。
- **エクイティの移行**：前述のとおり、ユニリーバは、ヘアケア製品のレイブのエクイティをスワーブに移行し、洗剤製品のサーフをオールに移行させた。

修正ブランド・ポートフォリオ戦略の構築
　ブランドの優先順位が決まったら、そのブランド・ポートフォリオ戦略を修

正する必要がある。そのためには、いくつかのブランド・ポートフォリオ構造を描くことが必要となる。考えられる構造には、単純な構造（マスター・ブランド戦略やマスター・ブランド戦略の組み合わせに近いもの）、賑やかな構造（いくつかのレベルでサブブランドを包括した、個別ブランド戦略に近いもの）、そして現在のブランド・ポートフォリオ構造がある。最も有望な選択肢は、ブランド関係チャートの両端の間にある可能性が高い。アイデアとしては、実現可能な選択肢を2つか3つつくり、各選択肢の下にさらに下位の選択肢を2つか3つ持たせることである。

ブランド・ポートフォリオ構造の主な選択肢は、各下位の選択肢を含め、次の点から評価する必要がある。

その選択肢が、

- 将来の事業戦略を支援するか。
- 強力なブランドに適切な役割を与えるか。
- 強力なブランドをテコ入れするか。
- 顧客とブランド担当チームの双方に明確さをもたらすか。

最も有望な選択肢であっても、最終的なブランド・ポートフォリオ構造が効果的であることを確認するため、さらに精緻化する必要がある。評価された選択肢は、必然的に限られたものであるため、どれも最良の最終構造でない場合が多い。選択肢の1つを修正する、または複数の選択肢を組み合わせることが最も適切な可能性が高い。

2つの事例：センチュリオンとセーフウェイ

ある大手メーカー（ここでは「センチュリオン・インダストリ」という名前にしておく）は、ポートフォリオ戦略を決定する前に戦略的ブランド統合プロセスを実施した。このプロセスは、主要事業部における既存ブランド・ポートフォリオがあまりにも散漫であり、将来の成長と市場におけるポジションは強力なブランドから構成される、よりシンプルで焦点を絞ったポートフォリオにかかっているとCEOが考えたことから始まった。

事業部が成長した理由の1つは買収であり、現在9つある製品ブランドの中の3つのみがセンチュリオンというコーポレート・ブランドで保証されていた。この9つのブランドは、さまざまな製品市場で使用されていたが、これらは論理的に2つのグループに大別できた。1つは、5つのブランドを包含し、これをグリーン事業グループと呼ぶことにする。もう1つは、4つのブランドを包含し、これはブルー事業グループと呼ぶことにする。ブランドの分散が少なく、より自然なブランドのシナジーを伴う競合他社は、強力なブランドを構築し、市場シェアを伸ばしていた。

　グリーン事業グループの中の5つすべてのブランドについて、顧客調査に基づくブランド評価が行われた。その中の1つである「ラーソン」は、事業規模が最も大きく、信頼性と知名度が高かった。さらに、このブランドは、現在は他の4事業分野のいずれにも進出していないが、これらの事業分野に拡張できる可能性を秘めていた。このブランドは目立った品質上の問題を抱えていたが、処置はとられていた。そこで、すべてのグリーン事業ブランドのラーソンへの移行と、ラーソンの品質問題を全社的な優先課題とする決定がなされた。最初の移行段階は、3つのブランドをラーソンで保証し、小規模事業である4つ目のブランドをラーソン・ブランドに置き換えることであった。2年以内に実施すべき第2段階は、グリーン事業グループのすべてのブランドをラーソンの名前に切り替え、コーポレート・ブランドによるブランド保証をつけることであった。

　ブルー事業グループでは、ブランド評価の段階において「ペイサー」というブランドが最も強力で、特に知名度、イメージ、売上げ面での強さが見られた。ペイサーの事業分野は、他の3つの事業分野と緊密に関連していたので、ペイサー・ブランドをブルー事業全体で使用することは実行可能だと考えられた。ブルー事業グループの4ブランドの中の1つである「クルーザー」は、非常に強いニッチ・ブランドであり、比較的小規模の市場において支配的な地位を占め、中核となる顧客基盤にかなりの自己表現便益をもたらしていた。結果、クルーザー・ブランドのペイサーへの移行はリスクが高すぎるため、このブランドは保持し、残りのブルー事業ブランドはペイサー・ブランドの名前で運営することが決まった。ここでも、ペイサーとクルーザーの両ブランドとも、将来

的にはコーポレート・ブランドで保証されることとなった。

　最終的には、ブランド・ポートフォリオ構造にあった9つのブランドが3つとなり、この3つすべてが、コーポレート・ブランドによって一貫して保証されることとなった。ここで難しかったのは、さまざまなニッチ・ブランドを2つの幅広いブランドのいずれかに移行させることで、長期的にブランド・ポートフォリオをより強くできるという考えに賛同を得ることだった。それぞれの動きに対し、感情的、政治的、経済的、戦略的に議論がぶつかった。1つの例外を認めたという事実が、全般にわたって議論と実行を困難にした。

　結局、意思決定の要素を明確に規定した客観的な評価基準の採用が、評価を容易にし、組織的な容認において決定的な役割を果たした。それぞれの評価の多くが、販売や市場調査をもとにした確実なデータの数値化であったことが助けとなった。同様に決定的だったのが、トップ・マネジメントの戦略ビジョンである。なぜなら、ニッチ・ブランドの一部の人々が最後まで同調しなかったからである。トップの深い関与なしには、何も起きなかっただろう。

　食品チェーンのセーフウェイは、24を超える数まで増えていた自社のプライベート・ブランドについて、同様のプロセスを実施した。これらのブランドの大半は、ブランド構築資源がほとんどなく、シナジーを獲得する方法も見つけられず、きわめて脆弱であった。そして、妥当な存続理由のないブランドを削減し、ブランドの数を4つに減らすことが決められた。

　残された4ブランドのうち、「セーフウェイ・セレクト」は高級ブランドであり、通常はその分野内で最上位ブランドに匹敵するか、あるいはそれを凌ぐものとしてポジショニングされていた。対照的に、「S」ブランドは低価格ブランドであり、値段も各分野で最も安く設定されていた。他の2つのブランドである乳製品部門の「ルツェルン」と、パック詰めの焼き菓子「ミセス・ライト」は、それぞれ著しいエクイティがあると認められ、保持されたブランドである。このブランド合理化の決断は、既存ブランドのエクイティ、顧客に対する価値提案、余分なブランドを維持する経済状態、そして店内の至るところに2つの基本ブランドを陳列することによるブランド構築のシナジー等、これらについての現実的な評価に基づいて行われた。

戦略の実行

最終段階はポートフォリオ戦略の実行であり、通常は現行の戦略から目標とする戦略への移行を意味する。ただちに移行してもよいし、徐々に移行してもよい。

ただちに移行する場合は、事業全般とブランド戦略の変更を示すものとなり、顧客に影響する重大な変更に、知名度と信用を与える1回限りのチャンスとなる。ノーウェスト銀行がウェルズ・ファーゴを買収し、合併後の行名をウェルズ・ファーゴに変更したとき、同行はこれを、顧客サービス強化という新しい能力の宣伝チャンスととらえた。特に、ノーウェストの顧客は、彼らが期待する個人的関係に変更はないが、電子バンキング・サービスにおけるウェルズ・ファーゴの高い能力により、このサービスが以前より改良されると確信できたのである。このように、名前の変更によって、組織の改善と再ポジショニングに関するメッセージを補強することができた。

ブランドについて急な変更を加える際には、ポジショニングへの取り組みと、その宣伝文句を裏づける実体が必要となる。新しいブランドの約束は、効果的かつ信頼性をもって顧客に伝えられなければならない。さもないと、1回限りの発表のチャンスが台無しとなってしまう。また、事業戦略もきちんと整っていなければならない。努力が裏目に出かねないからだ。たとえばノーウェスト銀行の場合、もしウェルズ・ファーゴの技術力がすぐに使えないのであれば、新しいポジションを裏づける実体が整うまで、名前の変更を延期することが最良の選択だといえる。

もう1つの選択肢は、顧客を別のブランドへ徐々に移行させることである。この方法は、次のような状況にあるときに望ましい。

- 名前の変更に、ニュース価値のある再ポジショニングを伴わないとき。
- その製品分野に必ずしも深く関与していない顧客が、変更について知り、それを理解するのに時間を要すると考えられるとき。
- 既存顧客とブランドの関係を混乱させることにより、顧客を遠ざけてしまうリスクがあるとき。

先述のセンチュリオンの事例では、最終的なブランド名であるラーソンは、最初はエンドーサーとして加えられていた。このブランド保証は、時とともに目立つようになり、最終的にはマスター・ブランドとなる。顧客はブランドに対するロイヤルティを邪魔されることなく、ラーソンとその製品を連想するようになる。

もう1つの事例として、「コンタディーナ」ブランドのブイトーニへの移行が挙げられる。1987年、ネスレはパスタ会社を買収し、社名をただちに「コンタディーナ・パスタ・アンド・チーズ」へと変更した。その1年後、ネスレはブイトーニを買収した。この2つのブランドは重複したため、ブイトーニを世界的なイタリアン・ブランドとすることが決まった。ブイトーニの存在はアメリカにおいては弱いものの、より本格的なイタリアン・ブランドとなっており、また、欧州においては非常に強かった。イタリアにおけるブイトーニの伝統は、マンマ・ジウリア・ブイトーニが初めて商売としてパスタを販売した1827年にさかのぼる。生家でありシンボルでもある「カーサ・ブイトーニ」が、いまも続く新しいレシピと製品の源として創設された。

1994年にコンタディーナにデラ・カーサ・ブイトーニ(「ブイトーニ家から」の意)の保証がつけられたとき、転換が始まった。2つのブランドの絵柄とエクイティが、パッケージ・デザインに取り入れられたのである。1998年、ブイトーニによるブランド保証が強化され、描かれたシンボルが女性から家に変わった。1999年、名前がブイトーニに変更され、コンタディーナでブランド保証された。2001年、ネスレはコンタディーナ・ブランドを売却し、ブイトーニへの最終的な転換の道筋を整理した。図10−4はこの移行を視覚的に示している。

コーポレート・ブランドの価値を高める

第9章で述べたように、他ブランドを削除もしくはその役割を軽減させる必要が生じたとき、コーポレート・ブランドは、いくつかの状況においてブランド・ポートフォリオでより大きな責任を持つ候補となる。コーポレート・ブランドは、強力で柔軟となるいくつかの属性を備えている。

第1に、コーポレート・ブランドは組織全体を代表しており、企業に関連す

◆図10-4　コンタディーナからブイトーニへの移行

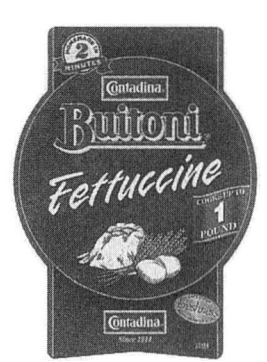

るすべての事柄を網羅する能力を持っている。第2に、コーポレート・ブランドは、当然ながら、全社的なブランド構築の本拠地となる。たとえば、ワールドカップのスポンサーとなることは、その企業すべての事業に恩恵を与える。第3に、コーポレート・ブランドはその組織を代表するため、ブランド保証の役割に適しており、製品ブランド的な役割に限定される必要がない。

　前章で取り上げた、シュルンベルジェの事例（特殊な油田サービス事業を行う

ブランドを買収）を思い出してほしい。買収したアナドリル、ダウエル、ジオクエストといったブランドは保証付ブランドとなり、引き続き各顧客関係と組織文化を追求したのだ。シュルンベルジェは、システムソリューションを提供するという理念を強化し、そして、1つのブランドの構築に焦点を当て、より大きな影響力を生み出すため、すべてのブランドを同社のコーポレート・ブランドへ移行させることを決めたのである。

サブブランドをディスクリプターに置き換える

　焦点と明確さを達成するのに効果的な方法の1つは、サブブランドをディスクリプターに置き換えることである。以下3つの状況が、この選択肢を魅力あるものにする。それは、サブブランドにブランド・エクイティがほとんどないとき、適切なディスクリプターが見つけられるとき、結果として生じる製品ブランドにおいて、マスター・ブランドがドライバーの役割を果たすことができるとき、この3つである。ディスクリプターは明快さにおいて究極的であり、マスター・ブランドの効果を最大限に引き出す。

　1999年、デル・コンピュータは自社のブランド・ポートフォリオを分析した結果、各市場セグメント（家庭用、小規模企業用、大企業用など）や各製品（デスクトップ、ノート型パソコン、サーバーなど）を担当している各事業部が、目に見えてわかるサブブランド開発の必要性を感じ、それに「屈して」いたことがわかった。この結果、ブランドの拡散が生じ、顧客と従業員の間に混乱を招いていただけでなく、広告からウェブサイトに至るまでのコミュニケーション活動がきわめて複雑なものとなってしまった。あるときには、3つの主要市場向けに販売された同一の製品に、別々のブランドとロゴがついていた。製品ライン全体に対して、低価格品であることを象徴するブランドを持つといった、全社的な論理がなかった。調査の結果、顧客が特定の製品（たとえば特殊な機器に使うデル製のルーターなど）を望んでいる場合、しばしばサブブランドが邪魔をしていることが判明した。

　同社は対応策として、ブランド名とロゴが明快で一貫性があるか、そして価値あるエクイティを生み出したかという点に関して見直すこととした。**図10-5**は、1999年に存在した独自ブランド名とロゴを持つ8つのブランド群

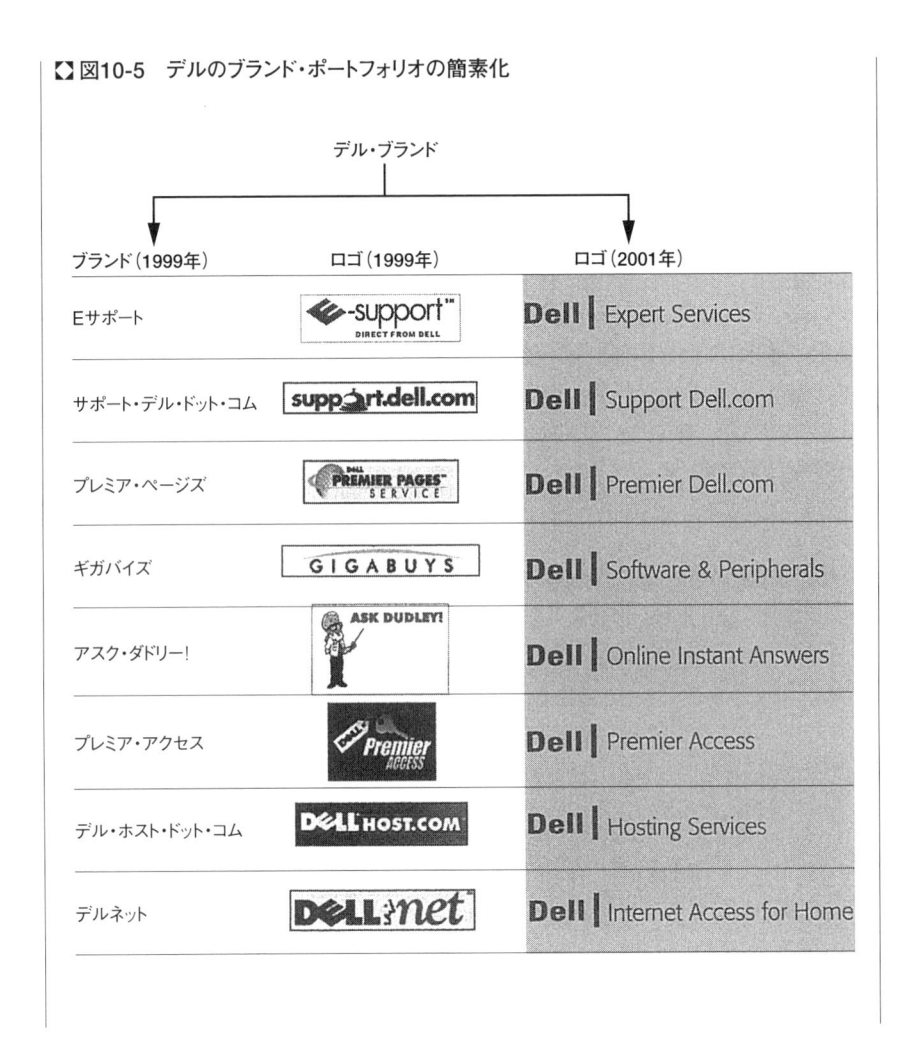

図10-5　デルのブランド・ポートフォリオの簡素化

ブランド(1999年)	ロゴ(1999年)	ロゴ(2001年)
Eサポート	E-support DIRECT FROM DELL	Dell | Expert Services
サポート・デル・ドット・コム	support.dell.com	Dell | Support Dell.com
プレミア・ページズ	DELL PREMIER PAGES SERVICE	Dell | Premier Dell.com
ギガバイズ	GIGABUYS	Dell | Software & Peripherals
アスク・ダドリー!	ASK DUDLEY!	Dell | Online Instant Answers
プレミア・アクセス	Premier ACCESS	Dell | Premier Access
デル・ホスト・ドット・コム	DELLHOST.COM	Dell | Hosting Services
デルネット	DELL net	Dell | Internet Access for Home

デル・ブランド

を示している。これらのブランドの多く（たとえば「ギガバイズ」「Eサポート」「デルネット」など）は、ユーザーにおいてでさえ驚くほど知名度が低かった。そのうえ、ブランドを知っている人でも、それをデルのブランドとは知らず、また、ブランドの意味合いについて混乱しているという人の割合は高かった。そのほか、「プレミア・アクセス」などのブランドは、ロゴの絵柄がデルの製品ラインにまったく適合していなかった。2001年までに、すべてのブランド

名とロゴが、デルの文字と青い線、製品を表すディスクリプターからなるシンプルで一貫性のあるスタイルに置き換えられた。明確さだけでなく、製品ラインとして一貫性のあるビジュアルを呈示したことによって、結果的にデル・ブランドの地位は高まり、強化された。

　製品やサービスについて正確に記述するディスクリプターの価値の1つは、過剰な約束をしてしまうリスクを減らすことである。たとえば、デルがIBMと競争する際、特に提供されるサービスの範囲がしばしば限定される。法人向けを表す漠然としたブランド名（「デル・ソリューション」など）では、デルの提供範囲がIBMの範囲と同じであることを示唆してしまうだろう。記述的なブランドの使用は、顧客の期待をマネジメントできるほか、コミュニケーションとポジショニングの課題も軽減する。デルはこの考え方に従い、企業向けストレージ製品「デル－EMC」を明確に共同ブランド化することで、ブランド名そのもので価値提案を行った。

　製品ブランドの構築を目的としたディスクリプターの創造は、必ずしも容易ではない。その課題は、第4章で論じた関連性の問題（ディスクリプターは顧客の求めるものを表しているか）に関係する。業界は、折に触れてノート型パソコンやサーバーといったカテゴリ・ブランドを生み出してきた。非常に明確なディスクリプター（「カスタム・ファクトリー・インテグレーション」など）もあれば、そうでないものもある。たとえば、デルは、付属部品に関して、ソフトウエアや周辺機器ほど顧客に説明がされていないことに気がついた。この答えも、顧客の問題や必要性に応じるカテゴリを特定することである。

ブランド合理化の限界

　ブランドの数は少ないほどよく、最善の構造は単一のブランド、なかでもコーポレート・ブランド（マスター・ブランド戦略としても知られる）である──この見解は、必ずしも正しいとはいえない。問題はそれほど簡単ではないのである。

　マスター・ブランドの役割を正しく把握するために、第2章、第4章、第7章、第8章でも触れたが、1つのブランドをあまりに多くの製品に拡張した場合にそのブランドを傷つけるのはなぜか、その理由を検討してみよう。総体的

に見て、比較的顕著な理由は次のようなものである。

- マスター・ブランドは、必要な信頼性や真実性に欠けているかもしれない。ブラック・アンド・デッカーの電動工具はプロの大工には信用がなかった。この問題の解決のため、新ブランド「デウォルト」が必要とされた。
- 1つのセグメントや用途に向けたブランド開発が価値を生み出すためには、1つの分離されたブランドが必要となる。たとえば、P&Gのヘッド・アンド・ショルダーやパンテーンなどのブランドは、単独ブランドであるため、妥協のないイメージをつくり上げた。
- 同様に、ニッチ・ブランドに伝統があり、ロイヤルティのある顧客を持つ場合、そのエクイティをコーポレート・ブランドに移行させることは難しい。ある名声を持ったプライベート・バンキング分野のブランドは、大手投資銀行に買収されると次第に衰え始め、ブランドを失い、そして顧客関係が薄れていった。
- マスター・ブランドが、製品に受け入れられないなんらかの意味を内包する場合がある。たとえば、クロロックスのコーポレート・ブランドは、「ヒドゥン・バレー・ドレッシング」のような同社の食品に使用することは不可能である。また、フォードは、会社色や伝統色が強すぎ、いくつかの顧客セグメントには適用が難しい。
- ブランドの拡張が明確なイメージを散漫にし、ブランド・エクイティを低下させてしまうことがある。ブランドの訴求力の一部が、製品クラスの連想、または製品クラスのある一面における卓越性に基づく場合、特にそうである。

実際は、製品や市場など全般にわたって事業を推進するにあたり、マスター・ブランド使用の選択肢はいくつかある。第2章で述べたように、マスター・ブランドはエンドーサー・ブランドとしての活用や、サブブランドを伴った活用などができ、これらの選択肢は常に検討されなければならない。特に、選択肢の1つとして、マスター・ブランドを連結ブランド・ネームとして活用することが挙げられる（たとえば、「シティモーゲージ」や「シティバンキング」など、シティグループに連結した名前）。さまざまなブランドは別々の分野を有

するが、この方法によってマスター・ブランドがすべてのブランドを覆う、目に見える傘としての役割を担うことができる。

　戦略担当者が常に念頭におかなければならないことは、目標が、カギとなる市場において将来的な事業戦略を支援する強力なブランドを持つことであり、そのブランドを効果的で効率的なブランド構築プログラムによって補強するということである。この目標は、全製品に同一ブランドを持つことで強化されるとは必ずしも限らない。重要なのは、ブランドが顧客にとってどのような意味を持ち、そして、より大きな役割を担うため、どう進化または変化していくかである。

多すぎる製品種類：決断力の低下

　ブランド・ポートフォリオの目標の中に、レバレッジ効果と明確さがある。製品ライン拡張は、これら2つの目標の達成を助ける重要な手段となる。製品ライン拡張とは、同ブランド名のもとでの同じ製品クラスの中の別バージョンを指す。新しい特性、フレーバー、素材、サービス・パッケージ、包装、大きさなどが、すべてその例である。製品ライン拡張の積極的な活用は、ブランドがより多くの分野で作用することにつながるため、ブランドのレバレッジ効果を強化する。しかし、製品ライン拡張は、同時に多くの選択肢をつくるため、混乱や不満を生み、拡張の目的が達成できないという結果に終わることもある。

　製品ライン拡張を正しく維持するためには、拡張の使用に対し、主要な戦略的かつ戦術的な論理的根拠を考慮することが有効である。それには、以下のような内容が挙げられる。

- **ブランドの活性化**：第5章で述べたように、製品ライン拡張により、ニュース価値や話題が生まれ、ブランドを再活性化することができる。「グレード・エア・フレッシュナーズ」は、スプレー・タイプから始まり、その後固形タイプ（芳香性が持続するタイプ）、クリック・タイプ（自動車用）、そしてさまざまなしゃれたパッケージを加えていった。

- **多様性の付与**：ヘルシー・チョイスの冷凍食品の新製品は、顧客の食習慣を変化させつつ、ブランドに対するロイヤルティを維持している。ニュー・クラブメッド・リゾートは、顧客がバラエティに富んだ休暇を楽しめるようにしている。
- **顧客基盤の拡張**：チェリオスは、甘みのついたシリアルを好む客層をつかむため、ハニー・ナッツ・チェリオスの投入をはじめとする、多くの種類に拡張された。オープンカーやチューブ・タイプのマーガリン、便利な立地にある小型ファーストフード・レストランなどは、新しい顧客をこのブランドに引き寄せることができる。
- **競合他社の封じ込めと抑制**：競合他社は、あるブランドが拡張しないことによって生じる製品ラインの穴を利用してくることがある。製品ライン拡張は、たとえ利益がほとんど上がらない場合でも、自社ブランドにロイヤルティを持つ顧客基盤に他社が参入するのを防ぐという意味を持つ。消費財の場合、製品ライン拡張は陳列スペースの拡大につながるため、競合他社を抑制することができる。

　個々の製品ライン拡張は、初めは正当化することができるものの、結果として生まれるポートフォリオが全体としてマネジメント不可能なものとなってしまうことがしばしば起きる。拡張しても、売上高が期待よりも少ない場合もあれば、顧客を引き止めるために必ずしも必要でない場合もある。結果、高コストな製品ラインとなり、企業の利益が損なわれることになる。こうした状況は、その製品を販売中止にすれば容易に改善できるというわけではない。なぜなら、その製品はすでにロイヤルティを持った顧客を手にしてしまっているからである。

　しかし、さらに始末が悪いのは、購入者にとって選択肢が多すぎるということであろう。スティーブン・クリストルとピーター・シーリーは、その優れた著書『シンプリシティ・マーケティング』（原題：*Simplicity Marketing*）の中で、1970年と1999年を比較した驚くべき統計を示している[5]。それによると、平均的なスーパーマーケットにおける個別商品の品目数である在庫管理単位（SKU）が、1970年には8000点だったのに対し、1999年には3万7000点を超え

◘ 図10-6　スーパーマーケットにおける散乱

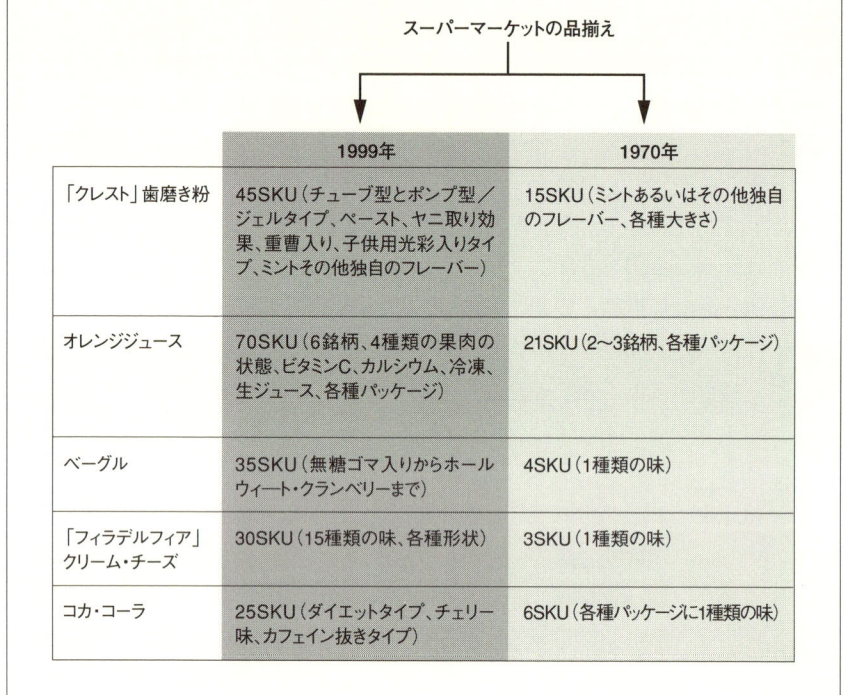

スーパーマーケットの品揃え

	1999年	1970年
「クレスト」歯磨き粉	45SKU（チューブ型とポンプ型／ジェルタイプ、ペースト、ヤニ取り効果、重曹入り、子供用光彩入りタイプ、ミントその他独自のフレーバー）	15SKU（ミントあるいはその他独自のフレーバー、各種大きさ）
オレンジジュース	70SKU（6銘柄、4種類の果肉の状態、ビタミンC、カルシウム、冷凍、生ジュース、各種パッケージ）	21SKU（2～3銘柄、各種パッケージ）
ベーグル	35SKU（無糖ゴマ入りからホールウィート・クランベリーまで）	4SKU（1種類の味）
「フィラデルフィア」クリーム・チーズ	30SKU（15種類の味、各種形状）	3SKU（1種類の味）
コカ・コーラ	25SKU（ダイエットタイプ、チェリー味、カフェイン抜きタイプ）	6SKU（各種パッケージに1種類の味）

ていた。さらに、オレンジジュース、ベーグル、フィラデルフィア・クリームチーズ、クレストの歯磨き粉、コカ・コーラといった品目を買うだけでも、1970年には41だった選択肢が、1999年には200を超えている。図10－6はその詳細を示している。

　これはスーパーマーケットだけの現象ではない。乗用車のモデル数も圧倒的な数である。アメリカ市場では、45ほどの主要車種が200を超えるブランドを擁しているうえに、塗装の色から始まり、娯楽装備、ナビゲーション・システム等、数々のオプションがある。カメラはもっと始末が悪い。35ミリに加え、デジタルの選択肢があり、そしてスピード、フォーカス、サイズ、赤目防止機

能等、その多様さに戸惑うことが多い。たとえば、オリンパス製品には「35ミリ・ポイント・アンド・シュート」「35ミリSLR」「アドバンスド・フォト・システムズ（APS）」がある。ここまではよいが、ポイント・アンド・シュートには「スタイラス」「スタイラス・デラックス」「アキュラ」「トリップ・シリーズ」とあり、これらを本当に区別する方法はないであろう。

◆選択肢の単純化による明確さの創造

　どうすれば、顧客の不満をやわらげ、明確さを創造するようなブランド・ポートフォリオを再構築できるだろうか。1つの方法は、単純に選択肢を減らすことである。しかし、これは危険と痛みを伴うように見えるだろう。なぜなら、特に競合他社が潜在する場合、たとえ若干であっても売上高を犠牲にすることは、耐え難いことだからだ。しかし、市場シェアの低下が避けられないかというと、必ずしもそうではない。特に長期的には、効率性が向上し、より効果的なブランド構築につながる。そのうえ、過剰な製品ラインの拡張は、顧客のパーセプションに悪影響を及ぼすおそれがある。コンピュータ業界のある研究によると、市場シェアは製品ライン拡張と確かな関係にあるわけではないことがわかった[6]。

　もう1つの方法は、さまざまな属性を、限定された数の選択肢にまとめてしまうことである。選択肢のくくりは、顧客の混乱と不満を軽減し、その結果、価値を付加する。あらかじめ決められた選択肢を提案することにより、調査や決定のプロセスから顧客を解放することができる。

　これに関する古典的な事例は、輸入車のアメリカ市場への参入である。1960年代後半から1970年代前半、日本車とドイツ車がアメリカ市場に参入した際の成功要因の1つが選択の容易さであった。トヨタやホンダの購入者は、何十という選択肢から選び、そして注文どおりの車が出来上がるのを待つのでなく、およそ車体の色以外は、スタンダードかデラックスかを選べばよいだけだった。オプションとアクセサリーは、パッケージ化されていた。選択肢の総数を数千から10前後にすることで、選ぶ過程はずっと楽になり、顧客がおじけることもなくなった。さらに、このことが購入者の関心をオプションからよ

り根本的な品質や性能の問題へと駆り立て、当時の輸入車にプラスに働いた。数々のオプションは、実際にはそれほど重要なものでなく、逆に納品に悪影響を及ぼしていたのである。

このような方法をとった事例は、ほかにもいくつかある。

- 1998年、アップルは、ひどく混乱した複雑なコンピュータ市場にiMacコンピュータを投入した。キャッチフレーズは、そのシンプルさを表す「1つの選択。1つの箱。1つの値段。1299ドル。」というものだった。このコンピュータは、CPU（通常、他のほとんどのコンピュータではモニターと別になっていた）と、モニター、キーボード、ネットワーク・カード、モデム、そしてスピーカーが1つにまとめられていた。さらに、アップルの有名なソフトウエアと一緒にそのまま持ち帰ると、すぐに使用できるようになっていた。アップルは、このiMacのおかげで苦境から脱することができた。
- コルゲート・トータルは、クレストが長年君臨してきた歯磨き粉市場で大きく躍進した。「トータル」というサブブランドは、いくつかの特性を1つのブランドにまとめたものである。歯磨き粉は、たくさんの製品ラインの拡張が可能な分野である。これは、図10－6に示すとおりだが、スーパーマーケットをざっと眺めてみてもわかるだろう。
- ヘルシー・チョイス・ブランドは、重要な宣伝広告の役割を果たしている。ほとんどの食品カテゴリは、低塩、低脂肪、低飽和脂肪、低糖分、そしてタンパク質強化に関する情報と製品で溢れている。このため、顧客は、5つかそれ以上の記述的サブブランドがついたブランドを検討しなければならない。ヘルシー・チョイスはこうした手間をすべて省いてくれる。それは、特定の栄養面で具体的にどのように優れているかについては触れず、常識的な範囲でおいしさの維持といった制約を受けながらも、製品が比較的健康によいものであることを伝えている。ほとんどの顧客にとって、それはまさに求めていることであり、顧客は細かいことには妥協したい気持ちがあるのだ。
- ワン・ア・デイというビタミン剤のブランド名は、非常に複雑なカテゴリにおいて、すべてを語っている。研究や理論に没頭する専門家も、ビタミンの最善のブレンドについては混乱しているようである。ワン・ア・デイのブレ

ンドは総合的には最適でないかもしれないが、購入者の希望にほぼ近いため、いろいろと調べる必要性を感じなくてすむ。もちろん、いまではワン・ア・デイでさえいくつかの種類（女性用、50歳以上向けなど）があるが、これらの中から選ぶほうが、個々のビタミンについて調べるよりも簡単だろう。
● フィデリティ・ファンド・ファミリーのスター製品であるマゼラン・ファンドは、フィデリティのさまざまな商品（フィデリティ・スモール・キャップ、フィデリティ・ラージ・キャップ・グロースなど）を選り分ける代行をしてくれる。マゼランには明確な哲学と実績があり、それが株式投資に関する分析や心配事の多くを軽減してくれる。

◆製品ラインの拡張を制御する際の問題点

　製品ライン拡張の問題を考慮する際、どのくらいを多すぎるといえばよいのだろうか。どのくらいのライン数が最適なのだろうか。どのようにすれば過度な拡張を避けられるだろうか。そして、どのようにして縮小するのだろうか。これらの疑問に答えるのは簡単でないが、以下の質問と関連事項を考えることが役に立つだろう。

１．個々のライン拡張の経済性はどうか
　限界収益が限界費用をカバーできているか。最終的には、売上高と利益の少ないライン拡張は、他に保持すべき特段の理由がない限り、削除対象とする。
　将来的な売上げの成長がカギであるが、通常は財務資料を見れば基本的な答えが出てくる。直近の販売動向は今後の予想に関連してくるが、売上高を左右する顧客と市場のダイナミックな変化を理解することほど重要なことはない。また、事業コストを予想し、原材料であれ技術であれ、コスト要因を認識しておくことも必要である。

２．製品ラインの適切な幅はどれくらいか──どれくらいで顧客に製品ラインの幅が広すぎると認識されてしまうか
　顧客はより完全な品揃えを好むこともある。この場合、製品ラインが縮小さ

れると、そのブランドの魅力が薄れることになる。たとえば、冷凍食品では、品揃えが豊富な「スワンソンズ」がより多く好まれるかもしれない。もし、選択の幅が限られると、スワンソンズの訴求力は低下するだろう。同じように、業務用工具の購入者がフルライン・ブランドを求める場合、完全なソリューションを提供するブランドを求めるであろう。品揃えが少なければ、購入者が競合ブランドへと向かう理由となりうる。

　問題は、何をもって完全な製品ラインというかだ。どのような品揃えが重視され、またそれが欠けているとラインに欠陥があるということになるのか。この分析は、2つの理由から困難だといえる。1つ目は、それに対する答えは固定的でないという点である。なぜなら、競合他社が品揃えを変える可能性があり、そうなると「完全な」という認識が変わる。たとえば、「バンケット」からの新しい夕食商品は、スワンソンズの製品ラインに対する見方を変えるかもしれない。同様に、ノコギリやドリルのメーカーが、「道具の完全な品揃え」という定義を広げる可能性を持ったいくつかのサイズを考えつくかもしれない。2つ目は、市場の専門家や顧客でさえ、「完全な品揃え」というものを定義するのは難しいという点である。製品ラインが縮小されると、市場圧力がかかる場合もあるが、ブランドが、完全な品揃えを持たない供給者と判断されてしまう一線がどこであるのかを判定するのは常に難しい。

3．製品ライン拡張で対処すべき競合の脅威があるか

　競合他社は、新規参入やポジショニングの改善のために、製品ラインにあるすき間を利用しようとしているか、あるいはその能力があるか。製品ライン拡張によって示されるニッチ分野は、その市場において、成長可能なポジションを支持するのに十分なだけの関連性があるか。たとえば、製品ライン拡張が、新しいポジションの土台となれるだけの属性やセグメントを示すものならば、拡張を見送るリスクは大きくなる。もし、ニッチ分野の規模が本当に小さく、停滞した市場セグメントであれば、拡張を見送る危険性はずっと小さくなる。

4．ライン拡張が活力の爆発を生む役割を完了したら撤退すべきか

　メーカーのなかには、運動靴（ナイキ）、シリアル（ゼネラル・ミルズ）、アイ

スクリーム（ドライヤーズ）、日本のビール（キリン）、ペットフード（ピュリナ）のように、戦略的日和見主義という事業戦略をとっている企業もある。これは、新たに出現しつつある用途や市場トレンドを利用するために、ライン拡張を行うものである。この場合、ライン拡張の期間は最初から限定されており、いずれ撤退される。その目的は、活力と話題性を創造することである。このような戦略は、ライン拡張の1つの見方とマネジメント方法になりうる。

5．顧客は選択プロセスで、どれほど混乱しており、また不満を抱いているのか

顧客は選択肢を理解しているか。また透明性のある情報によって、望ましい選択が簡単に見つかるか。あるいは、顧客は不満を抱いていて、他ブランドに移ったり、いらついたりしていることはないか。

この問題に対処するには、通常、顧客調査が必要である。顧客がブランド選択の構造を理解しているかを調べることが1つの方法である。その構造は、論理的で理解できると認識されているか。たとえば、歯磨き粉は、一連の明確な記述的なサブブランド（ミント、ヤニ取り、ホワイトニングなど）を持っていることから、顧客は、少なくとも選択肢を理解できる。選択の構造が明確なだけでなく、有用だと認識されているかを調べるという方法もある。さらに、企業が幅広い製品ラインを持つことによって、リーダーやイノベーターであると見られているのか、あるいは単に貪欲で焦点の定まらない企業だと見られているのかを調べるという方法もある。

6．製品ラインの幅広さの問題をブランディングによって解決できるか

市場のほとんどを満足させることができるため、複雑さも軽減できている「コルゲート・トータル」のようなブランドはほかにあるだろうか。

戦略的ブランド統合

ニッチ分野での機会をとらえるため、そしてブランド・プラットフォームを構築するために、ブランドやサブブランド、そして製品ラインを増やすのは自

然の心理である。しかし、不幸なことに、足すことは減らすことよりもやさしい。目的を失った、あるいは発展する見込みのないブランドやライン拡張は、その削減や段階的な撤退、その役割の軽減、あるいは他ブランドや製品との結合といった手を打たなければならない。

　しかし、組織というものは、本能的にブランドが問題に陥ると、それを好転させることによって解決しようとする。さらには、痛みを伴わない選択肢として、見て見ぬ振りをすることもある。ブランドの将来がどんなに暗いものであっても、そのブランドのマネジメント裁量権を持っている人は、そのブランドが廃止の対象となることに抵抗する可能性が高い。このような組織の歪みに対して、自ら進んで挑もうとする「ブランド廃止チャンピオン」は滅多にいない。

　これらのことから、2つの示唆が得られる。1つ目は、新しいブランドやサブブランドの製品ライン拡張は、それらが本当に正当化できるときに限って加えられなければならない。まずは「サンセット条項」のようなルール、あるいはどのような条件がブランドやライン拡張の削減、またはその役割の軽減の決定を促すべきかについて、合意を得ておく必要がある。それが実行されるタイミングは、ブランドが事業を支えられなくなったとき、あるいはブランドの導入目的となったトレンドやプロモーションが終了し、目的がなくなったときだろう。

　2つ目は、周期的にブランド・ファミリーのなかのブランドや製品ライン拡張を細かく調べ、その役割や実績を評価するのが健全であるということだ。弱いブランド、もはや戦略に適合しないブランド、芳しくないライン拡張は、ポートフォリオから削減する候補とすべきである。

　これらのブランドは、段階的な廃止や役割の軽減、売却、別分野で必要となるまでの保管のいずれかとなる。結果、より健全で焦点の定まったブランド・ポートフォリオとなるだろう。

◆学習のための問題

1. あなたの会社のブランド・ポートフォリオのなかの下位ブランドに対し、戦略的なブランド統合の演習をしてください。どのような評価基準を使うべきですか。どのようにブランドをくくりますか。その結果をどう解釈しますか。どのような変化が必要とされていますか。
2. あなたの会社の製品やサービスのブランドとサブブランドを、重要なエクイティを持っているかという観点から評価してください。そのなかでディスクリプターに変更可能なものはありますか。
3. 顧客の観点から、あなたの会社の製品やサービスを評価してください。混乱はありませんか。あるとすれば、なぜですか。どのようにすれば明確にできますか。

エピローグ：
ブランド・ポートフォリオ戦略——20の要点

1．ブランド構築資源の配分

　ブランド構築資源は、ポートフォリオにおけるブランドの役割に応じて配分されるべきであり、現在の売上げや利益に基づいて行われるべきではない。将来のパワー・ブランド、基点ブランド、そしてシルバーブレット・ブランドにも適切に資源を配分しなければならない。

2．サブブランドと保証付ブランドの役割の理解

　サブブランドは、マスター・ブランドからいくらかの距離をおくことができ、保証付ブランドはさらに遠く、新ブランドは最も距離をおくことが可能である。そこで問題となるのは、どれくらいの距離が望ましいかという点である。この問題を考えるにあたり、以下3つの問いに答える必要がある。既存ブランドは製品やサービスを強化するか。逆に、製品やサービスがブランドを強化するか。新ブランドの創造を促す説得力ある理由はあるか。

3．ブランド・ポートフォリオ戦略と事業戦略やブランド戦略との連結

　ブランド・ポートフォリオ戦略のみを単独で取り上げ、理解したり修正したりすることはできない。ブランド・ポートフォリオ戦略は、事業戦略やブランド戦略に密接に関係しているからである。事業戦略は、製品市場の成長の方向や、企業の競争力の源泉である価値提案、優位性を築くための資産を示す。そして、ブランド戦略は、ブランド・アイデンティティとポートフォリオにおけるブランドのポジショニングを含み、ブランドがどのような役割を果たすことが可能であり、また、担うべきであるかということに影響を与

える。

4．ポートフォリオの目的の考慮

ブランド・ポートフォリオ戦略は、ポートフォリオのシナジー、レバレッジ効果、明確さを強化しているかという点や、関連性を持ち、差別化され、活性化されたブランドを創造しているかという点から定期的に評価するべきである。これは、ポートフォリオ戦略の監査を伴って行うことが可能であり、それによってポートフォリオの選択肢や問題点を浮き彫りにできる。

5．関連性の重要性

ブランドは関連性を獲得し、維持することが必要である。そうでなければ、どれだけ差別化や顧客ロイヤルティがあっても意味をなさない。関連性とは、1つの製品カテゴリやサブカテゴリごとにブランドを考慮し、ブランドが、その製品カテゴリやサブカテゴリにおいて必要とされるかについて明確にすることである。たとえば、SUVが欲しい人にとっては、よいミニバンをつくっているとの評判があったとしても、それは関係のないことである。

6．トレンド対応型企業戦略とトレンド牽引型企業の戦略の相違

トレンド対応型企業は、トレンドの感知と評価、ブランド範囲の調整、そしてサブブランドや保証付ブランド、新ブランドの使用によって適応しつつ、関連性を維持している。トレンドの感知には、一時的な流行や話題性と実体を区別することも伴う。一方、トレンド牽引型企業は、新しい製品カテゴリやサブカテゴリを生み出し、その定義や商標をマネジメントするが、そのためには適切な製品やサービスを適切なタイミングでつくり、適切な資源でそれを支援しなければならない。

7．ブランド差別化要素による強力なブランド・ポジションの形成

差別化はブランドという列車を動かすエンジンだが、成熟した市場においてそれを獲得し、維持することは難しい。それに対する1つの方策は、ブランド差別化要素を利用することである。積極的にマネジメントされているブ

ランド化特徴、ブランド化成分、ブランド化サービス、または長期的に製品やサービスに有意義な差別化ポイントを生み出すブランド化プログラムなどが、このブランド差別化要素に該当する。たとえば、心地よい眠りの提供が求められるホテルのベッドに実質的な改良を施した「ヘブンリー・ベッド」は、ウェスティン・ホテルにとってブランド差別化要素となる。

8．ブランド活性化要素がブランドに与える恩恵

このことは、すでに確立しているものの著しく精彩を欠き、疲弊したブランドに特に当てはまる。ブランド活性化要素とは、ブランド化製品、ブランド化プロモーション、ブランド化スポンサーシップ活動、ブランド化シンボル、ブランド化プログラム、またはその他ブランドが持つ連想によってターゲット・ブランドを著しく強化する要因のことである。ブランド活性化要素は、企業が統制することもあれば（たとえばピルズベリーの「ドゥボーイ」）、他の組織が統制することもある（ワールドカップ）。いずれの場合においても、ターゲット・ブランドと活性化要素の連携を、長期にわたり積極的にマネジメントする必要がある。

9．自社ポートフォリオの一部としての社外ブランド

ブランド提携の利用によって、新興の市場トレンドに迅速かつ力強く反応でき、ブランド拡張へのリスクの軽減が可能となるほか、ブランド構築費用の分担へとつなげることができる。ブランド提携のパートナーは、お互いのブランドや組織能力と補完的に高め合う連想を持っている必要がある。ここでの重要なポイントは、ブランド提携のパートナーは自社ブランド・ポートフォリオの一部分であり、その役割とポートフォリオにおける他ブランドとの関係をマネジメントする必要があるということである。

10．ブランド提携における長期的視野と支援的プログラムの必要性

成功へとつながるブランド提携は、通常、提携の影響力を十分活用するためのプログラムが用意されている。さらに、提携は長期的関係となる傾向があるため、ブランド提携と組織的経験に基づくエクイティが長年にわたり活

用できる。しかし、提携の強化は、パートナーを失望させるリスクも大きくすることを意味する。

11. 強力なブランドの活用

　成長のための選択肢の1つに、強力なブランドを拡張し、活用する方法がある。そして、拡張の機会がそのブランドに適しており、そのブランドの連想や顧客基盤を通して価値を付加できることが条件となる。また、拡張は、ブランドに知名度、連想、活力、成長分野への参入機会、広告宣伝の効力をもたらすことによって、ブランドを強化するものでなければならない。ブランドは、エンドーサーやマスター・ブランドとしても活用することができる。エンドーサーとしての活用は、製品やサービスに信頼性を付加し、ブランドの持つ連想と知名度による恩恵を与えることができる。

12. プラットフォーム・ブランドの構築

　場当たり的なブランド拡張の実施よりも、ブランドの最終的な姿や展開可能な連想、そして計画的な拡張プログラムを視野に入れたブランド・プラットホームの構築のほうが、戦略的には望ましい。

13. 超高級品分野でのポートフォリオの活用

　利益と製品の活力を得るために超高級品市場への参入を試みるブランドは、十分な信頼性と自己表現便益を欠いていることが多い。こうした問題は、低価格帯からのブランド排除、垂直方向での機能に向けた再ポジショニング、サブブランドの使用、新ブランドの創造などによって対処できる。

14. 低価格品市場参入への考慮

　販売量と成長を得るため、低価格品市場への参入を試みるブランドは、製品やサービスの失敗とブランドの損傷という2つのリスクを抱える。この危険は、サブブランドや保証付ブランドの活用による低価格製品と他製品との分離、もしくは他製品市場への投入などによって減らすことができる。しかし、状況によっては、ブランドそのものを低価格ブランドとして再ポジショ

ニングする、または新ブランドの創造が最善の選択肢となるだろう。

15. コーポレート・ブランドの活用
　コーポレート・ブランドは、組織の伝統、資産と能力、人材、価値観、市民性、そして業績などを擁することのできる独特な存在であるため、強力なマスター・ブランドまたはエンドーサーとなりうる。製品は競合製品と似ることもありうるが、組織はほとんどの場合異なる。したがって、コーポレート・ブランドは差別化の源泉となる可能性を秘めている。コーポレート・ブランドは、顧客にとって何か意味のあることを象徴する場合が最も効果的である。単に大きい、または成功しているというだけでは十分ではない。

16. コーポレート・ブランドの積極的マネジメント
　コーポレート・ブランドは、本質的に大きく重々しいものであり、通常、多くの分権化された事業グループによって利用される。したがって、コーポレート・ブランドの積極的なマネジメントには、関連性の維持、マイナス・イメージの回避、異なる文脈におけるブランドのマネジメント、そしてブランド・アイデンティティの創造といった課題への対処が必要となるだろう。

17. 新しい名前に対する錯覚
　新しい名前は必ずしも解決策とはなりえない。「名前の変更そのもので連想も変わる」「好ましい連想を持ちつつグローバルに通用する新しい名前を見つけることができる」「理にかなった予算のもとにブランド・エクイティを新しい名前に移転できる」という3つの錯覚に陥ってはならない。

18. ブランド構築資源の集中
　たとえば、マイクロソフトの目標は、すべての望ましい市場をカバーし、競争するために必要な最小限かつ最強のブランドの構築に向けて投資することである。企業にとって必要のない新ブランドを追加することに反対し、必要のなくなった既存ブランドをポートフォリオから除去することを規律化するべきである。

19. 弱いブランドの削除、もしくは役割の軽減

　たとえ輝かしい実績のあるブランドやサブブランドでも、すでに脆弱である場合は、ディスクリプターとしての使用や削除を考慮するべきである。そのブランドがエクイティを創造している、あるいは、愛好者がいるという錯覚でマネジメントしてはならない。

20. 製品やサービスの明確さの創造

　製品やサービスが、顧客と従業員の両者にとって明確であるようにする。もし混乱があれば、それは現在のポートフォリオ戦略がうまく機能していないことのシグナルである。

訳者あとがき

　本書は、デービッド・A・アーカー（David A. Aaker）著 *Brand Portfolio Strategy*（Free Press, 2004）の翻訳書である。翻訳にあたっては、日本の読者に馴染みのない事例等に関して編集を施し、訳注も設けた。また、事例部分を中心に小見出しなどを加えたり、アメリカ市場のローカルなブランドに対して簡単な説明を補ったりすることによって、できるだけ読みやすいものにすることを心がけた。

　「まえがき」にもあるとおり、本書は『ブランド・エクイティ戦略』（*Managing Brand Equity*, Free Press, 1991）、『ブランド優位の戦略』（*Building Strong Brands*, Free Press, 1996）、『ブランド・リーダーシップ』（*Brand Leadership*, Free Press, 2000）に続く、アーカー教授のブランド・マネジメントに関する第4作目の著書となる。

　前作『ブランド・リーダーシップ』が、アーカー教授の「ブランド構築とマネジメントに関する3部作の完結編」と位置づけられるのに対して、本書は、それまでの理論を基礎におきながらも、これまでとは視点の異なる、新しい展開を見せている。

　戦略論において、企業の戦略が個々の事業での競争優位性の創出に焦点を当てる事業戦略と、複数事業を手がける企業の全体最適に焦点を当てる全社戦略に明確に分けられている。同様にブランド戦略においても、個々のブランドの戦略と、企業がマネジメントすべき全ブランドを1つのポートフォリオとしてとらえた場合のポートフォリオ戦略は、その視点が明確に異なる。アーカー教授のこれまでの議論においては、主にブランド・アイデンティティの開発と展開を中心とするブランド戦略に焦点が当てられており、それは企業戦略のうち

の「事業戦略」に対応していた。それに対して本書は、「全社戦略」に対応するブランド・ポートフォリオ戦略に焦点を当てているのである。

本書では、より効果的なブランド・ポートフォリオ戦略のためのカギとなる概念が精緻化され、ポートフォリオ・マネジメントの包括的な枠組みが提示されている。そして、ポートフォリオ・マネジメントで目指すべき主な事柄として、シナジーの追求、レバレッジ効果の達成、関連性の創出、差別化や活性化をもたらす強いブランドの構築、そしてポートフォリオの明確さ、が挙げられている。

シナジーの追求は、事業ポートフォリオの戦略でも基本中の基本であり、ブランド・ポートフォリオについても同様である。レバレッジ効果の達成は、企業の最大の無形資産であるブランドを、いかに効率よく構築し、効果的に活用するかという問題であり、全ブランドをポートフォリオとしてとらえることによって、ブランド単位では見えにくい洞察を得ることができる。また、企業が持つすべてのブランドを等しく強力にすることは現実的ではない。他ブランドにも差別化や活性化をもたらすことのできるブランドをポートフォリオのなかから戦略的に選び、資源を効果的に傾斜配分していくことの有効性が本書で示唆される。そして、近視眼的な経営判断の弊害として多くの企業に見受けられる、ブランドの乱立からポートフォリオを守り、その焦点と明確さをいかに維持するかが議論される。

こうした議論は、これまでのブランド論ではあまり扱われてこなかったものばかりである。とりわけ関連性という概念は、アーカー教授のこれまでの著書にはまったく見られなかった新しいもので、経営学のなかではブランドに独特の概念といえるのではないかと思う。アーカー教授が本書の執筆を始められた頃から、この概念について訳者はさまざまな意見交換をさせていただく機会に恵まれたが、拙著『ブランド戦略シナリオ』（ダイヤモンド社、2002年）で紹介した「コンテクストのマネジメント」という考え方や事例なども参考にしていただけたようである。もちろん訳者も、アーカー教授とのやり取りのなかで、さまざまな洞察をいただいた。

この概念のポイントは、ブランドを起点として想起される連想よりも、顧客のニーズを起点とした連想のネットワークにブランドがいかにリンクされてい

るかが重要な問題だということである。あるニーズからの連想として、顧客に真っ先に想起されるような、関連性の高い製品カテゴリ（もしくはサブカテゴリ）を支配するブランドを持つことによって、ポートフォリオ全体が活気づく。そのため、関連性の創出や維持は、企業にとってきわめて重要な戦略的課題である。

　コーポレート・ブランドや製品ブランド、サービス・ブランドや成分ブランドといった、さまざまなブランドを考えたとき、ブランドを1つしか持っていないという企業は、滅多にないだろう。通常は、複数のブランド間で限られた資源を分け合い、最大限の効果を望んでいる。しかし、満足のいくかたちで、ブランド・ポートフォリオをマネジメントできている企業はどれだけあるだろうか。全体最適を追求するためには、戦略的思考が不可欠である。なんとなくやっていたのでは、満足のいく結果は望めない。「日々、一心不乱にモノづくりをしていて、ふと気づいたらお客様に評価される価値あるブランドができていました」という話は時おり耳にするが、「日々、一所懸命にその日の業務をこなしていて、ふと気づいたらシナジーがあってレバレッジの効いた、明確でわかりやすいブランド・ポートフォリオができていました」という話は、いまだかつて聞いたことがない。

　「製造や品質管理といったオペレーションには長けているものの、戦略的意思決定には極端に弱い」というのが、内外を問わず、いまだに日本企業に対する一般的な認識なのかもしれないが、これでは効果的なブランド・ポートフォリオ戦略の策定やその実行はおぼつかない。本書を日本の読者のみなさんにご紹介することによって日本企業の間に、ブランド・マネジメントの分野でも、より戦略的な思考が促進されることを期待したい。

　それにしても、前作『ブランド・リーダーシップ』からわずか4年にして、再びこれだけの大著を書き上げたアーカー教授の変わらぬ集中力と生産性の高さ、そしてブランド・マネジメントに対するなみなみならぬ情熱には、ただただ脱帽するばかりである。アーカー教授は前作の執筆を終えられた頃、カリフォルニア大学バークレー校の教授職を引退されたが（現在は名誉教授）、ブランド研究者としてはまだまだ現役である。わが師の今後のさらなるご活躍をお祈りするとともに、訳者自身としても身の引き締まる思いである。

最後に、本書の出版にあたって協力をしてくださった方々に御礼の言葉を贈りたい。まず、日本語版への序文でアーカー教授も述べているように、電通ブランド・コンサルティング室の方々には、さまざまなかたちでご支援をいただいた。また、アーカー教授が副会長を務めるプロフェット社の日本代表である坂手康志氏をはじめ、東京オフィスのスタッフの方々には、現場で実務に携わるコンサルタントの立場から貴重なアドバイスをいただいた。さらに、翻訳にあたって、大友修一氏、一橋大学大学院国際企業戦略研究科先端マーケティング研究センター準備室の天野美穂子氏、共同研究室の坂田晃子氏、大学院ゼミの鈴木智子君、そして学部ゼミの岩渕寛太郎君と中武直美君にお手伝いいただいた。記して感謝したい。最後に、ダイヤモンド社の岩佐文夫氏には、本書の企画立案から最後の仕上げまで、なみなみならぬご支援をいただいた。岩佐氏とは、アーカー教授の前作の翻訳のときからの長いお付き合いで、本当に頼りになる編集者である。心より御礼申しあげたい。

2005年6月

訳者　阿久津　聡

原注

第1章

1） 本節の一部は、Jim Prost's Teacher's Manual for David Aaker, *Strategic Market Management*, New York, John Wiley & Sons, 2000.所収のデイビッド・A．アーカー著「The Intel Case」、2000年、2001年、2002年のインテル社の年次報告書、および同社のホームページを基にしている。才気ある戦略家スーザン・ロックライズとインテル社のトッド・ピータース、ロンダ・ウォーカーにはコメントをいただいた。感謝したい。もちろん、本節の内容に関する責任は筆者が負うものである。
2） Katrina Brooker, "The UnCEO," *Fortune*, September 16, 2002, pp. 88-96.
3） Sam Hill and Chris Lederer, *The Infinite Asset*, Boston: Harvard Business School Press, 2001.

第2章

1） この点に関する出所は以下のとおり――ディズニー社のウェブサイト、同社年次報告書（1999年、2000年、2001年、2002年）、Michael C. Rukstad and David Collis, "The Walt Disney Company : The Entertainment King", Harvard Business School case 9-701-035;Bill Capodagli and Lynn Jackson, *The Disney Way*, New York:McGraw-Hill Book Company, 1999（邦訳『ディズニー方式が会社を変える』弓場隆氏訳、PHP研究所、2002年）;Tom Connellan, *Inside the Magic Kingdom*, Austin, TX : Bard Press,1997.
2） *Business Week*, August 5, 2002.
3） John Saunders and Fo Guoqun, "Dual Branding. How Corporate Names Add Value," *Journal of Product and Brand Management*, Vol. 6, No. 1,1997, pp. 40-47.
4） Berry Khermouch, "Call It the Pepsi Blue Generation," *Business Week*, February 3, 2003, p.96.
5） サムスンのグローバル・マーケティング・マネジャー、エリック・キム氏とのインタビューによる（2003年4月）。

第3章

1） 本節は以下の資料に基づいている――マイクロソフト社のウェブサイト、同社年次報告書（1999年、2000年、2001年、2002年）、Jim Frederick, "Microsoft's $40 Billion Bet," *Money*, May 2002, pp.66-80; Daniel Ichbiah and Susan L. Knepper, *The Making of Microsoft*, Rocklin, CA : Prima, 1991（邦訳『マ

イクロソフト―ソフトウェア帝国誕生の奇跡』、椋田直子訳、アスキー、1992年）;Michael A. Cusumano and Richard W. Selby, *Microsoft Secrets*, New York : Simon & Schuster, 1995（邦訳『マイクロソフト・シークレット』〈上下巻〉山岡洋一訳、日本経済新聞社、1996年）.

2）日経ＢＰ社が日本のおよそ1200のブランドについて実施した年次調査（2001年、2002年）による。

3）ハイテク市場調査会社のテクテルの追跡調査がこの分極化の動きをまとめている。テクテルのデータベースの説明については、Techtel.com を参照。

4）本節の情報は、シティグループのウェブサイト、およびシティグループとシティコープの年次報告書（1999年度から2002年度）を参考にしている。

5）David A. Aaker, *Developing Business Strategies* (7th ed.), New York: The Free Press, 2004（6th edの邦訳は『戦略立案ハンドブック』今枝昌宏訳、東洋経済新報社、2002年）.

6）Scott M. Davis and Michael Dunn, *Building the Brand-Driven Business*, San Francisco: Jossey-Bass, 2002, p. 41（邦訳『ブランド価値を高めるコンタクト・ポイント戦略』電通ブランド・クリエーション・センター訳、ダイヤモンド社、2004年）.

7）Spenser E. Ante, "The New Blue," *Business Week*, March 17, 2003, pp. 79-88.

8）ブランド・アイデンティティとポジションの詳細については、David A. Aaker, *Building Strong Brands*, New York: The Free Press, 1996（邦訳『ブランド優位の戦略』陶山計介、小林哲、梅本春夫、石垣智徳訳、ダイヤモンド社、1997年）、および David A. Aaker and Erich Joachimsthaler, *Brand Leadership*, New York: The Free Press, 2000（邦訳『ブランド・リーダーシップ』阿久津聡訳、ダイヤモンド社、2000年）を参照。

第4章

1）本節は、関連ブランドのウェブサイトからの情報を基にしている。有用なコメントをくれたパワーバー社のシンディ・バラーに感謝したい。

2）Sonia Reyes, "Muscling In: Clif Bar Pumps First TV; Eyes Athletes, Noshers on the Run," *Brandweek*, December 4, 2000, p.7.

3）Stephanie Thompson, "Yoplait's Revenge Is Portable Yogurt That Kids Slurp Up," *Advertising Age*, September 12, 2000, p. 28.

4）シーベル社のウェブサイト（2003年）より。

5）Juliet E. Johansson, Chandru Krishnamurthy, and Henry E. Schlissberg, "Solving the Solutions Problem," *McKinsey Quarterly*, No. 3, 2003, pp. 117-125.

6）Andy Serwer, "Why Handheld Cereal Is So Hot," *Fortune*, October 14, 2002, p. 48.

7）Howard Schultz, *Pour Your Heart Into It*, New York: Hyperion, 1997, pp. 118-120（邦訳『スターバックス成功物語』小幡照雄訳、日経BP社、1998年）.

8）アサヒビールのウェブサイト（2003年）より。

9）Pallavi Gogoi and Michael Arndt, "Hamburger Hell," *Business Week*, March 3, 2003, pp. 104-108.

10）David Grainger, "Can McDonald's Cook Again?" *Fortune*, April 14, 2003, pp. 120-129.

11）本節の情報は、John Gorham, "Charles Schwab, Version 4.0," *Forbes*; January 8, 2001, pp. 89-94、およびシュワブの年次報告書（2000年度、2001年度、2002年度）とウェブサイトを参考にしている。

12）Mita Sujan, "Consumer Knowledge: Effects on Evaluation Strategies Mediating Consumer Judgments," *Journal of Consumer Research*, June 1985, pp. 31-46.

13）James Daly, "Sage Advice --- Interview with Peter Drucker," *Business 2.0*, August 22, 2000, pp. 134-

144.
14）Louis V. Gerstner Jr., *Who Says Elephants Can't Dance?* New York: HarperBusiness, 2002, p.271（邦訳『巨象も踊る』山岡洋一、高遠裕子訳、日本経済新聞社、2002年）。
15）この問題に関する議論を深めるために、David A. Aaker, *Developing Business Strategies* (6th ed.), New York: Wiley & Sons, 2001, Chapter 8（邦訳『戦略立案ハンドブック』今枝昌宏訳、東洋経済新報社、2002年）を参照。

第5章

1）Humphrey Taylor, "Sony Retains Number One Position in the Harris Poll Annual 'Best Brand' Survey for Third Year in a Row," Harris Poll, July 2002.
2）デイビッド・A．アーカーと片平秀貴氏による出井伸之CEO（当時）に対するインタビュー（1998年3月）より。
3）Eryn Brown, "Sony's Big Bazooka," *Fortune*, December 30, 2002, p. 114.
4）Kenneth Hein, "When Is Enough Enough?" *Brandweek*, December 2, 2002, p. 27.
5）Scott M. Davis and Michael Dunn, *Building the Brand-Driven Business*, San Francisco: Jossey-Bass, 2002, p. 36（邦訳『ブランド価値を高めるコンタクト・ポイント戦略』電通ブランド・クリエーション・センター訳、ダイヤモンド社、2004年）。
6）2003年3月31日終了年度のソニーの財務諸表より。
7）スチュワート・アグリスのスタンフォード大学での講演（2001年3月）より。
8）Todd Wasserman, "Canon Touts 'Digic' as Digital Camera's Best Friend," *Brandweek*, May 12, 2003, p. 12.
9）Jack Neff, "Pampers," *Advertising Age*, August 16, 2001, p. S4.
10）Gregory S. Carpenter, Rashi Glazer, and Kent Nakamoto, "Meaningful Brands from Meaningless Differentiation: The Dependence on Irrelevant Attributes," *Journal of Marketing Research*, August 1994, pp. 339-350.
11）"Tiny Targets," *Advertising Age*, January 21, 2002, p. 14.
12）Barry Khermouch, "Call It the Pepsi Blue Generation," *Business Week*, February 3, 2003, p. 96.
13）Jack Neff, "P&G Cosmetics Save Face," *Advertising Age*, April 15, 2002, pp. 1, 43.
14）Norihiko Shirouzu, "This Is Not Your Father's Toyota," *Wall Street Journal*, March 26, 2002, p. B1.
15）Robert Hanson, "Angostura's Past Helps Revive Bitters," *Adweek's Marketing Week*, May 23, 1988, pp. 53-55.

第6章

1）本章についての情報は、2003年のエディー・バウアーとフォードのウェブサイト、および以下を参考にしている。Steve Gelsi, "A Marryin' Mood," *Brandweek*, September 2, 1994, pp.24-28.
2）Judann Pollak and Pat Sloan, "ANA: Remember Consumers," *Ad Age*, October 14, 1996, p. 20.
3）Akshay R. Rao and Robert W. Ruekert, "Brand Alliances as Signals of Product Quality," *Sloan Management Review*, Fall 1992, p. 90.
4）Paul F. Nunes, Stephen F. Dull, and Patrick D. Lynch, "When Two Brands Are Better Than One,"

Outlook, 2003, Number 1, pp. 11-23.
 5) Bernard L. Simonin and Julie A. Ruth, "Is a Company Known by the Company It Keeps? Assessing the Spillover Effects of Brand Alliances on Consumer Brand Attitudes," *Journal of Marketing Research*, February 1998, pp. 30-42.
 6) Kalpesh Kaushik Desai and Kevin Lane Keller, "The Effects of Ingredient Branding Strategies on Host Brand Extendability," *Journal of Marketing*, January 2002, pp. 73-93.
 7) Kevin Lane Keller, *Strategic Brand Management* (2nd ed.), Saddle River, NJ: Prentice-Hall, 2003, p. 317 (邦訳『ケラーの戦略的ブランディング』早稲田大学訳、東急エージェンシー、2003年).
 8) James Crimmins and Martin Horn, "Sponsorship: From Management Ego Trip to Marketing Success," *Journal of Advertising Research*, July-August 1996, pp. 11-21.
 9) 同上。
 10) Ed Garsten, "Youthful Buyers Wanting Rendezvous with Buick," Associated Press, July 23, 2002.
 11) Rachel Miller, "Sales Promotion," Haymarket Publishing Services, February 3, 2000, p. 1.
 12) "Lifestyle Brands Get Smarter," *Brand Strategy*, July 26, 2002, p. 26.

第7章

 1) 本節に関する情報は、Julian E. Barnes, "The Making (Or Possible Breaking) of a Megabrand", *New York Times*, July 22, 2001, Business section, P.1; Times & Trend, Information Resources, June, 2002、2003年のダヴとユニリーバのウェブサイト、"Unilever to Expand Two Billion Dollar Global Dove Brand with Launch of Dove Hair Care in North America," *Business Wire*, January 28, 2003; and Lavel Wentz, "On the Wings of Dove, Exec Extends Reach,"*Advertising Age*, June 2, 2003.
 2) David C. Court, Mark G. Leiter, and Mark A. Loch, "Brand Leverage," *McKinsey Quarterly*, 1999, No. 2, pp. 100-110.
 3) Gillian Oakenfull, Edward Blair, Betsy Gelb, and Peter Dacin, "Measuring Brand Meaning," *Journal of Advertising Research*, September/October, 2000, pp. 43-53.
 4) Adapted from Figure 3 in Edward M. Tauber, "Brand Franchise Extension: New Product Benefits from Existing Brand Names," *Business Horizons, 47*, March-April 1981, pp. 36-41.
 5) David A. Aaker and Kevin Lane Keller, "Consumer Evaluations of Brand Extensions," *Journal of Marketing, 54*, January 1990, pp. 27-41.
 6) Paul A. Bottomley and Stephen J. S. Holden, "Do We Really Know How Consumers Evaluate Brand Extensions? Empirical Generalizations Based on Secondary Analysis of Eight Studies," *Journal of Marketing Research*, November 2001, pp. 494-500.
 7) Aaker and Keller の前掲書。
 8) Bottomley and Holden の前掲書。
 9) Susan M. Broniarczyk and Joseph W. Alba, "The Importance of the Brand in Brand Extension," *Journal of Marketing Research*, May 1994, pp. 214-228.
 10) Aaker and Keller の前掲書。
 11) Sandra J. Milberg, C. Whan Park, and Michael S. McCarty, "Managing Negative Feedback Effects Associated with Brand Extensions: The Impact of Alternative Branding Strategies," *Journal of Consumer Psychology*, 6 (2), 1997, 119-140.
 12) Richard R. Klink and Daniel C. Smith, "Threats to the External Validity of Brand Extension Research,"

Journal of Marketing Research, August 2001, pp. 326-335.

13）Mary Sullivan, "Measuring Image Spillovers in Umbrella Branded Products," *Journal of Business*, July 1990, pp. 309-329.

14）Al Ries and Jack Trout, *Positioning: The Battle for Your Mind*, New York: McGraw-Hill, 1985（邦訳『ポジショニング』島村和恵訳、電通、1987年）.

15）Al Ries and Laura Ries, *The 22 immutable Laws of Branding*, New York: HarperBusiness, 1998, p. 9（邦訳『ブランディング22の法則』片平秀貴訳、東急エージェンシー、1997年）.

16）Peter A. Dacin and Daniel C. Smith, "The Effect of Brand Portfolio Characteristics on Consumer Evaluations of Brand Extensions," *Journal of Marketing Research*, June 1994.

第8章

1）本節の情報は、GEのウェブサイト、Mark Yost, "General Electric Income up 20%", *Courier Journal*, April 12, 2003, P. 1fを参考にしている。

2）本節の情報は、マリオットとホリデー・インの各ウェブサイトを参考にしている。

3）Carol M. Motley and Srinivas K. Reddy, "Moving Up or Moving Down: An Investigation of Repositioning Strategies," Working Paper 93-363, College of Business Administration, University of Georgia, 1993.

4）Johan Arndt, "Role of Product Related Conversation in the Diffusion of a New Product," *Journal of Marketing Research*, 3 (August), 291-295.

5）David Aaker and Kevin Lane Keller, "The Effects of Sequential Introduction of Brand Extensions," *Journal of Marketing Research*, February 1992, pp. 35-50.

6）Barbara Loken and Deborah Roedder John, "Diluting Brand Beliefs: When Do Brand Extensions Have a Negative Impact?" *Journal of Marketing*, July 1993, pp. 71-84.

7）David A. Aaker and Stephen Markey, "The Effects of Subbrand Names on the Core Brand," Working Paper, University of California, Berkeley, 1994.

8）Gregory L. White and Shirley Leung, "Middle Market Shrinks As Americans Migrate Toward the High End," *Wall Street Journal*, March 29, 2002, p. 1.

9）Peter H. Farquhar, Julia Y. Han, Paul M. Herr, and Yuji Ijiri, "Strategies for Leveraging Master Brands," *Marketing Research*, September 1992, pp.3-10.

10）Sandra Dolbow, "Luxury Loves Company," *Brandweek*, October 8, 2001, pp. 39-40.

第9章

1）本節に関する情報は、デル社の2000年度、2001年度、2003年度の各年次報告書と下記を参考にしている。"Dell Online", HBS Case 596-058, "Matching Dell", HBS Case 9-799-158; Andy Serwer, "Dell Does Dominating," *Fortune*, January 21, 2002, p.71; Brad Stond, "Dell's New Toy," *Newsweek*, November 18, 2002.デル社グローバル・ブランド・チームとのインタビュー（2003年4月）も参考にした。デル社グローバル・ブランド・マネジャーのScott Helbing氏にお礼を申し上げたい。

2）デルのブランド担当チームに対するインタビュー（2003年4月）とデルのウェブサイトより。

3）私信による（1997年）。

4）本節の情報は、Julia Kirby, "Jim Kelly of UPS: Reinvention with Respect," *Harvard Business Review*, November 2001, pp. 116-123（邦訳「伝統的大企業の知られざる自己変革」『DIAMONDハーバード・ビジネス・レビュー』2002年2月号）、およびUPSのウェブサイト（2003年）を参考にしている。

5）David A. Aaker and Bob Jacobson, "The Strategic Role of Product Quality," *Journal of Marketing*, October 1987, pp. 31-44; David A. Aaker and Bob Jacobson, "The Financial Information Content of Perceived Quality," *Journal of Marketing Research*, May 1994, pp. 191-201; and linking attitude to stock return, David A. Aaker and Bob Jacobson, "The Value Relevance of Brand Attitude in High Technology Markets," *Journal of Marketing Research*, November 2001, pp. 485-493.

6）"Esso ― Should the Tiger Change Its Stripes?" *Reputation Impact*, October 2002, p. 16.

7）ベリゾン、クロロックス、およびゼネラル・ミルズの各プログラムは、Halo Awards, Cause Marketing Forum, Supplement to *Advertising Age*, July 28, 2003.に掲載されている。

8）Ed Keller, "To Regain Trust, Faking Won't Do," *Advertising Age*, February 24, 2003, p. 28.

9）Pamela Kalafut, Jonathan Low, and Jonathan Robinson, *Measures That Matter*, New York: Ernst & Young, 1997.

10）本節の情報は、*Kraft Food & Family*, 2003 の出版社のウェブサイト Redwoodcc.com を参考にしている。

11）HSBC USAのCEO、Youssef A. Nasrのスタンフォード大学における「Winning Globally」コンファレンス（2002年1月23日）での講演、およびHSBCのウェブサイトより。

第10章

1）本章に関する情報は、ユニリーバの2000年度、2001年度、2002年度の年次報告書と下記を参考にした。J. Rothenberg and J. Wilhelm, "HPC NA Mass Business Review Analyst Presentation," November 14, 2002、ユニリーバ社ウェブサイト、Matthew Arnord," Unilever Names Brands for Growth," Haymarket Publishing Services, February 21, 2002.

2）Jack Neff, "Unilever Culls Surf, Folds Brand into All," *Advertising Age* October 14, 2002, p. 13.

3）Alan Clendenning, "Unilever to Sell 15 North American Brands, Including Mazola and Argo," Associated Press, May 31, 2001.

4）本節の情報はフォードとBMWの各ウェブサイトを参考にしている。

5）Steven Cristol and Peter Sealey, *Simplicity Marketing ― End Brand Complexity, Clutter and Confusion*, New York: Simon & Schuster, 1999（邦訳『シンプリシティ・マーケティング』藤江俊彦訳、ダイヤモンド社、2002年）.

6）Barry L. Bayus and William P. Putsis, Jr., "Product Proliferation: Empirical Analysis of Product Line Determinants and Market Outcomes," *Marketing Science*, 18 (2), 1999.

索引

英数字

3M ... 19, 24, 68, 72, 103, 112
A1 ... 156
AHP（アメリカン・ホーム・プロダクツ）... 360
AOL ... 129
AT&T ... 117, 185
AT&Tワイヤレス ... 195
Bic ... 261, 265
BMW ... 316, 371
BP ... 341, 360
CBSテレビ ... 66
DDBニーダム ... 224
DEC ... 123, 142
GE ... 24, 54, 56, 61, 78, 81, 112, 218, 259, 287, 337, 342, 345
GEアプライアンス ... 56, 287
GEバルブ ... 69
GEプロファイル ... 287
GEモノグラム ... 288
GM ... 64, 136, 273, 373
GMパイパワー ... 22
GTE ... 361
HMO ... 180
HP ... 13, 33, 38, 71, 112, 254, 262, 265, 274, 337
HSBC ... 362
IBM ... 30, 38, 55, 83, 103, 112, 117, 136, 150, 156, 172, 249, 260, 261, 265
IBMシンクパッド ... 58
IBMビジネス・コンサルティング ... 363
iMac ... 227, 398
iPod ... 190
KNBR ... 74
LLビーン ... 149, 337
MS-DOSブランド ... 84
MSN ... 88
mライフ ... 195, 221
NFL ... 22
P&G ... 13, 28, 54, 61, 112, 190, 242, 284
――のブランド戦略 ... 63
PTクルーザー ... 190, 273
「TT」スポーツカー ... 190
UBS ... 112
UPS ... 331
VAIO ... 167, 328
VFコーポレーション ... 274
VISA ... 13, 261
VISAカード ... 49, 223

あ

アーカー，デービッド・A. ... 259, 263, 304, 306
アーム・アンド・ハンマー ... 265
アームストロング，ランス ... 128
アイアコッカ，リー ... 194
アイワ ... 319
アウディ ... 24, 190, 270
アウディTT ... 73, 221
アウディ・クアトロ ... 270
アキュラ ... 322
アクセンチュア ... 363
アグリス，スチュワート ... 174
アサヒスーパードライ ... 140, 150
アサヒビール ... 150
新しいブランド ... 271
――の構築 ... 257, 322

──の戦略	258	強力な──	72
アップル	84, 188, 190, 265, 398	示唆的──	69, 126
アディダス	77, 140	シャドウ・──	65, 167, 312, 335
アディダス・ストリートボール・チャレンジ	192, 221	──の役割	356
アバクロンビー・アンド・フィッチ	188	オーフォト	72
アマゾン	103, 184, 208, 261	オーラルB	210
アメリカン・エキスプレス	22, 180, 260	オスカーメイヤー・ウィンナーモービル	221
アメリカン航空	208	オフィス	20, 31, 87
アルトリア	361	オブセッション	67
アルバ，ジョセフ・W.	263	親ブランド	92, 306
アルント，ヨハン	300	オリンピック	223

か

ガースナー，ルイス	103, 159, 172
カーター，デニス	3
拡張顧客調査	251
ガケンフル，ジリアン	251
傘ブランド	20, 87, 111, 358
価値観	338
価値提案	100, 102, 104, 281
カテゴリ・ラベル	156
カルバン・クライン	67, 280
カレラ	20
ガロ	312, 318
環境問題	341
関与	224
関連性	130, 160, 175, 406
──の維持	349
──の創造と維持	41
ブランド──	100, 258
基点ブランド	27, 110, 382
機能的便益	63, 189, 351
キャタピラー	61
キャッシュカウ・ブランド	31, 105, 110
ギャップ	103, 151, 309
キャデラック	25
キヤノン	61, 119, 178
キャンベル	31, 72, 117
競合	98
共同ブランド	22, 111, 202, 321
クアーズ	320
グッチ	268
クライスラー	29, 190, 194
クラフト	77, 262, 357

アレッシ	321
アンクル・ベンズ	316
イーベイ	49, 141, 151
出井伸之	164
イノベーション	312, 338
インターブランド	46
インテル	3, 75, 135, 254
「インテル，入ってる！」	4, 135
インフィニティ	322
ヴァージン	61, 76, 77, 78, 188, 249, 277, 303, 316, 345
ヴァージン・ヴィー	76
ヴァージン航空	262
ヴァセリン	252
ウイリアムズ，セリーナ	29
ウィリアムズ・ソノマ	344
ウィンドウズ	84, 89
ウェイト・ウォッチャーズ	249
ウェーブ・ラジオ	190
ウェスティン・ホテル	174
ウェルズ・ファーゴ	251, 337, 343, 363, 387
ウェルチ，ジャック	342
ウェンディーズ	147, 206
ウォークマン	31, 58
ウォルト・ディズニー	46
ウォルマート	103, 337
ウッズ，タイガー	22, 36, 225, 266
英国航空	261
エイボン	261
エイボン・ブレスト・キャンサー・クルセード	221
エッソ	341
エディー・バウアー	201
エドワーズ，T・スコット	167
エブリデイ・ロープライス	298
エリクソン	207
エンドーサー（ブランド）	19, 40, 55, 70, 89, 246, 335

——のブランド戦略	359	
クラフト・キッチン	22, 182	
クリアコールド	219	
グリーム	64	
グリーンピース	341	
クリスタル，スティーブン	395	
クリネックス	156	
クリンク，リチャード	264	
グレイブス，マイケル	227, 320	
クレスト	54, 190, 258	
グローブ，アンディ	3	
クロロックス	253, 342, 349, 356	
ゲイツ，ビル	83, 89, 194, 221, 338	
ケラー，ケビン・レーン	218, 259, 263, 304	
ケレハー，ハーブ	194	
ケロッグ	260	
考慮集合	132, 135	
ゴーグルト	137	
コートヤード・バイ・マリオット	58, 291	
コーポレート・ブランド	18, 313, 328, 336, 409	
——の価値	388	
——の活用	119	
コールマン	314	
コーンフレーク	265	
コカ・コーラ	13, 30	
顧客	97	
——の選択過程	132	
——への関心	339	
コスト優位性	295	
コダック	72, 77, 209, 349	
個別ブランド戦略	59, 61, 81, 255	
コルゲート	34	
コルゲート・オーラル・ケア	34	
コルゲート・トータル	398	
コンタディーナ	388	

さ

サイオン	191	
再認	135	
サイモン＆シュスター	66	
サウスウエスト航空	188, 339	
サターン	64, 136, 151, 261	
ザ・ノース・フェイス・パーカー	21	
サブブランド	20, 56, 74, 110, 160, 165, 168, 250, 306, 328, 390, 405	
セカンドレベルの——	20, 58	
——の役割	319	
サブブランド戦略	59	
サムスン	79, 223	
サムソナイト	261, 318	
サラ・リー	361	
サンノゼ市	29	
シアーズ貯蓄銀行	261	
シアーズ・ローバック	185	
シーベル	138, 151	
シーリー，ピーター	395	
ジェイコブソン，ボブ	342	
ジェームズ，レブロン	36	
シェブロン・テキサコ	364	
シェル	341	
事業		
——業績	104	
——戦略	12, 99, 153, 281, 405	
——の強さ	380	
——分野	281	
事業定義ブランド	157	
自己表現便益	66, 262, 268, 313	
資産	337	
戦略——	100, 103, 281	
ブランド——	104, 160	
——の活用	40	
市場		
——機会	100, 294	
高級品	290	
超高級品	310, 311	
低価格品	297	
——知識	112	
——動向	98	
——トレンド	141	
——要因とダイナミクス	96	
シスコ・エアロネット	21	
資生堂	337	
持続的競争優位	182	
ジップロック・サンドイッチ・バッグ	21	
シティグループ	90, 103, 107	
——のブランド・ポートフォリオ	91	
——のブランド・ポートフォリオ戦略	94	
シティコープ	90	
シティバンク	90	
シナジー	78	

市民性	341
シモニン、ベルナルド・L.	211
シャーパー・イメージ	262
ジャガー	103, 262
ジャック・ダニエル	276
ジャンヌリ、モッシモ	320
シュリッツ	302
シュルンベルジェ	346, 389
情緒的便益	66, 107
ジョーダン、マイケル	36
ジョブズ、スティーブ	194
ジョンソン・エンド・ジョンソン	54, 103
ジョン・ディア	38, 117, 185, 298
ジョン、デボラ・ローダー	305
シルバーブレット（ブランド）	30, 110, 189, 198, 320, 382
ジレット	25, 75, 279, 300
ジレット・グッドニュース	307
ジレット・マッハ3	317
シンガポール航空	337
シンクパッド	30, 38
人材	338
信用	259
信頼性	262, 265
信頼性の有効範囲	100, 294
垂直的拡張	40, 294
スウォッチ	235, 265
スジャン、ミタ	156
スターバックス	139, 151
スナップル	160
スニッカーズ	124
スヌーピー	228
スプリングヒル・スイート	291
スポンサーシップ活動	222
ブランド化——	192
スミス、ダニエル	264, 282
スミス・バーニー	93
製品カテゴリやサブカテゴリのラベル	155
製品市場の範囲	99, 100
製品定義の役割	15, 19, 23, 111, 189
製品ブランド	20, 56, 68, 336
製品ラインの拡張	399
成分ブランド	215
独占できない——	219
セインズベリー	306
セーフウェイ	386
セグメント化	98
ゼネラル・エレクトリック→GE	
ゼネラル・ミルズ	19, 55, 210, 341
ゼネラルモータース→GM	
セレスチャル・シーズニングス	76
ゼロックス	129, 156, 349
先行者優位	215
センサー	75
選択肢の単純化	397
戦略的適合性	381
戦略的日和見主義	401
戦略的ブランド統合	401
——プロセス	378
戦略ブランド	26, 85, 95, 101, 110
ソービー	140, 151
組織能力	100, 294, 313
組織ブランド	55, 68, 336
組織文化	53
ソニー	13, 46, 58, 112, 134, 163, 198, 207, 250, 260, 265, 283, 303, 316, 339, 350
——のブランドとサブブランド	169
——のブランド・ポートフォリオ	164
ソニー・エリクソン	207

た

ターゲット	227, 320
ターゲット・ブランド	29, 197, 229
タイド	63, 103, 179
ダイムラー・クライスラー	364
タイレノール	278
ダヴ	241, 249, 278
ダッシュ	63
タッチストーン	53
ダットサン	362
ダナ・キャラン	98
タブ・クリア	30
ダン、マイケル	100
チアー	21, 63
チェリオス	19
知覚品質	131, 259, 339
チャールズ・シュワブ	151
デイシン、ピーター	282
ディスクリプター	20, 56, 249, 390
ディズニー	45, 164, 206, 254

──の組織	52
──のブランド拡張	48
──のブランド・ポートフォリオ戦略	53
ディズニー，ウォルト	48, 52
ディズニーランド	46
デイビス，スコット	100
テクストロン	13
テクテル	135, 167
テサ	156
デサイ，カルベッシュ・カウシック	218
デュポン	72
デュラセル・デュラビーム	261
デル	76, 112, 115, 136, 303, 316, 327, 339, 390
デル，マイケル	327, 338
デルモンテ	76
伝統	337
トイザらス	208
東京ディズニーシー	46
東京ディズニーランド	48
東芝	24, 61, 77, 185, 260
到達度	224
ドール	265
得意分野への専心	161
ドッカーズ	73
トヨタ	35, 57, 64, 66, 136, 151, 191, 322
トヨタ・カローラ	20, 54, 57
ドライバー	
共同──	75
主要──	58
──の役割	20, 57, 61, 75, 334
──・ブランド	57, 246
ドライヤーズ	227
トラウト，ジャック	275
ドラッカー，ピーター	159
トラベラーズ・グループ	90
トラベラーズ・ライフ・アンド・アニュイティ	93
トリックス・ヨープレイト	210
ドレイヤーズ・アイスクリーム	69
トレンド軽視型企業	141
トレンド牽引型企業	150, 155, 406
トレンド対応型企業	143, 155, 406

な

ナイキ	28, 33, 36, 77, 151, 190, 266, 337
ナイキ・エアー	36
ナイキ・タウン	36
ニコロデオン	66
日経BPコンサルティング	45, 163
日産（自動車）	189, 322, 362
日本	89
日本市場	229
ニベア	278
ニューマンズ・オウン	249
認知	258
ネスレ	68, 69, 70, 112, 115, 284, 382, 388
ネットスケープ	72
ネットワーク・モデル	36
ノーウェスト銀行	387
ノードストローム	339

は

バーガーキング	146
バークシャー・ハザウェイ	335
ハーシーズ	58, 236, 261
バート・シンプソン	228
ハーバード大学	61
ハーレーダビッドソン	103
バイアコム	66, 335
ハインツ	218
ハインツ・EZスクイート	186, 227
「墓場」ブランド	135, 185
バドワイザー	29, 193, 345
バナメックス	93
バフェット，ウォーレン	335
パラマウント・ピクチャーズ	66, 72
バランス	125
ハリス・ポール	163
バルボリン	222
パルミザーノ，サム	103
パワーバー	124, 151
パワー・ブランド	245
現在の──	27
将来の──	27
範囲ブランド	248, 280
エンドーサー──	283
──・プラットフォーム	248, 278
バンク・オブ・アメリカ	13, 117
パンテーン	63, 272

パンパース ‥‥‥‥‥‥‥‥‥‥‥‥ 181
ビートル ‥‥‥‥‥‥‥‥‥‥‥‥‥ 189
ピエール・カルダン ‥‥‥‥‥‥‥‥ 262
ビジネスウィーク ‥‥‥‥‥‥‥‥‥ 46
ビジネスモデル ‥‥‥‥‥‥‥‥‥‥ 276
非助成再生 ‥‥‥‥‥‥‥‥‥‥‥‥ 135
日立製作所 ‥‥‥‥‥‥‥‥‥‥‥‥ 350
ビュイック ‥‥‥‥‥‥‥‥‥‥‥‥ 225
ビューソニック ‥‥‥‥‥‥‥‥‥‥ 72
ヒューレット・パッカード→HP
ヒル, サム ‥‥‥‥‥‥‥‥‥‥‥‥ 36
ピルズベリー ‥‥‥‥‥‥ 29, 185, 193, 260
ピルズベリー・ドウボーイ ‥‥‥‥‥ 221
ヒルトンHオーナーズ ‥‥‥‥‥‥‥ 22
ヒルトン・リワード ‥‥‥‥‥‥‥‥ 27
品質 ‥‥‥‥‥‥‥‥‥‥‥‥‥‥‥ 312
ファーストフード市場 ‥‥‥‥‥‥‥ 144
フィッシャー・プライス ‥‥‥‥‥‥ 270
フィデリティ・ファンド ‥‥‥‥‥‥ 399
ブイトーニ ‥‥‥‥‥‥‥‥‥‥‥‥ 388
フィリップス ‥‥‥‥‥‥‥‥‥‥‥ 321
フーバー ‥‥‥‥‥‥‥‥‥‥‥‥‥ 156
プーマ ‥‥‥‥‥‥‥‥‥‥‥‥‥‥ 29
フェアフィールド・イン・バイ・マリオット ‥ 291
フォード ‥‥‥‥‥‥‥‥ 22, 142, 202, 370
　　──のブランド・ポートフォリオ ‥‥‥ 371
フォード, ウィリアム・クレイ ‥‥‥‥ 194
フォード・エクスプローラー・エディー・バウアー ‥ 201
フォード・ギャラクシー ‥‥‥‥‥‥ 139
フォルクスワーゲン ‥‥‥‥‥‥‥‥ 230
　　──・グループ ‥‥‥‥‥‥‥‥ 270
プライメリカ ‥‥‥‥‥‥‥‥‥‥‥ 93
ブラウン ‥‥‥‥‥‥‥‥‥‥‥‥‥ 210
ブラウン・オーラルB ‥‥‥‥‥‥‥ 210
プラダ ‥‥‥‥‥‥‥‥‥‥‥‥‥‥ 309
ブラック・アンド・デッカー ‥‥ 73, 258, 322
プラットフォーム・ブランド ‥‥‥ 374, 408
ブラベック, ピーター ‥‥‥‥‥‥‥ 382
フランカー・ブランド ‥‥‥‥ 30, 110, 382
ブランソン, リチャード ‥‥‥‥ 76, 194, 338
ブランディングの選択肢 ‥‥‥‥‥‥ 381
ブランド
　　──拡張 ‥‥‥‥‥ 49, 170, 210, 245, 275
　　──選好 ‥‥‥‥‥‥‥‥‥‥‥ 132
　　──想起 ‥‥‥‥‥‥‥‥‥‥‥ 134
　　──知識 ‥‥‥‥‥‥‥‥‥‥‥ 112

　　──に明確な役割 ‥‥‥‥‥‥‥ 12
　　──の強化 ‥‥‥‥‥‥‥‥‥‥ 312
　　──の視覚的表現 ‥‥‥‥‥‥‥ 115
　　──の適合性 ‥‥‥‥‥‥‥‥‥ 262
　　──の優先順位 ‥‥‥‥‥‥‥‥ 380
　　──配置 ‥‥‥‥‥‥‥‥‥‥‥ 32
　　──範囲 ‥‥‥‥‥‥ 15, 24, 110, 165
　　──・グループ化 ‥‥‥‥‥‥‥ 32
　　──・プラットフォーム ‥‥‥ 248, 368
　　──名 ‥‥‥‥‥‥‥‥‥‥‥‥ 259
　　──・ロイヤルティ ‥‥‥‥‥ 262, 293
ブランド・アイデンティティ ‥‥ 80, 106, 164, 196, 231, 266, 280, 354
ブランド・アセット・バリュエーター（BAV）‥‥ 173
ブランド・イメージ ‥‥‥‥‥‥ 267, 289
ブランド・エクイティ ‥‥ 45, 105, 106, 107, 256, 266, 380
ブランド・エッセンス ‥‥‥‥‥ 106, 316
ブランド化
　　──CEO ‥‥‥‥‥‥‥‥‥‥‥ 194
　　──サービス ‥‥‥ 21, 174, 179, 197, 214, 331
　　──シンボル ‥‥‥‥‥‥‥‥‥ 192
　　──成分 ‥‥‥‥‥‥ 21, 174, 178, 214
　　──属性 ‥‥‥‥‥‥‥‥‥‥‥ 183
　　──特徴 ‥‥‥‥‥ 21, 104, 174, 176, 214
　　──プログラム ‥‥ 22, 170, 174, 181, 193, 214
　　──プロモーション ‥‥‥‥‥‥ 191
用途のブランド化 ‥‥‥‥‥‥‥‥‥ 194
ブランド階層ツリー ‥‥‥‥‥‥‥‥ 33
ブランド活性化要素 ‥‥ 28, 50, 109, 110, 166, 185, 188, 196, 331, 407
社外── ‥‥‥‥‥‥‥‥‥‥‥‥‥ 221
ブランド関係チャート ‥‥‥ 59, 60, 250, 255
ブランド構築
　　戦術的── ‥‥‥‥‥‥‥‥‥‥ 230
　　──資源の配分 ‥‥‥‥‥‥ 172, 405
ブランド差別化要素 ‥‥ 21, 47, 109, 111, 117, 174, 188, 196, 245, 317, 406
社外── ‥‥‥‥‥‥‥‥‥‥‥ 213, 214
ブランド戦略 ‥‥‥‥‥‥‥‥‥ 297, 405
　　カテゴリを活性化させる── ‥‥ 128
ブランド提携 ‥‥‥ 22, 110, 117, 206, 230, 407
ブランド・パーソナリティ ‥‥‥‥‥ 262
ブランド・ポートフォリオ 15, 18, 90, 106, 110, 161, 277
　　──監査 ‥‥‥‥‥‥‥‥‥‥‥ 108
　　──構造 ‥‥‥‥‥‥‥‥‥ 32, 111
ブランド・ポートフォリオ・マネジメント ‥‥ 51, 109,

	112
ブランド・ポートフォリオ戦略	3, 14, 41, 46, 94, 130, 405
市場ダイナミクスと――	129
――の実行	387
――の主目的	118
――の範囲	108
ブランド保証	55, 67, 94, 225, 291, 314
――戦略	125
ブランド連想	260
プリンス・テニス・ラケット	33
ブルーミングデールズ	229
ブルックス・ブラザーズ	185
プルデンシャル	337
プルデンシャル・ファイナンス	361
プレイステーション	167
ブレスト	190
プロクター・アンド・ギャンブル→P&G	
ブロックバスター	66
ブロニアクジク，スーザン	263
プロビディアン	70
プロモーション	230
ヘインズ	67
ヘッド・アンド・ショルダー	63
ペプシ	66, 74, 230
ベライゾン	342
ベリゾン	361
ベル・アトランティック	361
ヘルシー・チョイス	61, 77, 151, 249, 262, 278, 280, 398
ヘンケル	112
ペンティアム	6, 75
ボーイング	344
ボーズ	190
ポートフォリオ	
――・グラフィクス	15, 38, 111
――構造	15
――・シナジー	40
――・ツール	57
――内のブランド	18
――の目標	110
――の役割	15, 26, 110, 189
ホームデポ	123, 151, 339
ボールド	63
ポジショニング戦略	231
ボシュロム	265
保証付ブランド	55, 57, 70, 90, 110, 160, 165, 250, 307, 314, 405
――戦略	59, 66
ホットポイント	290
ホバート	68
ポラロイド	129
ホリデー・イン	293
ポルシェ	20, 301
ボルボ	13, 103, 261, 278
ポロ・ラルフ・ローレン	32
ホンダ	77, 261, 281, 322, 337

ま

マーキー，ステファン	306
マーキュリー	22
マース	69
マイクロソフト	83, 250, 284
――のブランド・ポートフォリオ戦略	89
――・ブランド	89
マウンテン・デュー	74, 188, 191
マギー	39
マクドナルド	71, 146, 147, 206, 251
マジカル・ファミリーエンタテインメント	46
マスター・ブランド	19, 40, 54, 87, 216, 334
共同――	207
――戦略	59, 77, 81, 257, 274, 346, 371
――の範囲	25
――の役割	392
マゼラン・ファンド	399
マッキンゼー	247
マッキントッシュ	84
マツダ	190
マリオット	38, 290
マリオットホテル	33, 292
マンマ・ジウリア・ブイトーニ	388
ミアータ	190
ミシュラン	193
ミシュラン・マン	103
三井住友	364
ミッキーマウス	50
三菱	77, 345
ミュウ・ミュウ	309
ミ・ラ・ク　フレグランス	66
ミルバーグ，サンドラ	263
明確さ	77, 394, 397

メイタッグ · 193
メガ・ブランド · 27
メットライフ · 228
メルセデス · 29, 249, 261, 303
メルセデス・ベンツ · 235
モトリー，キャロル · 299

や

ヤング・アンド・ルビカム · · · · · · · · · · · · · · 45, 173
ヤン，デニス · 167
優先順位 · 338
ユナイテッド航空 · 22
ユニリーバ · 114, 241, 367
ヨープレイト · 137, 210

ら

ライズ，アル · 275
ライセンス · 51
ラコステ · 268
ラルフ・ローレン · 67, 72
ランコム · 66
リーチ · 64
リーバイス（リーバイ・ストラウス）· · · 28, 66, 73, 264
リープ・フロッグ · 337
リーボック · 21
利益率の向上 · 311
リッツ・カールトン · 290
リバイタライズ · 67
リプトン紅茶 · 21
リンカーン · 22
ルース，ジュリ・A. · 211
レーザージェット · 71
レクサス · · · · · · · · · · · · · · · · · · · 64, 66, 136, 287, 322
レタス・エンタテイン・ユー · · · · · · · · · · · · · · · 65
レディー，スリニバス · 299
レデラー，クリス · 36
レバレッジ効果 · 77, 394
　　ブランドの―― · 225
レブロン · 74
連結ネーム · 70
連結ブランド · 309
連想 · 155, 224, 251, 276

ブランドの―― · 251
マイナスの―― · 269
ロイヤルティ・プログラム · · · · · · · · · · · · · · · 182
ローケン，バーバラ · 305
ロータス · 55
ログ・キャビン · 265
ロゴ・コップ · 115
ロレアル · 33, 64, 274
ロンドン，ジョン · 74

わ

ワールプール · 311
ワールプール・エレクトリック・レンジ · · · · · · 21
ワイス · 361
ワン・ア・デイ · 398

[編集協力]
電通ブランド・クリエーション・センター

近年ますます高度化、複雑化する企業のブランド課題に対応するため、2001年、株式会社電通が発足させたブランド戦略の専門プランニング部門。ブランド価値の具現化を通じてその価値を高め、事業成果に結びつけるための一貫したソリューションを提供する「ワン・ストップ・ブランディング・サービス」を標榜し、企業・事業・商品など、さまざまなレベルのブランド課題に、事業戦略やビジョンの立案から、内部化、ブランド経験創造、コミュニケーション、価値測定まで、コンサルティングとプランニングのサービスを提供している。

許可

下記の転載については出典先より原著（Brand Portfolio Strategy）の著者に許可されたものである（カッコ内は本書の掲載頁）。

- Intel, Intel Inside, the Intel Inside Logo, Itanium, Pentium, Xeon, Celeron, Centrino, and Centrino Design are trademarks or registered trademarks of Intel Corporation or its subsidiaries in the United States and other countries. Logos on page 9 reprinted with permission of Intel Corporation（5頁）.
- Material on page 41 ©Disney. Reprinted with permission from Disney Enterprises, Inc（51頁）.
- Pantene, Pert, Physique, Vidal Sassoon, Head & Shoulders, Herbal Essences, and P&G logos on page 49 ©The Procter & Gamble Company. Used by permission（62頁）.
- Harvard logos on page 49 reprinted with permission of Harvard University Office for Technology and Trademark Licensing（62頁）.
- Material on page 71 reprinted with permission of Citigroup（91頁）.
- Material on page 100 reprinted with permission of Powerbar Inc（126頁）.
- Logos on page 119 reprinted with permission of Charles Schwab & Co., Inc. ©1995. All rights reserved（152頁）.
- Sony logos on page 130 reprinted with permission of Sony Corporation（166頁）.
- Ford Explorer Eddie Bauer Edition material on page 159 reprinted with permission of Ford Motor Company（203頁）.
- Material on page 191 reprinted with permission of Unilever United States, Inc（243頁）.
- Logos for GE Monogram, GE Profile, Hotpoint, and GE Appliances on page 227 reprinted with permission of General Electric Company（289頁）.
- Marriott, Ritz-Carlton, Courtyard, and Fairfield Inn logos on page 229 reprinted with permission of Marriott International, Inc（292頁）.
- The images and text on page 261 are reprinted with permission of United Parcel Service of America, Inc. ©2003 United Parcel Service of America, Inc. All Rights Reserved（333頁）.
- Material on page 273 reprinted with permission of Schlumberger Limited（347頁）.
- Logos on page 307 reprinted with permission of Nestle（389頁）.
- Logos on page 309 reprinted with permission of Dell Inc（391頁）.

[著者]

デービッド・A．アーカー（David A. Aaker）
カリフォルニア大学バークレー校ハース経営大学院名誉教授（マーケティング戦略論）。プロフェット・ブランド・ストラテジー社副会長。㈱電通顧問。ブランド・論の第一人者。マーケティング・サイエンスの発展に著しく寄与したことに対して「ポール・D．コンバース（Paul D. Converse）」賞を、またマーケティング戦略への業績に対して「ヴィジェイ・マハジャン（Vijay Mahajan）」賞を受賞。発表した論文の数は80本以上、また著書は11冊を数える。主な著書に *Developing Business Strategies*（第7版）（第6版の邦訳『戦略立案ハンドブック』今枝昌宏訳、東洋経済新報社、2002年）、*Managing Brand Equity*（邦訳『ブランド・エクイティ戦略』陶山計介、中田善啓、尾崎久仁博、小林哲訳、ダイヤモンド社、1994年）、*Building Strong Brands*（邦訳『ブランド優位の戦略』陶山計介、小林哲、梅本春夫、石垣智徳訳、ダイヤモンド社、1997年）、*Brand Leadership*（エーリッヒ・ヨアヒムスターラーとの共著）（邦訳『ブランド・リーダーシップ』阿久津聡訳、ダイヤモンド社、2000年）などがある。これらの著書は12カ国語に翻訳されている。マーケティング理論においてその著作が最も引用される著者の1人であり、『カリフォルニア・マネジメント・レヴュー』誌および『ジャーナル・オブ・マーケティング』誌で、それぞれ最優秀論文に対して贈られる賞を受賞している（後者は2度）。世界中でコンサルティング活動と講演活動に精力的に従事する傍ら、カリフォルニア・カジュアルティ・インシュアランス・カンパニーの取締役も務める。

[訳者]

阿久津　聡（あくつ・さとし）
一橋大学大学院経営管理研究科国際企業戦略専攻教授。DBAプログラムディレクター。一橋大学商学部卒業。同大学大学院商学研究科修士課程修了（商学修士）。フルブライト奨学生として、カリフォルニア大学バークレー校ハース経営大学院に留学し、MS（経営学修士）およびPh.D.（経営学博士）を取得。同校研究員、一橋大学商学部専任講師、一橋大学大学院国際企業戦略研究科准教授などを経て、現職。日本マーケティング学会副会長。企業ブランディングによって持続的に業績を向上させる経営のあり方を研究し、特に、健康経営まで実現する「健康経営ブランディング」を提唱している。主な著書に『知識経営実践論』（白桃書房、2001年、共著）、『ブランド戦略シナリオ』（ダイヤモンド社、2002年、共著）、『ソーシャル・エコノミー』（翔泳社、2012年、共著）、主な訳書にデービッド・アーカー著『ストーリーで伝えるブランド』（ダイヤモンド社、2019年）、デービッド・アーカー著『ブランド論』（ダイヤモンド社、2014年）、などがある。

ブランド・ポートフォリオ戦略──事業の相乗効果を生み出すブランド体系

2005年7月14日　第1刷発行
2024年11月5日　第10刷発行

著　者──デービッド・A．アーカー
訳　者──阿久津 聡
発行所──ダイヤモンド社
　　　　〒150-8409　東京都渋谷区神宮前6-12-17
　　　　https://www.diamond.co.jp/
　　　　電話／03・5778・7233（編集）　03・5778・7240（販売）

翻訳協力──トランネット（www.trannet.co.jp）
装　丁───松昭教
製作進行──ダイヤモンド・グラフィック社
印　刷───八光印刷（本文）・新藤慶昌堂（カバー）
製　本───ブックアート
編集担当──岩佐文夫

©2005 Satoshi Akutsu
ISBN 4-478-50241-2

落丁・乱丁本はお手数ですが小社営業局宛にお送りください。送料小社負担にてお取替えいたします。但し、古書店で購入されたものについてはお取替えできません。
無断転載・複製を禁ず
Printed in Japan

◆ダイヤモンド社の本◆

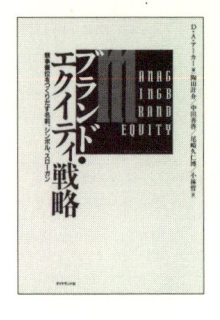

アーカー・ブランド論の原点

ブランドを単なる商品差別化要因と見るのでなく、企業にとって重要な資産と位置づけた、アーカーのブランド論の原点。

ブランド・エクイティ戦略
競争優位をつくりだす名前、シンボル、スローガン

デービッド・A．アーカー［著］
陶山計介他［訳］

●四六判上製／●定価（本体3800円＋税）

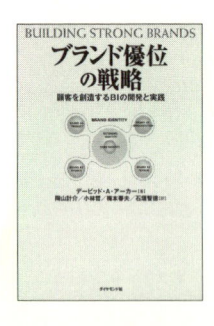

強いブランドが競争優位になる

ブランド・アイデンティティの概念を明らかにし、その開発こそが競争上の差別化になることを提唱。

ブランド優位の戦略
顧客を創造するＢＩの開発と実践

デービッド・A．アーカー［著］
陶山計介他［訳］

●四六判上製／●定価（本体4400円＋税）

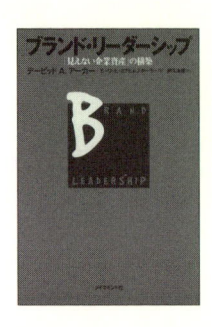

ブランドこそ投資すべき資産

戦略的な資産としてブランドこそ、事業成長のために投資すべきであることを提唱。広告を超えたスポンサー活動などの有効性も言及。

ブランド・リーダーシップ
「見えない企業資産」の構築

デービッド・A．アーカー、エーリッヒ・ヨアヒムスターラー［著］
阿久津聡［訳］

●四六判上製／●定価（本体2800円＋税）

---

http://www.diamond.co.jp/